全国优秀畅销书

21世纪应用型本科会计系列规划教材

审计学

第七版

何秀英 主编
郭小婷 王志杰 副主编

Auditing

东北财经大学出版社
Dongbei University of Finance & Economics Press
大连

图书在版编目（CIP）数据

审计学 / 何秀英主编．—7版．—大连：东北财经大学出版社，2021.12（2022.8重印）

（21世纪应用型本科会计系列规划教材）

ISBN 978-7-5654-4339-8

Ⅰ．审… Ⅱ．何… Ⅲ．审计学-高等学校-教材 Ⅳ．F239.0

中国版本图书馆CIP数据核字（2021）第184094号

东北财经大学出版社出版

(大连市黑石礁尖山街217号 邮政编码 116025)

网 址：http：//www.dufep.cn

读者信箱：dufep@dufe.edu.cn

大连市东晟印刷有限公司印刷 东北财经大学出版社发行

幅面尺寸：185mm×260mm 字数：498千字 印张：21

2021年12月第7版 2022年8月第3次印刷

责任编辑：孙 平 责任校对：吴 奂

封面设计：冀贵收 版式设计：钟福建

定价：45.00元

教学支持 售后服务 联系电话：（0411）84710309

如有印装质量问题，请联系营销部：（0411）84710711

第七版前言

近年来，我国的经济环境发生了很大的变化，会计、审计国际趋同程度不断加深，为及时反映相关法规的更新及理论研究的新成果，不断修订、完善审计学教材十分必要。

本教材自2006年第一版推出以来，已历经六次修订再版，较好地满足了众多高校财经类专业教学和社会其他各界之需，受到全国很多高校师生及广大读者的认可和厚爱，取得了良好的社会效益。在此，谨对长期以来给予本教材肯定、鼓励和厚爱，始终支持我们的广大读者朋友，致以由衷的敬意和谢意！

本次修订继续传承以往优良作风和写作特点，力求科学系统地讲清、讲透审计学的基本概念、基本理论和基本技能；积极吸纳国内外优秀审计工作者在理论和方法上的创新，力求实现“体系完整、贴近实务、结构新颖、重点突出、深浅适度、简明实用”。

第七版教材主要凸显以下特征：

1.追求审计理论和实务的前瞻性

为顺应经济社会及信息技术发展对注册会计师行业提出的新要求、新挑战，提高审计质量，满足资本市场改革与发展对高质量会计信息的需求，保持我国审计准则与国际准则的持续全面趋同，中国注册会计师协会重点修订的中国注册会计师审计准则（2019年）、会计师事务所质量管理相关准则（2020年）、《中国注册会计师职业道德守则（2020）》中的内容在本教材中均已得到体现。

2.剖析实例与案例，紧跟教育改革，提升学生实践能力

为适应教育部“财经应用型创新人才培养模式改革”的需要，我们在每一章节的重点、难点领域，丰富了实例业务和案例分析，运用实例业务和案例分析拓展理论，把知识和实务结合起来，启发学生思考；也为教师设计课堂讨论、开阔学生思路，形象生动地教学提供了资料。

3.更新表现形式，图文并茂，宜教宜学，将知识点具象化

本教材在原有“小资料”“小知识”“小经验”“小思考”“案例分析”“知识链接”等栏目的基础上，一是在主要章节增加“课程思政”专栏，教材编写组老师精心设计，探索课程与思想政治教育融合的技术与技巧，采用小文章、导入思政元素的审计知识点学习设计图、嵌入思政元素的审计案例设计等多种形式，注重知识传播与价值观引领有机融合。二是改变传统翻页模式，增加扫码区域，方便快捷，对重点知识给予特别强调和深入阐释，便于读者抓住重点，突破关键。同时，丰富图表内容，调动读者阅读的积极性，便于提高学习效率和效果。

为完成本次修订，保证书稿质量，我们参阅诸多文献，调整编著人员，多次推敲，交

叉复核。本教材由渤海大学的何秀英任主编，渤海大学的郭小婷、锦州医科大学的王志杰任副主编，渤海大学研究生李欣欣参编，具体分工如下：郭小婷编写第一、三、四、五章；李欣欣编写第二章（何秀英指导）；何秀英编写第六章至第九章；王志杰编写第十章至第十三章。由何秀英、郭小婷、王志杰共同完成校核。

由于作者水平有限，书中疏漏在所难免，望同仁批评指正。

编 者

2021年10月

入门引导——审计第一课

目　录

第一章 总论

学习目标

☆知识目标

了解注册会计师审计的产生与发展过程；

掌握注册会计师审计的概念和种类；

了解我国注册会计师考试与注册登记；

掌握我国注册会计师的业务范围；

明确注册会计师行业管制的内容。

☆技能目标

解释说明注册会计师审计的基本概念；

认知并有意识地培养注册会计师的基本素质。

第一节 注册会计师审计的概念、种类

一、注册会计师审计的发展历程

（一）西方国家注册会计师审计的产生与发展

注册会计师审计起源于16世纪的意大利。当时，威尼斯城的航海贸易日益发达并出现了早期的合伙企业。在合伙企业中，通常只有少数几人充当执行合伙人，负责企业的经营管理，其他合伙人则只出资而不参加经营管理。非执行合伙人需要了解合伙企业的经营情况和经营成果，执行合伙人也希望能证实自己经营管理的能力与效率，因此双方都希望能从外部聘请独立的会计专业人员来负责查账和监督工作。这些会计专业人员所进行的查账与监督，可以被看作独立审计的萌芽和序曲。

注册会计师审计真正产生并初步形成制度的历史进程是在英国完成的。18世纪下半叶，资本主义工业革命开始以后，英国的生产社会化程度大大提高，特别是股份公司兴起以后，企业财产所有权与经营权进一步分离，绝大多数股东只向企业出资而完全脱离了经营管理。同时，也隐含着经营管理人员为牟取私利而损害所有者利益的风险。财务报表作为沟通公司内部和外部信息的桥梁，急需由财产所有者和

经营者以外的专业人士来加以鉴证。1720年，英国发生了南海公司破产事件，公司股东和债权人遭受了巨大经济损失。会计师查尔斯·斯内尔受议会聘请对南海公司会计账目进行了检查，并以“会计师”的名义出具了一份“查账报告书”，指出南海公司的财务报告存在着严重的舞弊行为，这标志着注册会计师的正式诞生。1853年，爱丁堡会计师协会在苏格兰成立，标志着独立审计职业的诞生。1862年，有限责任公司的年度财务报表需经独立会计师审计的法定要求，进一步明确了独立会计师的法律地位。

随着资本主义生产力的不断发展，注册会计师审计的发展大致经历以下三个阶段：

1.详细审计阶段

1844年至20世纪初，英国注册会计师的形成及发展对当时欧、美及日本等国家和地区产生了重要影响。这一时期的审计也被称为英国式审计。其主要特点是：注册会计师审计逐渐由任意审计转变为法定审计；审计的目的在于查错防弊，保护企业财产的安全完整；审计的方法是对会计账目进行逐笔的详细审计；审计报告的使用人主要是企业股东。

2.资产负债表审计阶段

20世纪的前30年，全球经济发展重心由欧洲转到美国。当时企业筹资主要依靠银行贷款解决。银行通常要求借款人提供经独立会计师审核的资产负债表，以判断企业的偿债能力。企业也希望借助注册会计师对其资产负债表的审查，以更好地获取银行信用。鉴于这种审计率先在美国实施，又被称为美国式审计。其主要特点是：审计对象由会计账目扩大到资产负债表；审计的主要目的在于通过审查资产负债表来判断企业的信用状况；审计方法从详细审计初步转向抽样审计；审计报告的使用人除企业股东外，还包括债权人。

3.财务报表审计阶段

进入20世纪30年代，资本主义世界经历了历史上最为严重的经济危机，大批企业破产倒闭，这在客观上促使企业相关利益者更加关心企业的盈利情况。再加上美国证券市场发展迅速，致使纯粹的资产负债表审计难以满足客户的需求。1934年的美国《证券交易法》规定，上市公司必须向证券交易管理部门报送经过审查的资产负债表和利润表。为顺应这种需要，注册会计师审计从资产负债表审计逐步扩大到财务报表审计。在此阶段，注册会计师审计的主要特点为：审计对象转为企业的全部财务报表及相关资料；审计的主要目的在于对财务报表发表审计意见；审计范围扩大到与测试相关的内部控制制度；抽样审计和计算机辅助审计技术逐渐被运用；审计报告的使用人进一步扩大，包括股东、债权人、潜在的投资者、证券交易机构、政府及社会公众；注册会计师审计准则体系建立和不断完善；注册会计师资格考试和认证制度逐步推行。

另外，从审计模式的角度，也可将注册会计师审计的发展过程分为账项导向审计、内控导向审计和风险导向审计。

案例分析1-1

英国"南海公司"审计案例

基本案情：英国"南海公司"始创于1710年，主要从事海外贸易业务。公司经营期间，业绩极其一般。1719—1720年，该公司趁股份投机热在英国方兴未艾之际，发行巨额股票，同时公司董事对外散布公司利好消息，致使公众对股价上扬充满了信心，带动了公司股价上升。1719年，"南海公司"股价为114英镑，到1720年3月股价升至300英镑，该公司股票价格最高飙升至1 050英镑，公司老板决定以高于面值数倍的价格发行新股。一时间"南海公司"股价扶摇直上，一波股票投机浪潮席卷全国。

一些经济学家已意识到这种投机行为将给国家经济带来严重危害，呼吁政府尽快采取措施。英国议会为制止国内"泡沫公司"的膨胀，于1720年6月通过了《泡沫公司取缔法》，一些公司随之被解散。许多投资者开始清醒，并抛售手中所持股票。股票投资热的降温，致使"南海公司"股价一路下滑，到1720年12月"南海公司"股价跌至124英镑。1720年年底，英国政府对"南海公司"资产进行清理，发现其实际资本所剩无几。而后，"南海公司"宣布破产。

"南海公司"破产，犹如晴天霹雳，震惊了公司投资人和债权人。数以万计的股东及债权人蒙受损失，当证实了百万英镑的损失落在自己头上时，其纷纷向英国议会提出严惩欺诈者并给予损失赔偿的要求。英国议会面对舆论压力，为平息"南海公司"破产引发的风波，于1720年9月成立了由13人组成的特别委员会，秘密查证"南海公司"事件。在查证过程中，由于涉及许多财务问题及会计记录，特别委员会特邀了一位精通会计实务的会计师，此人名叫查尔斯·斯内尔。他原为一所名为彻斯特·莱恩得学校的教师，教书法及会计。查尔斯通过对"南海公司"账目的查询、审核，于1721年提交了一份名为"伦敦市彻斯特·莱恩学校的书法大师兼会计师对索布里奇商社的会计账簿进行检查的意见"，指出南海公司的财务报告存在着严重的舞弊行为、会计记录严重不实等问题，但没有对公司为何编制这种虚假的会计记录表明自己的看法。

议会根据这份查账报告，将南海公司董事之一的雅各希·布伦特以及他的合伙人的不动产全部予以没收。其中一位叫乔治·卡斯韦尔的爵士，被关进了著名的伦敦塔监狱。英国议会在其通过的《泡沫公司取缔法》中，对公司的成立进行了严格的限制，只有取得国王的御笔，才能得到公司的营业执照。事实上，股份公司的形式基本上名存实亡。

直到1828年，英国政府在充分认识到股份公司利弊的基础上，通过设立民间审计的方式，对股份公司中因所有权与经营权分离所产生的不足予以制约，才完善了这一现代化的企业制度。据此，英国政府撤销了《泡沫公司取缔法》，重新恢复了股份公司这一现代企业制度形式。随后，为保护投资者和债权人的利益，监督股份公司的经营管理，英国议会于1844年颁布了《公司法》，规定股份公司必须设置一名以上的监事来审查会计账簿和报表，并将审查结果报告给股东。1856年，议会又对《公司法》进行了修订，规定股份公司可以从外部聘请会计师进行审计业务。该法案使公司有聘请外部注册会计师的选择权，在此期间，英国政府对一批独立会计师进行了资格确认，从而有力地促进了独立会计师的发展。

案例点评：（1）英国“南海公司”舞弊案件对世界注册会计师审计有着里程碑式的影响。由于会计师查尔斯·斯内尔是世界上第一位独立审计人员，他所审计的“南海公司”舞弊案又是世界上第一例较为正规的注册会计师进行审计的案件，因此，该案件对于注册会计师行业来讲，不论是在理论研究方面，还是在审计实践方面，都产生了极其重大的影响。（2）英国“南海公司”舞弊案件又揭示了注册会计师的职业天性就是应以独立第三者的身份，站在客观、公正的立场上，通过对账、证、表等会计资料的审查，来平衡财产所有者与经营者之间的经济责任关系，揭示重大错弊行为。这说明注册会计师行业在促进经济发展、稳定社会经济秩序方面将起到至关重要的作用；同时，这也决定了注册会计师从诞生的那一天起便承担起对社会公众的责任，决定了它是一种责任重大的职业。

资料来源 李若山. 审计案例——国外审计诉讼案例［M］. 沈阳：辽宁人民出版社，1998.

（二）中国注册会计师审计的产生与发展

1.产生阶段

中国的注册会计师审计远远晚于西方国家。辛亥革命以后，一批爱国学者积极倡导创建中国的独立审计事业。1918年，北洋政府颁布了我国第一部独立审计法规——《会计师暂行章程》。同年，谢霖成为中国第一位注册会计师，并创办了第一家独立审计机构——正则会计师事务所。1925年，上海首先成立了会计师公会。经过30余年的缓慢发展，到1947年，中国的注册会计师审计事业已经初具规模。当时的会计师事务所主要集中在沿海大城市，业务涉及为企业设立会计制度、代理申报纳税、培训会计人才等咨询服务。然而，由于政治、经济落后，旧中国的注册会计师审计业务发展缓慢，对社会影响不大。

2.停滞阶段

中华人民共和国成立初期，在国民经济恢复过程中注册会计师审计曾发挥了积极作用。在社会主义改造完成以后，由于照搬苏联高度集中的计划经济模式，我国的注册会计师审计悄然退出了经济舞台，陷入了长时期的停滞状态。

3.恢复阶段

改革开放以后，我国逐渐从计划经济体制转向市场经济体制，并出现了国有、集体、外资以及个体私营经济等多种所有制经济形式，股票、债券等资本市场也得到了快速发展。注册会计师审计随着经济的发展而得到了恢复，以1980年财政部发布《关于成立会计顾问处的暂行规定》为标志，注册会计师制度开始重建，主要业务是对外商投资企业进行审计并提供会计咨询服务。1986年7月，国务院颁布《中华人民共和国注册会计师条例》，确立了注册会计师行业的法律地位。1988年11月，中国注册会计师协会成立，注册会计师行业开始步入政府监督和指导、行业协会自我管理的轨道。

4.规范发展阶段

1994年1月，《中华人民共和国注册会计师法》（以下简称《注册会计师法》）正式实施，注册会计师行业快速向规范化方向迈进。1995年6月，中国注册会计师协会与中国注册审计师协会实现联合，开创了统一法律规范、统一执业标准、统一监督管理的行业发展新局面，为行业的规范发展奠定了良好的基础。独立审计准则的分步实施，使我国的注册会计师审计逐步走向标准化、法制化和规范化。2006年2月，财政部颁布新注册会计师执业准则体系，这标志着我国已建立起一套适应社会主义市场经济发展要求、顺应国际趋同大势的审计准则体系。可以预见，随着社会主义市场经济体制的不断完善，注册会计师职业界也将面临更多的发展机遇与挑战，我国的注册会计师审计在行业建设、业务拓展等方面都会发生巨大变化，在社会主义的经济建设中也将发挥更大的作用。

课程思政 1-1

潘序伦的审计思想与红船精神

潘序伦先生（1893—1985），江苏宜兴人，是中国现代杰出的会计学家和著名教育家。1923年获美国哈佛大学企业管理硕士学位，翌年获美国哥伦比亚大学博士学位。后毅然回国发展祖国的会计审计事业，是发展我国会计事业和培养我国会计人才的先驱，有人称其为“现代会计学宗师，职业教育之楷模”，在国外被誉为“中国会计之父”。潘先生作为我国第一代注册会计师及立信会计师事务所的创始人，在引进西方审计思想和理论的同时，结合当时国内的现实情况，理论联系实际，形成了一套较为系统的、操作性强的审计思想，主要包括：（1）对审计性质的科学界定；（2）对审计目的的合理分类；（3）对审计程序的完整设计；（4）对会计师业务范围的前瞻分析；（5）对会计师资格的全面要求；（6）对会计师职业道德标准的严谨论述；（7）对会计师地位的充分肯定；（8）对审计理解错误观点的尖锐批判等。这些思想影响深远，为我国民间审计事业的全面发展奠定了雄厚的理论基础。

2017年10月31日，习近平总书记带领中央政治局常委到浙江嘉兴南湖，瞻仰党的一大会议遗址，重温入党誓词，指示要根据新时代特点大力弘扬红船精神，让中国共产党永远年轻。

从潘序伦先生的身上，我们看到了“红船精神”在闪耀，它蕴含着开天辟地、敢为人先的首创精神，坚定理想、百折不挠的奋斗精神，立党为公、忠诚为民的奉献精神，这是中华儿女不断奋进的动力之源，是实现中华民族伟大复兴的精神基因。这为大学生思想政治教育提供了宝贵的教育资源，我们在日常教与学的生活中，应秉承“不忘初心”的理念，牢记中华民族伟大复兴的使命担当，让“红船精神”融入内心，将首创精神、奋斗精神、奉献精神与践行社会主义核心价值观有机相融，在社会主义伟大新征程中贡献自己的一份力量。

参考文献：

1. 何芹．潘序伦先生的审计思想之回顾［J］．中国注册会计师，2009（8）．

2. 彭颜红．用红船精神滋养社会主义核心价值观的传播［J］．思想理论教育导刊，2019（1）．

3. 邵振静．红船精神融入大学生思想政治教育对策研究［D］．大连：辽宁师范大学，2019．

二、审计的概念

人们对审计（auditing）的认识随着实践的发展不断深化，审计的概念也在不断丰富和发展着，并日趋科学和完善。就注册会计师审计的概念而言，最具代表性的是美国会计学会在1973年《基本审计概念报告》中的阐述，具体表述如下：“审计是一个客观地获取和评价与经济活动和经济事项的认定有关的证据，以确认这些认定与既定标准之间的符合程度，并把审计结果传达给有利害关系的用户的一个系统过程。”审计概念要素内容见表1-1。

表1-1 审计概念要素

概念要素	要素含义
1.管理当局的认定	认定是指被审计单位管理当局对本单位经济活动和事项所提出的陈述、断言与声明。被审计单位对有关经济活动和经济事项的认定是审计的对象
2.审计证据	审计证据是注册会计师用来确定管理当局的认定与既定标准是否一致的资料。获取和评价审计证据是审计的中心环节。注册会计师应针对不同性质的认定，以最为合适的方法获取审计证据，在形成审计意见之前，还必须对审计证据的充分性和适当性加以评价，以确保审计意见的质量
3.既定标准	既定标准是指判断认定时所采用的衡量标准，这些标准可能是立法机关所制定的特殊规则，或管理当局所制定的预算或绩效衡量标准，也可能是某权威机构所制定的公认会计原则。符合的程度就是将被审计单位所做的认定与既定标准相比较，验证二者的接近程度
4.系统过程	系统过程是合理的、有序的、有组织的步骤或程序，审计是一种遵循顺序、逻辑严密的活动，这就要求审计的事前规划必须详细周到，执行过程必须合乎顺序，传达结果的报告必须用词明确且准时送达
5.审计结果	审计结果是基于对证据的分析与评价而得出的评价结果。审计结果的传达可以采用书面报告的形式，也可以采用简单的口头报告形式
6.利害关系人	审计服务的对象并不仅限于被审计的单位或审计的委托人，可能是所有存在利害关系的用户，包括股东、债权人、证券交易机构、税务金融机构及潜在投资者等

《中国注册会计师审计准则第 1101 号——注册会计师的总体目标和审计工作的基本要求》对审计概念的表述为：“就大多数通用目的财务报告编制基础而言，注册会计师针对财务报表是否在所有重大方面按照财务报告编制基础编制并实现公允反映发表审计意见。注册会计师按照审计准则和相关职业道德要求执行审计工作，能够形成这样的意见。”

财务报告编制基础分为通用目的编制基础和特殊目的编制基础。通用目的编制基础，是指旨在满足广大财务报表使用者共同的财务信息需求的财务报告编制基础，主要是指会计准则和会计制度。特殊目的编制基础，是指旨在满足财务报表特定使用者对财务信息需求的财务报告编制基础，包括计税核算基础、监管机构的报告要求和合同的约定等。

三、审计的种类

在审计工作中，为使每一项审计工作都顺利进行，必须在理论上对其特点进行深入研究、科学分类，以适应不同审计实务的需要。审计分类的标准有很多，例如，按审计范围的不同，可以划分为全面审计和局部审计、综合审计和专题审计；按审计的时间不同，可分为事前审计、事中审计和事后审计，期中审计和期末审计，定期审计和不定期审计；按审计地点不同，可分为就地审计、送达审计和远程网络审计；按审计动机不同，可分为法定审计和任意审计。这里将重点阐述审计按照其目的、内容分为的财务报表审计、合规审计和经营审计三类。

（一）财务报表审计

财务报表审计（financial statement audit）亦称财务报告审计，是对被审计单位的财务报表、财务报表附注及相关附表进行的审计。这种审计的目的在于查明被审计单位的财务报表是否按照一般公认会计准则公允地反映其财务状况、经营成果和现金流量情况。其主要特点是：(1) 审查对象是被审计单位管理当局出具的资产负债表、利润表、现金流量表及其附表；(2) 使用标准是一般公认会计准则；(3) 审计报告采用标准式，报告的形式与内容严格按照审计准则的规定来撰写；(4) 审计的用户包括股东、债权人、证券交易机构、税务金融机构及潜在投资者等。财务报表审计是现代审计理论中最完备、方法最先进的一种审计方式，也是注册会计师审计业务的核心内容。

（二）合规审计

合规审计（compliance audit）是为查明和确定被审计单位财务活动或经营活动是否符合有关法律、法规、规章制度、合同、协议和有关控制标准而进行的审计。在注册会计师开展的审计业务中，这种类型较少。

严格地说，合规审计应是财务报表审计的一个分支。其内容包含在财务报表审计之中，但其内容特别之处在于：(1) 侧重于对严重违反财经法律法规行为的审查，如对严重违反国家现金管理规定、银行结算规定、成本开支范围、税法规定等行为的审计。(2) 按照有关规定，审计机关对违反财经纪律的单位和个人有权予以经济制裁；对严重违法乱纪人员，有权向有关部门建议予以行政纪律处分；对触犯国家刑律的，有权提请司法机关依法惩处。审计的目的在于通过监督、检查，促使被审计单位和有关人员遵纪守法。

（三）经营审计

经营审计（operational audit）是对企事业单位经营业务与管理活动有关方面的业绩进行评价，找出改进的机会并提出改善的建议。经营审计也是在财务报表审计的基础上发展起来的，随着市场竞争的加剧，这种审计的作用已显得越来越重要。经营审计的特点包括：(1) 审计对象远远超出会计信息系统的范围，涉及被审计单位的组织结构、生产方法、计算机操作、市场营销等多个领域，其审计评价标准也不统一；(2) 对独立性要求相对来讲不是很高；(3) 应用领域较广，内部审计人员、政府审计人员或独立的注册会计师都可以执行经营审计；(4) 审计报告多采用非标准式，报告的形式与内容随着约定任务的情况不同而有着非常大的差别；(5) 经营审计的用户通常是被审计单位，而且经营审计报告很少被第三方所利用。

四、审计人员的种类

审计人员是审计活动的执行者，根据其所服务的单位在审计组织体系中的位置不同，审计人员可以分成注册会计师、政府审计人员和内部审计人员。

（一）注册会计师

注册会计师，是指取得注册会计师证书并在会计师事务所执业的人员，通常是指项目合伙人或项目组其他成员，有时也指其所在的会计师事务所。当审计准则明确指出应由项目合伙人遵守的规定或承担的责任时，使用“项目合伙人”而非“注册会计师”的称谓。

根据《注册会计师法》的规定，注册会计师必须加入会计师事务所才能执业。除此以外，会计师事务所还配备一定数量的业务助理人员，注册会计师要对助理人员的工作给予必要的指导和监督，并对其工作结果负责。

（二）政府审计人员

政府审计人员是指审计机关接受政府委托，依法行使审计监督权，从事审计业务的人员。他们对各级政府机构、国家金融机构、国有企事业单位以及其他有国家资产单位的财政、财务收支的真实性、合法性、效益性进行综合性的经济监督。政府审计的出现早于注册会计师审计。西周的宰夫可称为中国最早的政府审计人员。现代政府审计不仅在审计体制上更加完善，而且在审计理论和实务方面有了许多发展，绩效审计、环境审计、三“E”审计等的逐步开展对政府审计人员的素质提出了更高的要求。我国对政府审计人员实行专业技术资格制度，审计署和省级审计机关实行专业技术资格考试、评审制度。审计专业技术资格分为初级资格、中级资格、高级资格。政府审计机关录用的审计人员必须经过培训，合格后，才能承办审计业务。

（三）内部审计人员

内部审计人员是指在公司（或部门、单位）内部专设的审计机构从事内部审计工作的人员。内部审计人员的工作贯穿于整个组织，与组织内各阶层的行政主管或员工打交道，测试和评价他们的工作，并将审计工作中发现的问题和改进建议报告给他们的上级。内部审计同样应当具有独立性才能发挥最大的控制功能，然而内部审计人员受雇于企业，限于劳资关系的固有约束，内部审计人员不能具有像注册会计师那样高的独立性。

小思考1-1

注册会计师审计与政府审计、内部审计的关系如何？

提示：注册会计师审计与政府审计、内部审计的联系主要表现为：(1) 注册会计师审计与政府审计、内部审计共同构成审计监督体系；(2) 三者既相互联系，又各自独立、各司其职，泾渭分明地在不同领域实施审计。它们各有特点，相互不能替代，更不存在主导和从属的关系。

注册会计师审计与政府审计、内部审计的区别主要表现为：(1) 审计目标不同。注册会计师审计是注册会计师依法对被审计单位财务报表的合法性、公允性进行审计；政府审计是对被审计单位的财政收支或财务收支的真实性、合法性、效益性进行审计；内部审计主要是对组织内部的经营活动和内部控制的适当性、合法性和有效性进行审计。(2) 独立性和权威性不同。注册会计师审计和政府审计均属于外部审计，不受被审计单位管理当局的领导和制约，其独立性要高于内部审计。但从独立性来看，注册会计师审计好于政府审计；从权威性来看，政府审计要高于注册会计师审计。(3) 遵循的审计标准不同。注册会计师审计是注册会计师依据《中华人民共和国注册会计师法》和注册会计师审计准则进行的审计；政府审计是审计机关依据《中华人民共和国审计法》和国家审计准则进行的审计；内部审计是内部审计人员遵循内部审计准则进行的审计。(4) 接受审计的自愿程度不同。注册会计师审计是以独立的第三方的身份对被审计单位进行的审计，委托人可自由选择会计师事务所；政府审计和内部审计均属于强制审计。另外，三者在审计范围、法定权限等方面也存在一定的差异。

第二节 我国注册会计师管理

一、注册会计师考试与注册登记

注册会计师考试和注册登记制度是一系列选拔注册会计师的措施、制度的总称。目前，世界上许多国家为了保证审计工作质量，保护投资者合法权益，维护注册会计师职业在公众心目中应有的权威性，都相继制定了较为完善的注册会计师考试和注册制度。我国于1991年开始组织全国注册会计师统一考试。通过考试，一大批优秀人才加入了注册会计师队伍。现就我国注册会计师考试与注册制度的具体内容予以介绍。

（一）报考条件

根据《注册会计师法》和财政部注册会计师考试委员会发布的简章，注册会计师考试报名条件为：

（1）同时符合下列条件的中国公民，可以申请参加注册会计师全国统一考试专业阶段考试：

①具有完全民事行为能力；

②具有高等专科以上学校毕业学历，或者具有会计或者相关专业中级以上技术职称。

（2）同时符合下列条件的中国公民，可以申请参加注册会计师全国统一考试综合阶段考试：

①具有完全民事行为能力；

②已取得注册会计师全国统一考试专业阶段考试合格证。

（3）有下列情形之一的人员，不得报名参加注册会计师全国统一考试：

①因被吊销注册会计师证书，自处罚决定之日起至申请报名之日止不满5年者；

②以前年度参加注册会计师全国统一考试因违规而受到停考处理期限未满者。

其中，比较特别的事项有以下两个：

①应届毕业生可以参加注册会计师考试，但需在规定的时间内按要求提供学历学位认证信息。

②持外国学历的人员报名，还应当同时提供教育部留学服务中心出具的学历认证书。

另外，具有会计或者相关专业高级技术职称的人员（包括学校及科研单位中具有会计或者相关专业副教授、副研究员以上职称者），可以申请免予专业阶段考试1个专长科目的考试。

对外籍公民，按互惠原则，其所在国允许中华人民共和国公民参加该国注册会计师（或相应称谓）考试者，中华人民共和国政府亦允许其公民参加中国注册会计师考试。我国港、澳、台地区居民及按互惠原则确认的外籍公民申请参加中华人民共和国注册会计师考试必须具备下列条件之一：具有财政部注册会计师考试委员会认可的境内外高等专科及以上学校的学历；已取得境外法律认可的注册会计师资格（或其他相应资格，下同）；已取得中国注册会计师统一考试的单科合格证书。符合上述条件的报考人员，还必须提供如下有效证明：（1）表明报名人员合法身份的有效证件（护照、身份证等）；（2）报名人员境内外高等专科及以上学校毕业的有效学历证书或境外注册会计师资格证书，或有效的中国注册会计师考试单科成绩合格凭证。

（二）考试组织

财政部成立全国注册会计师考试委员会（简称财政部考委会），财政部考委会办公室（简称全国财政部考办）设在中国注册会计师协会。各省、自治区、直辖市财政厅（局）成立地方注册会计师考试委员会（简称地方考委会），地方考试委员会办公室（简称地方考办）设在各省、自治区、直辖市注册会计师协会。

财政部考委会组织领导全国统一考试工作，确定考试组织工作原则，制定考试组织工作方针、政策，审定考试大纲，确定考试命题，处理考试组织工作中的重大问题，指导地方考委会工作。地方考委会贯彻、实施财政部考委会的规定，组织、领导本地区的考试工作。

（三）考试科目和成绩认定

考试范围在考试大纲中确定。考试大纲由财政部考委会提出，经财政部考委会审定发布。现采用“6+1”模式，考试科目为会计、审计、财务成本管理、经济法、税法、公司战略与风险管理和综合测试。前6科考试均采取闭卷、计算机化考试（简称机考）方式进行。考试实行百分制，60分为成绩合格分数线。全科成绩合格者，领取财政部考委会颁发的全科合格证书，单科成绩合格者，其合格成绩在取得单科成绩合格凭证（单科成绩合格证书或成绩通知单）后的连续四次考试中有效。

（四）注册登记

根据《注册会计师法》的规定，注册会计师考试全科成绩合格，并从事审计业务工作两年以上的，可以向省、自治区、直辖市注册会计师协会申请注册。省级注册会计师协会负责注册会计师的审批，受理的注册会计师协会应当准予符合规定条件的申请人注册，并报财政部备案。如果有下列情形之一的，受理申请的注册会计师协会不予注册：

（1）不具有完全民事行为能力的。

（2）因受刑事处罚，自刑罚执行完毕之日起至申请注册之日止不满5年的。

（3）因在财务、会计、审计、企业管理或者其他经济管理工作中犯有严重错误受行政处罚、撤职以上处分，自处罚、处分决定之日起至申请注册之日止不满2年的。

（4）受吊销注册会计师证书的处罚，自处罚决定之日起至申请注册之日止不满5年的。

（5）国务院财政部门规定的其他不予注册的情形。

小思考1-2

注册会计师证书被收回的情形有哪些？

提示：已取得注册会计师证书的人员，如果注册后出现以下情形之一的，准予其注册的注册会计师协会撤销注册，收回注册会计师证书：（1）完全丧失民事行为能力的；（2）受刑事处罚的；（3）因在财务、会计、审计、企业管理或者其他经济管理工作中犯有严重错误受行政处罚、撤职以上处分的；（4）自行停止执行注册会计师业务满1年的。

二、注册会计师业务范围

从全球注册会计师行业的发展现状和趋势看，注册会计师能够提供的会计服务种类很多，而且其范围在不断地扩大。我国恢复与重建注册会计师制度的历史不长，业务拓展方面与发达国家相比仍有较大差距。我国注册会计师的业务范围主要分为三大方面：

（一）审计业务

根据《注册会计师法》的规定，审计业务属于法定业务，非注册会计师不得承办。其内容主要包括以下四种：（1）审查企业财务报表，出具审计报告；（2）验证企业资本，出具验资报告；（3）办理企业合并、分立、清算事宜中的审计业务，出具有关审计报告；（4）办理法律、行政法规规定的其他审计业务，出具相应的审计报告。

（二）审阅业务和其他鉴证业务

对被审计单位的财务报表进行审计，是注册会计师提供的鉴证服务之一。除此之外，注册会计师还提供其他类型的鉴证服务，包括财务报表审阅、预测性财务信息审核、内部控制审核和基建工程预算、结算、决算审核等。

（三）相关服务

相关服务包括对财务信息执行商定程序、代编财务信息、税务服务、管理咨询，以及会计服务等业务。

小资料 1-1

我国注册会计师非审计业务的拓展

与国外注册会计师提供的非审计业务相比，我国注册会计师开展的业务品种较为单一。随着我国注册会计师市场与国际市场融合程度的加深，我国在保持现有服务业务的基础上，应积极发展以下几个方面的认证业务：（1）电子商务认证。随着我国政府对电子商务重视程度的提高，资金和技术上投入的加强，以及全社会对电子商务认识水平的提高，可以预见，网络经济将在我国逐步发展起来。对此，注册会计师应抢先一步，加强对电子商务认证的认识与研究。（2）绩效评价认证。我国目前正处于国企改革的攻坚阶段，建立合理的公司治理结构和科学的激励机制是企业面临的难点之一。注册会计师应利用自己的人力资源优势，通过绩效评价认证服务，提高企业绩效评价信息的质量，为企业形成有效的内部激励机制奠定良好的基础。同时，又拓宽了注册会计师的业务范围。（3）风险评估认证。随着与国际经济融入程度的加深，我国企业所面临和承担的风险将越来越大。企业只有充分掌握了高质量的风险信息，才能有效地对风险加以控制。因此，注册会计师可以通过对企业风险的评估认证，帮助企业在风险日增的环境中生存和发展。（4）养老工作的认证。随着我国人口老龄化程度的加深，为了更好地满足老年人特有的各种物质和文化需求，需要大力发展老龄产业，老年人照料和护理是老龄产业中的重点。注册会计师对养老工作的认证服务将极大地促进我国老龄产业的健康发展。

我国注册会计师服务范围的拓展还远未达到成熟，但其会随着世界潮流发展是毋庸置疑的，可以预计，未来多样化的发展战略必是中国注册会计师的走向。

三、会计师事务所

（一）会计师事务所的设立

会计师事务所是注册会计师依法承办业务的机构。从世界范围来看，会计师事务所的形式包括独资、普通合伙制、股份责任公司制、有限责任合伙制四种。我国《注册会计师法》规定，不准个人设立独资会计师事务所，只批准有限责任会计师事务所和合伙会计师事务所。合伙会计师事务所，是由两名以上符合条件的合伙人共同出资设立，共同执业，合伙人按出资比例或协议以各自的财产对事务所债务承担无限连带责任的社会中介机构；有限责任会计师事务所，是指由发起人通过共同出资设立，并以其出资额为限对本所债务承担有限责任，会计师事务所以其全部资产对其债务承担责任的中介机构。

（二）会计师事务所的审批

根据《注册会计师法》的规定，设立会计师事务所由财政部或省级财政部门审批。省级财政部门批准的会计师事务所，应当报财政部备案。会计师事务所审批设立、备案、发证程序如下：（1）会计师事务所发起人向省级财政部门提出申请；（2）省级财政部门应自收到申请文件之日起30日内决定批准或不批准，同时将批准成立的会计师事务所的有关材料报财政部备案，同时抄送省注册会计师协会和中国注册会计师协会；（3）财政部发现批准不当的，应自收到备案报告之日起30日内通知原审批机关重新审查，同时抄送省注册会计师协会和中国注册会计师协会；（4）“会计师事务所执业证书”由财政部统一印制，交地方财政部门发放。

会计师事务所合并或设立分所审批程序应比照会计师事务所的设立。会计师事务所及其分所，应按属地原则由所在地财政部门负责日常管理。

四、注册会计师协会

（一）中国注册会计师协会

中国注册会计师协会成立于1988年11月15日，1995年与中国注册审计师协会合并，联合组成中国注册会计师全国组织，联合后的中国注册会计师协会，依法对注册会计师行业实行管理，接受财政部、民政部的监督、指导；依据《注册会计师法》和《中国注册会计师协会章程》行使职责。

中国注册会计师协会的会员有三类：个人会员（包括执业和非执业会员）、团体会员和名誉会员。中国注册会计师协会的会员拥有一定的权利和义务，入会须履行申请和登记手续。

中国注册会计师协会是中国注册会计师行业的自律性组织。其基本职责包括：依法加强自律性监管，指导、督促注册会计师公正执业，严格遵守职业道德规范；加强执业标准建设，强化业务指导，不断提高注册会计师执业水平；认真组织注册会计师考试，完善后续教育制度；及时向政府有关部门反映注册会计师的建议和意见，努力改善注册会计师的执业环境；提供必要的专业援助，维护注册会计师的合法权益；加强行业与国际组织、执业机构的交流与合作。

（二）地方注册会计师协会

各省、自治区、直辖市注册会计师协会是注册会计师的地方组织。其组织机构和章程由本地区会员代表大会依法确定，报中国注册会计师协会和当地政府主管行政机关备案并接受监督和指导。

五、注册会计师行业的管理

我国自恢复注册会计师制度以来，审计行业的管理按照“法律规范、政府监督、行业自律”的改革思路已初步形成了一套多层次、全方位的行业管理体制，为保障注册会计师行业的健康发展发挥了重要作用。

（一）法律规范

1993年10月，中华人民共和国第一部注册会计师的专门法律——《中华人民共和国注册会计师法》颁布，共分七章四十六条，主要内容包括：注册会计师、会计师事务所、注册会计师的业务范围、注册会计师执业规则、会计师事务所的设立和责任、注册会计师协会、法律责任等。在该法的规范下，我国注册会计师行业得到了快速发展，从而真正形成一个以审计监督为主体的社会经济监督体系。一方面，为改革开放、国有企业转换经营机制和社会主义市场经济体制的建立及有序运行发挥着积极作用；另一方面，也使得社会监督体系在法制的轨道上有效地、规范地运转。

（二）政府监管

政府在注册会计师管理中扮演着重要的监管角色。在我国，有权对审计行业进行行政管理的政府机构主要有财政部门、国务院证券监督机构和市场监督管理部门。

（三）行业自律

在我国，对注册会计师实施行业自律的组织是中国注册会计师协会和地方注册会计师协会。自1993年以来，中国注册会计师协会在财政部门的领导下发布了一系列的行业管理规范，建立了注册管理制度、业务监督制度、考试制度、培训制度、涉外管理制度；制定了初具规模的注册会计师审计准则、职业道德准则、质量控制准则和后续教育准则等职业规范；各级地方注册会计师协会在1995年组建了监管部，至2000年年底，全国有12个省市注协还建立了惩戒委员会、监管委员会等专门委员会，为行业自律管理打下了坚实的基础。

本章小结

注册会计师审计产生于英国，经历了详细审计阶段、资产负债表审计阶段和财务报表审计阶段。我国注册会计师审计于20世纪80年代后得到快速恢复和发展。

注册会计师审计是一个客观地获取和评价与经济活动和经济事项的认定有关的证据，以确认这些认定与既定标准之间的符合程度，并把审计结果传达给有利害关系的用户的系统过程。审计按其内容和目的不同分为财务报表审计、合规审计和经营审计。

注册会计师考试和注册登记制度是一系列选拔注册会计师的措施、制度的总称，包括报考条件、考试组织、考试范围、注册登记等方面的规定。注册会计师的业务包括法定业务和非法定业务。我国会计师事务所组织形式包括有限责任会计师事务所和合伙会计师事务所两种。注册会计师协会包括中国注册会计师协会和地方注册会计师协会。我国注册会计师的行业管制包括法律规范、政府监管和行业自律三个方面。

主要概念

审计　财务报表审计　合规审计　经营审计　有限责任会计师事务所　合伙会计师事务所

关键思考题

1.西方国家的注册会计师审计是如何产生和发展的?

2.可以从哪些方面理解审计的定义?

3.审计的种类有哪些?

4.简述中国注册会计师依法承办的审计业务的基本内容。

5.我国会计师事务所的组织形式有哪些?

6.我国注册会计师行业管理包括哪些内容?

第二章

注册会计师的执业准则

学习目标

☆知识目标

明确注册会计师执业准则体系的构成；

掌握中国注册会计师审计准则、审阅准则和其他鉴证业务准则的含义；

掌握注册会计师鉴证业务基本准则的内容；

掌握会计师事务所质量管理体系的基本内容；

掌握注册会计师职业道德规范的基本内容。

☆技能目标

在理解职业道德规范、鉴证业务基本准则、会计师事务所质量管理等内容的基础上，运用相关知识指导审计工作和规范注册会计师行为。

第一节 中国注册会计师的执业准则概述

一、中国注册会计师的执业准则的含义及构成

注册会计师执行业务，必须遵循其执业准则。审计执业准则是指由注册会计师职业团体制定的一套权威性标准，用以规范注册会计师在提供鉴证与非鉴证服务时应具有的素质与资格、应遵循的行为准则，它是衡量和评价注册会计师审计服务质量的基本判定标准。审计执业准则已形成一整套较为全面、完善的自我约束体系，主要包括注册会计师的执业准则和职业道德守则。注册会计师执业准则体系的构成如图2-1所示。

二、中国注册会计师执业准则的演进与国际趋同

（一）注册会计师执业准则（practising standards）的概念

注册会计师执业准则是注册会计师在执行审计业务过程中应当遵循的行为准则，是衡量注册会计师审计工作质量的权威性标准。执业准则的含义包括如下主要内容：

（1）执业准则是审计实践经验的总结。执业准则从理论上对审计实践进行总结，是注册会计师审计理论的重要组成部分。它反映了注册会计师审计工作的客观规律和基本要

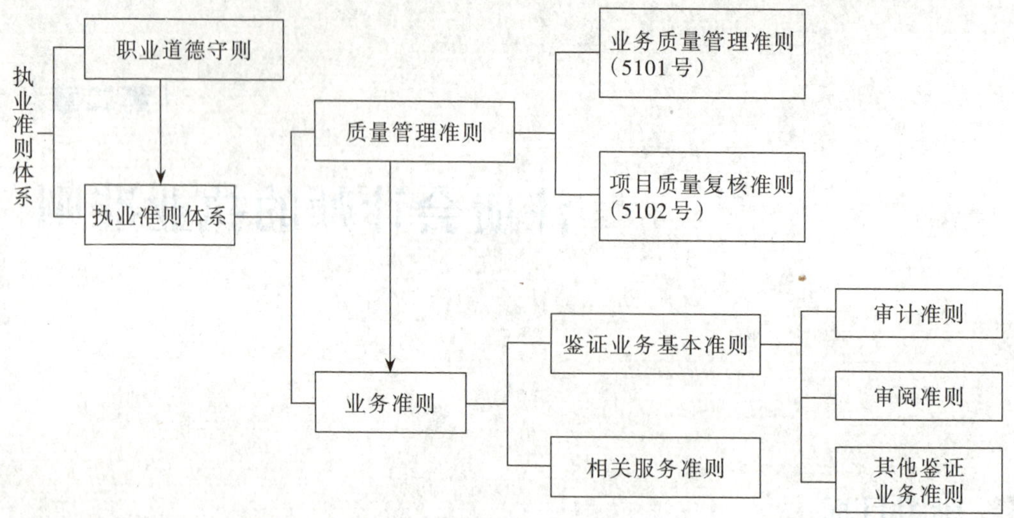

图2-1 注册会计师执业准则体系

求，同时又反过来指导实践，成为注册会计师工作的原则和标准。

（2）执业准则对注册会计师的素质和专业资格做了明确规定，并对注册会计师的鉴证与服务行为予以规范和指导，指明各项鉴证与服务业务应当如何去做，哪些是可以做的、哪些是不可以做的，哪些必须深入去做、哪些可以只作一般的了解。

（3）执业准则是衡量、判断注册会计师工作质量的专业标准和依据。由于执业准则提出了注册会计师工作应达到的质量要求，所以，衡量其质量的优劣就有了客观尺度，即使注册会计师与客户双方就某些问题产生了分歧，也容易在这种客观尺度的基础上统一起来。

（4）执业准则是由注册会计师职业团体制定的具有权威性的专业文件。

（二）中国注册会计师执业准则修订的历程

注册会计师执业准则的产生是以各类审计人员的工作惯例为基础的。纵观整个发展历程，它既是注册会计师工作经验的总结，又是保证工作质量的客观需要。执业准则的制定和实施，使注册会计师在执业过程中有了工作规范和指南，对提高注册会计师的执业质量、降低风险、维护社会公众利益具有重要的作用。我国注册会计师执业准则的建设经历了以下三个阶段：

1.制定执业规则阶段（1991—1993年）

中国注册会计师协会自1988年成立以后，为了提高注册会计师业务水平和工作的规范程度，非常重视执业规则的建设，1991—1993年，先后发布了《注册会计师检查验证会计报表规则（试行）》等七个执业规则，这些执业规则是我国注册会计师行业走向正规化、法制化、专业化的标志。

2.建立注册会计师审计准则体系阶段（1994—2003年）

1993年10月31日，第八届全国人民代表大会常务委员会第四次会议通过《中华人民共和国注册会计师法》（简称《注册会计师法》），规定中国注册会计师协会依法拟定审计准则，报国务院财政部门批准后实行。经财政部批准同意，中国注册会计师协会自1994年5月开始起草审计准则，到2003年，中国注册会计师协会先后分6批制定了审计准则，共计48个项目。

3.建立并完善注册会计师执业准则体系阶段（2004年至今）

随着注册会计师审计准则体系的建立，制定工作转向完善注册会计师审计准则体系与提高准则质量并重。自2004年以来，中国注册会计师协会在起草新准则的同时，根据变化的审计环境、国际审计鉴证准则的最新发展和注册会计师职业的需要，有计划、有步骤地修订已颁布的准则。同时为贯彻现代风险导向审计的理念和方法以及适应日益扩展业务的需要，有必要建立新的中国注册会计师执业准则体系，以满足注册会计师执业需要，并进一步缩小与国际审计准则的差距。在陆续发布征求意见稿的基础上，2006年2月15日，中国注册会计师执业准则体系（共48项准则）正式出台。为满足高质量审计服务的社会需求，我国于2010年、2016年和2019年对审计准则内容又进行了多次大幅度的修订。

（三）中国注册会计师执业准则体系结构

根据我国实际情况和国际趋同的需要，将“中国独立审计准则体系”改进为“中国注册会计师执业准则体系”，以适应注册会计师业务多元化的需要。中国注册会计师执业准则体系受注册会计师职业道德守则统御，鉴证业务准则和相关服务准则是按照注册会计师所从事的业务是否具有鉴证职能、是否需要提出鉴证结论加以区分的。鉴证业务准则又分为审计准则、审阅准则和其他鉴证业务准则三类。其中：审计准则用来规范注册会计师执行历史财务信息审计业务，要求注册会计师综合使用审计方法，对财务报表获取合理程度的保证；审阅业务准则用来规范注册会计师执行历史财务信息审阅业务，要求注册会计师主要使用询问和分析程序，对财务报表获取有限程度的保证；其他鉴证业务准则用来规范注册会计师执行除历史财务信息审计和审阅以外的其他鉴证业务。在执业准则框架体系中，审计准则无疑是其核心。可见，执业准则框架体系层次分明，内容全面，涵盖了注册会计师业务领域的各个主要环节和主要方面，能够满足注册会计师业务多元化的需求，满足社会公众和相关监管部门的基本需求。

三、注册会计师职业道德的含义及中国注册会计师职业道德规范出台的背景

（一）注册会计师职业道德的含义

职业道德是某一职业组织以公约、守则等形式公布的，其会员自愿接受的职业行为准则标准。注册会计师的职业道德，是具有审计职业特征的道德准则和行为规范，它是注册会计师的职业品德、职业纪律、专业胜任能力及职业责任等的总称。

（二）中国注册会计师职业道德规范出台的背景

从注册会计师的产生发展历程中可以看出，注册会计师应站在独立的立场，对企业管理层编制的财务报表进行审计，并提出客观、公正的审计意见，作为投资人、债权人、政府部门等社会公众进行决策的依据。从本质上讲，注册会计师服务的对象是社会公众，这就决定了注册会计师从诞生的那一天起就承担了对社会公众的责任。正因为这份神圣的职责，更有必要大力加强对注册会计师的职业道德教育，强化其职业道德意识，提高道德水准，树立注册会计师良好的社会形象。

我国于1988年年底组建中国注册会计师协会以来，一直致力于注册会计师的道德标准建设和道德教育。1997年1月1日，经财政部、审计署批准同意，中国注册会计师协会颁布实施了《中国注册会计师职业道德基本准则》（简称《职业道德基本准则》）；2002年6月25日，中国注册会计师协会发布了《中国注册会计师职业道德规范指导意见》（简

称《指导意见》),《指导意见》在基本准则的基础上，又提出许多具体要求。为落实《指导意见》精神，2009年中国注册会计师协会颁布了《中国注册会计师职业道德守则》和《中国注册会计师协会非执业会员职业道德守则》，并于2010年7月1日起实施，以全面规范注册会计师的职业道德行为，2020年对其内容又进行了修订。

第二节 中国注册会计师鉴证业务基本准则

由于注册会计师具有良好的职业形象和较强的专业能力，这使得其日益成为政府部门和其他社会公众信赖的专业人士。我国的注册会计师和许多国家（或地区）的注册会计师一样，除了承办传统的审计业务外，还承办其他鉴证业务，以增强信息使用者对所鉴证信息的信赖程度。同时，面对全球化、多元化和竞争激烈的审计市场，注册会计师还将调整专业服务的性质、范围和领域，不断开拓新的市场和业务。目前注册会计师既承办财务报表审计和审阅、内部控制审核等具有鉴证职能的业务，也承办代编财务信息等不具有鉴证职能的业务。这样，原主要指导财务报表审计的注册会计师审计准则已指导不了当前的各类业务。因此，有必要将鉴证业务的定义、目标、特征和要素进行归纳和明确，指导注册会计师将鉴证业务与非鉴证业务区分开来，将鉴证业务中具有不同保证程度的业务区分开来，以保证执业质量，满足信息使用者的需要。

我国鉴证准则体系设计为两个层次：第一层次为鉴证业务基本准则（general assurance standards）；第二层次为审计准则（auditing standards）、审阅准则（review standards）和其他鉴证业务准则（other assurance standards）。根据我国的实际情况和立法要求，中国注册会计师协会借鉴国际鉴证业务框架，起草了鉴证业务基本准则，它是审计准则、审阅准则和其他鉴证业务准则的总纲，不仅指导具体准则的制定，对具体准则起统驭作用，还有“执行力”，注册会计师如果从事涉及会计、审计、税收或其他事项的鉴证业务，除有特定要求外，应当参照鉴证业务基本准则办理。可以说，鉴证业务基本准则是鉴证业务的理论概括和高度提炼，成为审计准则、审阅准则和其他鉴证业务准则的基石。审计准则用于规范注册会计师执行历史财务信息（主要是财务报表）审计业务，要求注册会计师综合使用审计方法，对财务报表获取合理程度的保证；审阅准则用于规范注册会计师执行历史财务信息审阅业务，要求注册会计师主要使用询问和分析程序，对财务报表获取有限程度的保证；其他鉴证业务准则用于规范注册会计师执行历史财务信息审计和审阅以外的其他鉴证业务。本节主要介绍鉴证业务基本准则的内容。

一、鉴证业务的定义和目标

（一）鉴证业务的定义

1.鉴证业务和鉴证对象信息

鉴证业务（assurance service）是指注册会计师对鉴证对象信息提出结论，以增强除责任方之外的预期使用者对鉴证对象信息信任程度的业务。鉴证对象信息是按照标准对鉴证对象进行评价和计量的结果。如责任方按照会计准则和相关会计制度（标准）对其财务状况、经营成果和现金流量（鉴证对象）进行确认、计量和列报（包括披露，下同）而形成的财务报表（鉴证对象信息）。

鉴证业务包括历史财务信息审计业务、历史财务信息审阅业务和其他鉴证业务。注册会计师执行历史财务信息审计业务、历史财务信息审阅业务和其他鉴证业务时，应当遵守鉴证业务基本准则以及依据鉴证业务基本准则制定的审计准则、审阅准则和其他鉴证业务准则。

2.鉴证业务分类

鉴证业务分为基于责任方认定的业务和直接报告业务。在基于责任方认定的业务中，责任方对鉴证对象进行评价或计量，鉴证对象信息以责任方认定的形式为预期使用者获取。例如，在财务报表审计中，被审计单位管理层（责任方）对财务状况、经营成果和现金流量（鉴证对象）进行确认、计量和列报（评价或计量）而形成的财务报表（鉴证对象信息）即为责任方的认定，该财务报表可为预期报表使用者获取，注册会计师针对财务报表出具审计报告。这种业务属于基于责任方认定的业务。

在直接报告业务中，注册会计师直接对鉴证对象进行评价或计量，或者从责任方获取对鉴证对象评价或计量的认定，而该认定无法为预期使用者获取，预期使用者只能通过阅读鉴证报告获取鉴证对象信息。例如，在内部控制鉴证业务中，注册会计师可能无法从管理层（责任方）获取其对内部控制有效性的评价报告（责任方认定），或虽然注册会计师能够获取该报告，但预期使用者无法获取该报告，注册会计师直接对内部控制的有效性（鉴证对象）进行评价并出具鉴证报告，预期使用者只能通过阅读该鉴证报告获得内部控制有效性的信息（鉴证对象信息）。这种业务属于直接报告业务。

小思考 2-1

基于责任方认定的业务和直接报告业务有何区别？

提示：二者区别主要表现在以下四个方面：(1) 预期使用者获取鉴证对象信息的方式不同。在基于责任方认定的业务中，预期使用者可以直接获取鉴证对象信息（责任方认定），而不一定要通过审阅鉴证报告；在直接报告业务中，可能不存在责任方认定，即便存在，该认定也无法为预期使用者获取，预期使用者只能通过阅读鉴证报告获取有关的鉴证对象信息。(2) 提出结论的对象不同。在基于责任方认定的业务中，注册会计师提出结论的对象可能是责任方认定，也可能是鉴证对象。此类业务的逻辑顺序是：首先，责任方按照标准对鉴证对象进行评价和计量，形成责任方认定，注册会计师获取该认定；然后，注册会计师根据适当的标准对鉴证对象再次进行评价和计量，并将结果与责任方认定进行比较；最后，注册会计师针对责任方认定提出鉴证结论，或直接针对鉴证对象提出结论。在直接报告业务中，无论责任方认定是否存在、注册会计师能否获取该认定，注册会计师在鉴证报告中都将直接对鉴证对象提出结论。(3) 责任方的责任不同。在基于责任方认定的业务中，由于责任方已经将既定标准应用于鉴证对象，形成了鉴证对象信息，因此，责任方应对鉴证对象信息负责，可能同时对鉴证对象负责。例如，在财务报表审计中，被审计单位管理层既要对财务报表（鉴证对象信息）负责，也要对财务状况、经营成果和现金流量（鉴证对象）负责。在直接报告业务中，无论注册会计师是否获取了责任方认定，鉴证报告中都不体现责任方的认定，责任方仅需要对鉴证对象负责。(4) 鉴证报告的内容和格式不同。在基于责任方认定的业务中，鉴证报告的引言段通常会提供责任方认定的相关信息，进而说明其所执行的鉴证程序并提出鉴证结论。在直接报告业务中，注册会计师直接说明鉴证对象、执行的鉴证程序并提出鉴证结论。

（二）鉴证业务的目标

鉴证业务的保证程度分为合理保证和有限保证。

合理保证的鉴证业务的目标是注册会计师将鉴证业务风险降至该业务环境下可接受的低水平，以此作为以积极方式提出结论的基础。例如，在历史财务信息审计中，要求注册会计师将审计风险降至可接受的低水平，对审计后的历史财务信息提供高水平保证（合理保证），在审计报告中对历史财务信息采用积极方式提出结论。这种业务属于合理保证的鉴证业务。

有限保证的鉴证业务的目标是注册会计师将鉴证业务风险降至该业务环境下可接受的水平，以此作为以消极方式提出结论的基础。例如，在历史财务信息审阅中，要求注册会计师将审阅风险降至该业务环境下可接受的水平（高于历史财务信息审计中可接受的低水平），为审阅后的历史财务信息提供低于高水平的保证（有限保证），在审阅报告中对历史财务信息采用消极方式提出结论。这种业务属于有限保证的鉴证业务。

小资料 2-1

合理保证与有限保证的鉴证业务比较见表2-1。

表2-1 合理保证与有限保证的鉴证业务比较

比较角度	合理保证的鉴证业务	有限保证的鉴证业务
鉴证目标和结论	在可接受的低审计风险下，以积极方式提出结论，提供高水平的合理保证	在可接受的审计风险下，以消极方式提出结论，提供低于高水平的有限保证
收集证据的程序	收集证据的程序包括：检查记录或文件、检查有形资产、观察、询问、函证、重新计算、重新执行、分析程序	收集证据的程序受到有意限制，主要包括询问和分析程序
所需要证据数量	较多	较少
鉴证业务风险	较低	较高
鉴证对象信息的可信性	较高	较低

二、业务承接

（一）承接鉴证业务的条件

在接受委托前，注册会计师应当初步了解业务环境。业务环境包括业务约定事项、鉴证对象特征、使用的标准、预期使用者的需求、责任方及其环境的相关特征，以及可能对鉴证业务产生重大影响的事项、交易、条件和惯例等其他事项。

在初步了解业务环境后，只有认为符合独立性和专业胜任能力等相关职业道德规范的要求，并且拟承接的业务具备下列所有特征，注册会计师才能将其作为鉴证业务予以承接：（1）鉴证对象适当；（2）使用的标准适当且预期使用者能够获取该标准；（3）注册会计师能够获取充分、适当的证据以支持其结论；（4）注册会计师的结论以书面报告形式表述，且表述形式与所提供的保证程度相适应；（5）该业务具有合理的目的。如果鉴证业务的工作范围受到重大限制，或委托人试图将注册会计师的名字和鉴证对象不适当地联系在一起，则该业务可能不具有合理的目的。

当拟承接的业务不具备上述鉴证业务的所有特征，不能将其作为鉴证业务予以承接时，注册会计师可以提请委托人将其作为非鉴证业务（如商定程序、代编财务信息、管理咨询、税务服务等相关服务业务），以满足预期使用者的需要。

（二）标准不适当时的处理方式

如果某项鉴证业务采用的标准不适当，但满足下列条件之一时，注册会计师可以考虑将其作为一项新的鉴证业务：（1）委托人能够确认鉴证对象的某个方面适用于所采用的标准，注册会计师可以针对该方面执行鉴证业务，但在鉴证报告中应当说明该报告的内容并非针对鉴证对象整体；（2）能够选择或设计适用于鉴证对象的其他标准。

（三）已承接鉴证业务的变更

对已承接的鉴证业务，如果没有合理理由，注册会计师不应将该项业务变更为非鉴证业务，或将合理保证的鉴证业务变更为有限保证的鉴证业务。

当业务环境变化影响到预期使用者的需求，或预期使用者对该项业务的性质存在误解时，注册会计师可以应委托人的要求，考虑同意变更该项业务。如果发生变更，注册会计师不应忽视变更前获取的证据。

三、鉴证业务的要素

鉴证业务要素，是指鉴证业务的三方关系、鉴证对象、鉴证标准、证据和鉴证报告。

（一）鉴证业务的三方关系

鉴证业务涉及的三方关系人包括注册会计师、责任方和预期使用者。责任方与预期使用者可能是同一方，也可能不是同一方。

三方之间的关系是：注册会计师对由责任方负责的鉴证对象或鉴证对象信息提出结论，以增强除责任方之外的预期使用者对鉴证对象信息的信任程度。

（1）注册会计师。注册会计师可以承接符合规定的各类鉴证业务。如果鉴证业务涉及的特殊知识和技能超出了注册会计师的能力，注册会计师可以利用专家协助执行鉴证业务。在这种情况下，注册会计师应当确信包括专家在内的项目组整体已具备执行该项鉴证业务所需的知识和技能，并充分参与该项鉴证业务和了解专家所承担的工作。

（2）责任方。责任方是指下列组织或人员：①在直接报告业务中，对鉴证对象负责的组织或人员；②在基于责任方认定的业务中，对鉴证对象信息负责并可能同时对鉴证对象负责的组织或人员。

责任方可能是鉴证业务的委托人，也可能不是委托人。注册会计师通常提请责任方提供书面声明，表明责任方已按照既定标准对鉴证对象进行评价或计量，无论该声明是否能为预期使用者获取。

在直接报告业务中，当委托人与责任方不是同一方时，注册会计师可能无法获取此类书面声明。

（3）预期使用者。预期使用者是指预期使用鉴证报告的组织或人员。责任方可能是预期使用者，但不是唯一的预期使用者。

注册会计师可能无法识别使用鉴证报告的所有组织和人员，尤其是在各种可能的预期使用者对鉴证对象存在不同的利益需求时。注册会计师应当根据法律法规的规定或与委托人签订的协议识别预期使用者。在可行的情况下，鉴证报告的收件人应当明确为所有的预期使用者。

在可行的情况下，注册会计师应当提请预期使用者或其代表，与注册会计师和责任方（如果委托人与责任方不是同一方，还包括委托人）共同确定鉴证业务约定条款。无论其他人员是否参与，注册会计师都应当负责确定鉴证业务程序的性质、时间和范围，并对鉴证业务中发现的、可能导致对鉴证对象信息作出重大修改的问题进行跟踪。

当鉴证业务服务于特定的使用者，或具有特定目的时，注册会计师应当考虑在鉴证报告中注明该报告的特定使用者或特定目的，对报告的用途加以限定。

（二）鉴证对象

1.鉴证对象与鉴证对象信息的表现形式

鉴证对象与鉴证对象信息具有多种形式，主要包括：(1) 当鉴证对象为财务业绩或状况时（如历史或预测的财务状况、经营成果和现金流量），鉴证对象信息是财务报表；(2) 当鉴证对象为非财务业绩或状况时（如企业的运营情况），鉴证对象信息可能是反映效率或效果的关键指标；(3) 当鉴证对象为物理特征时（如设备的生产能力），鉴证对象信息可能是有关鉴证对象物理特征的说明文件；(4) 当鉴证对象为某种系统和过程时（如企业的内部控制或信息技术系统），鉴证对象信息可能是关于其有效性的认定；(5) 当鉴证对象为一种行为时（如遵守法律法规的情况），鉴证对象信息可能是对法律法规遵守情况或执行效果的声明。

2.鉴证对象的特征

鉴证对象具有不同特征，可能表现为定性或定量、客观或主观、历史或预测、时点或期间。这些特征将对下列方面产生影响：(1) 按照标准对鉴证对象进行评价或计量的准确性；(2) 证据的说服力。

鉴证报告应当说明与预期使用者特别相关的鉴证对象特征。

3.适当的鉴证对象应当具备的条件

适当的鉴证对象应当同时具备下列条件：(1) 鉴证对象可以识别；(2) 不同的组织或人员对鉴证对象按照既定标准进行评价或计量的结果合理一致；(3) 注册会计师能够收集与鉴证对象有关的信息，获取充分、适当的证据，以支持其提出适当的鉴证结论。

（三）鉴证标准

1.标准的概念

标准是指用于评价或计量鉴证对象的基准，当涉及列报时，还包括列报的基准。标准可以是正式的规定，如编制财务报表所使用的会计准则和相关会计制度；也可以是某些非正式的规定，如单位内部制定的行为准则或确定的绩效水平。

2.标准的特征

适当的标准应当具备下列所有特征：(1) 相关性。相关的标准有助于得出结论，便于预期使用者作出决策。(2) 完整性。完整的标准不应忽略业务环境中可能影响得出结论的相关因素，当涉及列报时，还包括列报的基准。(3) 可靠性。可靠的标准能够使能力相近的注册会计师在相似的业务环境中，对鉴证对象作出合理一致的评价或计量。(4) 中立性。中立的标准有助于得出无偏向的结论。(5) 可理解性。可理解的标准有助于得出清晰、易于理解、不会产生重大歧义的结论。

注册会计师基于自身的预期、判断和个人经验对鉴证对象进行的评价和计量，不构成适当的标准。

3.标准的获得

标准应当能够为预期使用者所获取，以使预期使用者了解鉴证对象的评价或计量过程。其获取方式有：（1）公开发布；（2）在陈述鉴证对象信息时以明确的方式表述；（3）在鉴证报告中以明确的方式表述；（4）常识理解，如计量时间的标准是小时或分钟。

如果确定的标准仅能为特定的预期使用者获取，或仅与特定目的相关，鉴证报告的使用也应限于这些特定的预期使用者或特定目的。

（四）证据

1.总体要求

注册会计师应当以职业怀疑态度计划和执行鉴证业务，获取有关鉴证对象信息是否不存在重大错报的充分、适当的证据。

注册会计师应当及时对制订的计划、实施的程序、获取的相关证据以及得出的结论作出记录。在计划和执行鉴证业务，尤其是在确定证据收集程序的性质、时间和范围时，应当考虑重要性、鉴证业务风险以及可获取证据的数量和质量。

2.职业怀疑态度

职业怀疑是指注册会计师执行审计业务的一种态度，包括采取质疑的思维方式，对可能表明由于错误或舞弊导致错报的迹象保持警觉，以及对审计证据进行审慎评价。可以从以下四个方面进行理解：（1）职业怀疑在本质上要求秉持一种质疑的理念，这种理念促使注册会计师在考虑相关信息和得出结论时采取质疑的思维方式。（2）职业怀疑要求对引起疑虑的情形保持警觉。这些情形包括但不限于：相互矛盾的审计证据；引起对文件记录或对询问答复的可靠性产生怀疑的信息；明显不合商业情理的交易或安排；其他表明可能存在舞弊的情况；表明需要实施除审计准则规定外的其他审计程序的情形。（3）职业怀疑要求审慎评价审计证据。审慎评价审计证据包括质疑相互矛盾的审计证据、文件记录和对询问的答复以及从管理层和治理层获得的其他信息的可靠性，而非机械完成审计准则要求实施的审计程序。（4）职业怀疑要求客观评价管理层和治理层。由于审计环境发生变化，或者管理层和治理层为实现预期利润或结果而承受内部或外部压力，即使以前正直、诚信的管理层和治理层也可能发生变化。因此，注册会计师不应依赖以往对管理层和治理层诚信形成的判断。

鉴证业务通常不涉及鉴定文件记录的真伪，注册会计师也不是鉴定文件记录真伪的专家，但应当考虑用作证据的信息的可靠性，包括考虑与信息生成和维护相关控制的有效性。

如果在执行业务过程中识别出的情况使其认为文件记录可能是伪造的或文件记录中的某些条款已发生变动，注册会计师应当作出进一步调查，包括直接向第三方询证，或考虑利用专家的工作，以评价文件记录的真伪。

3.证据的其他规定

在鉴证业务基本准则中，对证据的特性、收集证据的程序、证据的记录等内容都作出了明确规定，这部分内容将在第四章第二节审计证据部分进行阐述。

知识链接 2-1

注册会计师在哪些重要审计领域特别需要保持职业怀疑？

在以下较复杂、需要高度判断的重要审计领域，注册会计师保持职业怀疑尤为重要：

（1）舞弊风险。在针对由于舞弊导致的重大错报风险确定总体应对措施时，注册会计师可能需要在检查支持重大交易的文件时，保持敏感性，有意识地对管理层有关重大事项的解释或声明进行印证。

（2）管理层凌驾于内部控制之上的风险。注册会计师应当将管理层凌驾于内部控制之上的风险作为舞弊风险（因而是一种特别风险）予以应对。在评价管理层对询问作出的答复时，需要通过其他信息予以印证，如果出现不一致，需要跟进调查并重新评价。

（3）收入确认。在识别和评估由于舞弊导致的重大错报风险时，注册会计师应当基于收入确认存在舞弊风险的假定，评价哪些类型的收入、收入交易或认定导致舞弊风险。

（4）会计估计（包括公允价值会计估计及相关披露）。例如，对于导致特别风险的会计估计，注册会计师应当评价管理层使用的重大假设是否合理；注册会计师应当确定会计估计或作出会计估计的方法不同于上期的变化是否适合于具体情况；注册会计师应当复核管理层在作出会计估计时的判断和决策，以识别是否可能存在管理层偏向的迹象。

（5）关联方关系及其交易。例如，注册会计师应当在审计过程中对可能显示以前未识别或未披露的关联方关系或关联方交易的信息保持警觉。

（6）重大非常规交易。例如，注册会计师应当评价重大非常规交易的商业理由（或缺乏商业理由）是否表明被审计单位从事交易的目的是对财务信息作出虚假报告或掩盖侵占资产的行为。此外，还需考虑重大非常规交易的披露是否充分。

（7）金融工具等高度复杂的交易。例如，注册会计师需要复核金融工具的分类和确认是否符合适用的财务报告编制基础的规定，与金融工具相关的会计估计所依据的假设和数据的相关性和合理性，金融工具是否按照适用的财务报告编制基础规定的计量属性列报期末金额。

（8）对法律法规的遵守。例如，在审计过程中实施其他程序时，需要对违反或怀疑违反下列法律法规的行为保持警觉：一是可能对财务报表产生重大影响的法律法规；二是对被审计单位的经营活动具有至关重要的影响，将导致被审计单位终止业务活动或对其持续经营能力产生重大影响的法律法规。

（9）持续经营。例如，如果识别出可能导致对持续经营能力产生重大疑虑的事项或情况，注册会计师应当评价管理层与持续经营能力评估相关的未来应对计划，这些计划的结果是否可能改善目前的状况，以及管理层的计划对于具体情况是否可行。

（10）函证。例如，注册会计师需要对函证过程中出现的异常情况保持警觉，判断是否存在对回函可靠性的疑虑，并追加审计程序予以调查。

（11）存货监盘。例如，注册会计师应对存货实际盘点结果与期末存货记录不一致的情况保持警觉，并追加审计程序予以调查。

（12）期后事项。注册会计师应当设计和实施审计程序，适当关注期后事项，如期后重大会计记录调整、期后收入冲回等事项，对舞弊风险保持警觉。

资料来源　中国注册会计师审计准则问题解答第1号——职业怀疑（2014）.

（五）鉴证报告

1.出具鉴证报告的总体要求

注册会计师应当出具含有鉴证结论的书面报告，该鉴证结论应当说明注册会计师就鉴证对象信息获取的保证。注册会计师应当考虑其他报告责任，包括在适当时与治理层沟通。

2.鉴证结论的两种表述方式

在基于责任方认定的业务中，注册会计师的鉴证结论可以采用下列两种表述形式：（1）明确提及责任方认定，如“我们认为，责任方作出的‘根据××标准，内部控制在所有重大方面是有效的’这一认定是公允的”。（2）直接提及鉴证对象和标准，如“我们认为，根据××标准，内部控制在所有重大方面是有效的”。

在直接报告业务中，注册会计师应当明确提及鉴证对象和标准。

3.提出鉴证结论的积极方式和消极方式

在合理保证的鉴证业务中，注册会计师应当以积极方式提出结论，如“我们认为，根据××标准，内部控制在所有重大方面是有效的”或“我们认为，责任方作出的‘根据××标准，内部控制在所有重大方面是有效的’这一认定是公允的”。

在有限保证的鉴证业务中，注册会计师应当以消极方式提出结论，如“基于本报告所述的工作，我们没有注意到任何事项使我们相信，根据××标准，××系统在所有重大方面是无效的”或“基于本报告所述的工作，我们没有注意到任何事项使我们相信，责任方作出的‘根据××标准，××系统在所有重大方面是有效的’这一认定是不公允的”。

4.注册会计师不能出具无保留意见审计报告的情况

（1）工作范围受到限制。对任何类型的鉴证业务，如果注册会计师的工作范围受到限制，注册会计师应当视受到限制的重大与广泛程度，出具保留意见或无法表示意见的报告。在某些情况下，注册会计师应当考虑解除业务约定。

（2）责任方认定未在所有重大方面作出公允表达。如果注册会计师的结论提及责任方的认定，且该认定未在所有重大方面作出公允表达，注册会计师应当视其影响的重大与广泛程度，出具保留意见或否定意见的报告。

（3）鉴证对象信息存在重大错报。如果注册会计师的结论直接提及鉴证对象和标准，且鉴证对象信息存在重大错报，注册会计师应当视其影响的重大与广泛程度，出具保留意见或否定意见的报告。

（4）标准或鉴证对象不适当。在承接业务后，如果发现标准或鉴证对象不适当，可能误导预期使用者，注册会计师应当视其影响的重大与广泛程度，出具保留意见或否定意见的报告。如果发现标准或鉴证对象不适当，造成工作范围受到限制，注册会计师应当视受到限制的重大与广泛程度，出具保留意见或无法表示意见的报告。

在某些情况下，注册会计师应当考虑解除业务约定。

5.注册会计师姓名的使用

当注册会计师针对鉴证对象信息出具报告，或同意将其姓名与鉴证对象联系在一起时，则注册会计师与该鉴证对象发生了关联。

如果获知他人不恰当地将其姓名与鉴证对象相关联，注册会计师应当要求其停止这种行为，并考虑采取其他必要的措施，包括将不恰当使用注册会计师姓名这一情况告知所有已知的使用者或征询法律意见。

小资料 2-2

《中国注册会计师执业准则》与《中国注册会计师执业准则指南》的关系

我国财政部于2010年颁布的《中国注册会计师执业准则》作为规范注册会计师执业活动的标准，具有“执行力”，注册会计师执行鉴证与服务业务应当照此办理。为了帮助广大注册会计师正确理解、深入掌握注册会计师执业准则，财政部于2010年颁布了《中国注册会计师执业准则指南》，这是对《中国注册会计师执业准则》的细化、深化和具体化，为注册会计师正确理解和运用准则提供了可供操作性的指导意见，与《中国注册会计师执业准则》构成了一个完整的注册会计师执业规范体系。

第三节 会计师事务所业务质量管理

为保证执业质量，根据《注册会计师法》的规定，中国注册会计师协会拟定了《中国注册会计师质量控制基本准则》，经财政部批准，于1997年1月1日开始施行，后经多次修订，内容日益科学、严谨。为顺应经济社会及信息技术发展对会计师事务所管理提出的新要求、新挑战，为提高质量管理能力，中国注册会计师协会针对会计师事务所质量管理方面出现的突出问题，并借鉴国际质量管理相关准则的最新成果，修订了会计师事务所的质量准则。2020年11月19日，财政部批准印发《会计师事务所质量管理准则第5101号——业务质量管理》《会计师事务所质量管理准则第5102号——项目质量复核》《中国注册会计师审计准则第1121号——对财务报表审计实施的质量管理》等3项执业准则（以下统称质量管理相关准则），采取分批分步骤实施的方案，即从事证券服务业务的会计师事务所，应当自2023年1月1日起建立完成适合本事务所的质量管理体系并开始运行，自运行一年之内开始对该体系运行情况进行评价；不从事证券服务业务的会计师事务所，可以将上述实施日期推迟一年，即自2024年1月1日起建立完成适合本事务所的质量管理体系并开始运行，自运行一年之内开始对该体系运行情况进行评价。

一、会计师事务所质量管理体系

《会计师事务所质量管理准则第5101号——业务质量管理》规范整个会计师事务所层面如何管理业务质量，要求事务所采用风险导向的质量管理新方法，运用内部控制理论，建立健全并有效运行全事务所统一的质量管理体系（包括目标、总体要求、要素、评价和记录五个方面），并详细规定了该体系的具体内容和事务所领导层等相关人员的具体职责。

（一）会计师事务所质量管理体系的目标

质量管理体系是会计师事务所为实施质量管理而设计、实施和运行的系统，其目标是在以下两个方面提供合理保证：（1）会计师事务所及其人员按照适用的法律法规和执业准则的规定履行职责，并根据这些规定执行业务（强调：主体的“过程”遵守）；（2）会计师事务所和项目合伙人出具适当的业务报告（强调：主体的“结果”恰当）。

（二）会计师事务所质量管理体系的总体要求

会计师事务所质量管理体系应当满足以下总体要求（见表2-2）：

表2-2 会计师事务所质量管理体系下总体要求的具体内容

项目		具体内容
总体要求	在全所范围内统一	(1) 在人事、财务、业务、技术标准和信息管理五方面统一管理; (2) 如果事务所通过合并、新设等方式成立分所(或分部),应当将该分所(或分部)纳入质量管理体系中统一实施质量管理
	采用风险导向的思路	按照风险导向的思路,事务所应当采取三步骤: (1) 针对质量管理体系的各个要素设定质量目标; (2) 识别和评估质量风险; (3) 设计和采取应对措施以应对质量风险
	"量身定制"	事务所应当实事求是,根据本事务所及其业务的性质和具体情况"量身定制"适合本事务所的质量管理体系,而不应当机械执行会计师事务所质量管理准则
	动态调整	质量管理体系应当是动态的,而不是一成不变的。实务中,事务所应当根据本所及其业务在性质和具体情况方面的变化,对质量管理体系的设计、实施和运行进行动态调整

(三) 会计师事务所质量管理体系的要素

会计师事务所质量管理体系包括以下八大要素,具体内容见表2-3。

表2-3 会计师事务所质量管理体系八大要素的具体内容

项目		具体内容
1. 会计师事务所的风险评估程序	思路	事务所应当设计和实施风险评估程序,以设定质量目标、识别和评估质量风险,并设计和采取应对措施以应对质量风险
	需了解的情况	事务所或业务的性质和具体情况
	动态调整	事务所或业务的性质和具体情况若发生变化,事务所如果识别出变化,应当考虑调整之前实施风险评估程序的结果,并在适当时采取如下措施: (1) 设定额外的质量目标或调整之前设定的额外质量目标; (2) 识别和评估额外的质量风险,调整之前评估的质量风险或重新评估质量风险; (3) 设计和采取额外的应对措施,或调整已采取的应对措施
2. 治理和领导层情况	治理和领导层的质量目标	事务所应当设定下列质量目标: (1) 在全所范围内形成一种"质量至上"的文化,树立质量意识; (2) 领导层对质量负责,并通过实际行动展示出其对质量的重视; (3) 领导层向事务所人员传递"质量至上"的执业理念,培育以质量为导向的文化; (4) 事务所的组织结构以及相关人员角色、职责、权限的分配是恰当的,能够满足质量管理体系设计、实施和运行的需要; (5) 事务所的资源(包括财务资源)需求得到恰当的计划,并且资源的取得和分配能够为事务所持续高质量地执行业务提供保障

续表

项目	具体内容	
2.治理和领导层情况	质量管理层	(1)事务所的主要负责人(如首席合伙人、主任会计师或者同等职位的人员)应当对质量管理体系承担最终责任; (2)质量管理的主要合伙人(或类似职位的人员)对质量管理体系的运行承担责任; (3)职业道德主要合伙人、独立性主管合伙人、各业务条线的主管合伙人、监控和整改主管合伙人等对质量管理体系特定方面的运行承担责任 特别提示:上述三类合伙人应满足准则中规定的条件要求
	合伙人管理	(1)制度:事务所有必要加强对合伙人晋升、培训、考核、分配、转入、退出的管理,体现以质量为导向的文化。 (2)晋升:①在晋升时,应当综合考虑拟晋升人员的执业理念、职业价值观、职业道德、专业胜任能力和执业诚信记录,建立以质量为导向的晋升机制,不得以承接和执行业务的收入或利润作为晋升合伙人的首要指标;②建立和实施质量一票否决制度。 (3)考核和收益分配:①应当结合合伙人的执业质量、管理能力、经营业绩、社会声誉等指标进行考虑;②不得以承接和执行业务的收入或利润作为首要指标;③不应直接或变相以分所、部门、合伙人所在团队作为利润中心进行收益分配
3.相关职业道德要求	独立性要求	(1)对项目合伙人的要求:在签署审计报告之前,审计项目合伙人应当负责确定相关职业道德要求(包括独立性要求)已经得到遵守; (2)确认函要求:事务所至少每年一次向所有需要按照相关职业道德要求保持独立性的人员获取其已遵守独立性要求的书面确认
	关键审计合伙人轮换机制	(1)轮换监控:①对关键审计合伙人的轮换情况进行实时监控;②建立关键审计合伙人服务年限清单;③每年对轮换情况实施复核,并在全所范围内统一进行轮换。 (2)完善利益分配机制:①事务所应当完善利益分配机制,保证全所的人力资源和客户资源实现一体化统筹管理;②事务所应当定期评价利益分配机制的设计和执行情况
4.客户关系和具体业务的接受与保持	相关质量目标	事务所在作出相关决策时,应当优先考虑的是质量方面的因素,而非商业利益。因此,针对客户关系和具体业务的接受与保持,事务所应当设定下列质量目标: (1)事务所接受针对业务的性质和具体业务所作出的判断是适当的; (2)事务所在财务和运营方面对优先事项的安排,并不会导致对是否接受或保持客户关系或具体业务作出不恰当的判断
	树立风险意识	对于存在高风险的业务,应当设计和实施专门的质量管理程序,如加强与前任注册会计师的沟通、与相关监管机构的沟通、访谈拟承接客户以了解有关情况、加强内部质量复核等,并经质量管理主管合伙人或其授权的人员审批

续表

项目		具体内容
5. 业务执行（项目组）	对项目合伙人的要求	在全所范围内统一委派具有足够专业胜任能力、时间，并且无不良执业诚信记录的项目合伙人执行业务
	项目组内部复核	项目组是指执行某项业务的所有合伙人和员工，以及为该项业务实施程序的所有其他人员，但不包括外部专家、为项目组提供直接协助的内审人员、项目质量复核人员。 事务所应当对项目组进行内部复核的层级、各层级的复核范围、执行复核的具体要求以及复核的记录要求等作出规定
	项目质量复核	是指在报告日或报告日之前，项目质量复核人员对项目组作出重大判断及据此得出结论作出的客观评价。主要对下列业务实施项目质量复核：上市实体财务报表审计业务、法律法规要求实施项目质量复核的审计业务或其他业务，事务所认为，为应对一项或多项质量风险，有必要实施项目质量复核的审计业务或其他业务
	意见分歧	意见分歧解决后才能出具业务报告
	出具业务报告	业务报告出具前，应当经项目合伙人、项目质量复核人（如有）复核确认，确保业务报告的内容、格式符合执业准则规定，并由项目合伙人及其他适当的人员签署
	投诉和指控	制定政策和程序，以接收、调查、解决投诉和指控
6.资源（财务资源、人力资源、知识资源、技术资源等）		事务所应当建立有关的政策和程序，适当获取、开发、利用、维护和分配资源，支持质量管理体系的设计、实施和运行，包括：招聘、培养和留住人员；展示出对质量的重视；外部获取支持；为每项业务分配资源；为各项活动分配资源；获取、开发、利用、维护适当的技术资源和知识资源等
7.信息与沟通		事务所应当建立有关的政策和程序，设定相关质量目标，支持质量管理体系的设计、实施和运行，确保相关方能够及时获取、生成和利用与质量管理体系有关的信息，并及时在会计师事务所内部或外部各方沟通信息
8.监控和整改程序	监控	（1）检查周期：①在每个周期内，对每个项目合伙人，至少选择一项已完成的项目进行检查；②对承接上市实体审计业务的每个项目合伙人，检查周期最长不得超过三年。 （2）监控人员：①具备有效执行监控活动所必需的胜任能力、时间和权威性；②具有客观性，项目组成员和项目质量复核人员不得参与对其项目的监控活动
	缺陷	（1）识别缺陷：事务所应当评价发现的情况，以确定是否存在缺陷，包括监控和整改程序中存在的缺陷。 （2）评价缺陷：针对识别的缺陷，事务所应当通过下列方法评价缺陷的严重程度和广泛性：①调查缺陷的根本原因；②评价这些缺陷单独或累积起来对质量管理体系的影响
	整改	（1）要求：事务所应当根据对根本原因的调查结果，设计和采取整改措施，以应对识别出的缺陷。 （2）问责：①针对缺陷的性质和影响程度，事务所应当对相关人员进行问责，问责应当与相关人员的考核、晋升和薪酬挂钩；②对执业中存在重大缺陷的项目合伙人，事务所应当对其是否具备从事相关业务的职业道德水平和专业胜任能力作出评价

会计师事务所质量管理体系包括会计师事务所的风险评估程序、治理和领导层情况、相关职业道德要求、客户关系和具体业务的接受与保持、业务执行、资源、信息与沟通、监控和整改程序等八大要素，这些要素之间应当有效衔接、相互支撑、协同运行。其相互关系如图2-2所示。

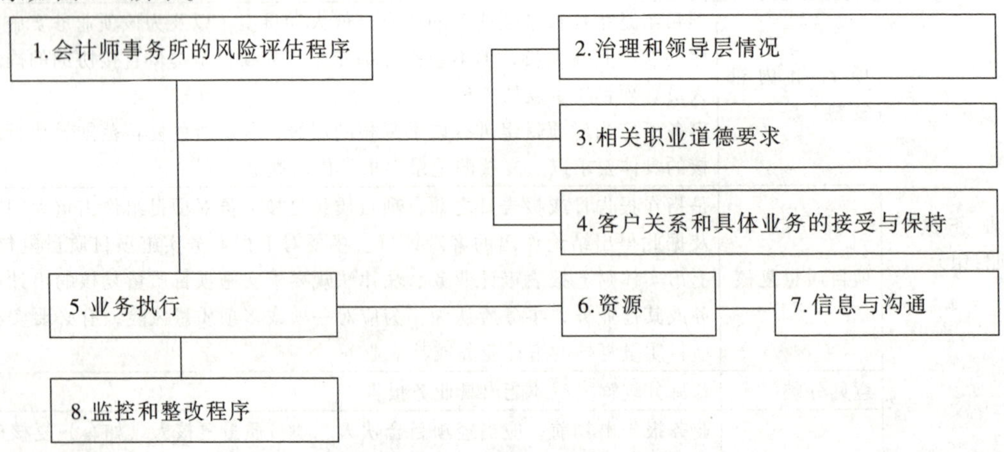

图2-2 会计师事务所质量管理体系八大要素的关系

（四）会计师事务所质量管理体系的评价

1.对质量管理体系的评价

会计师事务所主要负责人应当代表会计师事务所对质量管理体系进行评价。这种评价应当以某一时点为基准，并且应当至少每年一次。

2.对相关人员的业绩评价

会计师事务所应当定期对下列人员进行业绩评价：①主要负责人；②对质量管理体系承担运行责任的人员；③对质量管理体系特定方面承担运行责任的人员。在进行业绩评价时，会计师事务所应当考虑对质量管理体系的评价结果。

（五）会计师事务所质量管理体系的记录

1.记录的目的

会计师事务所应当对质量管理体系进行记录，以实现下列目的：①为会计师事务所人员对质量管理体系的一致理解提供支持，包括理解其在质量管理体系和业务执行中的角色和责任；②为质量管理体系的持续实施和运行提供支持；③为应对措施的设计、实施和运行提供证据，以支持主要负责人对质量管理体系进行评价。

2.记录的内容

会计师事务所应当就下列方面形成工作记录：①主要负责人和对质量管理体系承担运行责任的人员各自的身份；②会计事务所的质量目标和质量风险；③ 对应对措施的描述以及这些措施是如何应对质量风险的；④实施的监控和整改程序；⑤主要负责人对质量管理体系作出的评价及其依据。

3.记录的保存期限

会计师事务所应当规定质量管理体系工作记录的保存期限，该期限应当涵盖足够长的期间，以使会计师事务所能够监控质量管理体系的设计、实施和运行情况。如果法律法规要求更长的期限，应当遵守法律法规的要求。

二、项目质量复核

项目质量复核的概念和适用的业务范围在上文中已经介绍，这里将进一步探讨项目质量复核人员的委派和资质要求，以及项目质量复核在实施和记录中的相关要求。

（一）项目质量复核人员的委派和资质要求

1.统一委派

会计师事务所应当在全所范围内（包括分所或分部）统一委派项目质量复核人员，并确保负责实施委派工作的人员具有必要的胜任能力和权威性。

2.项目质量复核人员和协助人员的资质要求

项目质量复核人员应当独立于执行业务的项目组，项目合伙人和项目组其他成员不得成为本项目的项目质量复核人员，还应同时符合下列条件：①具备适当的胜任能力，包括充足的时间和适当的权威性以实施项目质量复核；②遵守相关职业道德要求，并在实施项目质量复核时保持独立、客观、公正；③遵守与项目质量复核人员任职资质要求相关的法律法规（如有）。为保证项目质量复核人员的权威性和客观性，事务所应当委派合伙人或类似职位的人员，或者事务所外部的人员担任项目质量复核人员，同时要求做到：①除非出现特殊情况，事务所应当尽量避免项目质量复核人员在同一年度内交叉实施项目质量复核；②在冷却期（至少两年）结束之前，前任项目合伙人不得担任该项目的项目质量复核人员。

《会计师事务所质量管理准则第5102号——项目质量复核》同时对为项目质量复核提供协助的人员的资质也提出了要求，即在不得参与本项目的情况下，同时：①应该具备适当的胜任能力，包括充足的时间，以履行对其分配的职责；②遵守相关法律法规的规定（如有）和相关职业道德要求。

项目质量复核人员仍然应当对项目质量复核的实施承担总体责任，并负责确定对协助人员进行指导、监督和复核的性质、时间安排和范围。

3.项目质量复核人员不再符合任职资质要求的情况

（1）对会计师事务所的要求。事务所应当对项目质量复核人员符合资质要求的情况进行实时监控，及时识别并采用适当措施，包括委派一位新的项目质量复核人员。

（2）对项目质量复核人员的要求。当项目质量复核人员意识到其不再符合资质要求时，应当通知会计师事务所适当人员，并采取如下措施：①如果项目质量复核还没开始，不再承担；②如果项目质量复核已经开始，立即停止。

（二）项目质量复核的实施

1.复核程序

在实施项目质量复核时，项目质量复核人员实施的步骤包括：（1）阅读并了解相关信息。（2）讨论重大事项。（3）选取部分与项目组作出的重大判断相关的底稿进行复核。（4）对于财务报表审计业务，评价项目合伙人确定独立性要求已得到遵守的依据。（5）评价是否就疑难问题或争议事项、涉及意见分歧的事项进行适当咨询，并评价咨询得出的结论。（6）评价项目合伙人得出结论的依据（比如，参与程度是否充分适当，作出重大判断和得出结论适合项目的性质和具体情况）。（7）针对下列方面实施复核：①针对财务报表审计业务，复核被审计财务报表和审计报告，以及审计报告中对关键审计事项的描述；②针对财务报表审阅业务，复核被审阅财务报表或财务信息，以及拟出具的审阅报告；③针对其他鉴证业务或相关服务业务，复核业务报告和鉴证对象信息。

2.与项目质量复核相关的政策和程序

（1）在项目的适当时点实施复核程序；（2）项目合伙人与项目质量复核相关的责任，包括禁止项目合伙人在收到项目质量复核人员就已完成项目复核发出的通知之前签署业务报告；（3）对项目质量复核人员的客观性产生不利影响的情形，以及在这些情形下需要采取的适当行动。

如果项目质量复核人员怀疑项目组作出的重大判断或据此得出的结论不恰当的情况，应告知项目合伙人。如果对结论不恰当的怀疑不能得到满意的解决，应当通知事务所适当的人员项目质量复核无法完成。如果项目质量复核人员确定项目质量复核工作已经完成，应当签字确认并通知项目合伙人。

3.与项目质量复核有关的工作底稿

项目质量复核的实施情况形成的工作底稿由项目质量复核人员负责。形成的工作底稿包括：（1）项目质量复核人员及协助人员的姓名；（2）已复核的业务工作底稿的识别特征；（3）项目质量复核人员确定项目质量复核已经完成的依据；（4）项目质量复核人员就无法完成项目质量复核或项目质量复核已完成所发出的通知；（5）完成项目质量复核的日期。

三、对财务报表审计实施的质量管理

财务报表审计是会计师事务所的核心业务，审计质量的高低关乎事务所的生存发展，关乎社会公众利益是否得到维护。因此，会计师事务所不仅需要在整体层面设计、实施和运行质量管理体系，也有必要在项目组层面管理财务报表审计项目质量，特别需要明确项目合伙人在其中应该承当的角色和责任。

（一）审计项目合伙人管理和实现审计质量的领导责任

审计项目合伙人是指会计师事务所中负责某项审计项目及其执行，并代表会计师事务所在出具审计报告上签字的合伙人。项目合伙人对管理和实现审计项目的高质量承担总体责任，具体包括：（1）为项目组营造一个良好的环境；（2）强调事务所对诚信和高质量的重视；（3）明确对审计项目组成员的行为期望。审计项目合伙人应当向项目组成员传达和强调以下执业理念：（1）为实现审计项目的高质量，项目组的所有成员都有责任；（2）项目组成员的职业价值观、职业道德和职业态度至关重要；（3）在审计项目组内部进行开放、顺畅、深入的沟通非常重要，这种沟通应当使每位成员都能够提出自己的质疑，而不怕遭受报复；（4）项目组成员在整个审计过程中保持职业怀疑非常重要。

在签署审计报告前，审计项目合伙人需确定以下两个事项：（1）审计项目合伙人已经充分、适当地参与了审计项目的全过程，能够确定审计项目组作出的重大判断和据此得出的结论是适当的；（2）考虑了审计项目的性质和具体情况、发生的任何变化，以及会计师事务所与之相关的政策和程序。

（二）相关职业道德要求

审计项目合伙人应当负责确保审计项目组成员了解与本项目相关的职业道德要求，以及会计师事务所相关的政策和程序（如识别、评估和应对相关职业道德要求的不利影响，明确责任等），通过观察和询问，在整个审计过程中对审计项目组成员违反相关职业道德要求或事务所相关的政策和程序的情形保持警觉，必要时对一些不利影响作出评价，并采取适当行动。

在签署审计报告之前，审计项目合伙人应当负责确定相关职业道德要求（包括独立性）已经得到遵守。

（三）客户关系和具体业务的接受与保持

审计项目合伙人应当确定会计师事务所就客户关系和审计业务的接受与保持制定的政策和程序已经得到遵守，并且得出的相关结论是适当的。如果出现在业务承接或审计业务后获取的信息，可能会导致会计师事务所拒绝承接或拒绝办理审计业务，审计项目合伙人应当立即与事务所沟通该信息，以使事务所和审计项目合伙人采取必要的行动。

（四）业务资源

审计项目合伙人应当结合会计师事务所的政策和程序、审计项目的性质和具体情况，以及在执行项目过程中可能发生的变化，确定充分、适当的资源已被及时分配给审计项目组用于执行审计项目，或审计项目组能够及时获取这些资源。若发现分配的资源不充分、不适当的，审计项目负责人应当采取适当的行动，包括与适当的人员沟通，以及向项目组分配或提供额外的资源或替代性资源。

审计项目合伙人应当在考虑审计项目和具体情况的基础上，制定合理的时间预算，有责任确保审计项目组成员以及提供直接协助的外部专家或内审人员作为一个整体，拥有适当的胜任能力，包括充足的时间执行审计。

（五）业务执行

1.审计项目合伙人的指导、监督和复核

审计项目合伙人应当负责对审计项目组成员进行指导、监督并复核其工作，同时确定指导、监督和复核的性质、时间安排和范围符合下列要求：①按照适用的法律法规和执业准则的规定，以及会计师事务所的政策和程序进行计划和执行；②符合审计项目的性质和具体情况，并与会计师事务所向审计项目组分配或提供的资源相匹配。指导、监督和复核的具体要求如图2-3所示。

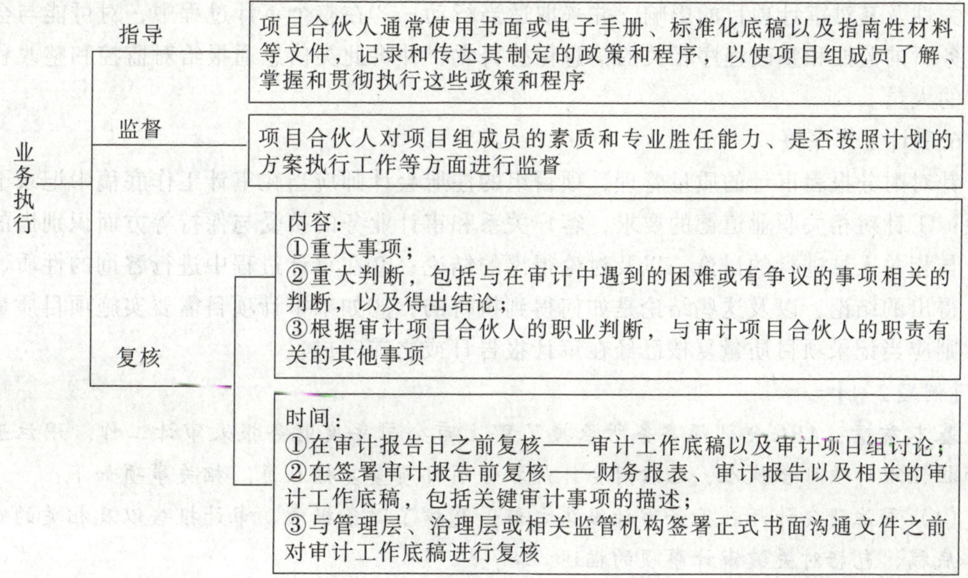

图2-3 审计项目合伙人的指导、监督和复核内容

2.咨询

项目组在业务执行中时常会遇到各种各样的疑难问题或者争议事项，当这些问题和事项在项目组内不能得到解决时，有必要向项目组之外的适当人员咨询。审计项目合伙人对咨询承担的责任包括：①就困难或有争议事项，以及会计师事务所政策和程序要求咨询的事项，以及根据职业判断认为需要咨询的其他事项等承担责任；②确定审计项目组成员在审计过程中就相关事项进行了适当咨询，咨询可能在审计项目组内部进行，或者与事务所内部或外部的其他适当人员之间进行；③确定已与被咨询者就咨询的性质、范围以及形成的结论达成一致意见；④确定咨询形成的结论已得到执行。

3.项目质量复核

针对需要实施的项目质量复核的审计项目，审计项目合伙人应当承担下列责任：①确定事务所已委派项目质量复核人员；②审计项目合伙人及项目组其他成员配合项目质量复核人员的工作；③就在审计中遇到的重大事项和重大判断，包括在项目质量复核过程中识别出的重大事项和判断应与项目质量复核人员进行讨论；④只有在项目质量复核完成后，才签署审计报告。

4.意见分歧

意见分歧主要来源于：①审计项目组内部；②审计项目组与项目质量复核人员之间；③审计项目组与事务所质量管理体系内执行相关活动人员（包括提供咨询的人员）之间。在业务执行中如果遇到意见分歧，审计项目合伙人对意见分歧承担以下责任：①对按照会计师事务所的政策和程序处理和解决意见分歧承担责任；②确定咨询得出的结论已经记录并得到执行；③在所有意见分歧得到解决之前，不得签署审计报告。

5.监控和整改

在监控和整改方面，审计项目合伙人应当对以下方面承担责任：①了解从会计师事务所的监控和整改程序获取的信息，这些信息可能是由会计师事务所提供的，也可能来自网络和网络事务所的监控和整改程序（如适用）；②确定上述第①项提及的信息与审计项目的相关性及其对审计项目的影响，并采取适当行动；③在整个审计过程中，对可能与会计师事务所的监控和整改程序相关的信息保持警觉，并将此类信息通报给对监控和整改程序负责的人员。

6.审计工作底稿

针对财务报表审计的质量管理，项目组的注册会计师应当在审计工作底稿中记录下列事项：①针对相关职业道德的要求，客户关系和审计业务的接受与保持等方面识别出的事项、与相关人员进行的讨论，以及讨论得出的结论；②在审计过程中进行咨询的性质、范围、得出的结论，以及这些结论是如何得到执行的；③如果审计项目需要实施项目质量复核，则应当记录项目质量复核已经在审计报告日或之前完成。

【例题2-1】

基本案情：ABC会计师事务所承接了W上市公司年度财务报表审计工作。甲注册会计师担任审计项目合伙人，乙注册会计师担任项目质量复核人员。相关事项如下：

(1) 甲注册会计师在签署审计报告之前，复核了财务报表、审计报告以及相关的审计工作底稿，包括对关键审计事项的描述。

(2) 据了解，乙注册会计师在上一年度被委派担任W上市公司年度财务报表审计项目合伙人。

(3) 甲注册会计师就一项疑难税务问题咨询专家，由于双方看法或意见一致，甲注册会计师没有就咨询事项和结果形成审计工作底稿。

分析要求：请逐项指出注册会计师或事务所的做法是否恰当，若不恰当，请简单说明理由。

答案提示：

事项（1），恰当。

事项（2），不恰当。按规定，前任项目合伙人不得担任该项目的项目质量复核人，冷冻期至少两年。

事项（3），不恰当。审计工作底稿应当记录在审计过程中进行咨询的性质、范围、得出的结论，以及这些结论如何执行的。

资料来源 改编自刘圣妮，冬奥会计在线. 轻松过关2021年注册会计师考试应试指导及全真模拟测试 审计［M］. 北京：北京科学技术出版社，2021.

小思考2-2

项目质量复核与项目组内部复核有何区别？

提示：

1.复核的主体不同。项目质量复核是由独立于项目组的项目质量复核人员执行；项目组内部复核是由项目组内部人员执行的复核，通常包括多个复核层次。

2.适用的业务范围不同。项目质量复核仅适用于上市实体财务报表审计业务、法律法规要求实施项目质量复核的审计业务或其他业务，以及会计师事务所政策和程序要求实施项目质量复核的审计业务或其他业务；项目组内部复核适用于所有业务。

3.复核的内容不同。项目质量复核主要聚焦于复核两个方面的内容：一是项目组作出的重大判断，二是根据重大判断得出的结论；项目组内部复核的内容比较宽泛，涉及项目的方方面面。

课程思政2-1

具有“工匠精神”的审计人

工匠精神是中国自古以来劳动人民的一种传统美德、一种“精益求精”的工作追求，要在制作产品过程中追求技艺的精美，达到一种炉火纯青的境界。

2016年两会期间，李克强总理在政府工作报告中首次提到“工匠精神”，号召“企业开展个性化定制、柔性化生产，培育精益求精的工匠精神，增品种、提品质、创品牌”。至今为止，已引发一轮又一轮的研究热潮，国内众多学者对于工匠精神也做出了许多诠释和解读，也被赋予了更多新的时代内涵。

具有“工匠精神”的审计人，其内涵主要表现在以下四个方面：

一是“以质为保，精益求精”。审计人的工作与千千万万个审计报告的使用者的利益密切相关，在这个飞速发展的年代，当代工匠所要追求的不是量化的比拼，而是品质的提升，质量至上的审计文化已被置于审计质量管理的核心位置。精益求精的工作风气是提高审计质量的重要保障，更是审计专业人才培养的一项重要指标。

二是“乐以忘忧，敬畏入魂”。乐以忘忧，表面上看是工匠的性格使然，心态积极，但往内里挖掘其中隐藏的其实是工匠的敬业精神，因为爱业才会敬业。这是一种持久和坚韧的情感，是促使审计人一丝不苟、精益求精的原始动力。

三是“注重务实，勇于探索”。审计人在学习和工作中需要脚踏实地，在“实”字上下功夫，注重技术、沟通、管理等方面能力的培养。同时还需要他们拥有勇于探索的决心和勇气，不断累积经验，磨炼自己的心性，这样才能在不断的总结中实现改良、改革和创造。

四是“学无止境，抱元守一”。随着时代的改变，活到老学到老已经成为人类的共识，终身学习也正在融入大众生活。一方面，作为一名当代审计人更应该有这样的洞察力，要紧跟时代步伐，不断学习，掌握最新的前沿理论和技术；另一方面，作为一名审计人，潜心钻研需一贯坚守。永不妥协的倔强，废寝忘食的傻气，在今天很多人看来是过时的，但恰恰是这种执拗会成就真正具有“工匠精神”的审计人。

因此，在校园中深入开展“大国工匠”“中国创造”等主题教育，结合专业特色进行培养，有利于为社会输送更多的高素质的审计人才。

参考文献：

1. 梁晓舒，梁君．工匠精神融入高校审计专业思政教育的研究［J］．管理观察，2019（12）．

2. 王金芙．“工匠精神”的当代价值与培育研究［D］．哈尔滨：黑龙江大学，2018．

第四节 注册会计师职业道德守则

注册会计师的职业道德（professional competence），是具有注册会计师职业特征的道德准则和行为规范，它是注册会计师的职业品德、职业纪律、专业胜任能力及职业责任等的总称。职业道德是审计行业管理的重要组成部分。只有大力加强对注册会计师的职业道德教育，强化其职业道德意识，才能保证注册会计师依法办理业务，树立注册会计师良好的社会形象，充分维护“经济警察”的光辉形象。我国自1988年年底组建中国注册会计师协会以来，一直致力于注册会计师的道德标准建设和道德教育。1996年12月26日，经财政部批准，中国注册会计师协会颁发了《中国注册会计师职业道德基本准则》（简称《职业道德基本准则》）。《职业道德基本准则》的核心内容包括一般原则、专业胜任能力与应有关注、保密、职业行为和技术准则五大方面。2002年6月25日，中国注册会计师协会发布了《中国注册会计师职业道德规范指导意见》（简称《指导意见》）。《指导意见》在基本准则的基础上，又提出许多具体要求。2009年10月14日，财政部发布了《中国注册会计师职业道德守则》和《中国注册会计师协会非执业会员职业道德守则》，并于2010年7月1日起实施，以全面规范注册会计师的职业道德行为。2020年对其内容进行了全面修订，自2021年7月1日起施行。

《中国注册会计师职业道德守则》（简称《职业道德守则》）包括五个组成部分，即《中国注册会计师职业道德守则第1号——职业道德基本原则》、《中国注册会计师职业道德守则第2号——职业道德概念框架》、《中国注册会计师职业道德守则第3号——提供专业服务的具体要求》、《中国注册会计师职业道德守则第4号——审计和审阅业务对独立性的要求》和《中国注册会计师职业道德守则第5号——其他鉴证业务对独立性的要求》。《职业道德守则》在内容上凸显以下特点：一是全面规范了注册会计师的职业道德行为。其涵盖了注册会计师业务承接、收费报价、专业服务工作的开展等所有环节可能遇到的与保持职业道德相关的情形，分别提出了明确的要求。二是突出强调了注册会计师行业的社会责任。《职业道德守则》特别强调注册会计师的独立性问题，对注册会计师如何保持独立性、如何处理与审计客户的利益冲突，切实做到独立、客观、公正执业，给予详细指导和要求，并对涉及公众利益的审计项目（比如上市公司审计等），向注册会计师提出了更高的职业道德要求。三是为注册会计师解决职业道德遇到的问题提供了方法指导。《职业道德守则》就如何识别对职业道德产生不利影响的情形，如何评价各种情形对职业道德的影响和危害程度，以及如何采取有效的防范措施应对这些不利影响等，给予了具体的方法指导。四是实现了与国际会计师职业道德守则的全面趋同。《职业道德守则》涵盖了国际会计师职业道德守则对注册会计师的所有要求和内容，是我国继审计准则国际趋同后，在职业道德准则方面实现趋同的重大行动，体现了我国对国际准则持续全面趋同的主张和承诺。此外，《中国注册会计师协会非执业会员职业道德守则》从职业道德基本原则、职业道德概念框架、潜在冲突、信息的编制和报告等方面作出规定，把行业非执业会员也纳入职业道德建设的规范体系。

小思考2-3

注册会计师业务准则与职业道德守则有哪些联系和区别？

提示：注册会计师业务准则与职业道德守则的联系主要是在内容上相互包含：(1) 注册会计师业务准则中包含了对注册会计师职业道德的一般要求，目的是保持业务准则的完整性。(2) 职业道德守则的内容中也重复了注册会计师业务准则的要求，主要是为了强调要求注册会计师在执行业务时，必须遵守注册会计师业务准则，确保注册会计师业务准则得以实施。

注册会计师业务准则与职业道德守则的区别主要表现在：(1) 注册会计师业务准则只是约束注册会计师执行业务时的行为规范，是衡量和判断执业质量的权威性标准，注册会计师执行业务时必须严格遵守。职业道德守则是统驭注册会计师提供各种服务都应达到应有的质量要求。(2) 注册会计师业务准则着眼于从职业技术的角度对注册会计师的行为提出要求。职业道德守则着眼于从职业道德的角度对执业人员的行为提出要求。

一、注册会计师职业道德基本原则

中国注册会计师职业道德基本原则包括以下核心内容：

（一）诚信原则

诚信，是指诚实、守信。也就是说，一个人言行与内心思想一致，不虚假；能够履行与别人的约定而取得对方的信任。诚信原则要求注册会计师应当在所有的职业关系和商业关系中保持正直和诚实，秉公办事、实事求是。注册会计师如果认为业务报告、申报资料或其他信息存在下列问题，则不得与这些有问题的信息发生牵连：(1) 含有虚假记载或误导性的陈述；(2) 含有缺少充分依据的陈述或信息；(3) 存在遗漏或含糊其词的信息。注册会计师如果注意到已与有问题的信息发生牵连，应当采取措施消除牵连。在鉴证业务中，如果注册会计师依据执业准则出具了恰当的非无保留意见审计报告，不被视为违反上述要求。

（二）独立性原则

独立性，是指不受外来力量控制、支配，按照一定之规行事。独立性原则通常是对注册会计师而不是对非执业会员提出的要求。在执行鉴证业务时，注册会计师必须保持独立性。在市场经济条件下，投资者主要依赖财务报表判断投资风险，在投资机会中作出选择。如果注册会计师不能与客户保持独立性，而存在经济利益、关联关系，或屈从外界压力，就很难取信于社会公众。

注册会计师在执行审计、审阅以及其他鉴证业务时，应当从实质上和形式上保持独立性，不得因任何利害关系影响其客观性。

会计师事务所在承办审计、审阅以及其他鉴证业务时，应当从整体层面和具体业务层面采取措施，以保持会计师事务所和项目组的独立性。

（三）客观公正原则

客观是指按照事物的本来面目去考察，不添加个人的偏见。公正是指公平、正直、不偏袒。客观公正原则要求注册会计师应当公正处事、实事求是，不得由于偏见、利益冲突或他人的不当影响而损害自己的职业判断。如果存在导致职业判断出现偏差，或对职业判断产生过度不当影响的情形，注册会计师不得提供与之相关专业服务。

> 小资料 2-3
>
> **独立性原则与客观公正原则的关系**
>
> 独立性原则与客观公正原则是相辅相成、密不可分的。超然独立的立场是保持客观公正的前提；客观公正的心态又是独立性的本质。因此，要保持注册会计师的客观公正，必须使他们具有独立性。同时也应看到，独立性并不能完全补偿缺乏客观性或公正性的弱点。此外，客观性与公正性也是不可分割的。客观性是就注册会计师的态度而言的，而公正性是就注册会计师的品质而言的。没有实事求是的态度，就不能说具有诚实正直的品质，没有诚实正直的品质，也就不可能做到实事求是。

（四）专业胜任能力与勤勉尽责原则

注册会计师之所以被称为一种职业，一个很大的原因是其从业人员的工作具有复杂性，公众在不具备专业知识的情况下很难衡量注册会计师工作的质量。因此，《中国注册会计师职业道德守则第1号——职业道德基本原则》中对专业胜任能力提出明确要求，要求注册会计师通过教育、培训和执业实践获取和保持专业胜任能力。注册会计师应当持续了解并掌握当前法律、技术和实务的发展变化。随着业务、法规和技术的发展，将专业知识和技能始终保持在应有的水平，确保为客户提供具有专业水准的服务。注册会计师在应用专业知识和技能时，应当合理运用职业判断。

勤勉尽责，要求注册会计师遵守法律法规、相关执业准则的要求并保持应有的职业怀疑，认真、全面、及时地完成工作任务。同时，注册会计师应当采取适当措施以确保在其授权下从事专业服务的人员得到应有的培训和督导。在适当时，注册会计师应当使客户、工作单位和专业服务的其他使用者了解专业服务的固有限制。

（五）保密原则

保密原则要求注册会计师应当对在职业活动中获知的涉密信息予以保密。注册会计师能否与客户维持正常的关系，有赖于双方能否自愿而又充分地进行沟通和交流，不掩盖任何重要的事实和情况。只有这样，注册会计师才能有效地完成工作，但与客户的沟通必须建立在为客户信息保密的基础上。

根据该原则，具体保密要求如图2-4所示。

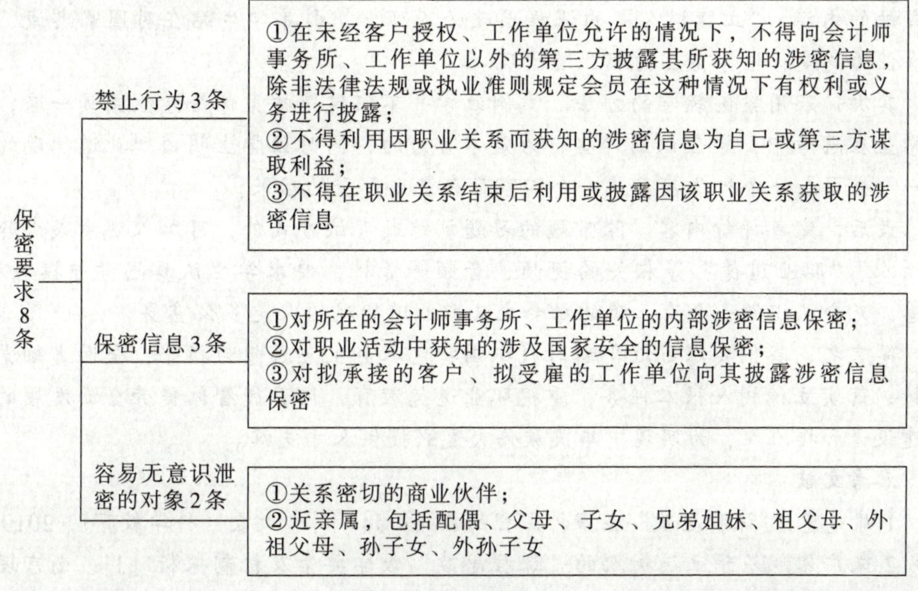

图2-4 保密要求

若存在下列情况，可以披露客户信息：(1) 法律法规允许披露，并且取得客户或工作单位的授权；(2) 根据法律法规的要求，为法律诉讼、仲裁准备文件或提供证据，以及向有关监管机构报告发现违法行为；(3) 在法律法规允许的情况下，在法律诉讼、仲裁中维护自己的合法权益；(4) 接受注册会计师协会或监管机构的执业质量检查，答复其询问与调查；(5) 法律法规、执业准则和职业道德守则规定的其他情形。

（六）良好的职业行为原则

注册会计师应当遵守相关法律法规，避免发生任何损害职业声誉的行为。如果某些法律法规的规定与职业道德守则的相关条款不一致，注册会计师应当注意这些差异，除非法律法规禁止，注册会计师应当按照较为严格的规定执行。在推介自己和工作时，应当客观、真实、得体，不得损害职业形象，不得存在下列行为：(1) 夸大宣传提供的服务、拥有的资质或获取的经验；(2) 贬低或无根据地比较其他注册会计师的工作。

课程思政2-2

"立德树人"与审计职业道德的培养

2020年10月，中共中央、国务院印发的《深化新时代教育评价改革总体方案》向社会公布，该方案坚持把立德树人成效作为根本标准，明确回答了"培养什么人、怎样培养人、为谁培养人"的问题。

在"注册会计师职业道德"的课堂上，我们将"爱国""诚信""敬业"等社会主义核心价值观的有关内容引入课堂当中，与专业知识相融合，培养学生正确的职业道德观。具体做法包括：

首先，教师在备课方案中需设计一个独立的单元，讲解注册会计师的职业道德具体内容前了解：2018 年，习近平总书记在全国教育大会上强调要“培养德智体美劳全面发展的社会主义建设者和接班人”。德智体美劳全面发展，“德”为统领。文化知识和技能不是评价大学生的唯一标准，高尚的思想道德情怀和广博的人文情怀才是当代大学生不可或缺的内涵。“立德树人”的课程思政必不可少，引导学生站在对国家忠诚、对社会负责任的高度，培养自己的职业道德观。

其次，采用案例教学的方法。案例教学并不仅仅是把案例给学生阅读一遍，还要引导学生在思考中，学会识别哪些行为是不可为的，同时让学生明白职业道德观的缺失会给一个公司或一个行业甚至是一个国家带来多么严重的后果。

最后，完善评价内容。除常规的习题训练或考试方式外，可加入观看或者聆听“立德树人”“职业道德”等相关的视频、音频等资料，要求学生认真思考并撰写观（听）后感，充分认识做一个有正确的社会主义职业道德观的人是多么重要。

简言之，我们要以习近平新时代中国特色社会主义思想为指导，全面贯彻党的教育方针，落实立德树人根本任务，重视职业道德教育，培养德智体美劳全面发展的社会主义建设者和接班人，为实现中华民族伟大复兴提供人才支撑。

参考文献：

1. 康楚意.“课程思政”在审计课程的应用［J］. 科学大众（科学教育），2019（11）.

2. 朱广琴. 基于立德树人的“课程思政”教学要素及机制探析［J］. 南京理工大学学报（社会科学版），2019（12）.

3. 刘金全. 思政元素在“审计学”课程中的应用探讨［J］. 知识经济，2020（4）.

二、职业道德概念框架

（一）职业道德概念框架的内涵

为了帮助注册会计师遵循职业道德基本原则，中国注册会计师协会进一步提出职业道德框架，其是指解决职业道德问题的思路与方法，包括三个方面：（1）识别对职业道德基本原则的不利影响；（2）评价不利影响的严重程度；（3）必要时采取方法措施消除不利影响或将其降低至可接受的水平。具体内容见表 2-4。

（二）职业道德概念框架的具体运用

1. 识别对职业道德基本原则的不利影响、评价及应对

在运用职业道德概念框架时，注册会计师应当运用职业判断，对新信息、事实和情况的变化保持警觉，以及实施理性且掌握充分信息的第三方测试。理性且掌握充分信息的第三方测试，是检验注册会计师得出结论是否客观公正的一种测试方法。理性且掌握充分信息的第三方不一定是注册会计师，但需要具备相关的知识和经验，以使其公正地了解和评价注册会计师结论的适当性。识别对职业道德基本原则的不利影响、评价及应对的具体内容见表 2-5。

表2-4 职业道德概念框架具体内容

步骤	工作内容
步骤一：识别出对职业道德基本原则的不利影响	(1) 注册会计师识别不利情形的前提是了解相关事实和情况，包括了解可能损害职业道德基本原则的职业活动、利益和关系。 (2) 可能对职业道德基本原则产生不利影响的因素包括：自身利益、自我评价、过度推介、密切关系和外在压力
步骤二：评价不利影响的严重程度	(1) 如果识别出对职业道德基本原则的不利影响，注册会计师应当评价该不利影响的严重程度是否处于可接受水平。 (2) 可接受水平：是指注册会计师针对识别出的不利影响实施理性且掌握充分信息的第三方测试后，很可能得出其行为并未违反职业道德基本原则的结论时，该不利影响的严重程度所处的水平。 (3) 在评价严重程度时，注册会计师应当从数量和性质两个方面予以考虑。如果存在多项不利影响，应当将其组合起来一并考虑。 (4) 对不利影响严重程度的评价还受到专业服务性质和范围的影响
步骤三：必要时采取方法措施消除不利影响或将其降低至可接受的水平	(1) 如果认为识别的不利影响超出可接受水平，应当通过消除该不利影响或将其降低至可接受的水平来予以应对。 (2) 应该采取如下措施应对： ①消除产生不利影响的情形，包括利益关系； ②采取可行并有能力采取的防范措施将不利影响降低到可接受水平； ③拒绝或终止特定的职业活动。 (3) 注册会计师应当就其已采取或拟采取的行动是否能够消除形成结论。在形成结论时： ①复核所作出的重大判断或得出的结论； ②实施理性且掌握充分信息的第三方测试
最后：应当根据职业判断，就以上有关事项与治理结构中的适当人员进行沟通	(1) 应当确定与客户或工作单位治理结构中的哪些适当人员进行沟通； (2) 如果与治理层的下设组织或个人沟通，应当确定是否需要与治理层整体进行沟通，以使治理层所有成员充分知情

表 2-5　**对遵循职业道德基本原则产生不利影响的因素、评价及应对**

不利影响因素	具体情形	评价及应对
经济利益	(1) 鉴证业务项目组成员在鉴证客户中拥有直接经济利益； (2) 会计师事务所的收入过分依赖某一客户； (3) 鉴证业务项目组成员与鉴证客户存在重要且密切的商业关系； (4) 会计师事务所过分担心失去某一重要客户； (5) 鉴证业务项目组成员正在与鉴证客户协商受雇于该客户； (6) 会计师事务所与客户就鉴证业务达成或有收费的协议； (7) 在评价所在会计师事务所以往提供的专业服务时，发现了重大错误	1.评价不利影响的严重程度 表2-3中已述及评价内容。还需强调：用于加强注册会计师职业道德的条件、政策和程序也是评价不利影响的严重程度时需要考虑的因素，可以分为： (1) 与客户及其经营环境相关的条件、政策和程序； (2) 与会计师事务所及其经营环境相关的条件、政策和程序。 2.应对不利影响 (1) 法律法规和职业规范规定的防范措施； (2) 在具体工作中采取的防范措施，包括会计师事务所层面和具体业务层面的防范措施。 会计师事务所层面的防范措施： ①事务所领导层强调遵循的重要性； ②领导层倡导项目组成员应维护公众利益； ③实施项目质量控制，监督业务质量； ④制定有关政策和程序，识别不利影响，评价并采取措施消除不利影响或降至可接受水平； ⑤制定要求遵循职业道德基本原则的内部政策和程序； ⑥制定有关政策和程序，识别事务所或项目组成员与客户之间的利益或关系； ⑦制定有关政策和程序，以监控和管理对来源于某一客户的收入的依赖程度； ⑧当向客户提供非鉴证服务时，分派不同的合伙人和项目组，并向不同的上级汇报工作； ⑨制定有关政策和程序，以防止项目组以外的人员对业务结果产生不当影响； ⑩及时与所有合伙人和专业人员沟通会计师事务所的政策和程序及其变化情况，并就这些政策和程序进行适当的培训和教育； ⑪指定高级管理人员负责监督质量控制系统是否有效运行； ⑫向合伙人和专业人员提供鉴证客户及其关联实体名单，并要求合伙人和专业人员与之保持独立； ⑬制定有关政策和程序，鼓励员工就遵循职业道德基本原则方面的问题与领导沟通； ⑭建立惩戒机制，保障相关政策和程序得到遵守。 具体业务层面的防范措施： ①对已执行的非鉴证业务，由未参与业务的注册会计师进行复核，或在必要时提供建议； ②对已执行的鉴证业务，由鉴证业务项目组以外的注册会计师进行复核，或在必要时提供建议； ③向客户审计委员会、监管机构或注册会计师协会咨询； ④与客户管理层讨论有关的职业道德问题； ⑤向客户治理层说明提供服务的性质和收费的范围； ⑥由其他会计师事务所执行或重新执行部分业务； ⑦轮换鉴证业务项目组合伙人和高级员工
自我评价	(1) 会计师事务所在对客户提供财务系统的设计或操作服务后，又对该系统的运行有效性出具鉴证报告； (2) 会计师事务所编制用于生成有关记录的原始数据，又将这些数据作为鉴证对象； (3) 鉴证业务项目组成员现在或最近曾是客户的董事或高级管理人员； (4) 鉴证业务项目组成员现在受雇于客户，且在客户中担任能够对鉴证对象产生重大影响的职务； (5) 会计师事务所为鉴证客户提供了其他服务，该服务会直接影响鉴证业务中的鉴证对象信息	
过度推介	(1) 会计师事务所推介审计客户的股份； (2) 在鉴证客户与第三方发生诉讼或纠纷时，注册会计师担任该客户的辩护人	
密切关系	(1) 项目组成员的近亲属担任客户的董事或高级管理人员； (2) 项目组成员的近亲属是客户的员工，而该员工所处职位能够对业务对象施加影响； (3) 客户的董事、高级管理人员或所处职位能够对业务对象施加重大影响的员工，最近曾担任会计师事务所的项目合伙人； (4) 注册会计师接受客户的礼品或款待； (5) 会计师事务所的合伙人或高级员工与鉴证客户存在长期业务关系	
外在压力	(1) 会计师事务所受到客户解除业务关系的不利影响； (2) 审计客户表示，如果会计师事务所不同意对某项交易的会计处理，则不再委托其承办拟议中的非鉴证业务； (3) 客户威胁起诉会计师事务所； (4) 会计师事务所受到降低收费的影响而不恰当缩小工作范围； (5) 由于客户的员工对所讨论的事项更具有专长，注册会计师面临服从其判断的压力； (6) 会计师事务所合伙人告知注册会计师，除非同意审计客户的不恰当的会计处理，否则将影响晋升	

2.职业道德概念框架的专业服务委托等其他方面的具体运用

注册会计师经常还会遇到专业服务委托、第二意见、利益冲突、收费、利益诱惑（包括礼品和款待）、保管客户资产、应对违反法律法规行为等。这些方面产生不利影响的各种情形及应对措施的具体内容见表2-6。

表2-6 注册会计师对职业道德概念框架的专业服务委托等其他方面的具体运用

具体运用	不利影响	应对措施
专业服务委托	客户关系和业务的承接与保持： ①如果注册会计师知悉客户存在某些问题，如涉嫌违反法律法规、缺乏诚信、存在可疑财务报告问题、存在其他违反职业道德的行为，可能对诚信、良好的职业行为产生不利影响； ②如果项目组不具备或不能获取恰当执行业务所必需的胜任能力，可能对专业胜任能力和勤勉尽责原则产生不利影响	①分派足够的、具有必要胜任能力的项目组成员； ②就执行业务的合理时间安排与客户达成一致意见； ③必要时利用专家的工作。 在连续业务中，注册会计师应当定期评价是否继续保持该业务
	专业服务委托的变更： （1）当注册会计师遇到下列情况时，应当确定是否有理由拒绝承接： ①潜在客户要求取代另一注册会计师； ②考虑以投标方式接替另一注册会计师执行的业务； ③考虑执行某些工作作为对另一注册会计师工作的补充。 （2）注意下列情形导致的不利影响： ①如果注册会计师并未知悉所有相关事实就承接业务，可能因自身利益对专业胜任能力和勤勉尽责原则产生不利影响； ②如果客户要求注册会计师执行某项工作以作为对现任或前任注册会计师工作的补充，因自身利益对专业胜任能力和勤勉尽责原则产生不利影响	①要求现任或前任注册会计师，提请其提供已知信息，以便恰当地完成该项工作； ②从其他渠道获取信息
第二意见	如果第二意见不是以现任或前任注册会计师获得的相同事实为基础，或依据的证据不充分，可能因自身因素对专业胜任能力和勤勉尽责原则产生不利影响	①征得客户同意与前任注册会计师沟通； ②在与客户沟通中说明注册会计师发表专业意见的局限性； ③向前任注册会计师提供第二次意见副本
利益冲突	（1）注册会计师的利益与客户利益存在冲突，可能对客观公正原则产生不利影响； （2）注册会计师为两个以上客户提供服务，而这些客户之间存在利益冲突，可能对客观公正原则、保密原则产生不利影响	①应对利益冲突产生的不利影响，注册会计师应当根据利益冲突的性质和严重程度，运用职业判断确定是否有必要向客户披露利益冲突情况，并获取客户明确同意其承接或继续提供专业服务； ②在评价和应对因利益冲突产生的不利影响时，注册会计师应当对可能违反保密原则的情况保持警觉。 具体措施： ①由不同的项目组分别提供服务，明确遵守保密原则； ②由未参加提供服务或不受利益冲突影响的适当人员复核已执行的工作，以评估关键判断是否恰当

续表

具体运用	不利影响	应对措施
收费	（1）收费报价明显低于前任注册会计师或其他会计师事务所的相应报价	①会计师事务所应当确保在提供专业服务时，遵守执业准则和职业道德规范的要求，使工作质量不受损害； ②使客户了解专业服务的范围和收费基础
	（2）或有收费	①预先就收费的基础与客户达成书面协议； ②由独立的第三方复核注册会计师已执行的工作
	（3）收取或支付介绍费或佣金	因自身利益对客观公正、专业胜任能力和勤勉尽责原则产生非常严重的不利影响。 没有防范措施，注册会计师不得收取或支付介绍费或佣金
利益诱惑（包括礼品和款待）	如果注册会计师知悉被提供的利益诱惑存在或被认为存在不当影响行为的意图，即使注册会计师拒绝接受利益诱惑，也可能对良好的职业行为、客观公正原则产生不利影响	①告知事务所的高级管理层或客户治理层； ②调整或终止与客户之间的业务关系
保管客户资产	除非符合法律法规要求，一般不允许为客户保管资产。 保管客户资产可能对良好的职业行为、客观公正原则产生不利影响	注册会计师如果保管客户资金或其他资产，应符合下列条件： ①将客户资金或其他资产与其个人或会计师事务所的资产分开； ②仅按照预定用途使用客户资金或其他资产； ③随时准备向相关人员报告资产状况及产生的收入、红利或利得； ④遵守所有与保管资产和履行报告义务相关的法律法规
应对违反法律法规行为	注册会计师在向客户提供专业服务的过程中，可能遇到、知悉或怀疑客户存在舞弊、腐败和贿赂、国家安全、洗钱和犯罪、信息安全、证券市场和交易等方面违反法律法规的行为，可能因自身利益或外部压力对诚信和良好职业行为原则产生不利影响	①运用专业知识、技能和职业判断； ②在遵守保密原则的前提下，向事务所或专业机构的其他人员或法律顾问进行咨询； ③若发现可能的违反法律法规行为应当与适当级别的管理层和治理层进行沟通； ④应当根据管理层和治理层的应对，确定是否需要出于维护公众利益的目的而采取进一步行动。比如，向适当机构汇报；或在法律法规允许的情况下，解除业务约定

知识拓展——中美审计准则与职业道德的比较

三、审计、审阅和其他鉴证业务对独立性的要求

（一）独立性的内涵

独立性包括实质上的独立和形式上的独立。实质上的独立是一种内心状态，使得注册会计师在提出结论时不受损害职业判断的因素影响，诚信行事，遵循客观和公正原则，保持职业怀疑态度。形式上的独立性是一种外在表现，使得一个理性且掌握充分信息的第三方，在权衡所有相关事实和情况后，认为会计师事务所或审计项目组成员没有损害诚信原

则、客观公正原则或职业怀疑态度。

（二）独立性概念框架的内涵

独立性概念框架是指解决独立性问题的思路和方法，用以指导注册会计师：（1）识别对独立性的影响，产生影响的情形包括经济利益、贷款和担保以及商业关系、家庭和私人关系、与审计客户发生的雇佣关系、高级职员与审计客户的长期关联、为审计客户提供非鉴证服务、收费及影响独立性的其他情形；（2）评价不利影响的严重程度；（3）必要时采取防范措施消除不利影响或将其降至可接受的水平。

如果无法采取适当的防范措施消除不利影响或将其降至可接受的水平，注册会计师应当消除产生不利影响的情形，或者拒绝接受审计业务委托或终止审计业务。在运用独立性概念框架时，注册会计师应当运用职业判断。

由于会计师事务所规模、结构和组织形式的不同，其员工对独立性的具体责任也不同。会计师事务所应当根据中国注册会计师质量控制准则的要求，制定政策和程序，以合理保证按照职业道德守则的要求保持其独立性。项目合伙人应当按照中国注册会计师审计准则的要求，就执行具体业务遵循独立性要求的情况形成结论。

案例分析2-1

"双安"事件

基本案情：能源巨头安然公司成立于1930年，总部设在得克萨斯州的休斯敦。该公司曾是全球最大的天然气交易商和最大的电力交易商，鼎盛时期其年收入达1 000亿美元，雇用了20 000多名员工，其业务遍布世界，在政经界的影响力一时无人能及，令对手羡慕。但到了2000年年底，美国加州出现了能源危机，这给安然公司造成很大的压力，其利润很快下降，偏离了市场对其的预期。于是，安然公司通过"特殊目的实体"高估利润、低估负债，通过空挂应收票据高估资产和股东权益，通过设立众多的有限合伙企业，以关联交易等手段操纵利润。2001年10月22日，安然公司开始受到美国证券交易委员会的调查，11月8日，安然公司被迫承认做假账，多年来虚报盈利共计近6亿美元，爆出了震惊世界的财务丑闻。此后，标准普尔将安然公司的债券评级调低至"垃圾"级，并且将其从代表美国经济的标准普尔500种股票中剔除；穆迪公司也将安然公司等级调至最低。2001年12月2日，安然公司宣布破产保护，在申请破产之时，账面总资产不到498亿美元，致使众多投资者遭受重大损失。

安达信创建于1913年，与普华永道、德勤、毕马威、安永并称为"五大"会计师事务所。"安然事件"发生前，安达信全球雇员共85 000名，美国雇员28 000名，其中仅芝加哥就有5 000名雇员。安达信在同行中拥有多项首创纪录：第一个创建企业竞争力评价体系；第一个引入咨询业概念；在信息时代来临前就创立了数据库，引入了第一台商用计算机。然而，就是这样一个重量级大公司，在安然的破产事件中，和安然公司联合对财务信息造假、销毁大量重要文件，扮演了极不光彩的角色，仅仅9个月时间，安达信就从美国顶尖会计师事务所之列滑落到几乎关门大吉的地步。

案例点评：从美国国会等部门的初步调查和新闻媒体的报道看，安达信会计师事务所对安然公司的审计至少存在以下缺陷：（1）独立性严重受损。据报道，安达信不仅为安然公司提供审计鉴证服务，而且提供收入不菲的咨询服务，甚至帮助安然公司代理记账；安然公司的许多高层管理人员为安达信的前雇员，他们之间的密切关系至少有损安达信形式上的独立性。其中，安然公司的首席财务主管、首席会计主管和公司发展部副经理等高层管理人员都是安然公司从安达信招聘过来的。（2）在安达信内部的一封电子邮件中，安达信的资深合伙人早在2001年2月就已经在讨论是否解除与安然公司的业务关系，理由是安然公司的会计政策过于激进。而这个时间是在安达信为安然公司出具2000年度的审计报告（2001年2月23日）之前。故可以证明，安达信在出具审计报告时就已经觉察到安然公司存在的会计问题，但未及时纠正。（3）2000年10月，安达信主任注册会计师大卫·邓肯销毁了数以千计的关于安然公司的重要审计资料，严重妨碍司法调查，也严重违反了注册会计师的职业道德。

资料来源 葛长银. 审计经典案例评析［M］. 北京：中国人民大学出版社，2003.

本章小结

注册会计师执业准则作为规范注册会计师执行业务的权威性标准，在规范注册会计师的执业行为、提高注册会计师执业质量等方面具有重要的作用。

中国注册会计师执业准则体系包括鉴证业务准则、相关服务准则。而鉴证业务准则和相关服务准则是按照注册会计师所从事的业务是否具有鉴证职能、是否需要提出鉴证结论加以区分的。其中鉴证业务准则又分为审计准则、审阅准则和其他鉴证业务准则三类。

《中国注册会计师鉴证业务基本准则》明确了鉴证业务的定义和目标，并指出鉴证业务包括三方关系、鉴证对象、标准、证据和鉴证报告等五大要素。

《会计师事务所质量管理准则第5101号——业务质量管理》规范整个会计师事务所层面如何管理业务质量，建立健全并有效运行全事务所统一的质量管理体系（包括目标、总体要求、要素、评价和记录五个方面），并详细规定了该体系的具体内容和事务所领导层等相关人员的具体职责。《会计师事务所质量管理准则第5102号——项目质量复核》明确了项目质量复核的目标和定位，对项目质量复核人员的具体复核工作和工作底稿要求作出了细化的规定。《中国注册会计师审计准则第1121号——对财务报表审计实施的质量管理》着重强化和细化了项目合伙人在审计业务质量管理方面的责任，要求项目合伙人应当充分参与整个审计过程，并对其指导、监督和复核项目组成员的工作作出细化规定。

中国注册会计师职业道德守则主要介绍注册会计师职业道德基本原则、注册会计师职业道德概念框架等内容。

主要概念

审计准则　审阅准则　其他鉴证业务准则　鉴证业务　项目质量复核　审计项目合伙人　意见分歧　注册会计师职业道德　职业道德概念框架　理性且掌握充分信息的第三方测试　独立性　独立性概念框架　专业胜任能力　保密原则　或有收费　应有的关注

关键思考题

1.注册会计师执业准则体系的组成部分有哪些?

2.我国注册会计师鉴证业务基本准则的含义与目标是什么?

3.我国注册会计师鉴证业务基本准则包括哪几大要素?

4.我国会计师事务所质量管理体系包括哪八大要素?

5.项目质量复核与项目组内部复核有何联系与区别?

6.对注册会计师职业道德产生不利影响的因素有哪些?

第三章

注册会计师的法律责任

学习目标

☆知识目标

明确注册会计师职业责任的相关概念；

了解注册会计师应承担的职业责任的内容；

掌握审计过失、审计欺诈的含义；

掌握注册会计师应承担的法律责任类型。

☆技能目标

区分注册会计师的普通过失、重大过失和欺诈，据以确定注册会计师的法律责任。

第一节 注册会计师的职业责任

注册会计师的职业责任关系到注册会计师的职业形象，也是注册会计师职业道德的重要内容之一。注册会计师的职业责任除包括对客户的责任、对同行的责任、其他责任以外，随着中西方国家注册会计师法律诉讼案件的增加，注册会计师的职业责任逐渐扩大，导致注册会计师法律责任内涵上的扩充。

一、发现错误与舞弊的责任

注册会计师在实施财务报表审计时应保持职业上应有的认真和谨慎态度，根据注册会计师审计准则的要求，通过实施必要和适当的审计程序，将财务报表中存在的严重失实的错误与舞弊揭露出来。换言之，注册会计师如果未能将导致财务报表中严重失实的错误与舞弊揭露出来，应负审计责任。当然，由于审计的固有限制，不能苛求注册会计师发现和揭露财务报表中所有的错误与舞弊情况。

小资料 3-1

错误与舞弊的具体表现形式

财务报表的错报可能由于舞弊或错误所致。舞弊和错误的区别在于，导致财务报表发生错报的行为是故意行为还是非故意行为。

错误（error）是指导致财务报表错报的非故意行为，主要包括：(1) 为编制财务报表而收集和处理数据时发生失误；(2) 由于疏忽和误解有关事实而作出不恰当的会计估计；(3) 在运用与确认、计量、分类或列报（包括披露，下同）相关的会计政策时发生失误。

舞弊（fraud）是指被审计单位的管理层、治理层、员工或第三方使用欺骗手段获取不当或非法利益的故意行为。在财务报表审计中，注册会计师通常只关注下列两类舞弊行为：(1) 侵占资产。它是指被审计单位的管理层或员工非法占用被审计单位的资产。其手段很多，如收取回扣、多列支费用、贪污收入、盗窃或挪用货币资金或其他资产等。(2) 对财务信息出具虚假报告，这种舞弊可能源于管理层通过操纵利润误导财务报表使用者对被审计单位业绩或盈利的判断。其舞弊手法主要有：①对财务报表所依据的会计记录或相关文件记录的操纵、伪造或篡改；②交易、事项或其他重要信息在财务报表中的不真实表达或故意遗漏；③与确认、计量、分类或列报有关的会计政策和会计估计的故意误用。

二、关注违反法律法规行为的责任

违反法律法规行为，是指被审计单位有意或无意地违反会计准则和相关会计制度之外的法律法规的行为，是被审计单位的管理层、治理层和员工为了公司的利益而损害社会公众利益的行为。虽然防止和发现被审计单位的违反法规行为是管理层的责任，理应由管理层对违反法规行为及其后果负责，但是，《中国注册会计师审计准则第1142号——财务报表审计中对法律法规的考虑》中规定："在设计和实施审计程序以及评价和报告审计结果时，注册会计师应当充分关注被审计单位违反法规行为可能对财务报表产生的重大影响。"按其对财务报表的影响，违反法律法规行为可分为两类：第一类是对财务报表产生直接影响的违反法律法规行为（如违反税法），对于此种行为，注册会计师应科学计划审计工作，充分考虑审计风险，收集充分、适当的审计证据，以合理保证发现此类违法行为。第二类是对财务报表产生间接影响的违反法律法规行为（如违反安全、健康、环保等方面的法规），对于此种行为，注册会计师应加以充分的关注。

三、财务报表审计中关注持续经营的责任

从当前的市场经济环境看，企业竞争十分激烈，有的企业为追求高增长、高速发展而纷纷大量举债。有的企业重投机、轻投资，有的企业缺乏风险意识，盲目为他人担保，潜伏着严重的财务危机。财务危机一旦爆发，就会使这些企业面临持续经营问题，诱发经营失败，并可能使得为这些企业提供审计服务的注册会计师因遭诉讼而陷入困境甚至被取消资格。因此，在目前的审计环境下，注册会计师如何在审计过程中考虑被审计单位的持续经营问题，如何考虑持续经营假设的合理性对审计报告的影响，就显得十分重要。注册会计师的责任不是对企业持续经营提供担保，也不是单独揭示这方面问题，而只能是对企业管理当局财务报告中持续经营能力相关因素披露的真实性和公允性发表意见。企业未来的持续经营能力只能由报告使用者自己来判断，注册会计师负责的只能是合理保证体现持续经营能力相关因素披露的真实性和公允性。

四、充分披露的责任

注册会计师对企业财务报表进行审计时，有责任要求企业披露财务报表中有关重要项目的明细资料与其他有助于理解和分析报表需要说明的事项。同时，中国注册会计师业务准则和职业道德规范中，又规定注册会计师对在审计过程中获悉的商业秘密应当保密。如果企业认为一些重要项目属商业秘密，不愿公开披露，而注册会计师根据审计准则或职业责任认为必须披露时，注册会计师应查明这些资料是否确实与商业秘密有直接联系。于是，了解和掌握公司商业秘密的范畴，明确充分披露与保守商业秘密的责任界限十分重要。简单地说，商业秘密包括技术秘密和经营秘密两个方面。技术秘密是指专利技术以外所有与配方、设计、程序、索引方法等有关的内容，而经营秘密是指与产品、定价、销售渠道、促销相关联的，有利于确立或不致丧失竞争优势的那些因素，包括顾客名单及资信情况、货源情报、大宗交易、重要合同或投资、营销战略等。只有这样才能防止客户以商业秘密为借口少披露或不披露重要的经济信息，避免侵害社会公众的利益。

第二节 中国注册会计师的法律责任

注册会计师的职业性质，决定了它从诞生的那一天起便担负着面向社会公众的责任，决定了它是一种责任重大的职业。纵观西方注册会计师100多年的发展史，注册会计师的法律责任问题一直是审计界和法律界的热门话题。就以美国为例，在过去十几年发生的控告注册会计师的诉讼案件，远远超过整个职业之前100多年的历史中所发生的总数；特别是美国“四大”财务造假案件，一度引起美国经济的强烈动荡。我国注册会计师行业自恢复以来，在经过了一个相对平和的法律环境后，注册会计师被卷入法律诉讼的案件越来越多，如“红光实业”“黎明股份”“银广夏”等，注册会计师的法律责任问题也引起了社会的极大关注。概括地说，注册会计师的法律责任是指注册会计师在执业过程中因未能履行合同条款，或者未能保持应有的职业谨慎，或者出于故意出具不真实审计报告等原因，导致审计报告的使用者遭受损失，依照有关法律法规，注册会计师或会计师事务所应承担的法律责任。注册会计师审计作为一种具有权威性的社会活动，它的社会地位日渐提高，其所负的法律责任也不断扩大。

一、注册会计师法律责任的成因

注册会计师面临的法律责任，其成因主要来自司法、被审计单位和注册会计师三大方面。

（一）司法方面对审计责任的逐渐扩大

（1）近十多年来，由于企业经营失败或因管理当局舞弊造成企业破产倒闭、诉讼的事件大量增加，投资者和贷款人蒙受很大损失，从而指控注册会计师未能及时揭示或报告这些问题，并要求其赔偿有关的损失。迫于社会的压力，许多国家的法院判决逐渐倾向于增加注册会计师在这些方面的法律责任。

（2）扩大了注册会计师对第三方利益集团或人士的责任。早期的司法制度倾向于限定注册会计师对第三方的法律责任。但自20世纪70年代以来，不少法官已放弃上述判例原则，转而规定注册会计师对已知的第三方使用者或财务报表的特定用途，必须承担法律责任，甚至对于其他第三方在习惯法下注册会计师也有可能被判负法律责任。另外，法院对证券法所做的广义解释，也加重了注册会计师的法律责任。

(3) 扩充了注册会计师法律责任的内涵。注册会计师传统法律责任的含义仅限于财务报表符合公认会计原则的公允性。但各方面使用者和利益集团近十多年来不断要求注册会计师对客户的会计记录差错、管理层舞弊、经营破产可能性及违反有关法律的行为，都应承担检查和报告责任，从而促使许多会计职业团体在20世纪80年代后期修订有关审计准则，要求注册会计师在进行财务报表审计时，必须设计和实施必要的审计程序，为查明和揭露上述差错与舞弊及排除财务报表的重大失实与误导提供合理的保证，从而实质上扩充了注册会计师法律责任的内涵。

(4) 有关法律允许采用“集体诉讼”方式，也使得诉讼案件层出不穷。在这种诉讼方式下，某一个或很少的几个原告，可能代表很多的所谓受害人提出诉讼。由于这种诉讼涉及的受害人很多，因此，会计师事务所可能赔偿的金额往往很高。此外，提出集体诉讼所花费用，与可能得到的赔偿金额相比，实在太少。

(5) 法院可能在某阶段出现明显的保护财务报表使用者利益的倾向，这也可能使财务报表使用者以报表未达到期望值为由趁机控告注册会计师，并且法院很可能会对财务报表使用者予以支持。

(二) 被审计单位的舞弊行为及经营失败

当今社会，可能导致注册会计师承担法律责任的原因是多方面的，其中来自被审计单位方面的原因有：

1.错误、舞弊和违反法规行为

防止或发现错误与舞弊是被审计单位治理层和管理层的责任。治理层有责任监督管理层建立和维护内部控制。管理层则有责任在治理层的监督下建立良好的控制环境，维护有关政策和程序，以保证有序和有效地开展业务活动。而注册会计师的责任是按照中国注册会计师审计准则的规定计划和实施审计工作，收集充分适当的审计证据，获取财务报表认定整体上不存在重大错报的合理保证，无论该错报是由于舞弊还是错误导致的。因此，注册会计师应当在整个审计过程中保持职业怀疑态度，但由于审计的固有限制，即使按照审计准则的规定恰当地计划和实施审计工作，注册会计师也不能对财务报表整体不存在重大错报获取绝对保证，因此，不能苛求注册会计师发现和揭露财务报表中的所有错误和舞弊。简言之，就是不能要求注册会计师对所有未查出财务报表中的错误与舞弊情况负责，也不意味着注册会计师对未能查出财务报表中的重大错误与舞弊没有任何责任，关键要看未查出的原因是否源自注册会计师本身的过错。

2.经营失败

诸多法院案例表明，企业在出现经营失败时，极有可能会连累注册会计师。因此，理解经营失败与审计失败的含义又是区分注册会计师责任与管理层责任的主要标志。审计失败是指注册会计师由于没有遵守公认审计准则而形成或提出了错误的审计意见。企业经营失败是指因产业不景气、管理决策失误或出现非预期的竞争因素等导致企业无法实现投资人的期望或无力偿还债务的情况。企业经营失败的极端情况是破产。其实，出现经营失败时审计后果无外乎有三种情况：(1) 审计失败存在；(2) 虽不存在审计失败，但存在审计风险，即注册会计师确实遵守了审计准则，但提出了错误的审计意见；（3）审计结论正确，就是不存在审计失败，也不存在审计风险。

社会公众往往将审计失败和经营失败相混淆，认为发生了经营失败则审计必然也是失败的，这种看法的形成是有一定原因的。西方国家近30年来的“审计诉讼案例”在很大程度上是由于企业兼并、破产事件引发的，众多的企业投资者、债权人为了最大限度地保护自己的利益，往往寻求与经营失败相关人员的责任。注册会计师由于为破产前的企业实施审计，对财务报表表示意见（特别是出具了无保留意见审计报告），则首当其冲遭到起诉，被认为其出具的审计报告不真实或没有能够公允地反映企业的财务状况和经营业绩，或者没有发现其中的错误和舞弊。许多法庭的判决支持了广大投资者、债权人的要求，而追究了注册会计师的责任。因此，审计职业界呼吁企业经营失败是其管理当局的责任，注册会计师并不能为其持续经营能力作出担保与承诺，只要严格遵守注册会计师审计准则，保持高度的职业关注，就不会发生审计失败，对于经营失败也就不承担任何责任。

（三）注册会计师的违约、过失和欺诈行为

注册会计师在执业过程中由于对客户经营情况了解不够、专业胜任能力较低、采用的审计程序不妥、未能保持应有的职业谨慎及缺乏高尚的职业道德等因素都极有可能导致违约、过失或欺诈行为的出现，这才是注册会计师法律责任产生的主要根源。

1.违约

所谓违约，是指合同的一方或几方未能达到合同条款的要求。当注册会计师违约给他人造成损失时，应负违约责任。比如，会计师事务所在对上市公司财务报表进行审计时，如未按商定的时间提交审计报告，或违反了与被审计单位订立的保密协议；又如注册会计师为客户填写税收申报单，但因疏忽未发现已审财务报表中由于客户员工舞弊而造成的重大谎报。因注册会计师在审计中有义务保持必要的职业谨慎，这一点不管在与委托单位签订的合同中是否写明，都应负有责任。

2.过失

所谓过失，是指注册会计师在一定条件下，缺少应有的合理谨慎。评价注册会计师的过失，是以其他合格注册会计师在相同条件下可预期做到的谨慎为标准的。当过失给他人造成损害时，注册会计师应负过失责任。注册会计师的过失行为按其程度不同分为普通过失和重大过失。（1）普通过失（ordinary negligence），也称一般过失，通常是指没有保持职业上应有的合理谨慎，对注册会计师则是指没有完全遵循专业准则的要求。比如，未按特定审计项目取得必要和充分的审计证据的情况，可视为一般过失。（2）重大过失（gross negligence）是指连起码的职业谨慎都不保持，对业务或事务不加考虑，满不在乎。对于注册会计师而言，则是根本没有按专业准则的基本要求执行审计。比如审计不以注册会计师审计准则为依据，视为重大过失。区分普通过失与重大过失是重要的，因为注册会计师通常要对所有的重大过失负责，而对有些普通过失则可免责。

另外，还有一种过失叫“共同过失”，即对他人过失，受害方自己未能保持合理的谨慎因而蒙受损失。比如，在审计中未能发现库存现金等资产短缺时，客户以过失为由控告注册会计师，而注册会计师又可以说库存现金等问题是由缺乏适当的内部控制造成的，并以此为由来反击客户的诉讼。

小思考3-1

如何区分普通过失与重大过失？

提示：为了准确区分普通过失和重大过失这两个概念，注册会计师可以结合“重要性”和“内部控制”这两个概念进行分析。

首先，如果财务报表中存在重大错报事项，注册会计师运用标准审计程序通常应能发现，但因工作疏忽而未能将重大错报事项查出来，就很可能在法律诉讼中被解释为重大过失。如果财务报表有多处错报事项，每一处都不算重大，但综合起来对财务报表的影响较大，也就是说，财务报表作为一个整体可能严重失实，在这种情况下，法院一般认为注册会计师具有普通过失，而非重大过失，因为标准审计程序发现每处较小错误事项的概率也小。

其次，注册会计师对财务报表项目的审计是以对内部控制制度的研究与评价为基础的。如果内部控制制度不太健全，注册会计师应当扩大抽样的范围，这样，一般都能揭示出由此产生的错报；否则，就具有重大过失的性质。相反的情况是，内部控制制度本身非常健全，但由于职工串通舞弊，导致设计良好的内部控制制度失效。由于注册会计师查出这种错报事项的可能性相对较小，因而一般会认为注册会计师没有过失或只具有普通过失。

资料来源　中国注册会计师协会．审计［M］．北京：经济科学出版社，2005.

3.欺诈

所谓“欺诈”，又称注册会计师舞弊，它是以欺骗或坑害他人为目的的一种故意的错误行为。作案具有不良动机是欺诈的重要特征，也是欺诈与普通过失和重大过失的主要区别之一。对于注册会计师而言，欺诈就是为了达到欺骗他人的目的，明知客户的财务报表有重大错报，却以虚假的陈述，出具无保留意见的审计报告。

与欺诈相关的另一个概念是“推定欺诈”，又称“涉嫌欺诈”，是指虽无故意欺诈或坑害他人的动机，但存在极端或异常的过失。推定欺诈和重大过失这两个概念的界限往往很难界定，在美国许多法院将注册会计师的重大过失或许解释为推定欺诈，特别是近年来有些法院放宽了“欺诈”一词的范围，使得推定欺诈和欺诈在法律上成为等效的概念。这样，具有重大过失的注册会计师的法律责任就进一步加大了。

小资料3-2

注册会计师应负的不同程度的责任见表3-1。

表3-1　**注册会计师应负的不同程度的责任**

没有过失	普通过失	重大过失（推定欺诈）	欺诈（舞弊）
1.审计严格按照公认审计准则进行； 2.错弊是由管理当局滥用职权造成的； 3.企业的舞弊行为非常隐蔽； 4.串通舞弊	1.查出的错误与舞弊发生在内部控制之外； 2.重大的管理当局舞弊非常隐蔽地分布在财务报表的许多不同项目上	1.重大的管理当局舞弊不是非常隐蔽； 2.重大的舞弊发生在内部控制之内； 3.草率的渎职行为； 4.应用公认的审计准则应该可以查出	1.欺诈与隐瞒； 2.注册会计师与企业管理当局串通作弊

资料来源　陈汉文．审计［M］．厦门：厦门大学出版社，2004.

二、我国注册会计师的法律责任

在我国，注册会计师因违约、过失或欺诈给被审计单位或其他利害关系人造成损失的，按照有关法律和规定，可承担的法律责任包括民事责任、刑事责任或行政责任。这些责任可以单处，也可以并处。民事责任是指对委托人和第三方的赔偿责任；刑事责任是指会计师事务所或注册会计师由于违反国家法律法规，情节严重，按照有关法律程序判处一定的徒刑；行政责任是指注册会计师由于行政违法而应承担的法律后果，包括警告、暂停营业、吊销注册会计师资格、撤销事务所营业执照、没收非法所得等。目前，我国法律体系中，对注册会计师的法律责任作出规定的主要有五部法规，即《注册会计师法》、《中华人民共和国证券法》（简称《证券法》）、《中华人民共和国公司法》（简称《公司法》）、《关于惩治违反公司法的犯罪决定》和《中华人民共和国刑法》（简称《刑法》）。

（一）民事责任

1.《注册会计师法》的规定

《注册会计师法》在第六章“法律责任”中规定了注册会计师行政、刑事和民事责任。其中关于民事责任的条款是第四十二条：“会计师事务所违反本法规定，给委托人、其他利害关系人造成损失的，应当依法承担赔偿责任。”

2.《证券法》的规定

2019年修订的《证券法》第一百六十三条规定：“证券服务机构为证券的发行、上市、交易等证券业务活动制作、出具审计报告及其他鉴证报告、资产评估报告、财务顾问报告、资信评级报告或者法律意见书等文件，应当勤勉尽责，对所依据的文件资料内容的真实性、准确性、完整性进行核查和验证。其制作、出具的文件有虚假记载、误导性陈述或者重大遗漏，给他人造成损失的，应当与委托人承担连带赔偿责任，但是能够证明自己没有过错的除外。”

3.《公司法》的规定

2018年修正的《公司法》第二百零七条第三款规定：“承担资产评估、验资或者验证的机构因出具的评估结果、验资或者验证证明不实，给公司债权人造成损失的，除能够证明自己没有过错外，在其评估或者证明不实的金额范围内承担赔偿责任。”

（二）行政责任和刑事责任

1.《注册会计师法》的规定

《注册会计师法》第三十九条规定：“会计师事务所违反本法第二十条、第二十一条规定的，由省级以上人民政府财政部门给予警告，没收违法所得，可以并处违法所得一倍以上五倍以下的罚款；情节严重的，并可以由省级以上人民政府财政部门暂停其经营业务或者予以撤销。

注册会计师违反本法第二十条、第二十一条规定的，由省级以上人民政府财政部门给予警告；情节严重的，可以由省级以上人民政府财政部门暂停其执行业务或者吊销注册会计师证书。

会计师事务所、注册会计师违反本法第二十条、第二十一条的规定，故意出具虚假的审计报告、验资报告，构成犯罪的，依法追究刑事责任。”

2.《证券法》的规定

《证券法》第一百八十八条规定："证券服务机构及其从业人员，违反本法第四十二条的规定买卖证券的，责令依法处理非法持有的证券，没收违法所得，并处以买卖证券等值以下的罚款。"

第一百九十三条规定："违反本法第五十六条第二款的规定，在证券交易活动中作出虚假陈述或者信息误导的，责令改正，处以二十万元以上二百万元以下的罚款；属于国家工作人员的，还应当依法给予处分。"

第二百一十三条规定："证券服务机构违反本法第一百六十三条的规定，未勤勉尽责，所制作、出具的文件有虚假记载、误导性陈述或者重大遗漏的，责令改正，没收业务收入，并处以业务收入一倍以上十倍以下的罚款，没有业务收入或者业务收入不足五十万元的，处以五十万元以上五百万元以下的罚款；情节严重的，并处暂停或者禁止从事证券服务业务。对直接负责的主管人员和其他直接责任人员给予警告，并处以二十万元以上二百万元以下的罚款。"

第二百一十四条规定："发行人、证券登记结算机构、证券公司、证券服务机构未按照规定保存有关文件和资料的，责令改正，给予警告，并处以十万元以上一百万元以下的罚款；泄露、隐匿、伪造、篡改或者毁损有关文件和资料的，给予警告，并处以二十万元以上二百万元以下的罚款；情节严重的，处以五十万元以上五百万元以下的罚款，并处暂停、撤销相关业务许可或者禁止从事相关业务。对直接负责的主管人员和其他直接责任人员给予警告，并处以十万元以上一百万元以下的罚款。"

第二百一十九条规定："违反本法规定，构成犯罪的，依法追究刑事责任。"

3.《公司法》的规定

《公司法》第二百零七条规定："承担资产评估、验资或者验证的机构提供虚假材料的，由公司登记机关没收违法所得，处以违法所得一倍以上五倍以下的罚款，并可以由有关主管部门依法责令该机构停业、吊销直接责任人员的资格证书，吊销营业执照。

承担资产评估、验资或者验证的机构因过失提供有重大遗漏的报告的，由公司登记机关责令改正，情节较严重的，处以所得收入一倍以上五倍以下的罚款，并可以由有关主管部门依法责令该机构停业、吊销直接责任人员的资格证书，吊销营业执照。"

第二百一十五条规定："违反本法规定，构成犯罪的，依法追究刑事责任。"

4.《刑法》的规定

《刑法》第二百二十九条规定："承担资产评估、验资、验证、会计、审计、法律服务、保荐、安全评价、环境影响评价、环境监测等职责的中介组织的人员故意提供虚假证明文件，情节严重的，处五年以下有期徒刑或者拘役，并处罚金。"

知识拓展——新《证券法》的实施对注册会计师法律责任的影响

三、我国的相关司法解释

1996年4月4日，最高人民法院发布《关于会计师事务所为企业出具虚假验资证明应如何处理的复函》，对出具验资证明的会计师事务所应对委托人、其他利害关系人承担民事责任作出规定。其后，又陆续发布了五个关于会计师事务所民事责任的司法解释，为人民法院正确审理涉及会计师事务所民事责任案件提供了重要的法律适用依据。2007年6月11日，最高人民法院又发布了《关于审理涉及会计师事务所在审计业务活动中民事侵权赔偿案件的若干规定》，对出现的新情况、新问题作出符合法律精神并切合实际的规定。该规定的主要内容包括：（1）关于明确利害关系人范围的规定；（2）关于诉讼当事人列置的规定；（3）关于归责原则和举证分配的规定；（4）关于会计师事务所与被审计单位的连带责任的规定；（5）关于过失责任和过失认定标准的规定；（6）关于抗辩事由的规定；（7）关于减责事由的规定；（8）关于无效的免责条款的规定；（9）关于赔偿顺位和最高限额的规定；（10）关于会计师事务所与分所的连带责任的规定；（11）关于禁止擅自追加被执行人的规定。

课程思政3-1

领会依法治国精神　落实依法审计理念

习近平总书记在中央全面依法治国工作会议上发表的重要讲话精神中强调：推进全面依法治国要全面贯彻落实党的十九大和十九届二中、三中、四中、五中全会精神，从把握新发展阶段、贯彻新发展理念、构建新发展格局的实际出发，围绕建设中国特色社会主义法治体系、建设社会主义法治国家的总目标，坚持党的领导、人民当家作主、依法治国有机统一，以解决法治领域突出问题为着力点，坚定不移走中国特色社会主义法治道路，在法治轨道上推进国家治理体系和治理能力现代化，为全面建设社会主义现代化国家、实现中华民族伟大复兴的中国梦提供有力法治保障。

习近平法治思想内涵丰富、论述深刻、逻辑严密、系统完备，从历史和现实相贯通、国际和国内相关联、理论和实际相结合上深刻回答了新时代为什么实行全面依法治国、怎样实行全面依法治国等一系列重大问题。

依法治国是发展社会主义市场经济的客观需要；依法治国是国家民主法治进步的重要标志；依法治国是建设中国特色社会主义文化的重要条件，是国家长治久安的重要保障。因此，我们要认真学习领会和贯彻落实习近平法治思想，时刻牢记依法治国的观念，并且切实贯彻落实到审计工作中去。

首先，要牢固树立“依法治国、依法审计”的理念。通过学法、知法、懂法，提高审计人员的法律素质和法律意识。摒弃一切经验主义和陈旧保守观念，将依法审计落到实处。

其次，要牢固树立终身学法的观念。实现“依法审计”离不开一支高素质高水平的审计干部队伍，审计职业化队伍建设给每个审计人员提出了更高的要求，在当前社会经济生活越来越复杂、科技革命日新月异、社会分工越来越细化的情况下，法律法规不断更新变化，不树立终身学法的观念，审计人员必然落伍。因此，审计机关必须建立健全学习机制，开阔眼界，不断提高全体审计人员的法律意识、提高各项业务水平和能力。

最后，要牢固树立规范审计意识。保证审计工作公开公正，在审计工作中，从审计计划、审计实施、审计法制复核、审计业务会议制度、审计回避、行政执法责任、执法过错追究等方面严格按照法律法规进行规范，通过以制度管权、以制度管人、以制度管事，保障“依法审计”规范推进、规范实施。

因此，广大审计人员要认真学习领会习近平法治思想，吃透基本精神、把握核心要义、明确工作要求，切实把习近平法治思想贯彻落实到全面依法治国、依法审计全过程。

参考文献：

本刊评论员．领会依法治国精神，落实依法审计理念［J］．审计与理财，2020（12）．

第三节 注册会计师法律责任的规避

注册会计师的职业性质决定了它是一个容易遭受法律诉讼的行业，那些蒙受损失的受害人总想通过起诉注册会计师使损失尽可能得以补偿。因此，法律责任一直是困扰着注册会计师行业的一大难题，如何避免法律诉讼，已成为我国注册会计师行业非常关注的问题。因此，要避免和减轻注册会计师承担的法律责任，必须通过政府、法律界、审计行业、企业界和社会公众的共同努力，来建立一个健全、良好的审计环境。

对于注册会计师法律责任的规避措施，可以概括为以下几方面：

一、完善相关法律法规

应尽快制定、修改并完善与注册会计师业务有关的各种法规制度，保持法律法规的权威性和可操作性，为注册会计师执业创造良好的外部环境。一方面，建议修改《注册会计师法》，在法律中明确被审计单位经营失败的责任不应归于注册会计师。同时，将注册会计师审计准则在注册会计师法律责任判定过程中的主体地位确定下来，并增加其他保护注册会计师的法律条文。由于民事责任日益重要，必须尽快出台有关注册会计师民事责任的法律条文，加大民事制裁的力度，形成以民事制裁为主、行政和刑事制裁为辅的法律责任体系。

二、加强理论研究

对注册会计师法律责任的鉴定是一个专业性很强、复杂性极大的工作，应该对相关法律法规展开深入的研究和讨论，并建议成立一个由法律界、企业界和注册会计师业内人士共同组成的法律责任鉴定委员会，专门负责在司法审判中的责任鉴定工作。

三、强化执业监督

很多审计中的差错是由于注册会计师失察或未能对助理人员进行切实可行的监督而发生的。对业务复杂且重大的委托单位的审计工作是由多个注册会计师及许多助理人员共同配合来完成的。如果他们的分工存在重叠或间隙，又缺乏严密的执业监督，发生过失是不可避免的。

四、加强会计师事务所的管理

（1）建立、健全会计师事务所的质量控制制度。质量管理是会计师事务所各项管理工作的核心和关键。如果一个会计师事务所质量管理不严格，很有可能因某一个人或一个部门的原因导致整个会计师事务所遭受灭顶之灾。会计师事务所应建立健全一套严密、科学的内部质量控制制度，并把这套制度推行到每一个人、每一个部门和每一项业务，促使注册会计师按照注册会计师审计准则的要求执行业务、出具报告，这对于避免法律诉讼至关重要。

（2）签订审计业务约定书，取得管理层声明。通过审计业务约定书的签订和管理层声明的取得，可以明确注册会计师和客户的责任，明确业务的性质、范围。一旦发生诉讼，就可以判断责任应由谁负责，尽可能地将审计损失减少到最低限度。

（3）审慎选择被审计单位。中外注册会计师法律案例告诉我们，注册会计师如欲避免法律诉讼，则必须慎重地选择被审计单位：一是要选择正直的被审计单位；二是要对陷入财务困境的被审计单位尤为注意。

（4）提取风险基金或购买责任保险。在西方国家，投保充分的责任保险是会计师事务所一项极为重要的保护措施，尽管保险不能免除可能受到的法律诉讼，但能防止或减少诉讼失败时会计师事务所发生的财务损失。我国《注册会计师法》也规定了会计师事务所应当按规定建立职业风险基金，办理职业保险。

（5）聘请熟悉注册会计师法律责任的律师。会计师事务所有条件时，应尽可能聘请熟悉注册会计师法律责任的律师。在执业过程中，注册会计师应同本所律师讨论所有潜在的危险情况并仔细考虑律师的建议。一旦发生法律诉讼，还要请有经验的律师参与诉讼。

五、增强注册会计师的执业独立性，保持必要的职业谨慎

独立性是注册会计师的灵魂。在实际工作中，注册会计师的独立性已受到了极大的破坏。由于市场竞争的压力，以及注册会计师注重短期结果，保护注册会计师的独立性从未像今天这样重要。因此，增强注册会计师执业的独立性，是避免法律诉讼最为重要的措施之一。同时，注册会计师还必须保持应有的职业谨慎，这样才能避免疏忽财务报表中的重大错报。

案例分析3-1

银广夏舞弊案

基本案情：银广夏集团全称广夏实业股份有限公司，1994年6月17日，广夏（银川）实业股份公司以“银广夏A”的名字在深圳交易所上市。开始时公司的主要业务为软磁盘生产，然后便进入了全面多元化投资的阶段。但银广夏业绩的奇迹性转折是从1998年开始的，这主要是天津广夏的“功劳”。天津广夏是银广夏集团于1994年在天津成立的控股子公司，原名为天津保洁制品有限公司。该公司在1996年从德国进口了一套由德国伍德公司生产的二氧化碳超临界萃取设备，此后3年间，银广夏连创超常业绩。1998年，天津广夏接受的第一张销售订单（来自德国诚信贸易公司购买萃取产品）创造了7 000多万元的收入。对外公布的1999年利润总额为1.58亿元，其中天津广夏占76%，每股盈利为0.51元。2000年在股本扩大1倍的情况下，每股收益增长超过60%，每股盈利0.827元，盈利能力之强，令人瞠目结舌，更令人怀疑。2001年“银广夏”事件首先被媒体披露，而后，中国证监会展开一系列的立案调查，经过艰苦的内查外调，终于查明：“银广夏”通过伪造购销合同、伪造出口报关单、虚开增值税专用发票、伪造免税文件和伪造金融票据等手段，虚构主营业务收入，虚增利润高达7.7亿元。

面对这样一家超级造假公司，为它审计的深圳中天勤会计师事务所是如何进行审计的呢？中天勤会计师事务所规模很大，执业注册会计师近100人，经批准获得证券业务资格的注册会计师40名，承担国内60多家上市公司的审计业务。据称，中天勤曾创下2000年度国内业务量全国第一的好业绩。对“银广夏”年度报表进行审计的注册会计师刘加荣、徐林文，在年度利润和每股收益过度增长的不合理情况下，缺少应有的职业谨慎，审计态度随意。对一些自己没有把握的，又对报表有重大影响的事项，没有向专家请教和聘请专家协助工作，直接发表无保留意见审计报告。

真相大白之后，银广夏集团进入“PT”公司的行列。中天勤会计师事务所信誉全失，只得解体。签字注册会计师刘加荣、徐林文被吊销注册会计师资格；事务所的执业资格被吊销，其证券、期货相关业务许可证被吊销；证监会依法将李有强等七人移送公安机关追究刑事责任。

案例点评：从“银广夏”事件可以看出，注册会计师审计中存在以下几点缺陷：(1) 迷信客户。按理说，在审计执业过程中注册会计师应时刻保持合理的职业怀疑态度，不能盲目相信客户。但是在“银广夏”事件中，注册会计师根本没有做到这一点。这正如其负责人在事后坦言，由于近几年“银广夏”在证券市场上业绩一直非常好，在宁夏种草治沙也产生了良好的社会效益，并且承担着科技部重点科技攻关项目800多项；同时，又是合作多年的老伙伴，所以放松了戒备。(2) 事务所质量控制混乱。可以说，质量控制的好坏直接关系着事务所的存亡。而在对“银广夏”的审计中可以看出，事务所根本未履行审计工作底稿的三级复核制度，审阅与签发均由刘加荣一人包办，审核工作实际上流于形式，事务所的质量控制存在严重问题。(3) 对客户了解不够。了解客户的基本情况是注册会计师的一项基本工作。尽管“银广夏”是中天勤会计师事务所的老客户，但是根据披露出来的资料看，注册会计师对天津广夏采用的“二氧化碳超临界萃取”技术及其应用情况了解不够；另外对于客户所处行业的整体发展情况也没有进行有效的调查，否则也不可能在萃取产品行业整体销售不理想的情况下，相信银广夏的巨额出口销售。(4) 自身素质不过硬，难以做到胜任。合格的注册会计师必须是胜任的注册会计师，精通专业知识是对其基本要求。但是，注册会计师在“银广夏”事件中所表现出来的专业知识，实在不能令人满意。其一，对于客户报表明显存在的违背重要性原则的事情视而不见；其二，对于报表及其附注之间的相互矛盾居然没有察觉；其三，对于报表中显而易见的税务处理纰漏竟然毫无怀疑。另外，胜任能力还包括对其他方面知识的掌握，在此事件中，注册会计师连客户提供的虚假海关报关单都识别不出来，何谈胜任。(5) 除了知识掌握方面的欠缺以外，在具体审计执业中也存在问题。面对异常的毛利率水平，注册会计师是否利用了分析性程序，以探究其是否为虚假披露？面对巨额的应收账款，注册会计师是否进行了必要的函证？面对存货，注册会计师是否已实施监盘？如果注册会计师严格按照专业准则的要求，实施必要的审计程序，是完全可以发现存在的欺诈事项的。

注册会计师对“银广夏”的审计失败完全是重大过失所致，这起事件的发生为我国审计职业界敲响了警钟。

资料来源 葛长银. 审计经典案例评析 [M]. 北京：中国人民大学出版社，2003.

本章小结

注册会计师的职业责任包括财务报表审计中发现错误与舞弊的责任、财务报表审计中关注违法行为的责任、财务报表审计中关注持续经营的责任和充分披露的责任。

注册会计师面临的法律责任产生的主要根源：一是司法方面对审计责任的逐渐扩大；二是被审计单位的舞弊及违法行为；三是注册会计师违约、过失和欺诈行为的出现。在我国，注册会计师因违约、过失和欺诈给被审计单位或其他利害关系人造成损失的，按照有关法律和规定，可承担的法律责任包括民事责任、刑事责任或行政责任。

注册会计师法律责任的规避措施主要包括：完善相关法律法规；加强理论研究；强化执业监督；加强对会计师事务所的管理；增强注册会计师的执业独立性，保持必要的职业谨慎。

主要概念

审计失败　经营失败　普通过失　重大过失　违约　欺诈

关键思考题

1.注册会计师职业责任包括哪些内容?

2.可能导致注册会计师法律责任的原因有哪些?

3.注册会计师根据什么区分普通过失和重大过失?

4.会计师事务所可能承担哪些种类的法律责任?

第四章

审计目标、审计证据与审计工作底稿

学习目标

☆知识目标

了解财务报表审计目标的发展变化；

掌握我国财务报表审计的总目标；

掌握我国与各类交易、账户余额、列报相关的审计目标；

掌握审计证据的含义、特性；

掌握审计工作底稿的含义、性质和基本要素。

☆技能目标

掌握审计证据的获取程序。

第一节 审计目标

一、财务报表审计目标的含义

财务报表审计目标是在一定历史环境下，注册会计师通过财务报表审计实践活动所期望达到的境地或最终结果，它体现了财务报表审计的基本职能，是构成审计理论的基石，它界定了注册会计师的责任范围，是财务报表审计工作的出发点和落脚点。在我国，财务报表审计目标包括审计总目标和与交易、账户余额和列报相关的具体审计目标。总体审计目标既反映了审计环境对财务报表审计的要求，又体现了财务报表审计作用于审计环境的实质内容。具体审计目标受总体审计目标的制约，是总体审计目标的具体化。在进行财务报表审计业务时，首先，确定财务报表审计的总目标；其次，明确被审计单位和注册会计师责任；最后，在此基础上将财务报表所涉及的交易和账户划分为几个业务循环，明确管理层关于交易类别、账户余额和列报的认定，进而确定关于交易、账户余额和列报的审计目标。

二、审计总目标

（一）审计总目标的演变

审计总目标的内容不是一成不变的，审计总目标的确立与变更受很多因素的影响，比如社会需求、法律环境、审计能力等。可以说，注册会计师审计自诞生以来，从其内容发展来看，主要经历了详细审计、资产负债表审计和财务报表审计三个阶段，审计总目标随着审计的不同发展历程也相应发生着深刻的变化。

(1) 在详细审计阶段，企业投资人需要通过注册会计师审计来了解管理当局履行其职责的情况。审计总目标是通过对被审计单位一定时期内的会计账证资料的逐笔审查，判定有无技术错误和舞弊行为。查错防弊是此阶段的审计目标。

(2) 在资产负债表审计阶段，审计总目标是通过对被审计单位一定时期内资产负债表所有项目余额的可靠性、真实性进行审查，判断其财务状况和偿债能力。在此阶段，查错防弊这一目标依然存在，但已退居第二位，审计的功能从防护性发展到公正性。

(3) 在财务报表审计阶段，注册会计师判断被审计单位一定时期的财务报表是否公允地反映其财务状况和经营成果以及现金流量，并在出具审计报告的同时，提出改进经营管理的意见。在此阶段，审计目标不再局限于查错防弊和历史财务信息验证，而是向管理领域有所深入发展。此阶段的审计工作已比较有规律，且形成了一套比较完整的理论和方法。

（二）我国审计总目标的内容

根据《中国注册会计师审计准则第1101号——注册会计师的总体目标和审计工作的基本要求》的规定，财务报表审计的总目标是注册会计师通过执行审计工作，对财务报表的下列方面发表审计意见：(1) 对财务报表整体是否不存在由于舞弊或错误导致的重大错报获取合理保证，使得注册会计师能够对财务报表是否在所有重大方面按照适用的财务报告编制基础发表审计意见；(2) 按照审计准则的规定，根据审计结果对财务报表出具审计报告，并与管理层和治理层沟通。

1.评价财务报表的合法性

合法性是评价财务报表的编制是否遵守了财务报告编制基础。适用的财务报告编制基础是指法律法规要求采用的财务报告编制基础，或者管理层和治理层在编制财务报表时，就被审计单位性质和财务报表目标而言，采用的可接受的财务报告编制基础。

财务报告编制基础分为通用目的的编制基础和特殊目的的编制基础。通用目的的编制基础，是指旨在满足广大财务报表使用者共同的财务信息需求的财务报告编制基础，主要是指会计准则和会计制度。特殊目的的编制基础，是指旨在满足财务报表特定使用者对财务信息需求的财务报告编制基础，包括计税核算基础、监管机构的报告要求和合同的约定等。

2.评价财务报表的公允性

公允性是指在评价财务报表是否在所有重大方面公允反映时，注册会计师应当考虑下列内容：经管理层调整后的财务报表是否与注册会计师对被审计单位及其环境的了解一致；财务报表的列报、结构和内容是否合理；财务报表是否真实地反映了交易和事项的经济实质。

简言之，财务报表审计的总目标是对财务报表的合法性和公允性发表意见。财务报表审计属于鉴证业务，注册会计师运用专业知识、技能和经验对财务报表进行审计并发表审计意见，旨在提高财务报表的可信赖程度。但由于测试方法的选用、内部控制的固有局限、审计证据大多是说服性而非结论性的、审计工作中职业判断的大量运用及某些特殊性质的交易和事项可能影响审计证据的说服力等五方面因素的影响，致使审计存在着固有限制。因此，注册会计师的审计工作不能对财务报表整体不存在重大错报提供绝对保证，只能获取合理保证。为恰当履行对财务报表发表审计意见的责任，注册会计师需要在整个审计过程中遵守以下五个原则：(1) 遵守职业道德规范；(2) 遵守质量控制准则；(3) 遵守审计准则；(4) 合理运用职业判断；(5) 保持职业怀疑态度。

三、管理层的责任和注册会计师的责任

财务报表是由被审计单位管理层在治理层的监督下编制的。管理层和治理层（如适用）认可与财务报表相关的责任，是注册会计师执行审计工作的前提，构成注册会计师按照审计准则的规定执行审计工作的基础。

（一）管理层的责任

在治理层的监督下，管理层作为会计工作的行为人，对编制财务报表负有直接责任。这种责任包括：(1) 按照适用的财务报告编制基础编制财务报表，并使其实现公允反映（如适用）；(2) 设计、执行和维护必要的内部控制，以使财务报表不存在由于舞弊或错误导致的重大错报；(3) 向注册会计师提供必要的工作条件，包括允许注册会计师接触与编制财务报表相关的所有信息（如记录、文件和其他事项），向注册会计师提供审计所需的其他信息，允许注册会计师在获取审计证据时不受限制地接触其认为必要的内部人员和其他相关人员。

（二）注册会计师的责任

在审计中，注册会计师的责任是按照中国注册会计师审计准则的规定对财务报表发表审计意见。为履行这一职责，注册会计师应当遵守职业道德规范，按照审计准则的规定计划和实施审计工作，获取充分、适当的审计证据，并根据获取的审计证据得出合理的审计结论，发表恰当的审计意见。注册会计师通过签署审计报告确认其责任。

小思考 4-1

管理层的责任和注册会计师的责任有哪些区别?

提示：被审计单位的管理层责任和注册会计师责任是完全不同的两项责任，两者不能相互替代、减轻或免除。其区别主要表现在以下几个方面：

(1) 承担责任的主体不同。管理层责任的承担者是被审计单位的治理层和管理层。在审计实务中，管理层责任的确认通常是通过注册会计师要求被审计单位提出书面声明来实现的。注册会计师责任的承担者是接受审计委托的会计师事务所和承办鉴证业务的注册会计师。

(2) 承担责任的内容不同。管理层责任和注册会计师责任的相关内容在前文已进行阐述。

(3) 责任的履行不同。管理层责任的履行是与被审计单位的生产经营行为和管理层的管理行为相联系的，是企业自身行为的结果。注册会计师责任的承担则是与会计师事务所的活动和注册会计师的执业行为相联系的，是他们自身行为的结果。当事人的行为及其结果决定了其应当承担相应责任的内容。

(4) 责任的评判标准不同。判断被审计单位及其管理层是否履行责任的依据是会计准则和会计制度的规定。判断会计师事务所及其注册会计师是否履行责任的依据是中国注册会计师的执业准则。

四、与各类交易、账户余额、列报相关的审计目标

具体审计目标是审计总目标的进一步具体化。具体审计目标的确定，有助于注册会计师按照审计准则的要求获取充分、适当的审计证据，发表恰当的审计意见。一般地说，注册会计师应以财务报表审计总目标为指导，以管理层的认定为基础，进一步确定与各类交易、账户余额、列报相关的审计目标。

（一）被审计单位管理层的认定

所谓认定，是指被审计单位管理层对财务报表各组成要素的确认、计量、列报作出的明确或隐含的表达。按照《中国注册会计师审计准则第1301号——审计证据》的规定，管理层的认定包括以下三个层次：

1.与各类交易和事项相关的认定

其具体包括：（1）发生：记录的交易和事项均已发生，且与被审计单位有关。（2）完整性：所有应当记录的交易和事项均已记录。（3）准确性：与交易和事项有关的金额及其他数据已恰当记录。（4）截止：交易和事项已记录于正确的会计期间。（5）分类：交易和事项已记录于恰当的账户。

2.与期末账户余额相关的认定

其具体包括：（1）存在：记录的资产、负债和所有者权益是存在的。（2）权利和义务：记录的资产由被审计单位拥有或控制，记录的负债是被审计单位应当履行的偿还义务。（3）完整性：所有应当记录的资产、负债和所有者权益均已记录。（4）计价和分摊：资产、负债和所有者权益以恰当的金额包括在财务报表中，与之相关的计价或分摊调整已恰当记录。

3.与列报相关的认定

其具体包括：（1）发生以及权利和义务：披露的交易、事项和其他情况已发生，且与被审计单位有关。（2）完整性：所有应当包括在财务报表中的披露均已包括。（3）分类和可理解性：财务信息已被恰当地列报和描述，且披露内容表述清楚。（4）准确性和计价：财务信息和其他信息已公允披露，且金额恰当。

管理层的认定与审计目标密切相关，注册会计师的基本职责就是确定被审计单位管理层对其财务报表的认定是否恰当。

（二）与各类交易和事项、账户余额、列报相关的审计目标

注册会计师应当详细运用各类交易和事项、账户余额、列报认定，形成各类交易和事项、账户余额、列报的审计目标，以此作为评估重大错报风险以及设计与实施进一步审计程序的基础。

1.各类交易和事项的审计目标

各类交易和事项的审计目标包括：（1）发生：记录的交易和事项已发生，且与被审计单位有关。例如，如果没有发生采购交易，但在材料采购明细账中记录了这一笔交易，则违反了该目标。（2）完整性：所有应当记录的交易和事项均已记录。例如，如果发生了采购交易，但在材料采购明细账中没有记录这一笔交易，则违反了该目标。（3）准确性：与交易和事项有关的金额及其他数据已恰当记录。例如，在采购交易中，会计人员在材料采购明细账中记录了错误的金额，则违反了该目标。（4）截止：交易和事项已记录于正确的会计期间。例如，本期交易推到下期或下期交易提到本期，均违反了截止目标。（5）分类：

交易和事项已记录于恰当的账户。例如，如果将存货记为固定资产，则违反了分类目标。

2.与期末账户余额相关的审计目标

账户余额主要与资产负债表有关。注册会计师将管理层的认定运用于账户余额，就可以形成账户余额的目标。其具体包括：（1）存在：记录的资产、负债和所有者权益是存在的。例如，将虚构的应收账款登记入账就违反了存在性目标。（2）权利和义务：记录的资产由被审计单位拥有或控制，记录的负债是被审计单位应当履行的偿还义务。例如，将他人寄存的商品计入被审计单位的存货，就违反了权利和义务目标。（3）完整性：所有应当记录的资产、负债和所有者权益均已记录。例如，对于已存在的某顾客的应收账款却没有登记到该账户中，就违反了完整性目标。（4）计价和分摊：资产、负债和所有者权益以恰当的金额包括在财务报表中，与之相关的计价或分摊调整已恰当记录。

3.列报的审计目标

注册会计师也应当对各类交易、账户余额及相关事项在财务报表中列报的正确性进行审计。有关列报的审计目标包括：（1）发生以及权利和义务：披露的交易、事项和其他情况已发生，且与被审计单位有关。将没有发生的交易、事项或与被审计单位无关的交易、事项包括在财务报表中，则违反了该目标。如检查抵押的应收账款应在财务报表中列报，就是为了判断其权利是否受到限制。（2）完整性：所有应当包括在财务报表中的披露均已包括。如果应当披露的事项没有包含在财务报表中，则违反了该目标。（3）分类和可理解性：财务信息已被恰当地列报和描述，且披露内容表述清楚。如检查存货的主要类别是否已披露。（4）准确性和计价：财务信息和其他信息已公允披露，且金额恰当。例如，检查财务报表附注是否分别对存货的核算方法作了恰当的说明，就是为了实现列报的准确性和计价目标。表4-1列示了管理层的认定与相应的具体审计目标。

表4-1　　管理层的认定与相应的具体审计目标

<table>
<tr><th colspan="2">认定种类</th><th>性质</th><th>具体审计目标</th></tr>
<tr><td rowspan="5">与各类交易和事项相关的认定</td><td>发生</td><td>记录的交易和事项均已发生，且与被审计单位有关</td><td>发生</td></tr>
<tr><td>完整性</td><td>所有应当记录的交易和事项均已记录</td><td>完整性</td></tr>
<tr><td>准确性</td><td>与交易和事项有关的金额及其他数据已恰当记录</td><td>准确性</td></tr>
<tr><td>截止</td><td>交易和事项已记录于正确的会计期间</td><td>截止</td></tr>
<tr><td>分类</td><td>交易和事项已记录于恰当的账户</td><td>分类</td></tr>
<tr><td rowspan="4">与期末账户余额相关的认定</td><td>存在</td><td>记录的资产、负债和所有者权益是存在的</td><td>存在</td></tr>
<tr><td>权利和义务</td><td>记录的资产由被审计单位拥有或控制，记录的负债是被审计单位应当履行的偿还义务</td><td>权利和义务</td></tr>
<tr><td>完整性</td><td>所有应当记录的资产、负债和所有者权益均已记录</td><td>完整性</td></tr>
<tr><td>计价和分摊</td><td>资产、负债和所有者权益以恰当的金额包括在财务报表中，与之相关的计价或分摊调整已恰当记录</td><td>计价和分摊</td></tr>
<tr><td rowspan="4">与列报相关的认定</td><td>发生以及权利和义务</td><td>披露的交易、事项和其他情况已发生，且与被审计单位有关</td><td>发生以及权利和义务</td></tr>
<tr><td>完整性</td><td>所有应当包括在财务报表中的披露均已包括</td><td>完整性</td></tr>
<tr><td>分类和可理解性</td><td>财务信息已被恰当地列报和描述，且披露内容表述清楚</td><td>分类和可理解性</td></tr>
<tr><td>准确性和计价</td><td>财务信息和其他信息已公允披露，且金额恰当</td><td>准确性和计价</td></tr>
</table>

在审计过程中，注册会计师应紧紧围绕具体审计目标获取证据；把这些证据累积起来，注册会计师就可对管理层的认定是否正确下结论；再把对每个认定的结论综合起来，注册会计师就可对整个财务报表的合法性和公允性发表审计意见了。

第二节 审计证据

一、审计证据的含义

要实现审计目标，必须收集和评价审计证据。注册会计师形成任何审计结论和意见都必须以合理的证据作为基础；否则，审计报告就不可信赖。因此，审计证据是审计中的一个核心概念。概括地说，审计证据是指注册会计师为了得出审计结论、形成审计意见而使用的所有信息，包括构成财务报表基础的会计记录中含有的信息和其他信息。审计证据在审计工作中具有重要意义。充分可靠的审计证据是审计结论正确的最有力证明，也是评价审计工作质量高的重要标志之一。注册会计师应按照《中国注册会计师审计准则第1301号——审计证据》的要求，做好审计证据的获取和整理分析工作。

二、审计证据的分类

审计证据由于内容不一，形式各异，取得的来源也不尽相同，为了便于对审计证据进行整理、分析和评价，注册会计师应对其所收集的证据进行适当的分类。

（一）按照审计证据的外表形式分类

按照审计证据的外表形式分类，可将其分为实物证据、书面证据、口头证据和环境证据。

1.实物证据

它是指通过实际观察或盘点所取得的，用以证实某些资产实物是否确实存在的证据。例如，注册会计师可以通过监督盘点的方式，对存货的数量加以验证。实物证据通常是证明实物资产是否存在的最有说服力的证据，但实物证据并不能完全证明被审计单位对实物资产拥有所有权，而且实物证据有时还无法对某些资产的价值情况作出判断，因此，还应就其所有权归属及其价值情况另行审计。

2.书面证据

它是注册会计师所获取的各种以书面文件形式存在的证实经济活动的一类证据。在审计过程中，注册会计师往往要大量地获取和利用书面证据，因此，书面证据是审计证据的主要组成部分，也可称为基本证据。其内容包括：

（1）会计记录。会计记录包括各种自制的原始凭证、记账凭证、账簿记录等，它是注册会计师取自被审计单位内部的一种极为重要的审计证据。注册会计师在审查财务报表时，往往需追溯审查被审计单位的会计账簿和各种凭证。

（2）管理层声明书。管理层声明书是注册会计师从被审计单位所获得的书面声明。其主要内容是以书面的形式确认被审计单位在审计过程中所做的各种重要的陈述或保证，包括所有的会计记录、财务数据、董事会及股东大会会议记录均已提供给注册会计师；财务报表是完整的，并按国家的有关法规、制度编制；所有需揭示的事项（诸如或有负债、关联方交易等）均已做了充分的揭示。管理层声明书属于可靠性较低的内部证据，它不可替代注册会计师实施其他必要的审计程序，但是它具有以下作用：第一，管理层对财务报表负有主要责任；第二，将被审计单位在审计期间所回答的问题予以书面化，并列入审计工作底稿中。

(3) 其他书面文件。其他书面文件是指被审计单位提供的其他有助于注册会计师形成审计结论和意见的书面文件，如董事会及股东大会会议记录、被审计单位的或有负债记录、公司章程等。

3.口头证据

它是指被审计单位职员或其他有关人员对注册会计师的提问做口头答复所形成的一类证据。在审计过程中，注册会计师应对各种重要的口头证据尽快形成记录，并注明是何人、何时、在何种情况下所做的口头陈述，必要时还应获得被询问者的签名。这类证据一般可能带有个人成见和片面观点，证明力较弱，但它具有一定的旁证作用，特别是通过收集口头证据，可以发现一些线索，从而便于进一步调查。

4.环境证据

它是指对被审计单位产生影响的各种环境因素所形成的一类证据。比如，被审计单位的内部控制情况、管理人员和会计人员的素质、各种管理制度和管理水平及经营条件、经营方针等环境因素均会对被审计单位产生影响。因此，收集环境证据有助于注册会计师了解被审计单位及其经济活动所处的环境，便于作出合理的判断和工作安排。

（二）按照审计证据的来源分类

按照审计证据的来源分类，可将其分为外部证据、内部证据和亲历证据。

1.外部证据

外部证据是由被审计单位以外的组织机构或人士编制的书面证据。由于外部证据来自被审计单位以外的有关方面，虚构和篡改的可能性很小，又可以向有关方面进行查证，因此，一般具有较强的证明力。外部证据又可分为由被审计单位以外有关方面编制并直接递交注册会计师的外部证据和被审计单位持有的由被审计单位以外有关方面编制的外部证据两种类型。前者如应收账款函证回函，被审计单位律师与其他独立的专家关于被审计单位资产所有权和或有负债的证明函件，保险公司、寄售企业、证券经纪人的证明等；后者如银行对账单、购货发票、应收票据、顾客订单、有关的契约、合同等。前者的可靠性要强于后者。

2.内部证据

内部证据是指产生于被审计单位内部的审计证据。内部证据是由被审计单位内部机构或职员编制和提供的书面证据，如销售发票、收料单、会计记录、管理当局声明书等。内部证据主要是书面证据。由于内部证据产生于被审计单位内部，有被虚构和篡改的可能性，因此，其证明力不如外部证据。

3.亲历证据

亲历证据是指注册会计师通过运用自己的各种感官取得反映被审事项真实情况的证据。其主要有：亲自参与监督盘点取得的实物证据；通过现场观察取得的环境证据；通过分析计算得到的证据，如对折旧额的验算、对收益情况的分析性复核等。亲历证据一般具有较强的证明力，是一类非常重要的证据。

三、审计证据的特性

注册会计师执行审计业务时，应当在获取充分、适当的审计证据后，形成审计意见、出具审计报告。充分性和适当性是审计证据的两大特性。

（一）审计证据的充分性

审计证据的充分性是对审计证据数量的衡量，主要与注册会计师确定的样本量有关。审计证据是形成审计意见的基础，但并不是说审计证据越多越好，注册会计师应在保证审计质量的同时把所需要收集的审计证据数量降到最低限度。注册会计师需要获取的审计证据的数量主要受以下两方面的影响：（1）受错报风险的影响。错报风险越大，需要的审计证据可能越多。（2）受审计证据质量的影响。审计证据质量越高，需要的审计证据可能越少。然而，注册会计师仅靠获取更多的审计证据可能无法弥补其质量的缺陷。

（二）审计证据的适当性

审计证据的适当性是对审计证据质量的衡量，即审计证据在支持审计意见所依据的结论方面具有相关性和可靠性。相关性和可靠性是审计证据适当性的核心内容，只有相关且可靠的审计证据才是高质量的。

1.审计证据的相关性

相关性是指用作审计证据的信息与审计程序的目的和所考虑的相关认定之间的逻辑关系。用作审计证据的信息的相关性可能受到测试方向的影响。例如，如果某审计程序的目的是测试应付账款的计价高估，则测试已记录的应付账款可能是相关的审计程序。如果某审计程序的目的是测试应付账款的计价低估，则相关的审计程序可能是测试期后支出、未支付发票、供应商结算单以及发票未到的收货报告等。在确定审计证据的相关性时，注册会计师应当考虑：（1）特定的审计程序可能只为某些认定提供相关的审计证据，而与其他认定无关；（2）针对同一项认定可以从不同来源获取审计证据或获取不同性质的审计证据；（3）只与特定认定相关的审计证据并不能替代与其他认定相关的审计证据。

2.审计证据的可靠性

审计证据的可靠性是指证据的可信程度。其主要受来源和性质的影响，并取决于获取审计证据的具体环境。注册会计师通常按照下列原则考虑审计证据的可靠性：（1）从外部独立来源获取的审计证据比从其他来源获取的审计证据更可靠；（2）内部控制有效时内部生成的审计证据比内部控制薄弱时内部生成的审计证据更可靠；（3）直接获取的审计证据比间接获取或推论得出的审计证据更可靠；（4）以文件记录形式（无论是纸质、电子或其他介质）存在的审计证据比口头形式的审计证据更可靠；（5）从原件获取的审计证据比从传真或复印件获取的审计证据更可靠。注册会计师按照上述原则评价审计证据的可靠性时，应当注意可能出现的重大例外情况。例如，审计证据虽然从独立的外部来源获取，但如果该证据由不知情者或不具备资格者提供，审计证据也可能是不可靠的。

总之，注册会计师应当保持职业怀疑态度，运用职业判断，评价审计证据的充分性和适当性。两个特征缺一不可，只有充分适当的审计证据才是有证明力的。

四、获取审计证据的审计程序

在实施风险评估程序、控制测试、实质性程序时，注册会计师可根据需要单独或综合运用以下方法，获取充分适当的审计证据：

（一）检查

检查是指注册会计师对被审计单位内部或外部生成的，以纸质、电子或其他介质形式存在的记录和文件进行审查，或对资产进行实物审查，即包括两部分：一是检查记录或文件；二是检查有形资产。

1.检查记录或文件

检查记录或文件是指注册会计师对被审计单位内部或外部生成的，以纸质、电子或其他介质形式存在的记录或文件进行审查，具体包括审阅和核对记录或文件。

（1）审阅记录或文件。它主要指注册会计师要对被审计单位的会计记录和其他书面文件进行审阅。通过审阅，找出问题和疑点，作为审计线索，据以进一步确定审计的重点和审计程序。具体来说包括以下几方面：

①原始凭证的审阅。原始凭证的审阅要点见表4-2。

表4-2 原始凭证的审阅要点

原始凭证的审阅要点	全面性审查	（1）审阅原始凭证各项目填列是否齐全； （2）经办人员、管理人员是否签字盖章
	真实性审查	（1）审阅原始凭证核发部门的名称、地址和图章是否清晰； （2）注意其有无篡改、刮擦、伪造等迹象
	正确性审查	（1）审阅记录的数量、单价、金额是否正确； （2）大小写金额是否一致
	合法性审查	审阅原始凭证所反映的经济事项是否合法合规

②记账凭证的审阅。记账凭证的审阅要点见表4-3。

表4-3 记账凭证的审阅要点

记账凭证的审阅要点	全面性审查	（1）审阅记账凭证各项目填列是否齐全； （2）有无制证人、记账人、复核人和主管人员的签章
	一致性审查	（1）审阅记账凭证上注明的附件张数是否与所附原始凭证张数一致； （2）记账凭证的内容是否与原始凭证反映的经济业务相符
	正确性审查	审阅记账凭证上所编的分录，其应用的账户和账户的对应关系是否正确

③会计账簿的审阅。账簿包括总账、明细账、日记账和各种辅助账簿，其中审阅的重点应放在明细账和日记账上。会计账簿的审阅要点见表4-4。

表4-4 会计账簿的审阅要点

会计账簿的审阅要点	合规性审查	（1）更换账页或启用新账簿时，审阅其承上启下的数字是否一致； （2）审阅账簿记录有无涂改和刮擦等情况； （3）账簿若登记错误，审阅是否按规定方法进行错账更正； （4）审阅账簿登记的内容是否齐全
	正确性审查	（1）审阅核对各种明细账与总账有关账户的记录是否相符，有无重登、漏登或记反账户方向、数字错位等情况； （2）结合摘要说明，判断每笔业务的会计处理是否正确
	合法性审查	（1）注意有无虚构、隐瞒收入等情况； （2）注意有无利用弄虚作假、巧立名目的手段多记费用支出

④财务报表的审阅。审阅报表应以审阅资产负债表、利润表和现金流量表为重点。审

阅时结合核对法效果更好。财务报表的审阅要点见表4-5。

表4-5 财务报表的审阅要点

财务报表的审阅要点	合规性审查	审阅报表的编制在应用格式、表内项目分类、项目排列等方面是否符合会计制度的规定
	（数据）正确性审查	根据账簿记录与报表各项目的关系，分门别类地逐一加以核对，以验证其所列数据的正确性
	（钩稽关系）正确性审查	对表内具有钩稽关系的指标的审查以及对报表与其他报表有关指标钩稽关系的审查
	完备性审查	查看有无编表人和审核人的签字
	充分性审查	报表有关项目的附注说明是否充分和全面

⑤其他记录的审阅。其他记录虽然不是会计资料的重要部分，但有时可从中发现一些问题，作为审计线索，例如，产品出厂证、质量检查记录、合同、协议等。

（2）核对记录或文件。它是指注册会计师对账表、账账、账证和账实之间进行相互核对。核对的内容包括：

①账表核对。按照各财务报表的有关数据与账簿记录的内在联系，以有关总账和明细账的数字为依据，核对账表有关项目的数据是否一致。

②账账核对。它是指在有关账簿之间进行核对。如总账各账户的借方余额合计与贷方余额合计的核对，总账记录和所属明细账合计数的核对，总账记录与各种日记账的核对等。

③账证核对。各项明细账和日记账的记录与有关凭证相互核对，审查有无错记、漏记和重复记账的情况，账簿记录的内容、金额、记账方向是否与凭证一致。

④账实核对。各种明细账的记录与财产物资和货币资金的实存情况进行核对。如固定资产、材料、产成品的数量、规格、品种、金额等账实是否一致；库存现金的账实是否一致。如发现不符，应查明原因，并按照有关规定，以实物为准进行账务调整。

审阅法与核对法是审计工作中最常用、最有效的两种方法，二者结合起来运用效果更好。

小经验4-1

检查记录和文件的综合运用

首先，注册会计师进行账表核对。若发现不平衡现象，再根据具体情况进一步扩大审查的范围。

其次，账账核对。先审阅总账记录，若没有问题，可将其作为标准账户与明细账（或日记账）核对。若相符，暂时认为是正确的；若不相符，相关的明细账或日记账应作为重点追查的对象。

最后，进一步对抽出的明细账（或日记账）中的每笔业务进行账证核对。

2.检查有形资产

检查有形资产是指注册会计师对资产实物进行审查。该方法是为确定被审计单位实物形态的资产是否真实存在并且与账面数量相等，查明有无短缺、毁损及贪污、盗窃等问题存在。但检查有形资产也有它的局限性，它只能对实物资产是否确实存在提供有力的审计证据，但不一定能够为权利和义务或计价认定提供可靠的审计证据。因此，注册会计师在检查时应特别注意对实物资产的计价和所有权另行审计。

检查有形资产的方法主要适用于库存现金和存货，也适用于有价证券、应收票据和固定资产等。

小资料 4-1

当资产检查日（即监盘日）与被查日（即财务报告日期）不在一个时间点上，注册会计师还必须利用调节公式进行调节，以便账实核对。

当检查日晚于被查日时：

被查日应存数=检查日实有数+被查日至检查日期间减少数−被查日至检查日期间增加数

当检查日早于被查日时：

被查日应存数=检查日实有数+检查日至被查日期间增加数−检查日至被查日期间减少数

资料来源 胡中艾. 审计［M］. 4版. 大连：东北财经大学出版社，2014.

（二）观察

观察是指注册会计师查看相关人员正在从事的活动或执行的程序。观察提供的审计证据仅限于观察发生的时点，并且在相关人员已知被观察时，相关人员从事活动或执行程序可能与日常的做法不同，从而影响注册会计师对真实情况的了解。因此，在应用观察法时，一要尽量不引起被观察对象的注意，二要多观察几遍，这样才能保证被观察对象以平时的态度、方式、程序处理经济业务，才能观察到真实情况，而不是假象。

（三）询问

询问是指注册会计师以书面或口头方式，向被审计单位内部或外部的知情人员获取财务信息和非财务信息，并对答复进行评价的过程。

知情人员对询问的答复可能为注册会计师提供尚未获悉的信息或佐证证据，也可能提供与已获悉信息存在重大差异的信息。注册会计师应当根据询问结果考虑修改审计程序或实施追加的审计程序。询问本身不足以发现认定层次存在的重大错报，也不足以测试内部控制运行的有效性，注册会计师还应当实施其他审计程序获取充分、适当的审计证据。

小经验 4-2

询问法的应用技巧

（1）谈话应有计划性。最好拟出谈话提纲，事先规划好找什么人谈、谈什么问题、怎么谈等事项。

（2）注意谈话方式和语气。要想取得好的效果，最好采用单独交谈的方式，并以平等、和蔼、诚恳的语气进行交谈。

（3）及时记录。在询问时要认真做好记录，由询问人和被询问人签名后作为审计证据。

（4）注意保密。对员工或外单位人员的谈话记录必须保密，以免谈话人员受到伤害。

（四）函证

函证是指注册会计师直接从第三方（被询证者）获取书面答复以作为审计证据的过程，书面答复可以采用纸质、电子或其他介质形式。当针对的是与特定账户余额及其项目相关的认定时，函证常常是相关的程序。但是，函证不仅局限于账户余额。例如，注册会计师可能要求对被审计单位与第三方之间的协议和交易条款进行函证，注册会计师可能在询证函中询问协议是否做过修改，如果做过，要求被询证者提供相关的详细信息。函证对象包括：(1) 函证银行存款、借款及与金融机构往来的其他信息；(2) 函证应收账款；(3) 函证由第三方保管或控制的存货；(4) 函证其他项目，包括交易性金融资产、应收票据、其他应收款、预付账款、长期股权投资、应付账款、预收账款、或有事项、重大或异常的交易等。函证的具体操作方法在第八章中详细阐述。

知识链接 4-1

新旧函证审计准则的比较

中注协于2010年11月1日出台了新修订的函证审计准则，于2012年1月1日起执行。修订后的函证审计准则（以下简称新准则）比原准则结构更加清晰、语言更简练易懂、适用范围更广、更注重以风险为导向、更强调对舞弊的审计责任、更注重与治理层的沟通、对小企业的审计规范更加细化。其主要变化体现在以下方面：

(1) 采用新体例对原准则进行改写，增加了与治理层沟通的规定。

(2) 对银行存款函证规定了例外条款，增加了注册会计师的判断空间。如果没有实行此项函证，注册会计师应当在工作底稿中详细说明理由。

(3) 增强特定情况下积极式函证程序的必要性。如果注册会计师认为取得积极式询证函回函是获取充分、适当的审计证据的必要程序，则替代程序不能提供注册会计师所需要的审计证据。在这种情况下，如果未获取回函，注册会计师应当按照《中国注册会计师审计准则第1502号——在审计报告中发表非无保留意见》的规定，确定其对审计工作和审计意见的影响。

(4) 明确了不得将消极式函证作为唯一实质性程序及例外条件，除非：①注册会计师估计控制风险和固有风险的联合水平低。但如果内部控制不健全，那么这种联合风险不可能低。比如说以前年度审计表明，经常出现有争议或不正确的应收账款，那么消极式函证就不恰当。②实施消极式函证程序的对象主要是一些金额小、性质相同的账户余额、交易，也就是说对于金额大、复杂的交易不适用于消极式函证。③注册会计师预计存在差异现象的发生机会很低。④没有证据或明显的迹象表明被询证人员或公司对函证随意对待，敷衍了事。例如，往年积极式函证的回函率都非常高。

此外，财政部又颁布了《中国注册会计师审计准则问题解答第2号——函证》，该问题解答旨在针对与函证有关的实务问题，强调注册会计师在函证过程中保持职业怀疑，提示注册会计师在确定是否实施函证程序、如何设计和实施函证程序，以及评价回函结果时需要关注和考虑的事项，以提高函证程序在应对舞弊风险方面的有效性。

资料来源 叶蓓.《中国注册会计师审计准则第1312号——函证》准则的理解 [J]. 财会研究，2014 (5).

(五) 重新计算

重新计算是指注册会计师以人工方式或使用计算机辅助审计技术，对记录或文件中数据计算的准确性进行核对。

注册会计师在进行审计时，往往需要对被审计单位的凭证、账簿和报表中的数字进行计算，以验证其是否正确。其中还包括对会计资料中有关项目的加总或其他运算。注册会计师的计算并不一定需按照被审计单位原先的计算形式和顺序进行；在计算过程中，注册会计师不仅要注意计算结果是否正确，而且还要对其他可能的差错（如计算结果的过账和转账有误等）予以关注。

（六）重新执行

重新执行是指注册会计师独立执行原本作为被审计单位内部控制组成部分的程序或控制。例如，注册会计师利用被审计单位的银行存款日记账和银行对账单，重新编制银行存款余额调节表，并与被审计单位编制的银行存款余额调节表进行比较。

（七）分析程序

分析程序是指注册会计师通过分析不同财务数据之间以及财务数据与非财务数据之间的内在关系，对财务信息作出评价。分析程序还包括调查识别出的与其他相关信息不一致或与预期数据严重偏离的波动和关系，如毛利率分析、工资费用与员工人数之间的关系等。

1.分析程序的常用方法

分析程序的常用方法主要有比较分析法、比率分析法和趋势分析法三种。(1) 比较分析法。它是通过某一财务报表项目与既定标准的比较，以获取审计证据的一种技术方法。它包括本期实际数与计划数、预算数与注册会计师的计算结果之间的比较，本期实际与同业标准之间的比较等。(2) 比率分析法。它是通过对财务报表中的某一项目与相关的另一项目相比所得的值进行分析，以获得审计证据的一种技术方法。(3) 趋势分析法。它是通过对连续若干期财务报表某一项目的变动金额及其百分比的计算，分析该项目的增减变动方向和幅度，以获取有关审计证据的一种技术方法。

小资料 4-2

分析性复核程序中常用的财务比率（主要部分）见表4-6。

表4-6 分析性复核程序中常用的财务比率（主要部分）

序号	财务比率指标	计算方法	含义	说明及判断方法
1	速动比率	速动资产÷流动负债	衡量被审计单位用现金和非现金资产对短期债权人所提供的保障程度	比率越大，短期偿债能力越强
2	流动比率	流动资产÷流动负债	衡量被审计单位流动负债被流动资产偿还的程度	比率越高，流动负债能被及时偿还的保证越大
3	产权比率	总负债÷股东权益	衡量被审计单位负债经营情况	比率越高，债权人比所有者承担越大的风险。通常此比率不超过1
4	利息保障倍数	扣除所得税及利息前的净利÷利息费用	衡量被审计单位以盈余支付固定利息的倍数	倍数越高，说明偿债能力越强，至少应该大于1才表明有偿付利息的能力
5	应收账款周转率	赊销收入净额÷应收账款	衡量被审计单位一定期间内应收账款收回的天数	比率越高，货款回收速度越快。可用期末应收账款余额作分母，或用应收账款的期初、期末平均余额作分母
6	存货周转率	销售成本÷存货	衡量被审计单位存货周转的速度	比率越高，存货周转越快。可用期末存货余额作分母，或用存货的期初、期末平均余额作分母
7	资产周转率	销售收入净额÷总资产	衡量被审计单位每1元钱的资产所能创造的销售收入	比率越高，资产创造的销售收入越多。分母使用与前面相近

续表

序号	财务比率指标	计算方法	含义	说明及判断方法
8	销售利润率	净利润÷销售收入净额	衡量被审计单位每1元钱的销售收入所能赚取的利润	0.1~0.2是大部分企业的销售利润率。一般理论上认为在0.06是最好的
9	总资产报酬率	净利润÷总资产	衡量被审计单位总资产的获利能力	比率越高，表示资产的获利能力越强
10	权益净利率	净利润÷股东权益额	衡量被审计单位以所有者投资的资本赚取报酬的能力	比率越高，对所有者的回报越大

资料来源 中国注册会计师协会. 审计［M］. 北京：经济科学出版社，2005.

2.分析程序的目的

（1）用作风险评估程序，以了解被审计单位及其环境，目的在于评估财务报表层次和认定层次的重大错报风险。在风险评估过程中，分析程序可以帮助注册会计师发现财务报表中的异常变化，或者预期发生而未发生的变化，识别存在潜在重大错报风险的领域。分析程序还可以帮助注册会计师发现财务状况或盈利能力发生变化的信息和征兆，识别那些表明被审计单位持续经营能力问题的事项。

（2）当使用分析程序比细节测试能更有效地将认定层次的检查风险降至可接受的水平时，分析程序可以用作实质性程序。在针对评估的重大错报风险实施进一步审计程序时，注册会计师可以将分析程序作为实质性程序的一种，单独或结合其他细节测试，收集充分、适当的审计证据。此时运用分析程序可以减少细节测试的工作量，节约审计成本，降低审计风险，使审计工作更有效率和效果。

值得注意的是，并非所有认定都适合使用实质性分析程序。不同财务数据之间以及财务数据与非财务数据之间如果不存在稳定的可预期关系，注册会计师将无法运用实质性分析程序，而只能考虑利用检查、函证等其他审计程序收集充分、适当的审计证据，作为发表审计意见的合理基础。另外，注册会计师在信赖实质性分析程序的结果时，还应关注实质性分析程序可能存在的风险。

（3）用于总体复核。在审计结束或临近结束时，注册会计师必须运用分析程序，目的是确定财务报表整体是否与其对被审计单位的了解一致，与注册会计师取得的审计证据一致。在运用分析程序进行总体复核时，如果识别出以前未识别的重大错报风险，注册会计师应当重新考虑对全部或部分交易、账户余额、列报评估的风险是否恰当，并在此基础上重新评价之前计划的审计程序是否充分，是否有必要追加审计程序。

最后需要提醒的是，审计方法的性质和时间可能受会计数据和其他相关信息的生成和储存方式的影响，注册会计师应当提请被审计单位保存某些信息以供查阅，或在可获得该信息的期间执行审计程序。当某些会计数据和其他信息只能以电子形式存在，或只能在某一时点或某一期间得到时，注册会计师应当考虑这些特点对审计程序的性质和时间的影响。

案例讨论——审计证据的获取方法

【例题 4-1】

基本案情：下面是某注册会计师在审计过程中所收集的书面证据：①销售发票；②明细账；③银行对账单；④应收票据；⑤有限责任公司章程；⑥采购合同；⑦董事会会议记录；⑧应收账款函证回函；⑨管理当局声明书；⑩货运提单复印件。

分析要求：(1) 将上述书面审计证据按其来源划分为外部证据和内部证据。(2) 为什么说外部证据的可靠性要大于内部证据？(3) 外部证据之间是否存在可靠性的差异？

答案提示：(1) 外部证据有③④⑥⑧⑩；内部证据有①②⑤⑦⑨。(2) 由于外部证据来自被审计单位以外的有关方面，虚构和篡改的可能性较小，又可向有关方面进行查证，因此一般具有较强证明力。内部证据是由被审计单位内部机构或职员编制或提供的证据。由于内部证据产生于单位内部，有被虚构和篡改的可能性，一般来说，其可靠性不如外部证据。(3) 外部证据又可分为由被审计单位以外有关方面编制并直接递交注册会计师的外部证据和被审计单位持有的由被审计单位以外有关方面编制的外部证据两种类型。前者如应收账款函证回函等；后者如银行对账单等。其中，前者的可靠性强于后者，因为前者是由独立于被审计单位以外的机构提供的，并且未经被审计单位有关职员之手，从而排除了伪造或更改证据的可能性。

课程思政 4-1

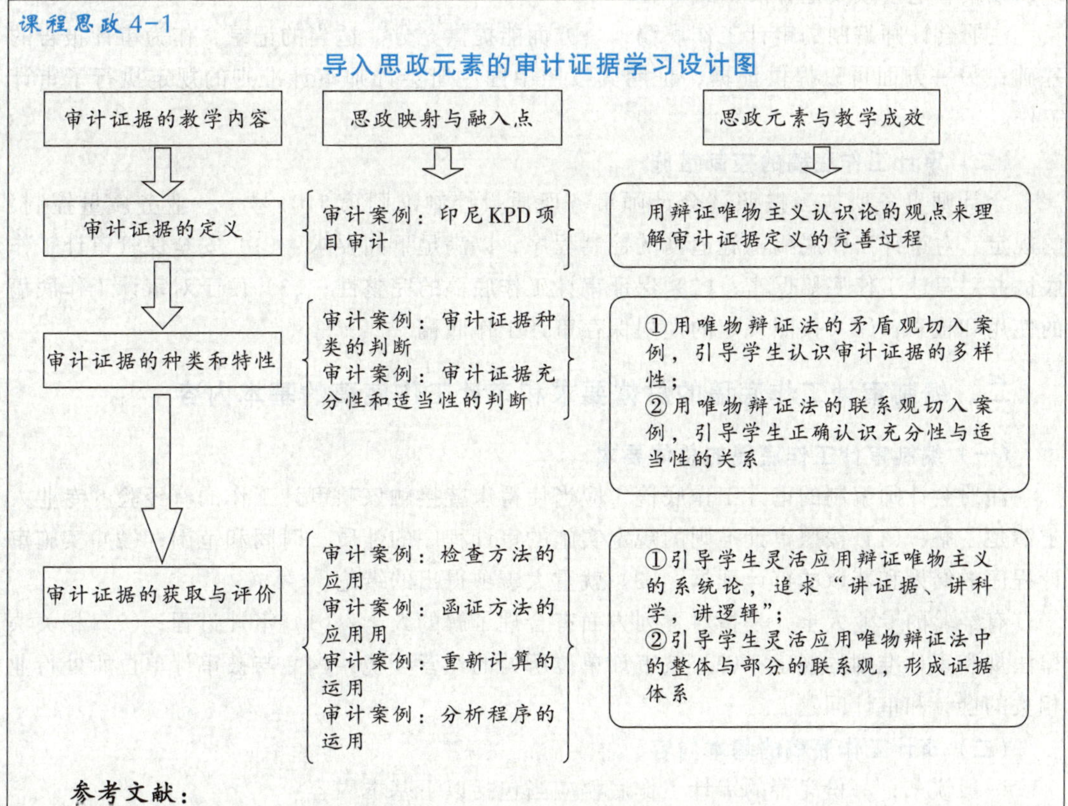

参考文献：

1.幸倞，陈世忠，郭瑞营."审计学"课程思政路径探析［J］会计师，2021（4）.

2.殷俊明，张兴亮. 会计学"专业思政"建设的思考与探索［J］. 财会通讯，2020（8）.

3.张奕奕，李晓培. 课程思政视域下高职课程改革的探索与实践——以审计实务课程为例［J］. 太原城市职业技术学院学报，2020（9）.

第三节 审计工作底稿

一、审计工作底稿的含义、性质和目的及控制措施

注册会计师按照《中国注册会计师审计准则第1131号——审计工作底稿》的要求，编制和复核审计工作底稿，防止审计工作的疏忽和遗漏，以提高审计质量。

（一）审计工作底稿的含义、性质和目的

审计工作底稿是指注册会计师对制订的审计计划、实施的审计程序、获取的相关审计证据，以及得出的审计结论作出的记录。审计工作底稿通常包括总体审计策略、具体审计计划、分析表、问题备忘录、重大事项概要、询证函回函、管理层声明书、核对表、有关重大事项的往来信件（包括电子邮件），以及对被审计单位文件记录的摘要或复印件等。但通常不包括已被取代的审计工作底稿的草稿或财务报表的草稿、对不全面或初步思考的记录、存在印刷错误或其他错误而作废的文本，以及重复的文件记录等。这些审计工作底稿设计、填制、复核的好坏，直接影响到审计质量。按照新准则的要求，审计工作底稿可以以纸质、电子或其他介质形式存在。

注册会计师编制的审计工作底稿，一方面能提供充分、适当的记录，作为审计报告的基础；另一方面可以提供证据，证明其按照中国注册会计师审计准则的规定执行了审计工作。

（二）审计工作底稿的控制措施

会计师事务所应当按照《会计师事务所质量控制准则第5101号——业务质量控制》的规定，对审计工作底稿实施适当的控制程序，以满足下列要求：（1）安全保管审计工作底稿并对审计工作底稿保密；（2）保证审计工作底稿的完整性；（3）便于对审计工作底稿的使用和检索；（4）按照规定的期限保存审计工作底稿。

二、编制审计工作底稿的总体要求和审计工作底稿的基本内容

（一）编制审计工作底稿的总体要求

注册会计师编制的审计工作底稿，应当使得未曾接触该项审计工作的有经验的专业人士清楚了解：（1）按照审计准则的规定实施的审计程序的性质、时间和范围；（2）实施审计程序的结果和获取的审计证据；（3）就重大事项得出的结论。

有经验的专业人士，是指对下列方面有合理了解的人士：（1）审计过程；（2）相关法律法规和审计准则的规定；（3）被审计单位所处的经营环境；（4）与被审计单位所处行业相关的会计和审计问题。

（二）审计工作底稿的基本内容

一般说来，一份完善的审计工作底稿应当包括以下基本内容：

（1）被审计单位名称，即财务报表的编制单位。若财务报表编制单位为某一集团的下属公司，则应同时写明下属公司的名称。被审计单位名称可以用简称。

（2）审计项目名称，即某一财务报表项目名称或某一审计程序及实施对象的名称，如具体审计项目是某一分类会计科目，则应同时写明该分类会计科目。

（3）审计项目时点或期间，即某一资产负债类项目的报告时点或某一损益类项目的报告期间。

（4）审计过程记录，即注册会计师的审计轨迹与专业判断的记录。通过这种记录，可以记载注册会计师所实施的审计程序的性质、时间和范围等内容。在记录实施审计程序的性质、时间和范围时，首先，注册会计师应当记录测试的特定项目或事项的识别特征，即被测试的项目或事项表现出的征象或标志。如在对被审计单位生成的订购单进行细节测试时，注册会计师可能以订购单的日期或编号作为测试的识别特征。这些识别特征因审计程序的性质和所测试的项目或事项的不同而不同。其次，注册会计师应当记录重大事项。重大事项通常包括：①引起特别风险的事项；②实施审计程序的结果，该结果表明财务信息可能存在重大错报，或需要修正以前对重大错报风险的评估和针对这些风险拟采取的应对措施；③导致注册会计师难以实施必要审计程序的情形；④导致出具非标准审计报告的事项。注册会计师应当及时记录与管理层、治理层和其他人员对重大事项的讨论，包括讨论的内容、时间、地点和参加人员。注册会计师应当考虑编制重大事项概要，将其作为审计工作底稿的组成部分，以有效地复核和检查审计工作底稿，并评价重大事项的影响。最后，应当记录针对重大事项如何处理不一致的情况。如果识别出的信息与针对某重大事项得出的最终结论不一致，注册会计师应当记录如何处理不一致的情况。这种做法是非常必要的，它有助于注册会计师关注这些不一致，并对此执行必要的审计程序以恰当地解决这些不一致问题。

（5）审计标识及说明。此内容项目的存在有利于检查和审阅工作底稿。审计工作底稿中可使用各种审计标识，但应说明其含义，并保持前后一致。如B代表与上年结转数核对一致，T代表与原始凭证核对一致，G代表与总分类账核对一致，S代表与明细账核对一致，等等。

小资料 4-3

部分常用审计标识及其含义见表4-7。

表 4-7 **部分常用审计标识及其含义**

审计标识	含义	审计标识	含义
∧	纵加核对	S	与明细账核对一致
<	横加核对	T/B	与试算平衡表核对一致
B	与上年结转数核对一致	C	已发询证函
T	与原始凭证核对一致	C	已收回询证函
G	与总分类账核对一致	√	盘点数量与被审计单位存货汇总表核对

（6）审计结论。注册会计师需要根据所实施的审计程序及获取的审计证据得出结论，其目的在于为支持审计意见提供依据。

（7）索引号及页次。索引号是指注册会计师为了便于审计工作底稿的分类、归类和引用，对某一审计事项的审计工作底稿以固定的标记和编码加以表示所产生的一种特定符号。其主要作用是方便审计工作底稿的分类检索和引用，并使分散的、活页式的审计工作底稿构成有机联系的审计档案。页次是在同一索引号下不同的审计工作底稿的顺序编号。

（8）编制者姓名及编制日期，即注册会计师必须在其编制的审计工作底稿上签名和签署日期。签名时可用简签，但应以适当方式加以说明。

（9）复核者姓名及复核日期，即复核人员必须在其复核过的审计工作底稿上签名和签署日期。签名时可用简签，但应以适当方式加以说明。若有多级复核，每级复核者均应签名和签署日期。

（10）其他应说明事项，即注册会计师根据其专业判断，认为应在审计工作底稿中予以记录的其他相关事项。

表4-8举例说明了工作底稿的基本要素。

表4-8 抽查盘点存货的工作底稿

原材料抽查盘点表

客户：亚东公司　　　　页次：53w/p 索引：C8-7

编制人：zm　　　　日期：2020-02-21

B/S日：2019-12-31　　　　复核人：hy　　　　日期：2020-03-15

盘点标签号码	存货表号码	存货		盘点结果		差异
		号码	内容	客户	注册会计师	
65	5	1~12	甲	40 √	90	50千克
137	17	1~34	乙	80 √	80	
206	26	2~4	丙	2 040 √	2 040	
287	32	3~43	丁	1 400 √	1 700	300千克
349	56	6~26	戊	87 √	87	

以上差异已由客户纠正，纠正差异后使被审计单位存货账户增加500元，抽查盘点的存货总价值为5 000 000元，占全部存货的20%。经追查至存货汇总表没有发现其他例外。我们认为错误并不重要。

√——已追查至被审计单位存货汇总表（C8-12），并已纠正所有差异

三、审计工作底稿的归档

（一）审计工作底稿归档的期限

注册会计师应当按照会计师事务所质量控制政策和程序的规定，及时将审计工作底稿归整为最终审计档案。审计工作底稿的归档期限为审计报告日后60天内。如果注册会计师未能完成审计业务，审计工作底稿的归档期限为审计业务中止后的60天内。

（二）审计工作底稿归档的性质

在审计报告日后将审计工作底稿归整为最终审计档案是一项事务性的工作，不涉及实施新的审计程序或得出新的结论。如果在归档期间对审计工作底稿作出的变动属于事务性的，注册会计师可以作出变动，主要包括：（1）删除或废弃被取代的审计工作底稿；（2）对审计工作底稿进行分类、整理和交叉索引；（3）对审计档案归整工作的完成核对表签字认可；（4）记录在审计报告日前获取的、与审计项目组相关成员进行讨论并取得一致意见的审计证据。在审计实务中，审计档案可以分为永久性档案和当期档案。

（三）审计工作底稿归档后的变动

在完成最终审计档案的归整工作后，如果发现有必要修改现有审计工作底稿或增加新的审计工作底稿，无论修改或增加的性质如何，注册会计师均应当记录下列事项：（1）修改或增加审计工作底稿的时间和人员，以及复核的时间和人员；（2）修改或增加审计工作底稿的具体理由；（3）修改或增加审计工作底稿对审计结论产生的影响。在完成最终审计档案的归整工作后，注册会计师不得在规定的保存期届满前删除或废弃审计工作底稿。

（四）审计工作底稿的保存期限

会计师事务所应当自审计报告日起，对审计工作底稿至少保存10年。如果注册会计师未能完成审计业务，会计师事务所应当自审计业务中止日起，对审计工作底稿至少保存10年。

另外，在审计报告日后，如果发现被审计单位诉讼、索赔等例外情况，要求注册会计师实施新的或追加的审计程序，或导致得出新的结论，注册会计师应当记录：（1）遇到的例外情况；（2）实施新的或追加的审计程序，获取的审计证据及得出的结论；（3）对审计工作底稿作出变动及其复核的时间及人员。

【例题4-2】

基本案情：ABC会计师事务所2020年承接了C公司2019年度财务报表审计业务，注册会计师赵鹏负责该项业务，于2020年3月1日完成审计工作，3月3日完成审计报告并签字，并决定不再继续承接该公司的审计业务。3月20日赵鹏在整理工作底稿时发现，一张存货计价测试的工作底稿顺序混乱且页面潦草，赵鹏重新撰写了一张，并将原工作底稿附在新的工作底稿后面以备审核。5月8日，工作底稿归档完毕。5月10日，注册会计师李靖在复核审计工作底稿时发现，在审计报告日前收到的一张应收账款函证回函原件并没有加入工作底稿，只是将同笔应收账款回函传真整理到了审计工作底稿中。李靖认为有必要修改现有的工作底稿，用原件代替传真件整理到工作底稿中，并将传真件销毁，除此之外未作任何其他处理。ABC会计师事务所决定自2020年3月8日起保存该审计工作底稿10年。

分析要求：指出ABC会计师事务所（包括审计项目组以及各注册会计师）在审计工作中存在的问题，并简要说明理由。

答案提示：（1）对存货计价工作底稿处理有误。由于是在审计工作底稿归档过程中，按照规定，审计工作底稿通常不包括已经被取代的审计工作底稿的草稿或财务报表的草稿、对不全面或初步思考的记录、存在印刷错误或其他错误而作废的文本，以及重复的文件记录等，所以，对于替换下来的底稿应废弃，而不应该附在后面。（2）该审计工作底稿归档期限有误。按照规定，审计工作底稿的归档期限为审计报告日后60天内。该项目审计报告日为3月3日，即完成审计工作日，5月8日归档完毕显然已超过了60天。（3）将原件代替传真整理到工作底稿，并将传真件销毁的处理有误。按照规定，审计工作底稿归档后的变动，需要以添加或增加的方式进行修改，而不能将原件删除或销毁。（4）除此之外未作任何其他处理有误。在变动审计工作底稿时，应该记录变动审计工作底稿的时间和人员以及复核的时间和人员、变动审计工作底稿的具体理由以及变动审计工作底稿对审计结论产生的影响。（5）ABC会计师事务所决定自2020年3月8日起保存该审计工作底稿10年有误。会计师事务所应当自审计报告日起至少保管10年。

资料来源 改编自杨闻萍. 审计［M］. 北京：中国财政经济出版社，2010.

本章小结

财务报表审计目标包括审计总目标和与各类交易、账户余额、列报相关的审计目标。我国财务报表审计的总目标是对被审计单位财务报表的合法性及公允性表示意见。与各类交易、账户余额、列报相关的审计目标主要分为各类交易的审计目标、账户余额的审计目标和列报的审计目标三方面。

审计证据按照外表形式分类，可将其分为实物证据、书面证据、口头证据和环境证据；按照获取来源分类，可将其分为外部证据、内部证据和亲历证据。审计证据具有充分性和适当性两大特性，是审计证据说服力的两个方面。注册会计师可以采用检查记录或文件、检查有形资产、观察、询问、函证、重新计算、重新执行和分析程序等方法获取审计证据。

审计工作底稿是审计证据的载体，是指注册会计师对制订的审计计划、实施的审计程序、获取的相关证据以及得出的审计结论作出的记录。

主要概念

财务报表审计目标　管理层的认定　审计证据　审计证据的充分性　审计工作底稿

关键思考题

1. 我国财务报表审计的总目标是什么？
2. 管理层对财务报表的认定可划分为哪些具体认定？
3. 试述与各类交易、账户余额及列报相关的审计目标包括哪些方面的内容。
4. 试述具体审计目标与管理层的具体认定的关系。
5. 审计证据有哪些主要类别？
6. 试述审计证据的特性。
7. 对不同来源的审计证据可靠性进行判断，其判断标准是什么？
8. 简述审计工作底稿的性质及内容。

第五章

审计目标的实现过程

学习目标

☆知识目标

了解审计目标实现的基本过程；

掌握计划审计工作阶段的主要工作内容；

掌握审计业务约定书的含义和基本格式；

掌握审计重要性的含义；

掌握审计风险的含义及组成要素；

掌握总体审计策略及具体审计计划的含义及内容；

掌握风险评估的范围与程序；

明确控制测试和实质性程序阶段的主要工作内容。

☆技能目标

掌握财务报表层次审计重要性水平的确定；

掌握检查风险的确定。

审计目标的实现过程，也叫审计流程，是指注册会计师在财务报表审计项目中所采取的行动和步骤。其主要工作包括接受业务委托和计划审计工作、实施风险评估程序、实施控制测试和实质性程序以及终结审计和出具审计报告等四个阶段。

第一节　接受业务委托和计划审计工作阶段

接受业务委托和计划审计工作是财务报表审计工作的起点。为了保证审计目标的实现，会计师事务所应当按照中国注册会计师审计准则的规定，谨慎决策是否接受或保持某客户关系和具体审计业务，并对审计工作进行科学、合理的计划与安排。

一、客户的接受与保持

在接受委托前，会计师事务所应该按照质量控制准则的规定做好客户的接受与保持工作，其目的是尽量避免注册会计师与不诚信的客户发生关系，降低审计风险。不管是新客户还是老客户，会计师事务所首先应当初步了解审计业务环境，考虑委托单位的主要管理人员是否正直、诚实，会计师事务所不应该同不正直、不诚实的客户打交道。其次，考虑会计师事务所执行业务人员的素质、专业胜任能力、审计时间和资源等条件是否具备。最后，考虑能否遵守相关职业道德要求。只有条件具备，并能够遵守职业道德规范，才能接受审计业务的委托。

在作出接受或保持客户关系及具体审计业务的决策后，注册会计师应当按照《中国注册会计师审计准则第1111号——就审计业务约定条款达成一致意见》的规定，在审计业务开始前，与被审计单位就审计业务约定条款进行协商。

二、商定业务约定条款

会计师事务所在签订审计业务约定书之前，应当指派注册会计师对被审计单位基本情况进行了解，并就审计业务的性质和范围、双方的责任与义务、审计收费的计算依据、收费方法和支付办法、需要被审计单位准备的资料和协助执行的工作等事项进行协商和沟通，并达成一致意见。其具体工作包括：首先，签约双方应就审计业务的性质和范围达成一致意见，以避免出现审计范围受到限制等方面的问题；其次，在初步了解被审计单位的基本情况和会计师事务所专业胜任能力评价的基础上，商定审计收费；最后，在注册会计师实施现场审计之前，明确被审计单位应协助的工作，以保证审计工作的顺利开展。

三、确定审计的前提条件

（一）审计的前提条件的含义

审计的前提条件是指管理层在编制财务报表时对适用的财务报告编制基础的采用，以及管理层对注册会计师执行审计工作的前提的认同。

（二）审计的前提条件的内容

为了确定审计的前提条件是否存在，注册会计师应当：

1.确定管理层在编制财务报表时采用的财务报告编制基础是否是可接受的

注册会计师一般需要考虑下列因素：（1）被审计单位的性质（例如，被审计单位是商业企业、公共部门实体还是非营利组织）；（2）财务报表的目的（例如，编制财务报表是用于满足广大财务报表使用者共同的财务信息需求，还是用于满足财务报表特定使用者的财务信息需求）；（3）财务报表的性质（例如，财务报表是整套财务报表还是单一财务报表）；（4）法律法规是否规定了适用的财务报告编制基础。

2.就管理层的责任达成一致意见

管理层责任包括：（1）按照适用的财务报告编制基础编制财务报表，包括使其实现公允反映（如适用）；（2）设计、执行和维护必要的内部控制，使得编制的财务报表不存在由于舞弊或错误导致的重大错报；（3）向注册会计师提供必要的工作条件，包括允许注册会计师接触与编制财务报表相关的所有信息，以便获取审计证据时不受限制。因此，管理层认可并理解其责任，这一前提对执行独立审计工作是至关重要的。

四、签订审计业务约定书

会计师事务所就上述审计事项与被审计单位协商一致后，即可指派人员起草审计业务约定书。起草完毕的审计业务约定书一式两份，应由双方法定代表或授权代表签署，并加盖双方单位公章。任何一方如需修改、补充约定书，均应以适当方式获得对方的确认。审计业务约定书在审计约定事项完成后，归入审计业务档案。

（一）审计业务约定书的含义

审计业务约定书（engagement letter）是指会计师事务所与被审计单位签订的，用以记录和确认审计业务的委托与受托关系、审计目标和范围、双方的责任以及报告的格式等事项的书面协议。这里的委托人是指向会计师事务所提出业务委托，并与会计师事务所签订审计业务约定书的单位和个人。审计业务约定书具有经济合同的性质，一经双方签字认可，即成为会计师事务所与委托人之间具有法律效力的契约。该文件既可以增进会计师事务所与委托人之间的了解，又可以作为鉴定审计业务完成情况的依据。如果出现法律诉讼，也可以作为重要的法律证据。

（二）审计业务约定书的基本内容

审计业务约定书的格式和内容，可因不同的被审计单位而有所不同，但一般应包括以下基本内容：

（1）财务报表审计的目标与范围；

（2）注册会计师的责任；

（3）管理层的责任；

（4）指出用于编制财务报表所适用的财务报告编制基础；

（5）提及注册会计师拟出具的审计报告的预期形式和内容，以及在特定情况下对出具审计报告可能不同于预期形式和内容的说明。

下面举例说明审计业务约定书的格式和内容：

审计业务约定书

甲方：ABC股份有限公司

乙方：D会计师事务所

兹由甲方委托乙方对ABC股份有限公司2020年度财务报表进行审计。经双方协商，达成以下约定：

一、审计目标和审计范围

1. 乙方接受甲方委托，对甲方按照企业会计准则编制的2020年12月31日资产负债表，2020年度的利润表、现金流量表和股东权益变动表以及财务报表附注（以下统称为财务报表）进行审计。

2. 乙方通过执行审计工作，对财务报表的下列方面发表审计意见：（1）财务报表是否在所有重大方面按照企业会计准则的规定编制；（2）财务报表是否在所有重大方面公允反映甲方2020年12月31日的财务状况以及2020年度的经营成果和现金流量。

二、甲方的责任

1. 根据《中华人民共和国会计法》及《企业财务会计报告条例》，甲方及甲方负责人有责任保证会计资料的真实性和完整性。因此，甲方管理层有责任妥善保存和提供会计记录（包括但不限于会计凭证、会计账簿及其他会计资料），这些记录必须真实、完整地反映甲方的财务状况、经营成果和现金流量。

2. 按照企业会计准则的规定编制和公允列报财务报表是甲方管理层的责任，这种责任包括：（1）按照企业会计准则的规定编制财务报表，并使其实现公允反映；（2）设计、执行和维护与财务报表编制相关的内部控制，以使财务报表不存在由于舞弊或错误而导致的重大错报。

3.及时为乙方提供与审计有关的所有记录、文件和所需的其他信息（在2021年2月5日之前提供审计所需的全部资料，如果在审计过程中需要补充资料，亦应及时提供），并保证所有资料的真实性和完整性。

4.确保乙方不受限制地接触其认为必要的甲方内部人员和其他相关人员。

5.甲方管理层对其作出的与审计有关的声明予以书面确认。

6.为乙方派出的有关工作人员提供必要的条件和协助，主要事项将由乙方于外勤工作开始前提供清单。

7.按本约定书的约定及时足额地支付审计费用以及乙方人员在审计期间的交通、食宿和其他相关费用。

8.乙方的审计不能减轻甲方管理层的责任。

三、乙方的责任

1.乙方的责任是在实施审计工作的基础上对甲方财务报表发表审计意见。乙方按照中国注册会计师审计准则的规定进行审计。审计准则要求乙方遵守职业道德规范，计划和实施审计工作以对财务报表是否不存在重大错报获取合理保证。

2.审计工作涉及实施审计程序，以获取有关财务报表金额和披露的审计证据。选择的审计程序取决于乙方的判断，包括对由于舞弊或错误导致的财务报表重大错报风险的评估。在进行风险评估时，乙方考虑与财务报表编制相关的内部控制，以设计恰当的审计程序，但目的并非对内部控制的有效性发表意见。审计工作还包括评价管理层选用会计政策的恰当性和作出会计估计的合理性，以及评价财务报表的总体列报。

3.由于审计和内部控制的固有限制，即使按照审计准则的规定适当地计划和执行审计工作，仍不可避免地存在着财务报表的某些重大错报可能未被乙方发现的风险。

4.在审计过程中，乙方若发现甲方内部控制存在乙方认为的重要缺陷，应以书面形式向甲方治理层或管理层通报。但乙方通报的各种事项，并不代表已全面说明所有可能存在的缺陷或已提出所有可行的改善建议。甲方在实施乙方提供的改进建议前应全面评估其影响。未经乙方书面许可，甲方不得向任何第三方提供乙方出具的沟通文件。

5.按照约定的时间完成审计业务，出具审计报告。乙方应于2021年4月1日前出具审计报告。

6.除下列情况外，乙方应当对执行业务过程中知悉的甲方信息保密：（1）法律法规允许披露，并取得甲方授权；（2）根据法律法规的规定，为法律诉讼、仲裁准备文件或提供证据，以及向监管机构报告发现的违反法规行为；（3）在法律法规允许的情况下，在法律诉讼、仲裁中维护自己的权益；（4）接受行业协会和监管机构依法进行的质量检查，答复其询问和调查；（5）法律法规、执业准则和职业道德守则规定的其他情形。

四、审计收费

1.本次审计服务的收费是以乙方各级别工作人员在本次工作中所耗的时间为基础计算的。乙方预计本次审计服务的费用总额为人民币××元。

2.甲方应于本约定书签署之日起5日内支付60%的审计费用，审计报告完成时，再支付余下的40%。

3.如果由于无法预见的原因，致使乙方从事本约定书所涉及的审计服务实际时间较本约定书签订时预计的时间有明显的增加或减少时，甲乙双方应通过协商，相应调整本约定书第四条第1项下所述的审计费用。

4.如果由于无法预见的原因，致使乙方人员抵达甲方的工作现场后，本约定书所涉及的审计服务不再进行，甲方不得要求退还预付的审计费用；如上述情况发生于乙方人员完成现场审计工作，并离开甲方的工作现场后，甲方应另行支付人民币××元的补偿费，该补偿费应于甲方收到乙方的收款通知之日起×日内支付。

5.与本次审计有关的其他费用（包括交通费、食宿费等）由甲方承担。

五、审计报告和审计报告的适用

1.乙方按照《中国注册会计师审计准则第1501号——审计报告》和《中国注册会计师审计准则第1502号——非标准审计报告》规定的格式和类型出具审计报告。

2.乙方向甲方致送审计报告一式×份。

3.甲方在提交或对外公布审计报告时，不得修改乙方出具的审计报告及其后附的已审计财务报表。当甲方认为有必要修改会计数据、报表附注和所做的说明时，应当事先通知乙方，乙方将考虑有关的修改对审计报告的影响，必要时，将重新出具审计报告。

六、本约定书的有效时间

本约定书自签署之日起生效，并在双方履行完毕本约定书约定的所有义务后终止。

七、约定事项的变更

如果出现不可预见的情况，影响审计工作的完成，或需提前出具审计报告时，双方均可要求变更约定事项，但应及时通知对方，协商解决。

八、终止条款

如果根据乙方的职业道德及其他有关专业职责、适用的法律法规或其他任何法定的要求，乙方认为已不适宜继续为甲方提供本约定书约定的审计服务时，乙方可以采取向甲方提出合理通知的方式终止履行本约定书。

九、违约责任

甲乙双方按照《中华人民共和国民法典》的规定承担违约责任。

十、适用法律和争议解决

本约定书的所有方面均应适用中华人民共和国法律进行解释并受其约束。本约定书履行地为乙方出具审计报告所在地，因本约定书所引起的或与本约定书有关的任何纠纷或争议（包括关于本约定书条款的存在、效力或终止，或无效之后果），双方选择第（1）种解决方式：

（1）向有管辖权的人民法院提起诉讼；

（2）提交仲裁委员会仲裁。

十一、双方对其他有关事项的约定

本约定书一式两份，甲乙双方各执一份，具有同等法律效力。

甲方：ABC股份有限公司（签章） 乙方：D会计师事务所（签章）

授权代表：（签章） 授权代表：（签章）

签订日期：2021年×月×日 签订日期：2021年×月×日

（三）审计业务约定书的特殊考虑

如果出现聘请专家等特定情况以及集团审计、连续审计或审计业务发生变更，会计师事务所应根据具体情况，按照《中国注册会计师审计准则第1111号——就审计业务约定条款达成一致意见》中的相关规定，适当调整审计业务约定书的内容。

五、初步计划

一般来说，初步计划包括以下两项工作：

（一）明确对项目组的要求

会计师事务所应当确保执行审计业务的注册会计师具备审计特定客户所需的专业知识和技能。在确定对注册会计师的要求时，应考虑的因素包括：业务规模和复杂程度、风险水平、所需的专门技术、员工的胜任能力以及执行工作的时间。有时，审计工作需要向外界专家进行咨询，专家可能会帮助注册会计师处理估价事项、确定实际数量、根据特殊技术计算数额或对一些规则和协定进行解释。

（二）确定人员安排和规划外勤工作

一般来说，注册会计师可通过编制时间预算表来确定人员安排和规划外勤工作。时间预算是一个十分重要的内容，其既是合理确定审计收费的依据，又是衡量审计工作进度、判断注册会计师工作效率的依据。另外，因工作时间增减致使会计师事务所收取的审计费用发生变化时，一方面需调整时间预算表，另一方面应立即通知被审计单位，取得被审计单位的理解。典型的时间预算表见表5-1。

表5-1 时间预算表

耗用时间 / 审计项目	上年实际耗用时间	本年预算	本年实际耗用时间				本年实际与预算差异	差异说明
			总时数	其中：				
				王斌	张敏	赵红		
库存现金	10	9	7	7			−2	
应收账款	40	38	39		39		+1	
存货	45	42	40	5	30	5	−2	
⋮	⋮	⋮	⋮	⋮	⋮	⋮	⋮	
总计								

六、审计重要性

（一）重要性的含义

财务报表整体重要性取决于在具体环境下对错报金额和性质的判断。如果一项错报单独或汇总起来可能影响财务报表使用者依据财务报表作出的经济决策，则该项错报是重大的。

财务报告编制基础通常从编制和列报财务报表的角度阐释重要性概念。财务报告编制基础可能以不同的术语解释重要性，但通常而言，重要性概念可以从下列方面进行理解：

（1）如果合理预期错报（包括漏报）单独或汇总起来可能影响财务报表使用者依据财务报表作出的经济决策，则通常认为错报是重大的。

(2) 对重要性的判断是根据具体环境作出的，并受到错报的金额或性质的影响，或受两者共同作用的影响。

(3) 判断某事项对财务报表使用者是否重大，是在考虑财务报表使用者整体共同的财务信息需求的基础上作出的。由于不同财务报表使用者对财务信息的需求可能差异很大，因此不考虑错报对个别财务报表使用者可能产生的影响。

(4) 适用的财务报告编制基础对重要性概念的规定，为注册会计师在审计工作中确定重要性提供了参考依据。

(5) 对重要性的确定属于职业判断，受注册会计师针对财务报表使用者对财务信息需求的认识的影响。就审计而言，注册会计师针对财务报表使用者作出下列假定是合理的：①拥有经营、经济活动和会计方面的适当知识，并有意愿认真研究财务报表中的信息；②理解财务报表是在运用重要性水平基础上编制、列报和审计的；③认可会计计量是建立在对估计和判断的应用以及对未来事项的考虑的基础上，具有固有的不确定性；④依据财务报表中的信息作出合理的经济决策。

（二）审计重要性与审计风险、审计证据的关系

重要性水平与审计风险之间呈反向关系。也就是说，重要性水平越高，审计风险越低；反之，重要性水平越低，审计风险越高。这里所说的重要性水平高低指的是金额的大小。审计风险越高，越要求注册会计师收集更多、更有效的审计证据，以将审计风险降至可接受的低水平。因此，重要性和审计证据之间也是反向关系。

由于重要性水平和审计风险之间存在上述反向关系，而且这种关系对注册会计师将要执行的审计程序的性质、时间安排和范围有直接的影响，因此，注册会计师应当综合考虑各种因素，合理确定重要性水平。

（三）审计重要性的用途

审计重要性是审计学的一个基本概念。审计重要性概念的运用贯穿整个审计过程。在计划和执行审计工作时，注册会计师应当考虑导致财务报表发生重大错报的原因，并应当在了解被审计单位及其环境的基础上，确定一个可接受的重要性水平，即首先为财务报表整体确定重要性水平，以发现在金额上重大的错报。同时，注册会计师还应当评估各类交易、账户余额和列报认定层次的重要性，以便确定进一步审计程序的性质、时间安排和范围，将审计风险降至可接受的低水平。在审计完成阶段确定审计意见类型时，注册会计师也会考虑重要性水平。审计重要性运用主要环节见表5-2。

表5-2　审计重要性运用主要环节

运用环节	要求	应用范围
第一环节	在“计划和执行财务报表审计工作”时，注册会计师运用重要性对错报作出一个判断	(1) 确定风险评估程序的性质、时间安排和范围； (2) 识别和评估重大错报风险； (3) 确定进一步审计程序的性质、时间安排和范围
第二环节	在“确定审计意见类型”时，注册会计师需要考虑重要性水平，评价识别出的错报对审计意见的影响	(1) 错报重大但不广泛，保留意见审计报告； (2) 错报重大且广泛，否定意见审计报告； (3) 没有重大错报（或虽然存在，但被审计单位已按注册会计师的要求进行了调整），无保留意见审计报告

（四）计划的重要性水平的确定

计划审计工作时重要性水平的确定是为了：（1）确定风险评估程序的性质、时间安排和范围；（2）识别和评估重大错报风险；（3）确定进一步审计程序的性质、时间和范围。在制定总体审计策略时，注册会计师需要确定财务报表整体的重要性水平和特定类别的交易、账户余额或披露的重要性水平。注册会计师在确定计划的重要性水平时，需要考虑对被审计单位及其环境的了解、审计的目标、财务报表各项目的性质及其相互关系、财务报表项目的金额及其波动幅度。同时，分别从性质和数量两个方面合理确定重要性水平。

1.从数量方面考虑重要性水平

注册会计师在审计过程中一般从两个层次来考虑重要性，即财务报表整体的重要性水平和特定类别的交易、账户余额或披露认定层次的重要性水平。

（1）财务报表整体的重要性。由于财务报表审计的目标是注册会计师通过执行审计工作对财务报表发表审计意见。因此，注册会计师必须考虑财务报表整体的重要性，只有这样，才能得出财务报表是否公允反映的结论。确定财务报表整体的重要性水平时需要职业判断，同时使用下列公式：

财务报表整体的重要性水平=判断基准×判断比率

①判断基准。注册会计师应当合理选用重要性水平的判断基准。注册会计师可以运用本单位的惯例和个人经验考虑重要性水平，也可以先选择一个恰当的基准，再选择适当的百分比乘以该基准，从而得出财务报表整体的重要性水平。

在实务中，有许多汇总性数据可以用作财务报表整体重要性水平的基准，例如，资产、负债、净资产、收入和费用等。注册会计师对基准的选择有赖于被审计单位的性质和环境。在2014年《注册会计师审计准则问题解答第8号——重要性及评价错报》中，明确列示出注册会计师选择判断基准的一些具体情形，以增强注册会计师工作的可操作性。在审计实务中较为常用的基准举例见表5-3。

表5-3 在审计实务中较为常用的基准举例

序号	被审计单位的情况	可能选择的基准
1	企业的盈利水平较为稳定	经常性业务的税前利润
2	企业近年经营状况大幅度波动，盈利和亏损交替发生，或者由正常盈利变为微利或亏损，或者本年度税前利润因情况变化而出现意外增加或减少	过去3~5年经常性业务的平均税前利润或亏损（取绝对值），或其他基准，如营业收入
3	企业为新设企业，处于开办期，尚未开始经营，目前正在建造厂房及购买机器设备	总资产
4	企业处于新兴行业，目前侧重于抢占市场份额，扩大企业知名度和影响力	营业收入
5	开放式基金，致力于优化投资组合，提高基金净值，为基金持有人创造投资价值	净资产
6	国际企业集团设立的研究中心，主要为集团下属各企业提供研发服务，并以成本加成的方式向相关企业收取费用	成本与费用总额
7	公益性质的基金会	捐赠收入或捐赠支出总额

②判断比率。在确定恰当的判断基础后，注册会计师通常运用职业判断合理选择百分比，即判断比率，据以确定报表整体的重要性水平。

小资料5-1

确定报表整体重要性水平的参考数值

在世界各国的审计实务中，注册会计师采用的判断重要性水平的一些参考数值主要有：（1）对于以营利为目的的企业，来自经常性业务的税前利润或税后净利润的5%，或总收入的0.5%，在适当情况下，也可以采用总资产或净资产的一定比例；（2）对于非营利组织，费用总额或总收入的1%；（3）对于共同基金公司，净资产的0.5%。注册会计师在执行具体审计业务时，可能采用比上述比率更高或更低的比率也是适当的。

此外，注册会计师在确定重要性水平时，通常考虑以前期间的经营成果和财务状况、本期的经营成果和财务状况、被审计单位情况的重大变化以及宏观经济环境和所在行业环境发生的相关变化。

（2）特定类别的交易、账户余额或披露的重要性水平。下列因素可能表明存在一个或多个特定类别的交易、账户余额或披露，其发生的错报金额虽低于财务报表整体的重要性水平，但合理预期将影响到财务报表使用者依据财务报表作出的经济决策：①法律法规或使用的财务报告编制基础是否影响财务报表使用者对特定项目（如关联交易、管理层和治理层的薪酬）计量或披露的预期；②被审计单位所处行业的关键性披露（如制药企业的研究与开发成本）；③财务报表使用者是否特别关注财务报表中单独披露的业务的特定方面（如新收购业务）。根据被审计单位的特定情况，如果存在一个或多个某类交易、账户余额或披露，其发生的错报金额低于财务报表整体的重要性水平，但合理预期将影响使用者依据财务报表作出的经济决策，注册会计师还应当确定适用于这些交易、账户余额或披露的一个或多个重要性水平。

2.从性质方面考虑重要性水平

在有些情况下，金额不重要的错报从性质上看可能是重要的。因此，注册会计师在判断错报的性质是否重要时应该考虑如下情况：（1）错报对遵守法律法规要求和遵守贷款约定、合同约定等要求的影响程度；（2）错报对用于评价被审计单位的财务状况、经营成果或现金流量的有关比率的影响程度；（3）错报对财务报表中列报的分部信息的影响程度；（4）错报对增加管理层报酬的影响程度；（5）错报对某些账户余额之间错误分类的影响程度；（6）错报是否与关联方交易有关等。

（五）实际执行的重要性

新审计准则增加了“实际执行的重要性”的定义，并要求注册会计师确定实际执行的重要性，以评估重大错报风险并确定进一步审计程序的性质、时间和范围。实际执行的重要性，是指注册会计师确定的低于财务报表整体的重要性的一个或多个金额，旨在将未更正和未发现错报的合计数超过财务报表整体的重要性的可能性降至可接受的低水平。如果适用，实际执行的重要性还指注册会计师确定的低于某类交易、账户余额或披露的重要性水平的一个或多个金额。新审计准则强调实际执行的重要性比报表整体的重要性水平要低，因此更为谨慎，从定义看，之所以要这么做，主要是考虑到存在未发现错报的可能性。

通常情况下，实际执行的重要性通常为财务报表整体重要性的50%～75%。

如果存在下列情况，注册会计师可能考虑选择较低的百分比来确定实际执行的重要性：（1）首次接受委托的审计项目；（2）连续审计项目，以前年度审计调整较多；（3）项目总体风险较高，例如，处于高风险行业、管理层能力欠缺、面临较大市场竞争压力等；

(4) 存在或预期存在值得关注的内部控制缺陷。

如果存在下列情况，注册会计师可能考虑选择较高的百分比来确定实际执行的重要性：(1) 连续审计项目，以前年度审计调整较少；(2) 项目总体风险较低到中等，例如，处于非高风险行业、管理层有足够能力、面临较低市场竞争压力等；(3) 以前期间的审计经验表明内部控制运行有效。

(六) 审计过程中修改重要性

《中国注册会计师审计准则第1221号——计划和执行审计工作时的重要性》明确了当获知可能导致最初确定不同金额的某项信息会影响对财务报表的评价时，注册会计师就应当修改财务报表整体的重要性和某类交易、账户余额或披露的重要性水平。这说明实际执行的重要性水平也分为财务报表整体的重要性和账户余额、交易或披露的重要性两个层次。

导致修改重要性的原因包括：(1) 审计过程中情况发生变化；(2) 获取了新信息；(3) 通过实施进一步审计程序，注册会计师对被审计单位及其经营所了解的情况发生变化等。例如，在审计过程中，发现被审计单位的问题比较多，导致实际的财务结果可能与最初用来确定报表整体重要性水平的预期财务结果存在较大差异，此时，注册会计师就应当修改最初确定的财务报表整体重要性水平，并修改某类交易、账户余额或披露的重要性水平。该条准则强调了注册会计师要站在报表使用者的角度上，从报表使用者的利益出发。

值得注意的是，由于注册会计师很难预测哪些账户可能发生错报或漏报，也无法事先确定审计成本的大小，所以重要性水平的确定是一个较困难的判断过程。这样，在控制测试和实质性程序阶段需要对计划重要性水平进行适当调整，在报告阶段评价审计结果时还需运用重要性水平。

小思考5-1

资料：假如A和B注册会计师对亚东公司（这是一家开放式基金公司）2020年度财务报表进行审计，其未经审计的有关报表项目见表5-4：

表5-4 未经审计的有关报表项目 单位：万元人民币

财务报表项目名称	金额
资产总计	360 000
净资产总计	176 000
主营业务收入	480 000
净利润	48 240

要求：(1) 按照审计准则规定，资产、股东权益、主营业务收入、净利润均可作为判断基础，选用的判断比率分别为0.5%、1%、0.5%、5%。请代A和B注册会计师确定亚东公司2020年度财务报表层次的重要性水平。(2) 说明重要性水平与审计风险之间的关系。

提示：(1) 根据净资产总额计算：176 000×1%=1 760（万元）

按规定，因亚东公司属于开放式基金公司，致力于优化投资组合，提高基金净值，为基金持有人创造投资价值，A和B注册会计师应选择净资产作为判断基础来确定重要性水平，因此，确定的报表整体的重要性水平为1 760万元。

(2) 重要性水平与审计风险之间呈反向关系。也就是说，重要性水平越低，审计风险越高；反之，重要性水平越高，审计风险越低。

七、分析审计风险

(一) 审计风险的概念

在制订审计工作计划时，注册会计师还必须对审计风险加以评估。所谓审计风险(audit risk，AR)，是指财务报表存在重大错报，而注册会计师审计后发表不恰当审计意见的可能性。注册会计师要想对发表的审计意见的正确性有较大的把握，那么他就只能接受较低的审计风险。如果要求对审计意见有99%的把握，那么可接受的审计风险就只能为1%；如果只要求有95%的把握，那么可接受的审计风险就可以是5%。

(二) 审计风险的组成要素及其关系

审计风险由重大错报风险和检查风险两个要素构成。

1.重大错报风险

重大错报风险（risks of material misstatement）是指财务报表在审计前存在重大错报的可能性。在设计审计程序以及确定财务报表整体是否存在重大错报时，一方面，注册会计师应当从财务报表层次考虑重大错报风险。因为财务报表层次的重大错报风险常与控制环境有关，如管理层缺乏诚信等，容易出现舞弊风险。此类风险难以界定于某类交易、账户余额、列报的具体认定。另一方面，如技术进步可能导致某项产品陈旧，进而导致存货易于发生高估错报，这种错报就属于各类交易、账户余额、列报认定层次。所以，注册会计师也应当从各类交易、账户余额、列报认定层次考虑重大错报风险。认定层次的重大错报风险又可以进一步细分为固有风险和控制风险。由于固有风险和控制风险不可分割地交织在一起，有时无法单独进行评估，故将两者合并称为重大错报风险。

2.检查风险

检查风险（detection risk）是指如果存在某一错报，该错报单独或连同其他错报可能是重大的，注册会计师为将审计风险降至可接受的低水平而实施程序后没有发现这种错报的风险。

3.审计风险要素的关系

在审计风险两个构成要素中，重大错报风险与被审计单位有关，注册会计师对此无能为力，但注册会计师通过对被审计单位的了解，可以对被审计单位重大错报风险的高低作出评估。至于重大错报风险的评估内容和方法将在本章第二节中阐述。在此基础上，注册会计师便可确定实质性程序的性质、时间和范围，以便将检查风险和总体审计风险降低至可接受的水平。

审计风险二要素的关系可用公式来表达：

$$\text{审计风险}=\text{重大错报风险}\times\text{检查风险}$$

根据上述公式，在既定的审计风险下，检查风险可表达如下：

$$\text{检查风险}=\frac{\text{审计风险}}{\text{重大错报风险}}\times 100\%$$

为了说明审计模型的应用，我们假定被审计单位存货的完整性认定的各种风险要素如下：评估确认报表层次的重大错报风险为80%，确定的审计风险为5%。检查风险可计算如下：

$$检查风险=\frac{审计风险}{重大错报风险}\times100\%=\frac{5\%}{80\%}\times100\%=6.25\%$$

从这个公式可以看出，检查风险是由公式中的其他两个要素决定的，与可接受审计风险呈正向关系，就是说，如果注册会计师愿意接受较高的审计风险，可容许的检查风险也相应提高。检查风险与重大错报风险呈反向关系，在可接受的审计风险一定的前提下，评估的重大错报风险越高，可容许的检查风险就越低，意味着审计证据的数量必须增加。当然，在审计实务中，注册会计师不一定用绝对数量来表达这些风险水平，而可能选用"高""中""低"等文字描述。

小资料 5-2

审计风险与审计证据的关系

确定重要性和审计风险都是为了帮助注册会计师更有效地收集审计证据，因此，必须明确风险的各种要素对审计证据的不同影响。注册会计师拟接受的审计风险与所需审计证据数量之间是反向关系。也就是说，对一个特定的客户来说，注册会计师拟承受的审计风险越低，所需的审计证据的数量就越多。

检查风险与所需的审计证据数量也是反向关系。比如，对某一特定的被查项目来说，计划的检查风险水平越低，所需的审计证据的数量就越多。

重大错报风险与所需审计证据的数量是正向关系。重大错报风险越高，所需的审计证据就越多。

资料来源 刘明辉. 审计［M］. 大连：东北财经大学出版社，2017.

八、编制总体审计策略和具体审计计划

根据《中国注册会计师审计准则第1201号——计划审计工作》，注册会计师应当计划审计工作，使审计业务以有效的方式得到执行。计划审计工作包括总体审计策略和具体审计计划。

（一）总体审计策略和具体审计计划的含义和作用

总体审计策略和具体审计计划是注册会计师为了完成审计业务、达到预期的审计目的，在实施具体的审计程序之前编制的工作计划。所谓总体审计策略，是指用以确定审计范围、时间安排和方向，并指导制订具体审计计划的策略。所谓具体审计计划，或称审计程序计划，是依据总体审计策略制订的，为获取充分、适当的审计证据以将审计风险降至可接受的低水平，项目组成员拟实施的审计程序的性质、时间安排和范围。

一般说来，一个设计合理、有效执行的总体审计策略和具体审计计划，便于收集充分、适当的审计证据；便于保持合理的审计成本，提高审计效率和质量；便于避免与客户发生误解；便于对审计助理人员进行指导和监督。

（二）总体审计策略的内容与编制

1.总体审计策略的基本内容

它应包括：（1）审计范围，即确定审计业务特征，包括采用的会计准则、制度、特定行业的报告要求以及被审计单位的组成部分的分布等，据此明确审计范围。（2）报告目标、时间安排及所需沟通。（3）审计方向，包括确定的重要性水平、重大错报的风险领域、初步识别重要账户的余额、是否对内部控制的有效性收集证据、如何识别被审计单位

的重大变化等。(4) 审计资源，即说明审计资源的规划和调配。

2. 总体审计策略的编制

总体审计策略应当恰当地反映注册会计师考虑的审计范围、时间和方向。注册会计师应当在总体审计策略中清楚地说明下列内容：(1) 向具体审计领域调配的资源，包括向高风险领域分派有适当经验的项目组成员，就复杂的问题利用专家工作等；(2) 向具体审计领域分配资源的数量，包括安排到重要存货存放地观察存货盘点的项目组成员的数量，对其他注册会计师工作的复核范围，对高风险领域安排的审计时间预算等；(3) 何时调配这些资源，包括是在期中审计阶段还是在关键的截止日期调配资源等；(4) 如何管理、指导、监督这些资源的利用，包括预期何时召开项目组预备会和总结会，预期项目负责人和经理如何进行复核，是否需要实施项目质量控制复核等。

各会计师事务所可根据具体情况来设计其形式，其中采用最为普遍的是表格、问卷和文字叙述三种。典型的总体审计策略格式见表5-5。

表5-5 总体审计策略

客户名称：亚东股份有限公司	索引号：××
项目：总体审计策略	财务报表截止日期：2020-12-31
编制：黄月	复核：李梦
日期：2021-02-13	日期：2021-02-15

一、审计范围

报告要求	证监会、财政部要求
通用的会计准则和相关制度	企业会计准则
通用的审计准则	中国注册会计师审计准则
与财务报表相关的行业特别规定	1. 公开发行证券的公司信息披露内容与格式准则第2号——年度报告的内容与格式（2007年修订）； 2. 公开发行证券的公司信息披露编报规则第15号——财务报告的一般规定（2010年修订）； 3. 公开发行证券的公司信息披露编报规则第9号——净资产收益率和每股收益的计算及披露（2010年修订）； 4. 公开发行证券的公司信息披露规范问答第1号——非经常性损益（2009年修订）等
需审计的集团内组成部分的数量及所在地点	
需要阅读的含有已审计财务报表的文件中的其他信息	上市公司年报
确定审计策略需考虑的其他事项	无

二、报告目标、时间安排及所需沟通

(一) 计划的对外报告时间安排

对外报告	时间
2020年年报	2021-03-30

(二) 执行审计时间安排

执行审计时间安排	时间
预审时间	2020-12-23—2020-12-28
年审时间	2021-02-16—2021-03-14

续表

存货盘点时间	2021-02-24		
固定资产盘点时间	2021-02-25		
（三）与管理层和有关部门沟通的时间安排			
所需沟通	时间		
与管理层及治理层的会议	2021-03-26		
项目组会议（包括预备会和总结会）	预审前（2020-12-20）、预审中、预审后总结、年度审计中和审计后总结		
三、影响审计业务的重要因素			
（一）重要性			
确定的重要性水平	索引号		
1 760（万元）	××		
（二）可能存在较高重大错报风险的领域			
可能存在较高重大错报风险的领域	索引号		
存货	××		
主营业务收入	××		
主营业务成本	××		
⋮	⋮		
四、人员安排			
（一）项目组主要成员的责任			

姓名	职务或职称	分工	备注
李梦	副主任会计师	审批审计计划、复核底稿	部门经理
黄月	注册会计师	编制审计计划、综合类底稿、复核底稿	项目负责人
王斌	注册会计师	货币资金项目、销售循环账户、生产循环账户	
张敏	注册会计师	采购循环账户、筹资或投资循环账户	
赵红	助理人员	盘点，协助张敏审计	
王鹏	助理人员	协助王斌审计	

（二）评价项目组成员专业胜任能力

项目组成员均具备足够的专业胜任能力。

（三）与项目质量控制复核人员的沟通

沟通内容	负责沟通的项目组成员	计划沟通时间
总体审计策略、各阶段审计计划	×××	2021-02-13
财务报表的复核	×××	2021-02-15
审计工作底稿	×××	2021-03-15
审计意见类型的复核	×××	2021-03-20
报表附注的复核	×××	2021-03-20

五、对专家或有关人士工作的利用
（一）对内部审计工作的利用（略）
（二）对其他注册会计师的利用（略）
（三）对专家工作的利用（略）
（四）对被审计单位使用服务机构的考虑（略）

（三）具体审计计划的内容

注册会计师应当为审计工作制订具体审计计划。具体审计计划比总体审计策略更为详细，其内容包括为获取充分、适当的审计证据以将审计风险降至可接受的低水平，项目组成员拟实施的审计程序的性质、时间和范围。

1.具体审计计划的内容

其主要内容包括：（1）为了充分识别和评估财务报表重大错报风险，注册会计师计划实施的风险评估程序的性质、时间和范围；（2）针对评估的认定层次的重大错报风险，注册会计师计划实施的进一步审计程序的性质、时间和范围；（3）注册会计师针对审计业务需要实施的其他审计程序。

对于具体审计计划，在实际工作中一般通过编制审计程序表的方式体现。典型的审计程序表见表5-6和表5-7。

表5-6　　审计程序表（风险评估程序部分）

客户：亚东公司			签名	日期		
项目：了解被审计单位及其环境		编制人			索引号	
截止日：2020-12-31		复核人			页次	
步骤	审计程序		执行人	日期	执行情况说明	工作底稿索引
1	向被审计单位销售总监询问其主要产品、行业发展状况等信息					
2	查阅××券商编写的关于被审计单位及其所处行业的研究报告					
3	将被审计单位的销售毛利率、市场占有率等关键业绩指标与同行业平均水平进行比较					
4	询问被审计单位的相关环保法规的变化情况					
5	向董事长等高管人员询问被审计单位所有权结构、治理结构、组织结构、近期主要投资、筹资情况					
6	向销售人员询问相关市场信息，如主要客户和合同、付款条件、主要竞争者、定价政策、营销策略等					
7	查阅组织结构图、治理结构图、公司章程，以及销售、采购、投资、债务等方面的合同等					
8	向财务总监询问被审计单位采用的主要会计政策、会计政策变更的情况、财务人员配备和构成情况等					
9	查阅被审计单位会计工作手册、操作指引等财务资料和内部报告					
10	向董事长等高级管理人员询问被审计单位实施的或准备实施的战略					
11	查阅被审计单位经营规划和其他文件					
12	查阅被审计单位管理层和员工业绩考核与激励性报酬政策、分部信息与不同层次部门的业绩报告等					
13	实施分析程序，将内部财务业绩指标与被审计单位设定的目标值进行比较，与竞争对手的业绩进行比较，分析业绩趋势等					

表5-7 **存货实质性审计程序表**

客户名称：亚东公司　　　　索引号：

项目：存货具体计划　　　　财务报表截止日期：2020-12-31

编制：黄月　　　　复核：李梦

日期：2021-02-26　　　　日期：2021-02-28

审计项目			财务报表认定				
			存在	完整性	权利和义务	计价和分摊	列报
A.资产负债表中记录的存货是存在的							
B.所有应当记录的存货均已记录							
C.记录的存货由被审计单位拥有或控制							
D.存货以恰当的金额包括在财务报表中，与之相关的计价调整已恰当记录							
E.存货已按照企业会计准则的规定在财务报表中作出恰当列报							
可供选择的实质性程序	索引号	执行人					
将当年存货余额与上年存货余额比较；将当年的存货周转率与上年存货周转率进行比较；将当年存货周转率与当年本行业平均周转率进行比较							
核对各存货项目明细账合计数与总账余额是否相符							
在外勤工作时对存货监盘并抽查							
在监盘或抽查被审计单位存货时，要检查有无代他人保管和来料加工的存货，有无未作账务处理而置于或寄存他处的存货，这些存货是否正确列示于存货盘点表中							
在监盘或抽查被审计单位存货时，要注意观察存货的品质状况，要征询技术人员、财务人员、仓库管理人员的意见，了解或确定属于残次、毁损、滞销积压的存货及其对当年损益的影响							
获取存货盘点盈亏调整和损失处理记录，检查重大存货盈亏和损失的原因有无充分的解释，重大存货盈亏和损失的会计处理是否经授权审批							
检查被审计单位存货跌价准备计提和结转的依据、方法和会计处理是否正确，是否已授权审批，前后期是否一致							
查阅资产负债表日前后若干天的存货增减变动的有关账簿记录和原始凭证，检查有无存货跨期现象							

续表

审计项目			财务报表认定				
			存在	完整性	权利和义务	计价和分摊	列报
抽查年末结存量较大的存货计价是否正确							
抽查存货发出的原始凭证是否齐全，内容是否完整，计价是否正确							
抽查大额的采购业务，核实采购成本是否正确							
抽查委托加工材料发出和收回的合同、凭证，核对其计费、计价是否正确，有无长期未收回的委托加工材料，必要时对委托加工材料的实际存在进行函证							
抽查大额分期收款发出商品的原始凭证及相关协议、合同，确定其是否按约定时间收回货款，如有逾期或其他异常事项，由被审计单位作出合理解释，必要时进行函证							
低值易耗品与固定资产的划分是否合理，其摊销方法和摊销金额是否正确							
抽查产成品账，核对入库品种、数量和实际成本与生产成本的结转是否相符							
了解存货的保险情况和存货防护措施的完善程度							
验明存货是否已在资产负债表上恰当列报							

2. 总体审计策略和具体审计计划的关系

尽管总体审计策略通常是在具体审计计划之前编制的，但二者是紧密联系在一起的，注册会计师应根据实施风险评估程序的结果对总体审计策略的内容予以调整。

对于编制完成的总体审计策略和具体审计计划应进行审核。对于在审核中发现的问题，注册会计师应及时进行相应的修改、补充和完善，并在工作底稿中加以记载和说明。

任务布置——编制与审计计划工作有关的部分主要工作底稿

第二节 风险评估阶段

20世纪90年代以来，随着世界范围内重大管理欺诈及审计失败案例的频繁发生，对风险导向审计理论及其应用的研究已成为国内外审计理论界广为关注的对象。为了适应审计环境的变化，从根本上提高注册会计师评估风险和发现舞弊的能力，中国注册会计师协会根据国际审计风险准则的发展，结合我国国情，修订了《中国注册会计师审计准则第

1101号——注册会计师的总体目标和审计工作的基本要求》、《中国注册会计师审计准则第1301号——审计证据》、《中国注册会计师审计准则第1211号——通过了解被审计单位及其环境识别和评估重大错报风险》和《中国注册会计师审计准则第1231号——针对评估的重大错报风险采取的应对措施》等审计准则。在计划审计工作阶段，注册会计师完成各项工作就是为了充分识别和评估财务报表重大错报风险。在此基础上，注册会计师还应通过了解被审计单位及其环境，实施风险评估程序，然后识别和评价财务报表层次和认定层次的重大错报风险。这为设计和实施进一步审计程序，为判断审计证据的充分性和适当性提供了重要基础。

一、对风险评估的总体要求

在财务报表审计中，按照《中国注册会计师审计准则第1211号——通过了解被审计单位及其环境识别和评估重大错报风险》这一审计准则的规定，了解被审计单位及其环境是必要程序，其目的是识别和评估财务报表重大错报风险，同时为以下工作提供判断的基础：（1）确定重要性水平；（2）考虑会计政策的选择和运用是否恰当，以及财务报表的列报（包括披露，下同）是否适当；（3）识别需要特别考虑的领域，包括关联方交易或交易是否具有合理的商业目的等；（4）确定在实施分析程序时所使用的预期值；（5）设计和实施进一步审计程序，以将审计风险降至可接受的低水平；（6）评价所获取审计证据的充分性和适当性。

了解被审计单位及其环境是一个连续动态地收集、更新与分析信息的过程，贯穿于整个审计过程的始终。注册会计师应当运用职业判断确定需要了解被审计单位及其环境的程度。

二、风险评估程序

风险评估程序是指为了达到了解被审计单位及其环境的目的而实施的程序，主要包括询问、分析程序、观察和检查、其他审计程序等。

（一）询问

询问被审计单位管理层和内部其他相关人员是注册会计师了解被审计单位及其环境的一个重要信息来源。

（1）注册会计师可以考虑向管理层和财务负责人询问下列事项：①管理层所关注的主要问题，如新的竞争对手、主要客户和供应商的流失、新的税收法规的实施以及经营目标或战略的变化等；②被审计单位最近的财务状况、经营成果和现金流量；③可能影响财务报告的交易和事项，或者目前发生的重大会计处理问题，如重大的购并事宜等；④被审计单位发生的其他重要变化，如所有权结构、组织结构的变化，以及内部控制的变化等。

（2）注册会计师可以考虑向其他相关人士询问下列事项：①询问治理层，有助于注册会计师了解财务报表编制的环境；②询问内部审计人员，有助于注册会计师了解被审计单位内部控制的设计和运行情况，以及管理层对内部审计发现的问题是否采取了适当的措施；③询问重要的员工，有助于注册会计师评估被审计单位选择和运用某项会计政策的适当性；④询问内部法律顾问，有助于注册会计师了解有关法律法规的遵循情况、产品保证和售后责任、合同条款的含义以及诉讼情况等；⑤询问营销或销售人员，有助于注册会计师了解被审计单位的营销策略及其变化、销售趋势以及与客户的合同安排；⑥询问采购人员和生产人员，有助于注册会计师了解被审计单位的原材料采购和产品生产等情况；⑦询问仓库人员，有助于注册会计师了解原材料、产成品等存货的进出、保管和盘点等情况。

（二）分析程序

分析程序是指注册会计师通过研究不同财务数据之间以及财务数据与非财务数据之间的内在关系，对财务信息作出评价。分析程序还包括调查识别出的、与其他相关信息不一致或与预期数据严重偏离的波动和关系。分析程序的主要用途之一就是可用作风险评估程序。

在实施分析程序时，注册会计师应当预期可能存在的合理关系，并与被审计单位记录的金额、依据记录金额计算的比率或趋势相比较；如果发现异常或未预期到的关系，注册会计师应当在识别重大错报风险时考虑这些比较结果。

如果使用了高度汇总的数据，实施分析程序的结果仅可能初步显示财务报表存在重大错报风险，注册会计师应当将分析结果连同识别重大错报风险时获取的其他信息一并考虑。也就是说，为了确定重大错报风险的真正来源，注册会计师应当针对数据汇总的每一来源实施更为详细的分析程序。

小资料 5-3

刘姝威的五步读财报法

分析上市公司所处的行业发展状况和前景，判断行业将发生的变化及其对上市公司的影响，被刘姝威排在财报分析的第一步。

“比如，什么样的家电行业上市公司会被淘汰出局？根据对家电行业的分析，不具备核心技术的领先优势和市场狭小的企业将被淘汰出局。”举例说明在经济危机下我国空调行业整体呈现负增长，却仍实现净利润增长的格力电器、青岛海尔等名列前茅的家电行业上市公司时，刘姝威表示。

刘姝威告诉CBN记者，第二步是投资者要学会辨别系统性风险或非系统性风险，即上市公司出现的问题是行业普遍存在的问题，还是上市公司自身存在的问题。

“比如金融风暴下化工行业在全球范围内都出现了系统性风险，该风险在短期内不会消失。因此，看化工企业的话，应该看它有没有为作出改变而做好准备，这是一个关键。”刘姝威表示。

对同行业的上市公司进行比较，被刘姝威列为投资者读财报的第三步。

刘姝威介绍，在同一行业中，无论是龙头企业还是落后企业，它们的财务数据和财务指标都不会明显地偏离同一平均值。如果发生偏离，投资者必须分析其原因，通过比较同行业企业财务指标、主营产品结构、经营策略等，判断不同企业的盈利和发展空间。

“比如2008年宝钢股份与邯郸钢铁的库存商品增量，宝钢的主营产品多是高端产品，毛利率较高，虽受金融风暴的影响，需求锐减，但存货仅比上年增加0.57%；而邯钢缺少高利润率的高端产品，主营产品毛利率较低，所以存货比上年增加108%，这就是比较出来的区别。”刘姝威表示。

基于以上阶段的学习和分析，投资者可以进入学习阅读财报的第四步和第五步——具体分析上市公司的主营产品以及经营策略。

"分析上市公司，不仅仅要看财务报表。财务报表已经是过去时了，投资者首先要关注的是企业的经营策略，看企业年报中的董事会报告，看这家企业对宏观经济的判断，对整个行业的判断，以及对过去一个经济周期自身业绩的总结和未来规划。董事会成员结构也要看，技术专家和财务专家要比例相当。"

资料来源 石婵雪. 刘姝威教你五步读财报 [N]. 第一财经日报，2009-07-04.

（三）观察和检查

观察和检查程序可以印证对管理层和其他相关人员的询问结果，并可提供有关被审计单位及其环境的信息，注册会计师应当实施下列观察和检查程序：

（1）观察被审计单位的生产经营活动，可以增加注册会计师对被审计单位人员进行生产经营活动及实施内部控制的了解。

（2）检查文件、记录和内部控制手册，帮助注册会计师了解被审计单位的组织结构和内部控制及健全情况。

（3）阅读由管理层和治理层编制的报告，帮助注册会计师了解被审计期间被审计单位发生的重大事项。

（4）实地察看被审计单位的生产经营场所和设备，帮助注册会计师了解被审计单位的性质及其经营活动。

（5）追踪交易在财务报告信息系统中的处理过程（穿行测试），注册会计师可以确定被审计单位的交易流程和相关控制是否与之前通过其他程序所获得的信息一致，并确定内部控制是否得到执行。

（四）其他审计程序

除了采用上述程序从被审计单位内部获取信息以外，如果根据职业判断认为从被审计单位外部获取的信息有助于识别重大错报风险，注册会计师应当实施其他审计程序以获取这些信息。例如，询问被审计单位聘请的外部法律顾问、专业评估师、投资顾问和财务顾问等。

三、风险评估的对象范围

注册会计师应当从以下六大方面来了解被审计单位及其环境，以充分识别和评估财务报表重大错报风险，便于设计和实施进一步审计程序。

（一）被审计单位的行业状况、法律环境与监管环境

1.行业状况

了解行业状况有助于注册会计师识别与被审计单位所处行业有关的重大错报风险。了解内容包括：（1）所处行业的市场供求与竞争；（2）生产经营的季节性和周期性；（3）产品生产技术的变化；（4）能源供应与成本；（5）行业的关键指标和统计数据。

2.法律环境及监管环境

由于某些法律法规或监管要求可能对被审计单位经营活动有重大影响，因此，注册会计师应对以下方面进行了解：（1）会计原则和行业特定惯例；（2）受管制行业的法律框架；（3）对被审计单位经营活动产生重大影响的法律法规，包括直接的监管活动；（4）税收政策（关于所得税和其他税种的政策）；（5）目前对被审计单位开展经营活动产生影响

的政府政策，包括货币、财政、税收和贸易等政策；（6）影响行业和被审计单位经营活动的环保要求。

3.其他外部因素

其他外部因素也可能对被审计单位的财务报告产生影响，因此，注册会计师可能需要了解以下情况：（1）宏观经济的景气度；（2）利率和资金供求状况；（3）通货膨胀水平及币值变动；（4）国际经济环境和汇率变动。

（二）了解被审计单位的性质

注册会计师应当从以下几方面了解被审计单位的性质：

（1）所有权结构。对被审计单位所有权结构的了解有助于注册会计师识别关联方关系并了解被审计单位的决策过程。

（2）治理结构。对被审计单位治理结构的了解有助于注册会计师掌握治理层对被审计单位的经营和财务运作实施监督的情况。

（3）组织结构。注册会计师应当了解被审计单位的组织结构，考虑复杂组织结构可能导致的重大错报风险，包括财务报表合并、商誉减值以及长期股权投资核算等问题。

（4）经营活动。了解被审计单位经营活动有助于注册会计师识别预期将在财务报表中反映的主要交易类别、重要账户余额和列报。

（5）投资活动。了解被审计单位投资活动有助于注册会计师关注被审计单位在经营策略和方向上的变化。

（6）筹资活动。了解被审计单位筹资活动有助于注册会计师评估被审计单位在融资方面的压力，并进一步考虑被审计单位的持续经营能力是否受到影响。

（7）财务报告。了解被审计单位的财务报告有助于注册会计师了解预期在财务报表中反映的各类交易、账户余额和披露。

（三）了解被审计单位对会计政策的选择和运用

注册会计师应当了解被审计单位对会计政策的选择和运用，是否符合适用的会计准则和相关会计制度，是否符合被审计单位的具体情况。了解的具体内容包括：

（1）重大和异常交易的会计处理方法。例如，本期发生的企业合并的会计处理方法，某些被审计单位可能存在与其所处行业相关的重大交易等。

（2）在缺乏权威性标准或共识、有争议的或新兴领域，采用重要会计政策产生的影响。在这些方面注册会计师应当关注被审计单位选用了哪些会计政策，为什么选用这些会计政策以及选用这些会计政策产生的影响。

（3）会计政策的变更。注册会计师应当考虑变更的原因及适当性，即考虑：①会计政策变更是否是法律、行政法规或者适用的会计准则和相关会计制度要求的变更；②会计政策变更是否能够提供更可靠、更相关的会计信息。除此之外，注册会计师还应当关注会计政策的变更是否得到充分披露。

（4）新颁布的财务报告准则、法律法规，以及被审计单位何时适用、如何适用这些规定。

（5）被审计单位何时适用以及如何适用新颁布的会计准则和相关会计制度。

（四）了解被审计单位的目标、战略和相关经营风险

目标是企业经营活动的指针。企业管理层或治理层一般会根据企业经营面临的外部环

境和内部各种因素，制定合理可行的经营目标。战略是企业管理层为实现经营目标采用的总体层面的策略和方法。为了实现某一既定的经营目标，企业可能有多个可行战略。经营风险源于对被审计单位实现目标和战略产生不利影响的重大情况、事项、环境和行动，或源于不恰当的目标和战略。注册会计师应当了解被审计单位是否存在与下列方面有关的目标和战略，并考虑相应的经营风险：

(1) 行业发展及其可能导致的被审计单位不具备足以应对行业变化的人力资源和业务专长等风险。

(2) 开发新产品或提供新服务及其可能导致的被审计单位产品责任增加等风险。

(3) 业务扩张及其可能导致的被审计单位对市场需求的估计不准确等风险。

(4) 新的会计要求及其可能导致的被审计单位执行法规不当或不完整，或会计处理成本增加等风险。

(5) 监管要求及其可能导致的被审计单位法律责任增加等风险。

(6) 本期及未来的融资条件及其可能导致的被审计单位由于无法满足融资条件而失去融资机会等风险。

(7) 信息技术的运用及其可能导致的被审计单位信息系统与业务流程难以融合等风险。

(五) 了解被审计单位财务业绩的衡量和评价

被审计单位内部或外部对财务业绩的衡量和评价可能对管理层产生压力，促使其采取行动改善财务业绩或歪曲财务报表。注册会计师应当了解被审计单位财务业绩的衡量和评价情况，考虑这种压力是否可能导致管理层采取行动，以至于增加财务报表发生重大错报的风险，具体包括：(1) 关键业绩指标；(2) 业绩趋势；(3) 预测、预算和差异分析；(4) 管理层和员工业绩考核与激励性报酬政策；(5) 分部信息与不同层次部门的业绩报告；(6) 与竞争对手的业绩比较；(7) 外部机构提出的报告。

在了解这些信息时，注册会计师应当关注被审计单位内部财务业绩衡量所显示的未预期到的结果或趋势、管理层的调查结果和纠正措施，以及相关信息是否显示财务报表可能存在重大错报风险。

(六) 了解被审计单位的内部控制

内部控制是被审计单位为了合理保证财务报告的可靠性、经营的效率和效果以及对法律法规的遵守，由治理层、管理层和其他人员设计和执行的政策和程序。一方面，由于受领导的主观因素或人为判断失误等因素的影响，内部控制往往存在一定的固有局限性，无论如何设计和执行，只能对财务报告的可靠性提供合理的保证。另一方面，内部控制设计与执行的好坏，直接决定重大错报风险发生的频率。因此，注册会计师应当了解与审计相关的内部控制以识别潜在错报的类型。需了解的具体内容包括：

1.控制环境

控制环境是指治理职能和管理职能，以及治理层和管理层对内部控制及其重要性的态度、认识和措施，包括：对诚信和道德价值观念的沟通和落实，对胜任能力的重视，治理层的参与程度，管理层的理念和经营风格，组织结构及职权与责任的分配，人力资源政策与实务等。注册会计师应当了解管理层是否在治理层的监督下，营造并保持了诚实守信和合乎道德的文化，以及是否建立了防止或发现并纠正舞弊和错误的恰当的控制。

2.风险评估过程

风险评估过程是企业确认和分析与其目标实现相关风险的过程，它形成了如何管理风险的基础。导致风险发生或变化的环境一般包括：招收新的员工、高速增长、新技术、新产品或新作业、信息系统的变化和公司重组等。在评价被审计单位风险评估过程的设计和执行情况时，注册会计师应当确定管理层如何识别与财务报告相关的经营风险，如何估计该风险的重要性，如何评估风险发生的可能性，以及如何采取措施管理这些风险。如果识别出管理层未能识别的重大错报风险，注册会计师应当评价是否存在潜在风险，即注册会计师预期被审计单位风险评估过程应当识别出的风险。如果存在这种风险，注册会计师应当了解风险未被识别的原因，并评价风险评估过程是否符合具体情况，相关的内部控制是否存在重大缺陷。

3.信息系统与沟通

一个组织的信息系统是指为了准确反映公司交易和相关事件与情况，并保持对相关资产、负债和所有者权益履行经营管理责任的程序和记录。注册会计师应当从下列方面了解与财务报告相关的信息系统（包括相关业务流程）：（1）在被审计单位经营过程中，对财务报表具有重大影响的各类交易；（2）在信息技术和人工系统中，对被审计单位的交易生成、记录、处理、必要的更正、结转至总账以及在财务报表中报告的程序；（3）用以生成、记录、处理和报告（包括纠正不正确的信息以及信息如何结转至总账）被审计单位交易的会计记录、支持性信息和财务报表中的特定账户；（4）被审计单位的信息系统如何获取除交易以外的对财务报表重大的事项和情况；（5）用于编制被审计单位财务报表（包括作出的重大会计估计和披露）的财务报告流程；（6）与会计分录相关的控制，这些分录包括用以记录非经常性的、异常的交易或调整的非标准会计分录。注册会计师应当了解被审计单位内部如何对财务报告的岗位职责，以及与财务报告相关的重大事项进行沟通。

4.控制活动

控制活动是指有助于确保管理层的指令得以执行的政策和程序，包括与授权、业绩评价、信息处理、实物控制和职责分离等相关的活动。因为这些控制活动多与各类交易、账户余额、列报认定层次的错报风险有关，所以注册会计师应当了解这些控制活动，并恰当进行评价。

5.对控制的监督

对控制的监督是指被审计单位评价内部控制在一段时间内运行有效性的过程，该过程包括及时评价控制的设计和运行，以及根据情况的变化采取必要的纠正措施。对控制的监督主要包括两个方面：一是管理控制方法，如利用预算和其他财务报告来监督工作的进行。二是内部审计。这是管理当局用来监督会计系统和相关控制程序的重要手段。注册会计师应了解被审计单位对控制的监督情况，便于判断被审计单位的关键控制环节能否得到持续执行。

注册会计师在了解被审计单位内部控制时，应将了解到的信息及时在审计工作底稿中记录。常用的记录方式有文字叙述法、问题调查表法和流程图法。注册会计师需要运用职业判断，确定对上述事项进行记录的方式，记录的方式和范围受被审计单位信息的可获得性以及审计过程中使用的具体审计方法和技术的影响。

小思考5-2

注册会计师了解内部控制的范围与深度如何？

提示：注册会计师对内部控制进行了解时，考虑的并非被审计单位整体的内部控制，而只是了解与财务报告审计相关的内部控制。对内部控制了解的深度，是指在了解被审计单位及其环境时对内部控制了解的程度，包括评价内部控制的设计与执行。

四、评价及应对重大错报风险

（一）评价及应对财务报表整体和认定层次的重大错报风险

1.识别及评估重大错报风险的步骤

注册会计师应当充分关注可能表明被审计单位存在重大错报风险的事项和情况，并采用下列步骤进行重大错报风险的评价：(1) 在了解被审计单位及其环境（包括与风险相关的控制）的整个过程中识别风险，并考虑财务报表中的各类交易、账户余额和披露；(2) 评估识别出的风险，并评价其是否更广泛地与财务报表整体相关，进而潜在地影响多项认定；(3) 在考虑拟测试的相关控制时，将识别出的风险与认定层次可能发生错报的领域相联系；(4) 考虑发生错报的可能性（包括发生多项错报的可能性），以及潜在错报的重大程度是否足以导致重大错报。例如，注册会计师首先采用询问方法了解到被审计单位因符合新颁布的相关环保法规要求需要更新设备，这将导致对原有设备计提减值准备。注册会计师分析出这将与固定资产账户的计价认定有关。然后，注册会计师进一步怀疑被审计单位可能存在原有设备没有计提减值准备或计提不足的风险。如果年末被审计单位的固定资产减值问题严重，则固定资产计价认定发生的错报风险重大。最后，还要分析该风险导致财务报表发生重大错报的可能性。如果注册会计师进一步了解到被审计单位已根据该设备的可收回金额计提了相应的减值准备，在这种情况下财务报表发生重大错报的可能性相应降低，否则将会很高。

小资料5-4

表明被审计单位存在重大错报风险的事项和情况

注册会计师在了解被审计单位及其环境时，应当关注下列可能表明被审计单位存在重大错报风险的事项和情况：(1) 在经济不稳定的国家或地区开展业务；(2) 在高度波动的市场开展业务；(3) 在严厉、复杂的监管环境中开展业务；(4) 持续经营和资产流动性出现问题，包括重要客户流失；(5) 融资能力受到限制；(6) 行业环境发生变化；(7) 供应链发生变化；(8) 开发新产品或提供新服务，或进入新的业务领域；(9) 开辟新的经营场所；(10) 发生重大收购、重组或其他非经常性事项；(11) 拟出售分支机构或业务分部；(12) 复杂的联营或合资；(13) 运用表外融资、特殊目的实体以及其他复杂的融资协议；(14) 重大的关联方交易；(15) 缺乏具备胜任能力的会计人员；(16) 关键人员变动；(17) 内部控制薄弱；(18) 信息技术战略与经营战略不协调；(19) 信息技术环境发生变化；(20) 安装新的与财务报告有关的重大信息技术系统；(21) 经营活动或财务报告受到监管机构的调查；(22) 以往存在重大错报或本期期末出现重大会计调整；(23) 发生重大的非常规交易；(24) 按照管理层特定意图记录的交易；(25) 应用新颁布的会计准则或相关会计制度；(26) 会计计量过程复杂；(27) 事项或交易在计量时存在重大不确定性；(28) 存在未决诉讼和或有负债。

2.两个层次重大错报风险的应对措施

注册会计师对于已识别出的重大错报风险，必须区分是属于财务报表层次的重大错报风险还是属于认定层次的重大错报风险。

如果某些重大错报风险可能与财务报表整体广泛相关，其就属于财务报表层次的重大错报风险，这会影响多项认定。例如，注册会计师了解到被审计单位融资能力受到限制，就有可能导致注册会计师对被审计单位的持续经营能力产生重大疑虑，这些风险与财务报表整体相关。对于这些财务报表层次的重大错报风险，注册会计师可以采取以下总体应对措施：（1）向项目组强调在收集和评价审计证据过程中保持职业怀疑态度的必要性；（2）分派更有经验或具有特殊技能的审计人员，或利用专家的工作；（3）提供更多的督导；（4）在选择拟实施的进一步审计程序时，应当注意使某些程序不被管理层预见或事先了解；（5）对拟实施审计程序的性质、时间和范围作出总体修改。

小资料5-5

控制环境对财务报表层次重大错报风险评估的影响

财务报表层次的重大错报风险很可能源于薄弱的控制环境。有效的控制环境可以使注册会计师增强对内部控制和被审计单位内部产生的证据的信赖程度。如果控制环境存在缺陷，注册会计师应当对拟实施的审计程序的性质、时间和范围作出总体修改，主要考虑：（1）在期末而非期中实施更多的审计程序；（2）主要依赖实质性程序获取审计证据；（3）修改审计程序的性质并扩大审计程序的范围。

如果某些重大错报风险可能与特定的各类交易、账户余额、列报的认定相关，这就属于认定层次的重大错报风险。如被审计单位存在复杂的联营或合资，表明长期股权投资账户的认定可能存在重大错报风险 。注册会计师应合理设计和执行进一步审计程序（包括控制测试和实质性程序），收集审计证据，以便能够在审计工作结束时，以可接受的低风险对财务报表整体发表审计意见。

（二）需要特别考虑的重大错报风险

作为风险评估的一部分，注册会计师应当运用职业判断，确定识别的风险哪些是需要特别考虑的重大错报风险。

1.特别风险的判定

在确定风险的性质时，注册会计师应当考虑下列事项：（1）风险是否属于舞弊风险；（2）风险是否与近期经济环境、会计处理方法和其他方面的重大变化有关；（3）交易的复杂程度；（4）风险是否涉及重大的关联方交易；（5）财务信息计量的主观程度，特别是对不确定事项的计量存在较大区间；（6）风险是否涉及异常或超出正常经营过程的重大交易。

2.特别风险的处理

由于特别风险一般存在于非常规交易中，很少受到日常控制的约束，所以，注册会计师应当了解被审计单位是否针对该特别风险设计和实施了控制。如果管理层未能实施控制以恰当应对特别风险，注册会计师应当认为内部控制存在重大缺陷，并考虑其对风险评估的影响。在此情况下，注册会计师应当考虑就此类事项与治理层沟通。

五、风险评估的工作记录

注册会计师应当就以下内容形成审计工作记录：（1）项目组对由于舞弊或错误导致财务报表发生重大错报的可能性进行的讨论，以及得出的重要结论；（2）注册会计师对被审计单位及其环境各方面的了解要点（包括对内部控制各要素了解的要点）、信息来源以及实施的风险评估程序；（3）注册会计师在财务报表层次和认定层次识别、评估出的重大错报风险；（4）注册会计师识别出的特别风险和仅通过实质性程序无法应对的重大错报风险，以及对相关控制的评估。

注册会计师可以编制表格来汇总识别的重大错报风险，判定它们的性质，见表5-8。

表5-8　风险评估结果汇总表

一、识别的重大错报风险汇总

识别的重大错报风险	索引号	属于财务报表层次还是认定层次	是否属于特别风险	是否属于仅通过实质性程序无法应对的重大错报风险	受影响的交易类别、账户余额和列报认定

二、财务报表层次风险应对方案

财务报表层次重大错报风险	索引号	总体应对措施

三、特别风险结果汇总及应对措施

经营目标	经营风险	特别风险	管理层应对或控制措施	财务报表项目及认定	审计措施	被审计单位报告的事项

【例题5-1】

基本案情：明达公司主要从事小型电子消费品的生产和销售。A注册会计师负责审计明达公司2020年度财务报表。A注册会计师在审计工作底稿中记录了所了解的明达公司情况及环境，部分内容摘录如下：

（1）为加快新产品研发进度以应对激烈的市场竞争，明达公司于2020年6月支付600万元购入一项非专利技术的永久使用权，并将其确认为使用寿命不确定的无形资产。最新行业分析报告显示，明达公司竞争对手乙公司已于2020年年初推出类似新产品，市场销售情况很好。同时乙公司宣布将于2021年2月推出新一代的换代产品。

（2）明达公司生产过程中产生的噪声和排放的气体对环境造成一定影响。尽管周围居民要求给予补偿，但明达公司考虑到现行法律并没有相关规定，以前并没有对此作出回应。为改善与周围居民关系，明达公司董事会于2020年12月26日决定对居民给予总额为120万元的一次性补偿，并制订具体的补偿方案，决定于2021年1月15日支付。

A注册会计师在审计工作底稿中记录了所获取的明达公司财务数据，部分内容见表5-9。

表5-9　　明达公司部分财务数据　　单位：万元

项目	2020年未审数
无形资产	
非专利技术	600
预计负债	
居民环境污染补偿	120

分析要求：根据资料，结合表5-9中数据，假定不考虑其他条件，逐项指出上述事项是否可能存在重大错报风险。如果认为存在，请说明理由，并分别说出该风险主要与哪些财务报表项目的哪些认定相关。

答案提示：分析要点见表5-10。

表5-10　　分析要点

事项序号	是否可能存在重大错报风险	理　由	报表项目名称	报表项目认定
（1）	是	明达公司新购入的无形资产由于竞争对手新产品的上市以及新一代产品的即将推出，已经发生了资产减值，但明达公司尚未针对该无形资产计提减值准备，可能存在无形资产计价方面的重大错报风险	无形资产	计价和分摊
（2）	是	明达公司已经确定了赔偿的具体方案、金额，也已经公布了补偿的具体时间，应属于一项确定的负债，但该公司在预计负债下核算，并不恰当	预计负债	存在

资料来源　改编自杨闻萍. 审计［M］. 北京：中国财政经济出版社，2010.

课程思政5-1

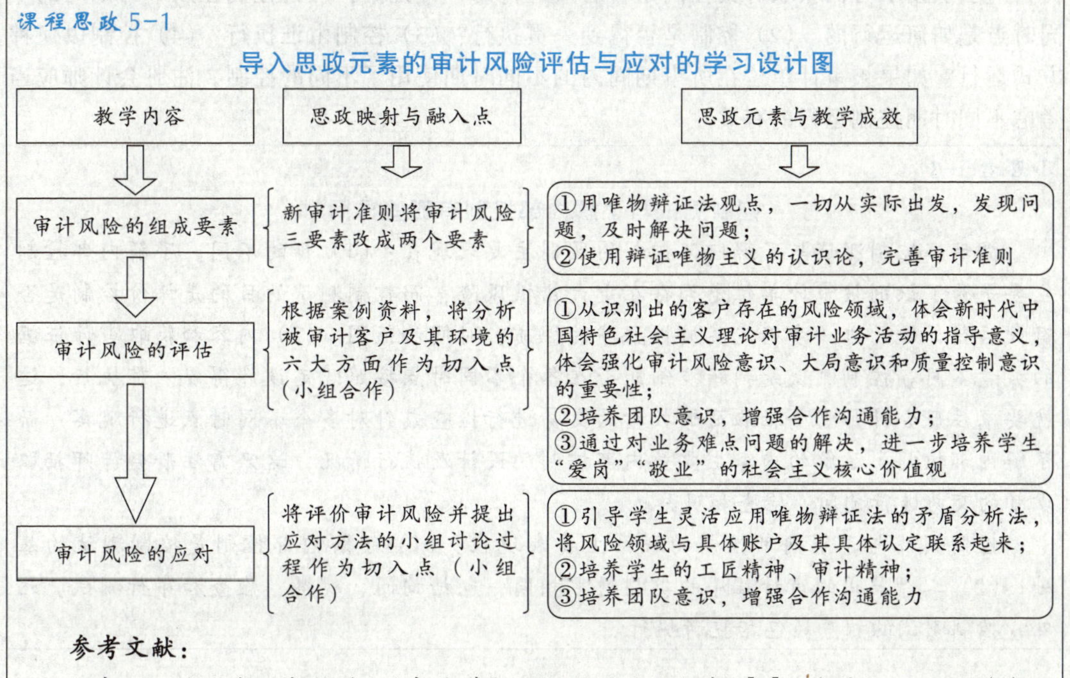

参考文献：

1. 幸倞，陈世忠，郭瑞营．“审计学”课程思政路径探析［J］. 会计师，2021（4）.

2.殷俊明，张兴亮. 会计学“专业思政”建设的思考与探索 [J]. 财会通讯，2020（8）.

3.张奕奕，李晓培. 课程思政视域下高职课程改革的探索与实践——以审计实务课程为例 [J]. 太原城市职业技术学院学报，2020（9）.

4.邱群霞. 审计课程思政建设的教学探析——以资金审计为例 [J]. 商业会计，2021（5）.

第三节 控制测试和实质性程序阶段

注册会计师在了解被审计单位及其环境，充分识别和评估重大错报风险之后，要做的工作就是根据职业判断，设计和实施进一步审计程序，即控制测试和实质性程序。注册会计师应当考虑进一步审计程序的性质、时间和范围，通过设计合理的方案，以便评价财务报表认定的适当性。通常情况下，可供选择的方案有以下几种：一是出于成本效益的考虑采用综合性方案，即控制测试程序与实质性程序结合使用；二是必须实施控制测试程序；三是仅实施实质性程序。在时间上，注册会计师可以选择期中测试，也可以选择在期末进行。总之，无论选择何种方案或何种时间，注册会计师都应当针对所有重大的各类交易、账户余额、列报设计和实施实质性程序。

一、实施控制测试

（一）控制测试的含义

控制测试（tests of control），也叫符合性测试，是指用于评价内部控制防止或发现并纠正认定层次重大错报的运行有效性的审计程序。注册会计师在测试控制运行的有效性时，应当从以下方面获取有关控制是否有效运行的审计证据：（1）控制在所审计期间的不同时点是如何运行的？（2）控制是否得到一贯执行？（3）控制由谁执行？（4）控制以何种方式运行？如果被审计单位在所审期间内的不同时期使用了不同的控制，注册会计师应当考虑不同时期控制运行的有效性。

小思考 5-3

控制测试与了解内部控制有哪些异同?

提示：控制测试与了解内部控制的区别主要表现在：（1）目的不同。了解内部控制主要是为了识别被审计单位是否存在重大错报风险；而控制测试的目的是评价控制是否有效运行，便于进一步确定实质性程序的性质、时间和范围。（2）内容和获取审计证据的数量不同。控制测试是判断控制能否在各个不同时点按照既定设计得以一贯执行，这就要求注册会计师需要抽取足够数量的交易进行检查或针对多个不同时点进行观察；而了解内部控制，了解的内容主要是内部控制的设计及执行情况，这只需注册会计师抽取少量的交易进行询问、检查和观察。

控制测试与了解内部控制的联系主要表现在：（1）了解内部控制是控制测试的基础；（2）二者采用的审计程序的类型通常相同，包括询问、观察、检查和穿行测试。此外，控制测试的程序还包括重新执行。

（二）控制测试实施的条件

控制测试并非在任何情况下都需要实施。当存在下列情形之一时，注册会计师应当实施控制测试：

1.在评估认定层次重大错报风险时，预期控制的运行是有效的

注册会计师通过实施风险评估程序，可能发现某项控制的设计是合理的，同时得到了执行。在这种情况下，出于成本效益的考虑，注册会计师可能预期，如果相关控制在不同时点都得到一贯执行，与该项控制有关的财务报表认定发生重大错报的可能性就不会很大，也就可以考虑通过实施控制测试而减少实施实质性程序。

2.仅实施实质性程序不足以提供认定层次充分、适当的审计证据

有时，对于一些重大错报风险，注册会计师仅通过实质性程序无法予以应对。例如，被审计单位对日常交易或与财务报表相关的其他数据（包括信息的生成、记录、处理、报告）采用高度自动化处理的情况下，审计证据可能仅以电子形式存在，此时审计证据是否充分适当取决于自动化信息系统相关控制是否有效。如果无效，生成不正确信息或信息被篡改的可能性会大大增加。这时，就必须实施控制测试，而不能单纯考虑成本效益关系。

（三）控制测试实施的时间

注册会计师应当根据控制测试的目的确定控制测试的时间，并确定拟信赖的相关控制的时点或期间。如果注册会计师仅需要测试控制在特定时点运行的有效性，注册会计师只需获取该时点的审计证据。如果需要获取控制在某一期间有效运行的审计证据，仅获取与时点相关的审计证据是不充分的，注册会计师需要辅之以其他控制测试，包括测试被审计单位对控制的监督。在决定控制测试实施的时间时，注册会计师需要注意两种情况：

1.在期中实施控制测试

注册会计师根据具体情况，可能在期中实施控制测试。这时，即使注册会计师已获取有关控制在期中运行有效的证据，还应考察这些控制在剩余期间的变化情况。如果这些控制在剩余期间没有变化，注册会计师可以信赖期中获取的审计证据；如果这些控制在剩余期间有变化，注册会计师需要考虑这些变化对期中审计证据的影响。

2.拟利用以前审计获取的审计证据

由于内部控制往往存在一定的稳定性，注册会计师在本次审计中也可以适当考虑利用以前审计获取的有关控制运行有效性的证据。如果拟信赖以前获取的有关控制运行有效性的审计证据，注册会计师应当实施询问、观察、检查等程序，获取这些控制是否已发生变化的审计证据。如果已发生变化，注册会计师应当在本期审计中测试这些控制的有效性。

（四）控制测试的范围

在确定控制测试的性质和时间之后，注册会计师还要决定执行控制测试的范围。控制测试的范围是指某项控制活动的测试次数。注册会计师主要根据以下因素来确定控制测试的范围：（1）在整个拟信赖的期间，被审计单位执行控制的频率。控制执行频率越高，控制测试的范围越大。（2）在所审计期间，注册会计师拟信赖控制运行有效性的时间长度。拟信赖期间越长，控制测试的范围越大。（3）为证实控制能够防止或发现并纠正认定层次

重大错报，所需获取审计证据的相关性和可靠性。对审计证据相关性和可靠性的要求越高，控制测试范围越大。（4）通过测试与认定相关的其他控制获取的审计证据的范围。由于针对同一认定，可能存在不同的控制。当针对其他控制获取审计证据的充分性和适当性较高时，测试该控制的范围可适当缩小。（5）控制的预期偏差。控制的预期偏差是指控制未得到执行的次数占总次数的比重。该比重越大，说明控制的预期偏差越高，需要实施控制测试的范围越大。

二、实施实质性程序

（一）实质性程序的含义与类别

实质性程序（substantive procedures）是指用于发现认定层次重大错报的审计程序，包括对各类交易、账户余额和披露的细节测试以及实质性分析程序。实质性程序包括两大类：一是细节测试，即对各类交易、账户余额、列报的具体细节进行测试，目的在于直接识别财务报表认定层次是否存在错报。二是实质性分析程序，即主要通过研究数据间的关系评价信息，用以识别各类交易、账户余额、列报及相关认定是否存在错报。需要指出的是，注册会计师对重大错报风险的评估是一种判断，可能无法充分识别所有的重大错报风险，并且由于内部控制存在固有的局限性，无论评估的重大错报风险结果如何，注册会计师都应当针对所有重大的各类交易、账户余额、列报实施实质性程序。

（二）实质性程序的方法与运用

（1）注册会计师应当针对评估的风险设计细节测试，目的是获取充分、适当的审计证据，以达到认定层次所计划的保证水平。例如，在了解被审计单位及其环境时，注册会计师认为管理层面临实现盈利指标的压力而可能提前确认收入，即评估主营业务收入的发生认定方面可能存在重大错报，为此，注册会计师在设计实质性程序时，可考虑采用检查书面文件的方法，从主营业务收入明细账入手一直追查到相关的原始凭证。当然，在实际审计测试中，有时也会针对不同认定实施同一种测试，比如向客户函证应收账款，既能证实应收账款余额的真实性目标，又能证实应收账款的完整性目标。因此，对审计测试方法不能孤立地理解，应根据实际情况灵活运用。

（2）注册会计师还可以使用实质性分析程序。为保证使用效果，注册会计师应当考虑以下四个因素：①对特定认定使用实质性分析程序的适当性；②对已记录的金额或比率作出预期时，所依据的内部或外部数据的可靠性；③作出预期的准确程度是否足以在计划的保证水平上识别重大错报；④已记录金额与预期值之间可接受的差异额。当实施实质性分析程序时，如果使用被审计单位编制的信息，注册会计师应当考虑测试与信息编制相关的控制，以及这些信息是否在本期或前期经过审计。

> 小思考5-4
>
> **控制测试与实质性程序有哪些联系和区别？**
>
> **提示：** 控制测试与实质性程序的联系主要表现为：控制测试程序是实质性程序的基础，控制测试的结果会对实质性程序产生直接影响。如果通过执行控制测试程序，注册会计师评价重大错报风险为低水平，注册会计师就可以适当减少实质性程序；如果评价重大错报风险为高水平，注册会计师就应扩大实质性程序的范围，以保证检查风险为低水平。

控制测试程序与实质性程序的区别主要表现在：

(1) 测试对象方面。实质性程序是针对各类交易、账户余额、列报而言的，控制测试程序则是针对内部控制而言的。实质性程序是通过收集审计证据，以证实各类交易、账户余额、列报认定的恰当性；控制测试是通过评价控制运行的有效性，进而确定实质性程序中所需收集审计证据的数量。

(2) 测试必要性方面。实质性程序是不可缺少的；控制测试程序则不一定。在没有内部控制或内部控制无效的情况下，必须依靠大量的实质性程序才能得出审计结论；即使内部控制可信度很高，为发表恰当的审计意见，也需收集适当的审计证据，因而也必须执行实质性程序。但控制测试程序则不同，并不是每次财务报表审计都必须执行。在下列情况下，注册会计师才进行控制测试：①在评估认定层次重大错报风险时，预期控制的运行是有效的；②仅实施实质性程序不足以提供认定层次充分、适当的审计证据。

(3) 取证过程方面。实质性程序的取证过程是一个取得直接证据的过程，而控制测试只取得间接证据，其目的还是为进一步的实质性程序服务。

(4) 测试依据和方法。控制测试以建立内部控制的基本原则为依据，实质性程序以会计核算的一般原则为依据。实质性程序一般采用变量抽样，审计过程中经常需要采用观察、函证、检查、监盘、计算、分析程序等多种方法；控制测试一般采用属性抽样法，审计中通常采用询问、观察和检查、重新执行等方法，一般不采用函证、监盘等方法。

资料来源 刘明辉，史德刚. 审计［M］. 6版. 大连：东北财经大学出版社，2017.

第四节 终结审计和出具审计报告阶段

终结审计和出具审计报告是整个审计过程的终点。在这个阶段，注册会计师要完成审计工作，形成审计意见，出具审计报告。其主要工作包括：

一、考虑持续经营、或有事项和期后事项

（一）持续经营审计

持续经营假设是指被审计单位在编制财务报表时，假定其经营活动在可预见的将来会继续下去，不拟也不必终止经营或破产清算，可以在正常的经营过程中变现资产、清算债务。可预见的将来通常是指资产负债表日后12个月。持续经营假设在财务、经营以及其他方面存在的某些事项或情况可能会导致企业的正常生产经营受到影响。如果影响巨大，持续经营假设将失去其合理性，注册会计师对此就应当予以充分的关注。

被审计单位管理层的责任是根据适用的会计准则和相关会计制度的规定评估持续经营能力。管理层对持续经营能力的评估涉及在特定时点对事项或情况的未来结果作出判断，这些事项或情况的未来结果具有不确定性。注册会计师的责任是针对管理层在编制和列报财务报表时运用持续经营假设的适当性获取充分、适当的审计证据，并就持续经营能力是否存在重大不确定性得出结论。

首先，注册会计师按照规定实施风险评估程序时，应当考虑是否存在可能导致注册会计师对被审计单位持续经营能力产生重大疑虑的事项或情况。在进行考虑时，注册会计师

应当确定管理层是否已对被审计单位持续经营能力作出初步评估。其次，应当评价管理层对被审计单位持续经营能力作出的评估。注册会计师如果识别出可能导致其对持续经营能力产生重大疑虑的事项或情况，其应当通过实施追加的审计程序，包括考虑缓解因素，获取充分、适当的审计证据，以确定是否存在重大不确定性。再次，注册会计师如果识别出可能导致其对持续经营能力产生重大疑虑的事项或情况，其应当通过实施追加的审计程序，包括考虑缓解因素，获取充分、适当的审计证据，以确定是否存在重大不确定性。最后，就运用持续经营假设的适当性得出结论。

（二）或有事项审计

或有事项是指过去的交易或事项形成的，其结果须由某些未来事项的发生或不发生才能决定的不确定事项。常见的或有事项包括未决诉讼或仲裁、债务担保、产品质量保证、承诺、亏损合同、重组义务、环境污染整治等。

在审计或有事项时，注册会计师尤其要关注财务报表反映的或有事项的完整性。由于或有事项的种类不同，注册会计师在审计被审计单位的或有事项时，所采取的程序也各不相同。但总结起来，针对或有事项完整性的审计程序通常包括：（1）了解被审计单位与识别或有事项有关的内部控制；（2）审阅截至审计工作完成日被审计单位历次董事会纪要和股东大会会议记录，确定是否存在诉讼或仲裁、未决索赔、税务纠纷、债务担保、产品质量保证、财务承诺等方面的记录；（3）向与被审计单位有业务往来的银行函证，或检查被审计单位与银行之间的借款协议和往来信函，以查找有关票据贴现、背书、应收账款抵借、票据背书和担保；（4）检查与税务征管机构之间的往来函件和税收结算报告，以确定是否存在税务争议；（5）向被审计单位的法律顾问和律师函证，分析被审计单位在审计期间发生的法律费用，以确定是否存在未决诉讼、索赔等事项；（6）向被审计单位管理层获取书面声明，声明其已按照企业会计准则的规定，对全部或有事项作了恰当反映。另外，也需获取律师声明书。

（三）期后事项审计

期后事项是指财务报表日至审计报告日之间发生的事项，以及注册会计师在审计报告日后知悉的事实。由于期后事项的具体情形不同，对审计报告的影响和对注册会计师的要求也有所差异。

1.在财务报表报出前知悉的事实

在财务报表报出前知悉的事实包括以下两种情况：

（1）财务报表日至审计报告日之间发生的事项。

注册会计师应当设计和实施审计程序，获取充分、适当的审计证据，以确定所有在财务报表日至审计报告日之间发生的、需要在财务报表中调整或披露的事项均已得到识别。但是，注册会计师并不需要对之前已实施审计程序并已得出满意结论的事项执行追加的审计程序。

（2）在审计报告日后至财务报表报出日前知悉的事实。

在审计报告日后，注册会计师没有义务针对财务报表实施任何审计程序。在审计报告日至财务报表报出日期间，管理层有责任告知注册会计师可能影响财务报表的事实。当然，注册会计师还可能从媒体、举报信、证券监管部门告知等途径获悉影响财务报表的事实。

2.在财务报表报出后知悉的事实

在财务报表报出后，注册会计师没有义务针对财务报表实施任何审计程序。在财务报表报出后，如果知悉了某事实，且若在审计报告日知悉该事实可能导致修改审计报告，注册会计师应当：（1）与管理层和治理层（如适用）讨论该事项；（2）确定财务报表是否需要修改；（3）如果需要修改，询问管理层将如何在财务报表中处理该事项。

除考虑持续经营、或有事项、期后事项以外，应审计的还包括期初余额、比较数据、现金流量表等内容。

二、获取管理层声明

管理层声明是指被审计单位管理层向注册会计师提供的关于财务报表的各项陈述。管理层声明具有以下两方面的作用：一是明确管理层对财务报表的责任；二是提供审计证据。注册会计师不应以管理层声明代替能够合理预期获取的审计证据。如果不能获取对财务报表具有或可能具有重大影响的事项的充分、适当的审计证据，而这些证据预期是可以获取的，即使已收到管理层就这些事项作出的声明，注册会计师仍将其视为审计范围受到限制。如果管理层拒绝提供注册会计师认为必要的声明，注册会计师应将其视为审计范围受到限制，出具保留意见或无法表示意见的审计报告。

三、汇总审计差异，并提请被审计单位调整或作适当披露

（一）汇总审计差异

在完成各项实质性测试以后，注册会计师应当对已知错报和估计错报进行汇总，汇总的审计差异应是被审计单位未调整的错报或漏报。注册会计师对各项错报或漏报进行汇总时，应该注意三方面的因素：一是这些错报或漏报在性质上是否重要，即是否涉及舞弊或违法行为；二是这些错误或漏报在金额上是否重要，即是否超过重要性水平；三是审计差异产生的原因，即应查明审计差异是由于工作疏忽造成的，还是内部控制本身固有限制所造成的。另外，前期未调整的错报或漏报尚未消除，且导致本期财务报表严重失实，注册会计师在汇总时也应把它包括进来。对审计差异内容的“初步确定并汇总”直至形成“经审计的财务报表”的过程，主要通过编制审计差异调整表和试算平衡表得以完成的。

（二）对财务报表总体合理性实施分析程序

在审计结束或临近结束时，注册会计师运用分析程序的目的是确定审计调整后的财务报表整体是否与其对被审计单位的了解一致，注册会计师应当围绕这一目的运用分析程序。这时的分析程序是强制要求，注册会计师在这个阶段应当运用分析程序。

（三）评价审计结果

注册会计师评价审计结果，主要为了确定将要发表的审计意见的类型以及整个审计工作中是否遵循了审计准则。为此必须完成两项审计工作：一是对审计重要性和审计风险进行最终的评价；二是对被审计单位已审计财务报表形成审计意见。

1.对审计重要性和审计风险进行最终的评价

此项工作主要通过以下两个步骤来完成：

（1）按财务报表项目确定可能的审计差异，即可能错报金额。为了帮助注册会计师评价审计过程中累积的错报的影响以及与管理层和治理层沟通错报事项，将累积识别出的错报区分为事实错报、判断错报和推断错报。①事实错报。这类错报产生于被审计单位收集和处理数据的错误，对事实的忽略或误解，或故意舞弊行为。例如，注册会计师在实施细节测试时

发现最近购入存货的实际价值为15 000元，但账面记录的金额为10 000元。因此，存货和应付账款分别被低估了5 000元，这里被低估的5 000元就是已识别的对事实的具体错报。②判断错报。这类错报产生于两种情况：一是管理层和注册会计师对会计估计值的判断差异，例如，由于包含在财务报表中的管理层作出的估计超出了注册会计师确定的一个合理范围，导致出现判断差异；二是管理层和注册会计师对选择和运用会计政策的判断差异，由于注册会计师认为管理层选用会计政策造成错报，管理层却认为选用会计政策适当，导致出现判断差异。③推断错报，也称“可能错报”，包括注册会计师对不能明确、具体地识别的其他错报的最佳估计数。推断错报的方法一般是通过测试样本估计出总体的错报。例如，应收账款年末余额为2 000万元，注册会计师抽查样本发现金额有100万元的高估，高估部分为账面金额的20%，据此注册会计师推断总体的错报金额为400万元（2 000×20%）。

总体错报的汇总数=样本中发现的错报（事实错报、判断错报）+推断的错报

值得注意的是，如果某项错报被确认为异常，注册会计师在推断总体错报时可以将其排除在外。但是，如果该项错报没有更正，注册会计师除推断非异常错报外还需要考虑所有异常错报的影响。

（2）根据财务报表层次重要性水平，确定可能的错报金额的汇总数对整个财务报表的影响程度。这里的“财务报表层次重要性水平”是指计划工作阶段确定的重要性水平，如果该重要性水平在审计过程中已做过修正，则应当按修正后的财务报表层次重要性水平进行比较。

通过比较分析，如果注册会计师得出审计风险处在一个可接受的水平这一结论，则可直接提出审计结果所支持的意见，如果注册会计师认为审计风险不能接受，则应追加审计测试或者说服被审计单位做必要调整，以便将重要错报的风险降低到可接受水平；否则，注册会计师应慎重考虑该审计风险对审计报告的影响。

2.对被审计单位已审计的财务报表形成审计意见并草拟审计报告

在审计过程中实施的各种测试通常由参与本次审计工作的审计项目组成员来执行，而每个成员所执行的测试可能仅限于某几个领域。所以，在审计完成阶段，为了对财务报表整体发表适当的意见，必须将分散的审计结果加以汇总和评价，综合考虑在审计过程中所收集到的全部证据。

在对审计意见形成最后决定之前，会计师事务所通常与被审计单位召开沟通会，会上注册会计师可口头报告本次审计所发现的问题，并说明建议被审计单位作必要调整的理由，被审计单位管理层也可以在会上申辩其立场。最后，通常会对需要被审计单位作出的改变达成协议。如达成协议，注册会计师一般可签发标准审计报告；否则，注册会计师可能不得不发表其他类型的审计意见。

知识链接5-1

错报与明显微小错报

1.错报

错报是指某一财务报表项目的金额、分类、列报或披露，与按照适用的财务报告编制基础应当列示的金额、分类、列报或披露之间存在差异；或根据注册会计师的判断，为使财务报表在所有重大方面实现公允反映，需要对金额、分类、列报或披露作出必要的调整。错报可能是由于错误或舞弊导致的。

2.明显微小错报

(1)“明显微小”不等同于“不重大”。这些明显微小的错报，无论单独或者汇总起来，无论从规模、性质，还是其发生的环境来看，都是微不足道的。如果不能确定一个或多个错报是否明显微小，就不能认为这些错报是明显微小的。

(2)需要确定明显微小错报的临界点。注册会计师可能将明显微小错报的临界点确定为财务报表整体重要性的3%~5%，也可能低一些或高一些，但通常不超过财务报表整体重要性的10%。一般情况下，如果注册会计师预期被审计单位错报数量较少，则可能采用较高的临界值。

(3)确定明显微小错报的临界值需考虑的因素包括：以前年度审计中识别出的错报(包括已识别和未识别出)的数量和金额；重大错报风险的评估结果；被审计单位治理层和管理层对注册会计师与其沟通错报的期望；被审计单位的财务指标是否勉强达到监管机构的要求或投资者的期望。

资料来源　中国注册会计师审计准则第1221号——计划和执行审计工作时的重要性(2012年)；注册会计师审计准则问题解答第8号——重要性及评价错报(2014年)；中国注册会计师审计准则第1251号——评价审计过程中识别出的错报(2019年).

四、复核审计工作底稿和财务报表

会计事务所应建立完善的审计工作底稿分级复核制度。对审计工作底稿的复核包括两个层次：项目组内部复核和独立的项目质量控制复核。

(一)项目组内部复核

项目组内部复核又分为两个层次：

(1)审计项目负责人的现场复核。审计项目负责人对审计工作底稿的全面复核通常在审计现场完成，以便及时发现和解决问题，争取审计工作的主动。

(2)项目合伙人的复核。项目合伙人对审计工作底稿复核是项目组内部最高级别的复核。项目负责人应当考虑项目组成员是否遵守职业道德守则，在整个审计过程中对项目组成员违反职业道德守则的迹象保持警惕，并就审计业务的独立性是否得到遵守形成结论。

(二)独立的项目质量控制复核

项目质量控制复核是指在出具审计报告前，对项目组作出的重大判断和在准备报告时形成的结论作出客观评价的过程。项目质量控制复核也叫独立复核，其有如下意义：(1)实施对审计工作结果的最后质量控制；(2)确认审计工作已达到会计师事务所的工作标准；(3)消除妨碍注册会计师判断的偏见。

五、与治理层和管理层的沟通

在审计过程中，注册会计师可以采用口头和书面等方式就与财务报表审计相关的事项与被审计单位的治理层进行沟通。沟通的事项包括：

(1)注册会计师应当与治理层沟通注册会计师与财务报表审计相关的责任，包括：①注册会计师负责对管理层在治理层监督下编制的财务报表形成和发表意见；②财务报表审计并不减轻管理层或治理层的责任。

(2) 注册会计师应当与治理层沟通计划的审计范围和时间安排的总体情况，包括识别出的特别风险。

(3) 注册会计师应当与治理层沟通审计中发现的下列事项：①注册会计师对被审计单位会计实务重大方面的质量的看法。在适当的情况下，注册会计师应当向治理层解释为何某项在适用的财务报告编制基础下可以接受的重大会计实务，并不一定最适合被审计单位的具体情况；②审计工作中遇到的重大困难；③已与管理层讨论或需要书面沟通的审计中出现的重大事项，以及注册会计师要求提供的书面声明，除非治理层全部成员参与管理被审计单位；④影响审计报告形式和内容的情形（如有）；⑤审计中出现的、根据职业判断认为与监督财务报告过程相关的所有其他重大事项。

(4) 如果被审计单位是上市实体，注册会计师还应当与治理层沟通下列内容：①就审计项目组成员、会计师事务所其他相关人员以及会计师事务所和网络事务所按照相关职业道德要求保持了独立性作出声明；②根据职业判断，注册会计师认为会计师事务所、网络事务所与被审计单位之间存在的可能影响独立性的所有关系和其他事项，包括会计师事务所和网络事务所在财务报表涵盖期间为被审计单位和受被审计单位控制的组成部分提供审计、非审计服务的收费总额，这些收费应当分配到适当的业务类型中，以帮助治理层评估这些服务对注册会计师独立性的影响；③为消除对独立性的不利影响或将其降至可接受的水平，已经采取的相关防范措施。

简言之，注册会计师应当根据具体的业务环境确定适当的沟通时间，并对沟通中的一些重大事项进行记录。

六、形成审计意见，编写审计报告

撰写审计报告时，注册会计师可以拟定一个审计报告的写作提纲。根据审计报告写作提纲，由审计项目负责人执笔撰写，也可以由审计小组成员分头撰写。审计报告编写完成之后，应交会计师事务所的负责人审批后签发。

【例题 5-2】

基本案情：A注册会计师作为X股份有限公司2020年度财务报表审计项目负责人，通过了解X公司及其环境，发现当年X公司所处行业由于一些新的竞争者的加入，不仅分割了一部分市场，还导致产品价格下降了10%。X公司2020年的经营目标是：以稳定发展为前提，力争收入、利润等主要指标在2019年的基础上保持稳定或略有提高。

相关数据见表5-11。

表5-11 部分财务数据 单位：万元

项目	2019年已审数	2020年未审数
主营业务收入	100 000	105 000
主营业务成本	85 000	89 000
应收账款	3 000	15 000

分析要求：在不考虑其他情况下，根据上述资料，完成表5-12的填写。

表 5-12　　　　　　　　　　　　分析要点

描述识别的风险	识别的重大错报风险		认定	是否属于特别风险	重大错报风险水平	提高不可预见性的审计程序	进一步审计程序的总体方案
	交易	账户					

答案提示：见表5-13。

表 5-13　　　　　　　　　　　　分析要点答案

描述识别的风险	识别的重大错报风险		认定	是否属于特别风险	重大错报风险水平	提高不可预见性的审计程序	进一步审计程序的总体方案
	交易	账户					
在新竞争者产生的冲击下，X公司仍然完成了其经营目标，应收账款还大幅增加。可能存在管理层为完成目标而虚增销售业务。由于价格下跌，存货的期末计价也可能存在错报	销售	主营业务收入	发生 准确性 截止	是	高	(1) 向以前审计过程中接触不多或未曾接触的被审计单位员工询问；(2) 针对销售和销售退回延长截止测试时间；(3) 函证确认销售条款或者选定销售额较不重要或以前未关注的销售交易	实质性方案
		应收账款	存在 权利 计价和分摊	是	高		实质性方案
		存货	计价和分摊	否	较高		综合性方案

资料来源　杨闻萍. 审计［M］. 北京：中国财政经济出版社，2010. 略有改动。

知识链接 5-2

舞弊审计

1. 舞弊审计的含义

舞弊审计是一种发现会计舞弊的方法，即运用会计记录和其他信息，进行分析，识别出舞弊行为的方法。这种针对会计舞弊行为所进行的审计，不仅应包括在舞弊发生之后的审计调查，还应当包括针对舞弊正在或将要发生期间的防范和监督活动。

2. 舞弊审计的责任

(1) 管理层责任：防止或发现舞弊；(2) 治理层责任：监督管理层建立和维护内部控制；(3) 注册会计师责任：注册会计师有责任按照中国注册会计师审计准则的规定实施审计工作，获取财务报表在整体上不存在重大错报的合理保证，无论该错报是由于舞弊还是错误导致的。

3. 舞弊审计流程

舞弊审计应结合财务报表审计工作进行，主要环节包括：(1) 在了解被审计单位及其环境时，同时确定可能发生的舞弊环节，在此基础上识别和评估会计舞弊导致的重大错报风险。(2) 舞弊风险应对，在此环节中，注册会计师主要考虑会计舞弊的风险因素（动机或压力、机会、态度或借口）并作出评估，并根据识别出的会计舞弊风险因素确定总体应对措施和针对认定层次舞弊风险实施的审计程序以及针对管理层凌驾于控制之上的风险实施的程序。(3) 实施审计（包括控制测试和实质性测试），表述审计意见。(4) 与被审计单位管理层、治理层和监管机构进行沟通。

4.舞弊审计的审计程序

除了采用常规审计方法，还需对舞弊审计采用特殊审计方法。

资料来源 中国注册会计师审计准则第1231号——针对评估的重大错报风险采取的应对措施.

本章小结

审计目标的实现过程是指注册会计师在具体的财务报表审计中所采取的行动和步骤，包括接受业务委托和计划审计工作阶段、风险评估阶段、控制测试和实质性程序阶段、终结审计和出具审计报告阶段。

计划审计工作阶段的主要工作包括：客户的接受与保持、商定业务约定条款、签订审计业务约定书、初步计划、确定重要性水平、评估审计风险、制定总体审计策略和具体审计计划。

外勤阶段是审计过程的中心环节，其主要工作包括：了解被审计单位及其情况，评估重大错报风险；对被审计单位内部控制运行的有效性进行控制测试；对财务报表认定进行实质性程序。

完成阶段是整个审计过程的终点。其主要工作包括：考虑持续经营假设、或有事项和期后事项；获取管理层声明；汇总审计差异并提请被审计单位调整或作适当披露；复核审计工作底稿和财务报表；与治理层和管理层沟通；形成审计意见和编写审计报告。

主要概念

审计业务约定书　审计重要性　审计风险　重大错报风险　检查风险　总体审计策略　控制测试　实质性程序

关键思考题

1.什么是审计目标的实现过程？审计过程可分为哪几个阶段？

2.计划审计工作阶段有哪些主要工作？

3.了解被审计单位及其环境的内容有哪些？

4.审计完成阶段有哪些主要工作？

5.简述总体审计策略和具体审计计划的内容。

6.简述考虑审计重要性应关注的几个问题。

7.重大错报风险和检查风险的关系是什么？

8.简述审计风险与审计证据的关系。

9.简述审计业务约定书的基本内容。

10.简述控制测试的性质、时间及范围。

第六章

审计测试中的抽样技术

学习目标

☆知识目标

明确审计抽样的含义和种类；

掌握审计抽样的基本步骤；

明确属性抽样的基本流程和主要步骤；

明确变量抽样的基本流程和主要步骤。

☆技能目标

训练如何运用简单选样法。

审计抽样是在详细审计的基础上发展起来的。在审计工作开展初期，经济业务简单，审计任务少，注册会计师通常采用详细审计的方法来揭示经济活动中的错误与舞弊。随着经济业务日益纷繁复杂，社会对审计的需求量与日俱增，注册会计师不可能有条件对被审计单位的财务报表进行详细审计。另外，为了在激烈的市场竞争中获胜，企业的内部控制越来越健全，一定程度上也预防了错弊问题的发生，因而从这一角度理解也没有开展详细审计的必要。在这样的情况下，抽样审计产生并快速地发展起来。虽然抽样审计的应用大大提高了注册会计师的工作效率，但若抽样技术运用不当，也会使注册会计师的审计结论出现偏差，加大审计风险。因此，为了提高审计效率，保证审计质量，更好地与国际准则趋同，我国2010年修订的《中国注册会计师审计准则第1314号——审计抽样》经财政部批准后自2012年1月1日起施行，其作为对审计证据具体准则的补充，规范了注册会计师在设计和选择审计样本以实施控制测试和细节测试，以及评价样本结果时对统计抽样和非统计抽样的使用。注册会计师在进行财务报表审计时，可以用该具体准则来指导审计工作。

第一节　审计抽样概述

一、审计抽样的概念和种类

（一）审计抽样的概念

所谓审计抽样（audit sampling），是指注册会计师对具有审计相关性的总体中低于百分之百的项目实施审计程序，使所有抽样单元都有被选取的机会，为注册会计师得出有关抽样总体的结论提供合理的基础。审计抽样能够使注册会计师获取和评价有关所选取项目某一特征的审计证据，以形成或有助于形成有关总体的结论。这里所说的总体是指注册会计师从中选取样本并据此得出结论的整套数据。抽样单元是指构成总体的个体项目。注册会计师在进行控制测试和实质性程序时一般都采用此种方法。

小思考6-1

审计抽样应当具备哪些特征?

提示：审计抽样应当具备如下三个特征：(1）对某类交易或账户余额中低于百分之百的项目实施审计程序；(2）所有的抽样单元都有被选取的机会；(3）审计测试的目的是评价该账户余额或交易类型的某一特征。

（二）审计抽样的种类

对于审计抽样，学术界主要有两种分类标准，即按审计抽样的发展过程分类和按审计抽样的运用方法分类。

1.按审计抽样的发展过程，可将其分为随意抽样、判断抽样和统计抽样

（1）随意抽样。可以说，抽样是从需求发展而来的，因为注册会计师不可能对一个大的企业的每一笔业务都进行审计。在对账户余额或交易的审查中，只要审核的数量少于百分之百，就意味着使用了抽样技术。此种查看“少数账簿项目”的提法，于1917年在美国会计师协会（美国注册会计师协会的前身）编写的备忘录中提出。但这时的审计抽样属于最初形式的随意抽样。这里的“随意”，指从总体中抽取样本时带有很大的随意性，抽取多少、怎样抽取，对于注册会计师而言都没有什么客观的标准和依据。这种抽样方式虽然简单易行，提高了工作效率，但因抽取的样本往往具有片面性，不能反映被查总体的真实情况，其审计结论的正确性难以保证，甚至会形成错误的结论。

（2）判断抽样。随着时间的推移，审计抽样技术得到了广泛应用。一方面，审计理论界深入实际进行周密调查和研究的同时，注册会计师对抽样技术的运用也越来越熟练，积累的工作经验也日益丰富，对问题领域的判断能力得到极大的提高；另一方面，注册会计师也意识到随意抽样弊病的严重性，为了作出正确的判断，达到预期的效果，注册会计师合理运用了专业判断，在此基础上产生了判断抽样。所谓判断抽样，是指注册会计师根据审计工作目标，结合自己的经验，有目的、有重点地选择有关账项进行审查，并以样本的测试结果推断总体特征的审计方法。这种方法的优点是：重点突出、针对性强且简便灵活，易于操作，可以充分发挥注册会计师的实践经验和判断能力，提高审计工作效率。其缺点是：由于注册会计师全凭主观标准和个人经验来确定样本规模和评价样本结果，因此，判断抽样不能客观地定量表示抽样风险。在决定样本数量、选择样本或评价抽样结论时可能不知不觉地加入个人的偏见。但是如果注册会计师素质较高，判断抽样设计得当，也可收到良好的审计效果。

（3）统计抽样。现代企业规模扩大，业务频繁，为节省审计资源，注册会计师广泛采用统计抽样。所谓统计抽样（statistical sampling），是指同时具备下列特征的抽样方法：①随机选取样本项目；②运用概率论评价样本结果，包括计量抽样风险。不同时具备前款提及的两个特征的抽样方法为非统计抽样。统计抽样方法的优点：①采用统计抽样，能够

科学地确定样本规模；②采用统计抽样，总体各项目被抽中的机会是均等的，可以防止主观臆断；③统计抽样能计算抽样偏差在预先给定的范围内的概率有多大，并可根据抽样推断的要求，把这种偏差控制在预先给定的范围之内；④统计抽样便于促使审计工作规范化。这种方法的缺点是：统计抽样经常被认为是昂贵的，因为需要培训注册会计师掌握抽样技术。

小资料 6-1

审计抽样与审计专业判断的关系

在审计过程中，无论是统计抽样还是非统计抽样（任意抽样和判断抽样），都离不开注册会计师的专业判断。那种认为统计抽样能够减少审计过程中的专业判断或者取代专业判断的观点是错误的，因为在运用统计抽样过程中，由于存在许多不确定的因素，这些不确定因素需要注册会计师凭正确的判断来应对。在实际工作中，往往把上述几种抽样方法结合运用，才能收到较好的审计效果。

资料来源　中国注册会计师协会．审计［M］．北京：经济科学出版社，2005.

2.按审计抽样的运用方法，可将其分为属性抽样和变量抽样

属性抽样是指在精确度和可靠程度一定的条件下，为测试总体特征的发生频率而采用的一种方法。对内部控制进行的控制测试所采用的审计抽样通常是属性抽样。变量抽样是指用来估计总体金额而采用的一种方法。对账、证、表等资料进行的实质性程序采用的审计抽样通常是变量抽样。在审计实务中，经常出现同时进行控制测试和实质性程序的情况，在此情况下采用的审计抽样被称为双重目的抽样。

小思考 6-2

属性抽样和变量抽样有哪些区别？

提示：（1）应用领域不同。属性抽样在控制测试中使用，变量抽样在实质性程序中使用。（2）应用目标不同。属性抽样是用来估计总体既定控制的偏差率，侧重次数；而变量抽样是用来估计总体金额中的错误金额。（3）应用的具体方法不同。在进行控制测试时，通常采用固定样本量抽样、停-走抽样、发现抽样等属性抽样方法；在进行实质性程序时，通常采用均值估计抽样、差额估计抽样、比率估计抽样等变量抽样方法。

资料来源　中国注册会计师协会．审计［M］．北京：经济科学出版社，2005.

二、获取审计证据时采用审计抽样的适用情形

注册会计师获取审计证据的程序可能用于三个方面，即风险评估、控制测试和实质性程序，但不是所有的审计程序都能采用审计抽样，这要求注册会计师应根据审计准则的要求进行合理判断。

（一）风险评估

在进行财务报表审计过程中，注册会计师应当实施询问、分析程序、检查和观察等方法来了解被审计单位及其环境，以识别和评估重大错报风险。注册会计师在实施上述风险评估程序时通常不涉及审计抽样。但是，注册会计师若在了解内部控制的同时计划和实施控制测试，在这种双重目的的测试中注册会计师可以考虑使用审计抽样，但应当明确，此时审计抽样是针对控制测试进行的。

（二）控制测试

如果显示控制有效运行的特征留下了书面证据，即控制的运行留下了踪迹，注册会计师通常可以在控制测试中采用审计抽样或其他选取测试项目的方法。例如，销售部门应根据客户订单填制销售单，并得到有关主管人员的签字。对这样留下运行轨迹的控制，注册会计师可以采用审计抽样来选取测试项目。对于未留下运行轨迹的控制实施测试时，注册会计师应当考虑采用询问、观察等审计程序以获取有关控制运行有效的审计证据，此时不涉及审计抽样。

（三）实质性程序

实质性程序包括细节测试和实质性分析程序。注册会计师在实施细节测试时，可以使用审计抽样，但在实施实质性分析程序时，不宜使用审计抽样和其他选取测试项目的方法。

三、审计抽样的基本步骤

审计抽样包括样本设计、确定样本规模、样本选取、实施审计程序并分析样本误差、推断总体误差和评价抽样结果等五个主要步骤。

（一）样本设计

在设计审计样本时，注册会计师应当根据拟实现的具体审计目标，在考虑总体特征的基础上确定实现该目标的审计程序组合，以及如何在实施审计程序时运用审计抽样。注册会计师在样本设计时，应注意以下几个问题：

1.正确理解总体的含义

在实施审计抽样之前，注册会计师应确定抽样总体的范围，构成总体的各单位要具有相同的特征。总体可以包括构成某类交易或账户余额的所有项目，也可以只包括某类交易或账户余额中的部分项目。例如，如果审计的具体目标是审查应收账款的存在，审计人员可以对应收账款账面余额进行抽样，则总体包括构成应收账款余额的所有项目。如果注册会计师已将个别余额较大或关联交易的重要的明细账挑选出来单独测试，只对剩余的应收账款余额进行抽样，则总体只是部分应收账款余额。

2.正确理解总体的特征

这里的总体具有适当性和完整性两个特征。（1）总体的适当性指注册会计师应确定总体适合于特定的审计目标，包括适合于测试的方向。例如，在应付账款的细节测试时，如果测试的目标是完整性目标，总体可以定义为后来支付的证明、未付款的发票、供货商的对账单、没有销售发票对应的收货报告，或能提供低估应付账款的审计证据的其他总体。（2）总体的完整性是指注册会计师应当从总体项目内容和涉及时间等方面确定总体的完整性。如注册会计师对发运凭单的完整性进行测试，则总体应指被查期间的所有发运凭单。

3.对总体采用合适的方法分类

注册会计师在进行细节测试时，可以对总体进行分层或金额加权选样。（1）分层，是指将总体划分为多个子总体的过程，每个子总体由一组具有相同特征（通常为货币金额）的抽样单元组成。此法先按一定标准，如按金额大小、数量多少等，将总体（全部样本）分成若干组（层次），然后，在各组中，按照不同要求，运用各种选样方法（如随机数表选样、等距选样），抽取一定数量的样本项目进行综合分析。根据分析结果，对总体作出审计结论。例如，将应收账款明细账按照余额大小，分为三组，采用不同选样方法，抽取样本，见表6-1。（2）金额加权选样。此法是将构成某类交易或账户余额的每一货币单位（如人民币）作为抽样单元，然后检查包含这些货币单位的特定项目。使用这种方法定义抽样单元时，大额项目因被选取的机会更大而获得更多的审计资源，且样本规模降低。这种方法可以与系统选样法结合使用，且在使用计算机辅助审计技术选取项目时效率更高。

表6-1　　分层选样举例

组别（层次）	分组标准（余额）	明细账数量（个）	抽样率（%）	抽取样本数量（个）	抽样方法
1	30 000元以上	100	100	100	全部审查
2	10 000 ~ 30 000元	1 000	20	200	系统选样
3	10 000元以下	500	10	50	随机数表选样

根据以上各层抽取样本的结果进行综合分析，作出总体判断。

（二）确定样本规模

在审计抽样中，注册会计师要抽取一定数量的样本进行审查。究竟需要抽取多少样本，则需要注册会计师科学地确定样本抽取的最优数量。概括地讲，决定样本规模的基本因素有预计总体误差、可容忍误差、抽样风险、总体变异性和总体规模等。

1.预计总体偏差

注册会计师应根据前期审计中发现的偏差、被审计单位的经济业务和经营环境的变化、对内部控制的评价以及分析性程序的结果等，来确定审计对象的总体的预期偏差。如果预期总体偏差增加，则应选择较大的样本规模。在控制测试中，预计总体偏差是指预计总体偏差率；在细节测试中，预计总体偏差是指预计总体错报。

2.可容忍偏差

可容忍偏差是指注册会计师认为抽样结果可以达到审计目的而愿意接受的审计对象总体的最大偏差。注册会计师应当在计划审计工作阶段，根据审计重要性原则，合理确定可容忍偏差的界限。可容忍偏差越小，需选取的样本规模越大。注册会计师在进行控制测试时，可容忍偏差指的是可容忍偏差率，即指注册会计师设定的偏离规定的内部控制程序的比率，注册会计师试图对总体中的实际偏差率不超过该比率获取适当水平的保证。在进行细节测试时，可容忍偏差指的是可容忍错报，即指注册会计师设定的货币金额，注册会计师试图对总体中的实际错报不超过该货币金额获取适当水平的保证。

3.抽样风险

样本规模受注册会计师可接受的抽样风险水平的影响。可接受的抽样风险与样本量成反比。注册会计师可接受的抽样风险越低，样本规模通常越大；注册会计师愿意接受的抽样风险越高，样本规模越小。

4.总体变异性

总体变异性是指总体的某一特征（如金额）在各项目之间的差异程度。在控制测试中，注册会计师在确定样本规模时一般不考虑总体变异性。在细节测试中，注册会计师确定适当的样本规模时要考虑特征的变异性。总体项目的变异性越低，样本规模通常越小。

5.总体规模

注册会计师通常将抽样单元超过5 000个的总体视为大规模总体。对大规模总体而言，总体的实际容量对样本规模几乎没有影响。对小规模总体而言，审计抽样比其他选择测试项目的方法的效率低。

注册会计师应综合考虑这些影响因素，利用数理统计知识，合理确定选取样本的数量。

小思考6-3

控制测试和细节测试中各有哪些抽样风险?

提示：(1)控制测试中的抽样风险包括信赖不足风险和信赖过度风险。信赖不足风险是指注册会计师推断的控制有效性低于其实际有效性的风险。信赖不足风险与审计的效率有关。信赖过度风险是指推断的控制有效性高于其实际有效性，信赖过度风险与审计的效果有关。(2)细节测试中的抽样风险包括误拒风险和误受风险。误拒风险是指注册会计师推断某一重大错报存在而实际不存在的风险。与信赖不足风险类似，误拒风险影响审计效率。误受风险是指注册会计师推断某一重大错报不能存在而实际上存在的风险。与信赖过度风险类似，误受风险影响审计效果。

(三)样本选取

实际工作中，选取样本的方法很多，主要包括随机选样、系统选样、随意选样等。

(1)随机选样，也称随机数表选样，即利用随机数表(见表6-2)进行随机选样，具体做法是先将总体中各项目(个体)依次进行连续编号，也可沿用原项目的号码，如账页号、支票号等。而后，确定随机起点和随机路线，通过查找随机数表选取样本，直至选足预定的样本数量为止。

表6-2　**随机数表(部分列示)**

	(1)	(2)	(3)	(4)	(5)
1	76921	06907	11008	42751	27756
2	99564	72905	56420	66994	98875
3	94301	91977	05463	07972	18876
4	88759	14342	63660	10281	17453
5	85475	36857	53342	53988	53060
6	28017	69577	88230	33276	70997
7	63552	40961	48235	03427	49626
8	00034	93069	52636	92737	88975
9	00116	61129	00089	00689	48237
10	00099	97336	71048	08178	77244

【例题6-1】

基本案情：假若被审计单位应收账款的编号为1至3000号，注册会计师利用上述随机数表选择其中的150个明细账进行函证。

分析要求：注册会计师决定从第一行第一列为起点，从上至下，然后进入第二列、第三列……以各数的后四位为准。假如您是该注册会计师，最先选择的5个号码分别是多少？

答案提示：34、116、99、2905和1977。

(2) 系统选样，也称等距选样。此方法首先根据总体容量与样本规模计算出选样间隔数（或等距数），而后，在第一个间隔内选取样本项目。以后，在每一个选样间隔内，依次序、同比例地抽取样本项目。例如，样本容量为500，样本规模为50，选样间隔数为10，则等距系列为（1—10）（11—20）（21—30）（31—40）（41—50）……然后，在第一个等距序列（1—10）中随机抽取一数，假定其中间数5，则以后在每一个选样间隔中，即等距离地抽取其样本项目为15、25、35、45……这些样本项目即可组成等距离样本。由于各个号码之间的距离是相等的，所以，也叫等距选样。

系统选样也可在抽样个体数（假定为100）与样本总体数（假定为1 000）之间确定其比例数为10∶1，并在样本中任取一个顺序号，假定为101，则以此数为基础，以10向上递增为111、121、131、141……或以10向下递减为91、81、71、61……这些编号的原始凭证，即为抽样样本。

应该指出，此法要求总体特征必须分布均匀，这样抽取的样本才有代表性。

(3) 随意选样，也叫任意选样。此法操作非常简单，注册会计师可以不考虑样本项目的性质、大小、外观、位置等特征，不带任何偏见地、任意地选取样本。

可以说，三种方法各有优势。其中，随机数表选样和系统选样可以在统计抽样中使用，而随意选样只能在非统计抽样中使用。

（四）实施审计程序并分析样本偏差

注册会计师应当对选取的每一个样本项目实施适合于审计目标的审计程序，对选取的样本实施审计程序后旨在发现并记录样本中存在的误差。根据预先确定的构成误差的条件，将某一有问题的项目可确定为一项误差。如果审计程序不适用于选取的项目，注册会计师应当针对替代项目实施该审计程序；如果未能对某个选取的项目实施设计的审计程序或适当的替代程序，注册会计师应当将该项目视为控制测试中对规定的控制的一项偏差，或细节测试中的一项错报。

注册会计师应当调查识别出的所有偏差或错报的性质和原因，并评价其对审计程序的目的和审计的其他方面可能产生的影响。在极其特殊的情况下，如果认为样本中发现的某项偏差或错报是异常误差（即指对总体中的错报或偏差明显不具有代表性的错报或偏差），注册会计师应当对该项偏差或错报对总体不具有代表性获取高度保证。在获取这种高度保证时，注册会计师应当实施追加的审计程序，获取充分、适当的审计证据，以确定该项偏差或错报不影响总体的其余部分。

（五）推断总体偏差和评价抽样结果

注册会计师分析样本偏差后，应根据抽样中发现的偏差采用适当的方法，推断审计对象的总体偏差。在此基础上，重估抽样风险。注册会计师在细节测试中运用审计抽样推断总体偏差后，应将总体偏差同可容忍偏差进行比较。如果推断的总体偏差明显小于可容忍偏差，表明抽查的样本符合统计抽样的要求，同时也表明抽查的样本数量偏多，但审计工作已完毕，不可能缩减样本规模；如果推断的总体偏差接近可容忍偏差，注册会计师应考虑是否增加样本量或执行替代程序。如果推断的总体偏差大于可容忍偏差，说明经重估后的抽样风险不能接受，注册会计师应增加样本量或执行替代程序。最后，形成结论。注册会计师在抽样评价的基础上，应根据所获取的证据形成审计结论。

第二节 抽样技术的运用

一、控制测试中抽样技术的运用

实施控制测试时既可以采用统计抽样方法，也可以采用非统计抽样方法。

（一）在控制测试中使用统计抽样方法

在控制测试中，使用统计抽样可以分为样本设计、选取样本和评价样本结果三个阶段。

1.样本设计阶段

（1）确定测试目标。注册会计师实施控制测试的目标是提供关于控制运行有效性（即从三方面进行判断：控制在所审计期间的相关时点是如何运行的；控制是否得到一贯执行；控制是由谁或以何种方式执行）的审计证据，以支持计划的重大错报风险评估水平。只有认为控制设计合理、能够防止或发现并纠正认定层次的重大错报时，注册会计师才有必要对控制运行的有效性实施测试。如果对控制运行有效性的定性评价可以分为最高、高、中和低四个层次，注册会计师只有在初步评估控制运行有效性在中等或以上水平时，才会实施控制测试。注册会计师必须首先针对某项认定详细了解控制目标和内部控制政策与程序之后，方可确定从哪些方面获取关于控制是否有效运行的审计证据。

（2）定义总体和抽样单元。第一，定义总体。总体是指注册会计师从中选取样本并期望据此得出结论的整个数据集合。在控制测试中，注册会计师必须考虑总体的同质性，即总体中的所有项目应该有同样的特征。注册会计师在界定总体时，应当确保总体的适当性和完整性。首先，总体应适合于特定的审计目标。例如，要测试现金支付授权控制是否有效运行，如果从已得到授权的项目中抽取样本，注册会计师将不能发现控制偏差，而应当将所有已支付的现金项目作为总体。其次，注册会计师还应考虑总体的完整性，包括代表总体的实物的完整性。如果注册会计师将总体定义为特定时期的所有现金支付，代表总体的实物就是该时期的所有现金支付单据。第二，定义抽样单元。在控制测试中，注册会计师应根据被测试的控制定义抽样单元。抽样单元通常是能够提供控制运行证据的一份文件资料、一个记录或其中一行。例如，如果测试目标是确定付款是否得到授权，且设定的控制要求付款之前授权人在付款单据上签字，抽样单元可能被定义为每一张付款单据。如果一张付款单据包含了对几张发票的付款，且设定的控制要求每张发票分别得到授权，那么付款单据上与发票对应的一行就可能被定义为抽样单元。注意：对抽样单元定义过于宽泛可能导致缺乏效率。本例中，注册会计师定义的抽样单元为现金支付单据上的每一行。

（3）定义偏差。在控制测试中，偏差是指控制偏差。注册会计师应仔细定义所要测试的控制及可能出现偏差的情况。注册会计师应根据对内部控制的理解，确定哪些特征能够显示被测试控制的运行情况，然后据此定义偏差构成条件。在本例中，偏差被定义为缺乏盖有“已付”戳记的发票和验收报告等证明文件的款项支付。

(4) 定义测试时间。注册会计师通常在期中实施控制测试。由于期中测试获取的证据只与控制测试截至期中测试时点的运行有关，注册会计师需要确定如何获取剩余时间的证据。

2.选取样本阶段

(1) 确定样本规模。①影响样本规模的因素包括可接受的信赖过度风险、可容忍偏差率、预计总体偏差率和总体规模，具体内容见表6-3。②注册会计师根据可接受的信赖过度风险选择相应的抽样规模表，然后读取预计总体偏差率栏找到适当的比率。接下来注册会计师会确定与可容忍偏差率对应的列。可容忍偏差率所在列与预计总体偏差率所在行的交点就是所需的样本规模。本例中，注册会计师确定的可接受信赖过度风险为10%，可容忍偏差率为7%，预计总体偏差率为1.75%。在信赖过度风险为10%时所使用的表6-4中，7%可容忍偏差率与1.75%预计总体偏差率的交叉处为55，即所需的样本规模为55。

表6-3 样本规模的影响因素

<table>
<tr><th>控制测试中的影响因素</th><th>备注具体解释</th><th>与样本规模的关系</th></tr>
<tr><td>可接受的信赖过度风险</td><td>由于控制测试是控制是否有效运行的主要证据来源，因此，可接受的信赖过度风险应确定在相对较低的水平上。通常，相对较低的水平在数量上是指5%～10%的信赖过度风险，特别重要的测试确定为5%，一般定为10%（如本例）</td><td>反向变动</td></tr>
<tr><td>可容忍偏差率</td><td>在确定可容忍偏差率时，注册会计师应考虑计划评估的有效性。计划评估的有效性越低，注册会计师确定的可容忍偏差率通常越高，所需要的样本规模越小。换言之，注册会计师在风险评估时越依赖控制运行的有效性，确定的可容忍偏差率通常越低，所需要的样本规模越大。
在实务中，注册会计师需明确可容忍偏差率和计划评估的控制有效性之间的关系，便于操作
<table>
<tr><th>计划评估的控制有效性</th><th>可容忍偏差率（近似值，%）</th></tr>
<tr><td>高</td><td>3～7</td></tr>
<tr><td>中</td><td>6～12</td></tr>
<tr><td>低</td><td>11～20</td></tr>
</table></td><td>反向变动</td></tr>
<tr><td>预计总体偏差率</td><td>注册会计师可以根据上年测试结果和控制环境等因素对预计总体偏差率进行评估。在考虑上年测试结果时，还应考虑被审计单位内部控制和人员的变化。本例中，注册会计师确定的预计总体偏差率为1.75%</td><td>同向变动</td></tr>
<tr><td>总体规模</td><td>在本例中，现金支付业务数量很大，因而，注册会计师认为总体规模对样本规模的影响可以忽略</td><td>影响很小</td></tr>
</table>

表6-4 **控制测试统计抽样样本规模**

——信赖过度风险10%（括号内是可接受的偏差数）

预期总体偏差率（%）	可容忍偏差率										
	2%	3%	4%	5%	6%	7%	8%	9%	10%	15%	20%
0.00	114（0）	76（0）	57（0）	45（0）	38（0）	32（0）	28（0）	25（0）	22（0）	15（0）	11（0）
0.25	194（1）	129（1）	96（1）	77（1）	64（1）	55（1）	48（1）	42（1）	38（1）	25（1）	18（1）
0.75	265（2）	129（1）	96（1）	77（1）	64（1）	55（1）	48（1）	42（1）	38（1）	25（1）	18（1）
1.00	*	176（2）	96（1）	77（1）	64（1）	55（1）	48（1）	42（1）	38（1）	25（1）	18（1）
1.25	*	221（3）	132（2）	77（1）	64（1）	55（1）	48（1）	42（1）	38（1）	25（1）	18（1）
1.50	*	*	132（2）	105（2）	64（1）	55（1）	48（1）	42（1）	38（1）	25（1）	18（1）
1.75	*	*	166（3）	105（2）	88（2）	55（1）	48（1）	42（1）	38（1）	25（1）	18（1）
2.00	*	*	198（4）	132（3）	88（2）	75（2）	48（1）	42（1）	38（1）	25（1）	18（1）
2.25	*	*	*	132（3）	88（2）	75（2）	65（2）	42（2）	38（2）	25（1）	18（1）
2.50	*	*	*	158（4）	110（3）	75（2）	65（2）	58（2）	38（2）	25（1）	18（1）
2.75	*	*	*	209（6）	132（4）	94（3）	65（2）	58（2）	52（2）	25（1）	18（1）
3.00	*	*	*	*	132（4）	94（3）	65（2）	58（2）	52（2）	25（1）	18（1）
3.25	*	*	*	*	153（5）	113（4）	82（3）	58（2）	52（2）	25（1）	18（1）
3.50	*	*	*	*	194（7）	113（4）	82（3）	73（3）	52（2）	25（1）	18（1）
3.75	*	*	*	*	*	131（5）	98（4）	73（3）	52（2）	25（1）	18（1）
4.00	*	*	*	*	*	149（6）	98（4）	73（3）	65（3）	25（1）	18（1）
5.00	*	*	*	*	*	*	160（8）	115（6）	78（4）	34（2）	18（1）
6.00	*	*	*	*	*	*	*	182（11）	116（7）	43（3）	25（2）
7.00	*	*	*	*	*	*	*	*	199（14）	52（4）	25（2）

*样本规模太大，因而在大多数情况下不符合成本效益原则。

注：本表假设总体为大总体。

资料来源　AICPA. Audit and Accounting Guide：Audit Sampling，2005.

（2）选取样本。在控制测试中使用统计抽样方法时，注册会计师必须在上节所述的使用随机数表或系统选样中选取一种方法（也可以采用计算机辅助审计技术选样）。

（3）实施审计程序。在控制测试中，注册会计师对选出的样本通常采用询问、观察和检查等程序进行审计。在对选取的样本项目实施审计程序时可能会出现无效单据、未使用（或不适用）的单据、无法对选取的项目实施检查等情况，需注册会计师有针对性地进行分别处理。

3.评价样本结果阶段

（1）分析偏差的性质和原因。除了评价偏差发生的频率之外，注册会计师还要对偏差进行定性分析，即分析偏差的性质和原因。如果分析结果表明是故意违背了既定的内部控制政策和程序，注册会计师还需考虑存在重大舞弊的可能性。

（2）计算总体偏差率。将样本中发现的偏差数量除以样本规模，就可以计算出样本偏差率。样本偏差率就是注册会计师对总体偏差率的最佳估计，因而在控制测试中无须另外推断总体偏差率，但注册会计师还必须考虑抽样风险。

（3）得出总体结论。注册会计师在统计抽样中通常使用公式、表格或计算机程序直接计算在确定的信赖过度风险水平下可能发生的偏差率上限，即估计的总体偏差率与抽样风险允许限度之和。

①使用统计公式评价样本结果。假定本例中，注册会计师对55个项目实施了审计程序，且未发现偏差，则在既定的可接受信赖过度风险下，根据样本结果计算的总体偏差率上限为：

$$\text{总体偏差率上限（MDR）}=\frac{\text{风险系数（R）}}{\text{样本量（n）}}\times100\%=\frac{2.3}{55}\times100\%=4.18\%$$

其中的风险系数根据可接受的信赖过度风险为10%，且偏差数量为0，在表6-5中查得为2.3。表6-5列示了在控制测试中常用的风险系数。

表6-5　　控制测试中常用的风险系数表

预期发生偏差的数量	信赖过度风险	
	5%	10%
0	3.0	2.3
1	4.8	3.9
2	6.3	5.3
3	7.8	6.7
4	9.2	8.0
5	10.5	9.3
6	11.9	10.6
7	13.2	11.8
8	14.5	13.0
9	15.7	14.2
10	17.0	15.4

这意味着，如果样本量为55且无一例偏差，总体实际偏差率超过4.18%的风险为10%，即有90%的把握保证总体实际偏差率不超过4.18%。由于注册会计师确定的可容忍偏差率是7%，因此可以得出结论，总体的实际偏差率超过可容忍偏差率的风险很小，总体可以接受。也就是说，样本结果证实注册会计师对控制运行有效性的估计和评估的重大错报风险水平是适当的。

如果在55个样本项目中有两例偏差，则在既定的可接受信赖过度风险下，按照公式计算的总体偏差率上限为：

$$总体偏差率上限（MDR）=\frac{风险系数（R）}{样本量（n）}\times 100\%=\frac{5.3}{55}\times 100\%=9.64\%$$

这意味着，如果样本量为55且有两例偏差，总体实际偏差率超过9.64%的风险为10%，在可容忍偏差率为7%的情况下，注册会计师可以得出结论，总体的实际偏差率超过可容忍偏差率的风险很大，因而不能接受总体。

②使用样本结果评价表。表6-6列示了可接受的信赖过度风险为10%时的总体偏差率上限。注册会计师也可以使用样本结果评价表评价统计抽样的结果。

表6-6　控制测试中统计抽样结果评价

——信赖过度风险为10%时的偏差率上限

	实际发现的偏差数										
样本规模	0	1	2	3	4	5	6	7	8	9	10
20	10.9	18.1	*	*	*	*	*	*	*	*	*
25	8.8	14.7	19.9	*	*	*	*	*	*	*	*
30	7.4	12.4	16.8	*	*	*	*	*	*	*	*
35	6.4	10.7	14.5	18.1	*	*	*	*	*	*	*
40	5.6	9.4	12.8	16.0	19.0	*	*	*	*	*	*
45	5.0	8.4	11.4	14.3	17.0	19.7	*	*	*	*	*
50	4.6	7.6	10.3	12.9	15.4	17.8	*	*	*	*	*
55	4.1	6.9	9.4	11.8	14.1	16.3	18.4	*	*	*	*
60	3.8	6.4	8.7	10.8	12.9	15.0	16.9	18.9	*	*	*
70	3.3	5.5	7.5	9.3	11.1	12.9	14.6	16.3	17.9	19.6	*
80	2.9	4.8	6.6	8.2	9.8	11.3	12.8	14.3	15.8	17.2	18.6
90	2.6	4.3	5.9	7.3	8.7	10.1	11.5	12.8	14.1	15.4	16.6
100	2.3	3.9	5.3	6.6	7.9	9.1	10.3	11.5	12.7	13.9	15.0
120	2.0	3.3	4.4	5.5	6.6	7.6	8.7	9.7	10.7	11.6	12.6
160	1.5	2.5	3.3	4.2	5.0	5.8	6.5	7.3	8.0	8.8	9.5
200	1.2	2.0	2.7	3.4	4.0	4.6	5.3	5.9	6.5	7.1	7.6

* 表示超过20。

注：本表以百分比表示偏差率上限。本表假设总体足够大。

资料来源　AICPA. Audit and Accounting Guide：Audit Sampling，2005.

本例中，注册会计师应当选择可接受的信赖过度风险为10%的表（即表6-6）评价样本结果。样本规模为55，注册会计师应当选择样本规模为55那一行。当样本中未发现偏差时，应选择偏差数为0的那一列，两者交叉处的4.1%即为总体的偏差率上限，与利用公式计算的结果4.18%接近。当样本中发现两个偏差时，应选择偏差数为2的那一列，两者交叉处的9.4%即为总体的偏差率上限，与利用公式计算的结果9.64%接近。

注册会计师应当记录实施的审计程序，以形成审计工作底稿。

（二）在控制测试中使用非统计抽样方法

在控制测试中使用非统计抽样时，抽样的基本流程和主要步骤与使用统计抽样时相同，只是在确定样本规模、选取样本和推断总体的具体方法上有所区别，表现在：(1) 在非统计抽样中，注册会计师在运用职业判断确定样本规模时，也必须考虑可接受的抽样风险、可容忍偏差率、预计总体偏差率以及总体规模等，但只进行定性估计。(2) 在非统计抽样中，注册会计师可以根据表6-7确定所需的样本规模。(3) 在非统计抽样中，注册会计师也可以采用随机数表、系统选样等方法（也可以采用计算机辅助审计技术选样）。但要求的是选出的样本具有代表性，并不要求必须是随机样本。(4) 在非统计抽样中，抽样风险无法直接计量，注册会计师常常将样本偏差率（即总体偏差率）与可容忍偏差率比较，以判断总体是否可以接受，具体评价内容见表6-8。

表6-7　人工控制最低样本规模

控制执行频率	控制发生总次数	最低样本数量
1次/年度	1次	1
1次/季度	4次	2
1次/月度	12次	2
1次/周	52次	5
1次/日	250次	20
每日数次	大于250次	25

表6-8　在控制测试中使用非统计抽样评价样本结果

计算总体偏差率	总体偏差率=样本偏差率=样本偏差数量÷样本规模	
非统计抽样的结果评价与结论（非统计抽样无法量化抽样风险）	评价	结果
	样本偏差率“大于”可容忍偏差率	总体“不能接受”
	样本偏差率“大大低于”可容忍偏差率	总体“可以接受”
	样本偏差率“低于但接近”可容忍偏差率	总体“不可接受”
	样本偏差率“低于”可容忍偏差率，其差额“不大不小”	“考虑是否接受”总体，考虑扩大样本规模以进一步收集证据

二、细节测试中抽样技术的运用

（一）在细节测试中使用非统计抽样方法

细节测试中使用非统计抽样的基本流程和主要步骤如下：

1.样本设计阶段

(1) 确定测试目标。在细节测试中，抽样通常用来为有关财务报表金额的一项或多项认定提供特定水平的合理保证。

(2) 定义总体和抽样单元。第一，考虑总体的适当性和完整性。注册会计师应当确信抽样总体适合于特定的审计目标。例如，注册会计师如果对已记录的项目进行抽样，就无法发现由于某些项目被隐瞒而导致的金额低估。未发现这类低估错报，注册会计师应从包含被隐瞒项目的来源选取样本。第二，注册会计师还应考虑识别单个重大项目和极不重要的项目。单个重大项目包括那些潜在错报可能超过可容忍错报的所有单个项目，以及异常的余额或交易。对于单个重大项目，注册会计师应当逐一实施检查，以将抽样风险控制在合理范围。

（3）定义抽样单元。在细节测试中，注册会计师应当根据审计目标和所实施的审计程序的性质，定义抽样单元。抽样单元可能是一个账户余额、一笔交易或交易中的一个记录，甚至是每个货币单元。

（4）界定错报。在细节测试中，偏差是指错报。注册会计师应根据审计目标界定错报。

2.选取样本阶段

（1）确定样本规模。

①如果在细节测试中使用非统计抽样，注册会计师需考虑的影响样本规模因素包括可接受的抽样风险、可容忍错报、预计总体错报、总体变异性和总体规模等，具体内容见表6-9。

表6-9　**样本规模的影响因素**

细节测试中的影响因素	具体解释	与样本规模的关系
可接受的误受风险	在实务中，注册会计师愿意承担的审计风险通常为5%～10%。当可接受的误受风险适当增加时，实质性程序所需要的样本规模降低	反向变动
可容忍错报	可容忍错报，是指注册会计师设定的货币金额，注册会计师试图对总体中的实际错报不超过该货币金额获取适当水平的保证。对特定账户余额或交易类型而言，当误受风险一定时，如果注册会计师确定的可容忍错报降低，为实现审计目标所需的样本量就增加	反向变动
预计总体错报	注册会计师在运用职业判断确定预计错报金额时，应当考虑被审计单位的经营状况、以前年度对账户余额或交易类型测试的结果，初始样本的结果，相关实质性程序的结果以及相关控制测试的结果等因素。预计总体错报增加，所需的样本量就增加	同向变动
总体变异性	注册会计师通常根据项目账面金额的变异性估计总体项目审定金额的变异性。衡量这种变异或分散程度的指标是标准差，这种标准差无须量化，但要使用“大”或“小”等定性指标来估计总体的变异性。总体项目的变异性越低，通常样本规模越小	同向变动
总体规模		影响很小

②利用模型确定样本规模。注册会计师在细节测试中可以用来确定样本规模的模型如下：

$$样本规模=\frac{总账账面金额}{可容忍错报}\times 保证系数$$

公式中的保证系数可从表6-10中适当选择。

表6-10 保证系数

评估的重大错报风险	其他实质性程序未能发现重大错报的风险			
	最高	高	中	低
最高	3.0	2.7	2.3	2.0
高	2.7	2.4	2.0	1.6
中	2.3	2.1	1.6	1.2
低	2.0	1.6	1.2	1.0

在利用模型确定样本规模时，注册会计师在评估重大错报风险、确定可容忍错报、估计预计总体错报等等方面需运用到职业判断。在实务中，如果样本不是以统计有效的方法选取，注册会计师调整样本规模的幅度通常在10%～50%。

（2）选取样本。在细节测试中使用非统计抽样方法时，注册会计师可以使用在上节所述的随机数表或系统选样或任意选样中选取一种方法（也可以采用计算机辅助审计技术选样）。

（3）实施审计程序。在细节测试中，注册会计师对选出的样本可以采用检查、函证等审计程序进行审计。

3.评价样本结果阶段

（1）分析错报的性质和原因。除了评价错报的频率和金额之外，注册会计师还要对错报进行定性分析，分析错报的性质和原因，判断其对财务报表重大错报风险的影响。

（2）推断总体错报。当实施细节测试时，注册会计师应当根据样本中发现的错报推断总体错报，在非统计抽样中，常用方法有多种，典型的有比率法和差异法。

（3）考虑抽样风险并得出总体结论。在适当考虑抽样风险的情况下，注册会计师应当将推断的总体错报与可容忍错报进行评价，从而形成结论，见表6-11。

表6-11 在细节测试中使用非统计抽样评价样本结果

	评价	结果
非统计抽样结果评价与结论	总体错报“大于”可容忍错报	总体“不能接受”，应建议被审计单位调整账面记录；修改进一步审计程序的性质、时间安排和范围；考虑对审计报告的影响
	总体错报“大大低于”可容忍错报	总体“可以接受”
	总体错报“低于但接近”可容忍错报	总体“不能接受”，应建议被审计单位调查错报，调整账面记录；修改进一步审计程序的性质、时间安排和范围；考虑对审计报告的影响
	总体错报“小于”可容忍错报，但其差额“不大不小”	“考虑是否接受”总体，并考虑是否需要扩大细节测试的范围，以获取进一步的证据

4.非统计抽样举例

（1）假设东方会计师事务所的注册会计师拟通过函证测试ABC公司2020年12月31日应收账款余额的存在性认定。

（2）ABC公司当年12月31日应收账款账户剔除贷方余额和零余额账户后的借方余额合计2 410 000元，由1 651个借方账户组成。

（3）注册会计师根据被审计单位的特点、风险评估结果和内部控制运行有效性等因素，确定的应收账款可容忍错报水平为140 000元。

（4）注册会计师将总体定义为2020年12月31日应收账款账户剔除贷方余额和零余额账户以及剔除单个重大项目和极不重要项目之后的应收账款余额，即2 200 000元。定义的抽样单元是每个应收账款明细账户，包括1 500个账户，具体见表6-12。

表6-12 抽样总体

项目分类	项目数量（个）	总金额（元）
重大项目	1	200 000
极不重要项目	150	10 000
抽样总体	1 500	2 200 000
合计	1 651	2 410 000

（5）注册会计师将错报界定为被审计单位不能合理解释并提供相应依据的、应收账款账面金额与注册会计师实施抽样所获得的审计证据所支持的金额之间的差异（高估）。错报不包括明细账之间的误记、在途款项，以及被审计单位已经修改的差异。

（6）注册会计师将应收账款存在认定的重大错报风险水平评估为“中”，且由于没有对应收账款的存在认定实施与函证目标相同的其他实质性程序，而将其他实质性程序的检查风险评估为“最高”，根据表6-10得到的保证系数为2.3。注册会计师根据估计样本规模模型，计算得出的样本规模为36。

（7）注册会计师采取分层方式确定样本数量，并采取随机数表法选取样本。样本分层情况见表6-13。

表6-13 样本分层

层	层账面总额（元）	层账户数量（个）	层样本规模（个）
第1层	1 120 000	300	18
第2层	1 080 000	1 200	18
合计	2 200 000	1 500	36

（8）注册会计师向37个客户发询证函（1个重大项目和36个选出样本）。重大项目中存在的错报为1 034元，36个样本中发现的错报数见表6-14。

注册会计师利用比率法推断总体错报金额为40 996元，加上重大项目中发现的错报1 034元，计算出总错报为42 030元。

（9）注册会计师将推断的总错报42 030元与可容忍错报140 000元比较，认为应收账款借方账面余额发生的错报超过可容忍错报的风险很小，因此，总体可以接受。

表6-14 样本错报汇总

层	层样本账面总额（元）	层样本错报数（元）	层样本错报数量（个）	层错报额（元）
第1层	124 900	2 400	2	21 521
第2层	30 500	550	1	19 475
合计	155 400	2 950	3	40 996

（二）在细节测试中使用统计抽样方法

统计抽样和非统计抽样的流程和步骤完全一样，只是在确定样本规模、选取样本和推断总体的具体方法上有所差别。注册会计师在细节测试中使用的统计抽样方法主要包括传统变量抽样和概率比例规模抽样（PPS抽样）。

1.传统变量抽样

传统变量抽样主要包括三种具体的方法：均值估计抽样、差额估计抽样和比率估计抽样。

（1）均值估计抽样。

均值估计抽样是指通过抽样审查确定样本的平均值，再根据样本平均值推断总体的平均值和总值的一种变量抽样方法。使用这种方法时，注册会计师先计算样本中所有项目审定金额的平均值，然后用这个样本平均值乘以总体规模，得出总体金额的估计值。总体估计金额和总体账面金额之间的差额就是推断的总体错报。例如，注册会计师从总体规模为1 000、账面金额为1 000 000元的存货项目中选择了200个项目作为样本。在确定了正确的采购价格并重新计算了价格与数量的乘积之后，注册会计师将200个样本项目的审定金额加总后除以200，确定样本项目的平均审定金额为980元。然后计算估计的存货余额为980 000元（980×1 000）。推断的总体错报就是20 000元（1 000 000-980 000）。

（2）差额估计抽样。

差额估计抽样是以样本实际金额与账面金额的平均差额来估计总体实际金额与账面金额的平均差额，然后再以这个平均差额乘以总体规模，从而求出总体的实际金额与账面金额的差额（即总体错报）的一种方法。差额估计抽样的计算公式如下：

$$平均错报=\frac{样本实际金额-样本账面价值}{样本规模}$$

推断的总体错报=平均错报×总体规模

使用这种方法时，注册会计师先计算样本项目的平均差额，然后根据这个样本的平均差额推断总体。例如，假设被审计单位的应付账款账面总值为5 000 000元，共计4 000个账户，注册会计师希望对应付账款总额进行估计，现选出200个账户，账面价值为240 000元，审计后认定的价值为247 500元。若使用差额估计抽样，计算过程如下：

$$平均差额=\frac{247\,500-240\,000}{200}=37.5（元）$$

推断的总体错报= 37.5 × 4 000-150 000（元）

（3）比率估计抽样。

比率估计抽样是指以样本的实际金额与账面金额之间的比率关系来估计总体实际金额与账面金额之间的比率关系，然后再以这个比率去乘总体的账面金额，从而求出估计的总体实际金额的一种抽样方法。比率估计抽样法的计算公式如下：

$$比率=\frac{样本审定金额}{样本账面金额}\times100\%$$

估计的总体实际金额=总体账面金额 × 比率

推断的总体错报=估计的总体实际金额-总体账面金额

上例中注册会计师若使用比率估计抽样，计算过程如下：

$$比率=\frac{247\ 500}{240\ 000}\times100\%=103.125\%$$

估计的总体实际金额=5 000 000 ×103.125%=5 156 250（元）

推断的总体错报 =5 156 250 − 5 000 000=156 250（元）

2.PPS抽样

PPS抽样是以货币单位作为抽样单元进行选样的一种方法。在该方法下总体中的每个货币单位被选中的机会相同，所以总体中某一项目被选中的概率等于该项目的金额与总体金额的比率。项目金额越大，被选中的概率就越大。但实际上注册会计师并不是对总体中的货币单位实施检查，而是对包含被选取货币单位的余额或交易实施检查。注册会计师检查的余额或交易被称为逻辑单元。

PPS抽样有助于注册会计师将审计重点放在较大的余额或交易上。此抽样方法之所以得名，是因为总体中每一余额或交易被选取的概率与其账面金额（规模）成比例。

（1）PPS抽样的优点。

PPS抽样具有以下优点：①PPS抽样一般比传统变量抽样更易于使用。由于PPS抽样以属性抽样原理为基础，注册会计师可以很方便地计算样本规模，并手工或使用量表评价样本结果。样本的选取可以在计算机程序或计算器的协助下进行。②PPS抽样的样本规模不需考虑被审计金额的预计变异性。传统变量抽样的样本规模是在总体项目共有特征的变异性或标准差的基础上计算的。PPS抽样在确定所需的样本规模时不需要直接考虑货币金额的标准差。③PPS抽样中项目被选取的概率与其货币金额大小成比例，因而生成的样本自动分层。如果使用传统变量抽样，注册会计师通常需要对总体进行分层，以减小样本规模。④PPS抽样中如果项目金额超过选样间距，PPS系统选样自动识别所有单个重大项目。⑤如果注册会计师预计没有错报，PPS抽样的样本规模通常比传统变量抽样方法更小。⑥PPS抽样的样本更容易设计，且可在能够获得完整的总体之前开始选取样本。

（2）PPS抽样的缺点。

PPS抽样也存在一定的缺点，具体包括：①使用PPS抽样时通常假设抽样单元的审定金额不应小于零或大于账面金额。如果注册会计师预计存在低估或审定金额小于零的情况，在设计PPS抽样方法时就需要特别考虑。②如果注册会计师在PPS抽样的样本中发现低估，在评价样本时需要特别考虑。③对零余额或负余额的选取需要在设计时特别考虑。例如，如果准备对应收账款进行抽样，注册会计师可能需要将贷方余额分离出去，作为一个单独的总体。如果检查零余额的项目对审计目标非常重要，注册会计师需要单独对其进行测试，因为零余额在PPS抽样中不会被选取。④当发现错报时，如果风险水平一定，PPS抽样在评价样本时可能高估抽样风险的影响，从而导致注册会计师更可能拒绝一个可接受的总体账面金额。⑤在PPS抽样中注册会计师通常需要逐个累计总体金额。但这不需要额外增加大量的审计成本，因为相关的会计数据一般会以电子形式储存。⑥当预计总体错报金额增加时，PPS抽样所需的样本规模也会增加。在这些情况下，PPS抽样的样本规模可能大于传统变量抽样的相应规模。

（3）PPS抽样的操作。

PPS抽样中可以使用随机选样、系统选样等方法选取样本。系统选样首先要将总体分为几个由同样的货币单位构成的组，并从每一组中选择一个逻辑单元（即实际单位）。每组的货币单位数量就是选样间距。

在使用系统选样方法时，注册会计师在1和选样间距（包含该选样间距）之间选择一个随机数，这个数字就是随机起点。然后注册会计师计算总体中逻辑单元的累计账面金额。选取的第一个逻辑单元就是包含与随机起点相对应的货币单位的那个项目。接下来注册会计师每隔n（n代表选样间距）个货币单位依次选取所需的抽样单元（即货币单位），并选择包含这些抽样单元（即货币单位）的所有逻辑单元（即实际单位）。例如，注册会计师使用的选样间距为5 000元，他在1元和5 000元之间（含5 000）选择一个随机数作为随机起点，假设是第2 000个货币单位。然后依次是第7 000个（2 000元+5 000元）货币单位，第12 000个（7 000元+5 000元）货币单位，以及其后整个抽样总体中每间隔n个（本例中为5 000个）的货币单位被选取。注册会计师然后对包含第2 000个、第7 000个、第12 000个……货币单位的逻辑单元实施检查。

由于每个货币单位被选取的机会相等，逻辑单元所含的货币单位越多（即账面金额越大），被选中的机会越大。相反，较小的逻辑单元被选中的机会也较小。在PPS抽样法下，金额等于或高于选样间距的所有逻辑单元肯定会被选中。而规模只有选样间距的一半的逻辑单元被选中的概率为50%。

业务训练——货币单元抽样法（PPS抽样）

本章小结

审计抽样是指注册会计师对某类交易或账户余额中低于百分之百的项目实施审计程序，使所有抽样单元都有被选取的机会。这使注册会计师能够获取和评价与被选取项目的某些特征有关的审计证据，以形成或帮助形成对被审计总体的结论。注册会计师在进行控制测试和细节测试时一般都采用此种方法。

审计抽样按发展过程分类，可分为随意抽样、判断抽样和统计抽样；按运用方法分类，可分为属性抽样和变量抽样两种。审计抽样的步骤主要包括样本设计、确定样本规模、样本选取、实施审计程序并分析样本误差、推断总体误差和评价抽样结果。

属性抽样主要分为统计抽样和非统计抽样。

变量抽样也分为统计抽样和非统计抽样。其中，在统计抽样中，抽样方法包括传统变量抽样和概率比例规模抽样（PPS抽样）。

主要概念

审计抽样　判断抽样　统计抽样　总体　抽样风险　属性抽样　变量抽样

关键思考题

1. 简述抽样审计的含义及类型。
2. 统计抽样的优缺点是什么？
3. 统计抽样的步骤有哪些？
4. 抽样方法有哪些？
5. 控制测试与细节测试中各有哪些抽样风险？
6. 在采用统计抽样法时，设计样本数量时应当考虑的因素有哪些？

第七章

审计报告

学习目标

☆知识目标

明确审计报告的概念和种类；

掌握审计报告的基本要素；

掌握审计报告的意见类型；

明确审计报告的编写要求及方法。

☆技能目标

掌握四种基本意见类型审计报告的撰写。

第一节 审计报告概述

审计报告是注册会计师根据中国注册会计师审计准则的规定，在实施审计工作的基础上对被审计单位财务报表发表意见的书面文件。审计报告是审计工作的最终结果，具有法定证明效力。当注册会计师完成他们的实地审查之后，被审计单位、投资者、债权人、政府有关部门、其他利益相关者等审计报告的使用者们热切等待的就是审计报告的结果，其中最令他们感兴趣的是报告的内容及这些内容的表达方式。单从这一点，就可以看出审计报告的重要性。

为顺应市场各方的需求，体现审计准则持续趋同要求，中国注册会计师协会借鉴国际审计报告改革的成果，结合我国实际情况，对审计报告准则内容及时进行了修订。因此，以下各节就对新审计报告准则中的核心内容进行有效的阐述和展开。

一、审计报告的特征、作用和种类

（一）审计报告的特征

概括地说，审计报告的使用者是社会公众，即包括被审计单位、投资者、债权人、政府有关部门、其他利益相关者等。他们之所以需要审计报告，是因为他们在进行决策时，自身无法判断所依赖的会计信息是否真实。而注册会计师通过审计，以审计报告的形式对会计信息的质量作出评价，肯定了公允的会计信息，否定了不公允的会计信息。可以说，审计报告是注册会计师在完成审计工作后向委托人提交的最终产品，具有以下特征：

（1）注册会计师应当按照中国注册会计师审计准则的规定执行审计工作。审计准则是用以规范注册会计师执行审计业务的标准，它涵盖了注册会计师执行审计业务的整个过程和各个环节。

（2）注册会计师在实施审计工作的基础上才能出具审计报告。注册会计师完成了所有审计程序，获取的审计证据足以支持对财务报表发表意见。

（3）注册会计师通过对财务报表发表意见来履行业务约定书约定的责任。注册会计师在实施审计工作的基础上，对财务报表的合法性和公允性发表审计意见。

（4）注册会计师应当以书面形式出具审计报告。审计报告具有特定的要素和格式，注册会计师只有以书面形式出具报告，才能清楚表达对财务报表发表的审计意见。

（二）审计报告的作用

注册会计师签发的审计报告，主要具有鉴证、保护和证明三方面的作用。

1.鉴证作用

注册会计师签发的审计报告，不同于政府审计和内部审计报告，是以超然独立的第三者身份，对被审计单位财务报表的合法性、公允性发表意见。这种意见具有鉴证作用，得到政府各部门和社会各界的普遍认可。政府有关部门，如财政部门、税务部门等了解、掌握企业的财务状况和经营成果的主要依据是企业提供的财务报表，财务报表是否合法公允，主要依据注册会计师的审计报告作出判断。

2.保护作用

注册会计师通过审计，可以对被审计单位财务报表出具不同类型审计意见的审计报告，以提高或降低财务报表信息使用者对财务报表的信赖程度，能够在一定程度上对被审计单位的财产、债权人和股东的权益及企业利害关系人的利益起到保护作用。

3.证明作用

审计报告是对注册会计师审计任务完成情况及其结果所做的总结，它可以表明审计工作质量并明确注册会计师的审计责任。因此，审计报告可以对审计工作质量和注册会计师的审计责任起到证明作用。审计报告可以证明注册会计师在审计过程中是否实施了必要的审计程序，是否以审计工作底稿为依据发表审计意见，发表的审计意见是否与被审计单位的实际情况相一致等。

（三）审计报告的种类

审计报告的分类标准主要有以下方面：

1.审计报告按其格式和措辞的规范性，可分为规范性审计报告和特殊性审计报告

规范性审计报告是指格式和措辞基本统一的审计报告。审计职业界认为，为了避免混乱，便于使用者准确理解其含义，有必要统一审计报告的格式和措辞。规范性审计报告一般适用于对外公布。如注册会计师出具的年度财务报表审计报告就属于规范性审计报告。特殊性审计报告是指格式和措辞不统一，可以根据具体审计项目的情况来决定的审计报告。特殊性审计报告一般不对外公布。

2.审计报告按其发表审计意见的类型，可分为无保留意见审计报告和非无保留意见审计报告

无保留意见是指当注册会计师认为财务报表在所有重大方面按照适用的财务报告编制

基础编制并实现公允反映时发表的审计意见，其审计报告为无保留意见审计报告。非无保留意见审计报告，是指对财务报表发表保留意见、否定意见或无法表示意见的审计报告。

3.审计报告按其使用的目的，可分为公布目的审计报告和非公布目的审计报告

公布目的审计报告，一般用于对企业股东、投资者、债权人等非特定利益关系者公布财务报表时所附送的审计报告。非公布目的审计报告，一般用于经营管理、合并或业务转让、融通资金等特定目的而实施审计的审计报告。这类审计报告是分发给特定使用者的，如经营者、合并或业务转让的关系人、提供信用的金融机构等。

4.审计报告按其详略程度，可分为简式审计报告和详式审计报告

简式审计报告，又称短式审计报告，一般用于注册会计师对应公布财务报表所出具的简明扼要的审计报告，其反映的内容是非特定多数的利害关系人共同认为的必要审计事项，且为法令或审计准则所规定的，具有标准格式。它一般适用于公布目的。详式审计报告，又称长式审计报告，一般是指对审计对象所有重要经济业务和情况都要作详细说明和分析的审计报告。它主要用于指出企业经营管理存在的问题和帮助企业改善经营管理，其内容丰富、详细，一般适用于非公布目的。

二、审计意见的形成

（一）审计意见形成的基础

审计证据是注册会计师为了得出审计结论、形成审计意见而使用的所有信息，包括财务报表依据的会计记录中含有的信息和其他信息。因此，注册会计师应当评价根据审计证据得出的结论，以作为对财务报表形成审计意见的基础。

（二）审计意见的合理保证

在对财务报表形成审计意见时，注册会计师应当根据已获取的审计证据，评价是否已对财务报表整体不存在重大错报获取合理保证。

（三）评价财务报表的合法性

在评价财务报表是否按照适用的会计准则和相关会计制度的规定编制时，注册会计师应当考虑下列内容：

(1) 财务报表是否充分披露了选择和运用的重要会计政策。

(2) 选择和运用的会计政策是否符合适用的会计准则和相关会计制度，并适合于被审计单位的具体情况。注册会计师在考虑被审计单位选用的会计政策是否适当时，应当特别关注重要的事项，如重要项目的会计政策和行业惯例、重大和异常交易的会计处理方法、会计政策变更等。

(3) 管理层作出的会计估计是否合理。由于会计估计具有很强的主观性和不确定性，管理层作出的会计估计发生重大错报的可能性较大。因此，注册会计师应当判断管理层作出的会计估计是否合理，是否存在重大错报风险，是否采取了应对措施。

(4) 财务报表反映的信息是否具有相关性、可靠性、可比性和可理解性。注册会计师应当根据《企业会计准则——基本准则》的规定，考虑财务报表反映的信息是否符合信息质量特征。

(5) 财务报表是否作出充分披露，使财务报表使用者能够理解重大交易和事项对被审计单位财务状况、经营成果和现金流量的影响。

（6）财务报表使用的术语（包括每一财务报表的标题）是否适当。

（四）评价财务报表的公允性

在评价财务报表是否作出公允反映时，注册会计师应当考虑下列内容：

（1）财务报表的整体列报、结构和内容是否合理。

（2）财务报表（包括相关附注）是否公允地反映了相关交易和事项。

三、审计报告的基本内容

根据新修订的《中国注册会计师审计准则第1501号——对财务报表形成审计意见和出具审计报告》的有关规定，审计报告应当包括下列要素：①标题；②收件人；③审计意见；④形成审计意见的基础；⑤管理层对财务报表的责任；⑥注册会计师对财务报表审计的责任；⑦按照相关法律法规的要求报告的事项（如适用）；⑧注册会计师的签名和盖章；⑨会计师事务所的名称、地址和盖章；⑩报告日期。

在适用的情况下，注册会计师还应按照审计报告相关准则的要求，在审计报告中对与持续经营相关的重大不确定性、关键审计事项、被审计单位年度报告中包含的除财务报表和审计报告之外的其他信息进行报告。

1.标题

审计报告的标题应统一规范为“审计报告”。考虑到这一标题已广为社会公众所接受，因此，我国注册会计师出具的审计报告标题没有包含“独立”两个字，但注册会计师在执行财务报表审计业务时，应当遵守独立性的要求。

2.收件人

审计报告应当按照审计业务的约定载明收件人。在某些国家或地区，法律法规或业务约定条款可能指定审计报告的致送对象。注册会计师通常将审计报告致送给财务报表使用者，一般是被审计单位的股东或治理层。

3.审计意见

审计意见部分应当说明：财务报表是否在所有重大方面按照适用的财务报告编制基础编制，是否公允反映了被审计单位的财务状况、经营成果和现金流量。

审计意见部分还应当包括下列方面：（1）指出被审计单位的名称；（2）说明财务报表已经审计；（3）指出构成整套财务报表的每一财务报表的名称；（4）提及财务报表附注；（5）指明构成整套财务报表的每一财务报表的日期或涵盖的期间。

4.形成审计意见的基础

该部分应当紧接在审计意见部分之后，并包括下列方面：（1）说明注册会计师按照审计准则的规定执行了审计工作；（2）提及审计报告中用于描述审计准则规定的注册会计师责任的部分；（3）声明注册会计师按照与审计相关的职业道德要求独立于被审计单位，并按照这些要求履行了职业道德方面的其他责任，声明中应当指明适用的职业道德要求，如中国注册会计师职业道德守则；（4）说明注册会计师是否相信获取的审计证据是充分、适当的，为发表审计意见提供了基础。

5.管理层对财务报表的责任

管理层对财务报表的责任部分应当说明管理层负责下列方面：（1）按照适用的财务报告编制基础编制财务报表，使其实现公允反映，并设计、执行和维护必要的内部控制，以使财务报表不存在由于舞弊或错误导致的重大错报；（2）评估被审计单位的持续经营能力和使用持续经营假设是否适当，并披露与持续经营相关的事项（如适用）。对该评估责任的说明应当包括描述在何种情况下使用持续经营假设是适当的。

当对财务报告过程负有监督责任的人员与履行上述责任的人员不同时，管理层对财务报表的责任部分还应当提及对财务报告过程负有监督责任的人员。此时，该部分的标题还应当提及“治理层”或者特定国家或地区法律框架中的恰当术语。

6.注册会计师对财务报表审计的责任

注册会计师对财务报表审计的责任部分应当包括下列内容：（1）说明注册会计师的目标是对财务报表整体是否不存在由于舞弊或错误导致的重大错报获取合理保证，并出具包含审计意见的审计报告；（2）说明合理保证是高水平的保证，但并不能保证按照审计准则执行审计在某一重大错报存在时总能发现；（3）说明错报可能由于舞弊或错误导致。

在说明错报可能由于舞弊或错误导致时，注册会计师应当从下列两种做法中选取一种：（1）描述如果合理预期错报单独或汇总起来可能影响财务报表使用者依据财务报表作出的经济决策，则错报是重大的；（2）根据适用的财务报告编制基础，提供关于重要性的定义或描述。

注册会计师对财务报表审计的责任部分还应当包括下列内容：（1）说明在按照审计准则执行审计工作的过程中，注册会计师运用职业判断，并保持职业怀疑；（2）通过说明注册会计师的责任，对审计工作进行描述。

这些责任包括：①识别和评估由于舞弊或错误导致的财务报表重大错报风险，对这些风险有针对性地设计和实施审计程序，获取充分、适当的审计证据，作为发表审计意见的基础。由于舞弊可能涉及串通、伪造、故意遗漏、虚假陈述或凌驾于内部控制之上，未能发现由于舞弊导致的重大错报的风险高于未能发现由于错误导致的重大错报的风险。②了解与审计相关的内部控制，以设计恰当的审计程序，但目的并非对内部控制的有效性发表意见。当注册会计师有责任在财务报表审计的同时对内部控制的有效性发表意见时，应当略去上述“目的并非对内部控制的有效性发表意见”的表述。③评价管理层选用会计政策的恰当性和作出会计估计及相关披露的合理性。④对管理层使用持续经营假设的恰当性得出结论。同时，基于所获取的审计证据，对是否存在与特定事项或情况相关的重大不确定性，从而可能导致对被审计单位的持续经营能力产生重大疑虑得出结论。如果注册会计师得出结论认为存在重大不确定性，审计准则要求注册会计师在审计报告中提请报表使用者注意财务报表中的相关披露；如果披露不充分，注册会计师应当发表非无保留意见。注册会计师的结论基于审计报告日可获得的信息。然而，未来的事项或情况可能导致被审计单位不能持续经营。⑤评价财务报表的总体列报、结构和内容（包括披露），并评价财务报表是否公允反映相关交易和事项。

注册会计师对财务报表审计的责任部分还应当包括下列内容：（1）说明注册会计师与治理层就计划的审计范围、时间安排和重大审计发现等进行沟通，包括沟通注册会计师在审计中识别的值得关注的内部控制缺陷；（2）对于上市实体财务报表审计，指出注册会计师就遵守关于独立性的相关职业道德要求向治理层提供声明，并与治理层沟通可能被合理认为影响注册会计师独立性的所有关系和其他事项，以及相关的防范措施（如适用）；（3）对于上市实体财务报表审计，以及决定按照《中国注册会计师审计准则第 1504 号

——在审计报告中沟通关键审计事项》的规定沟通关键审计事项的其他情况，说明注册会计师从与治理层沟通的事项中确定哪些事项对当期财务报表审计最为重要，因而构成关键审计事项。注册会计师在审计报告中描述这些事项，除非法律法规不允许公开披露这些事项，或在极其罕见的情形下，注册会计师合理预期在审计报告中沟通某事项造成的负面后果超过产生的公众利益方面的益处，因而确定不应在审计报告中沟通该事项。

7.按照相关要求，履行其他报告责任（如适用）

除审计准则规定的注册会计师责任外，如果注册会计师在对财务报表出具的审计报告中履行其他报告责任，应当在审计报告中将其单独作为一部分，并以“对其他法律和监管要求的报告”为标题，或使用适合于该部分内容的其他标题，除非其他报告责任与审计准则所要求的报告责任涉及相同的主题。如果涉及相同的主题，其他报告责任可以在审计准则所要求的同一报告要素部分列示。

如果将其他报告责任在审计准则要求的同一报告要素部分列示，审计报告应当清楚区分其他报告责任和审计准则要求的报告责任。

如果审计报告为其他报告责任单设一部分，应当置于“对财务报表审计的报告”标题下；“对其他法律和监管要求的报告”部分置于“对财务报表审计的报告”部分之后。

8.注册会计师的签名和盖章

审计报告应当由项目合伙人和另一名负责该项目的注册会计师签名和盖章。为进一步增强对审计报告使用者的透明度，在对上市实体整套通用目的财务报表出具的审计报告中应当注明项目合伙人。

9.会计师事务所的名称、地址和盖章

审计报告应当载明会计师事务所的名称和地址（一般只写明会计师事务所所在的城市名），并加盖会计师事务所公章。

10.报告日期

审计报告的日期不应早于注册会计师获取充分、适当的审计证据，并在此基础上对财务报表形成审计意见的日期。

在确定审计报告日时，注册会计师应当确信已获取下列两方面的审计证据：（1）构成整套财务报表的所有报表（含披露）已编制完成；（2）被审计单位的董事会、管理层或类似机构已经认可其对财务报表负责。

审计报告日期的确定：注册会计师需要签署审计报告前获取财务报表已经得到批准的证据（被审计单位的董事会、管理层或类似机构已经认可其对财务报表负责）。在实务中，如果法律法规没有对财务报表在报出前获得批准作出规定，则注册会计师在正式签署审计报告前，通常把审计报告草稿随同管理层已按审计调整建议修改后的财务报表一起交给管理层。如果管理层签署已按审计调整建议修改后的财务报表，注册会计师即可签署审计报告。注册会计师签署审计报告的日期通常与管理层签署已审计财务报表的日期为同一天，或晚于管理层签署已审计财务报表的日期。

11.与财务报表一同列报的补充信息

在某些情况下，被审计单位根据法律法规的要求，或出于自愿原则，与财务报表一同列报适用的财务报告编制基础未作要求的补充信息。例如，被审计单位列报补充信息以增强财务报表使用者对适用的财务报告编制基础的理解，或者对财务报表的特定项目提供进一步解释。这种补充信息通常在补充报表中或作为额外的附注进行列示。注册会计师对这部分的处理原则见表7-1。

表7-1　　注册会计师对与财务报表一同列报的补充信息的处理原则

<table>
<tr><td rowspan="4">处理原则</td><td colspan="2">如果被审计单位将适用的财务报表编制基础未作要求的补充信息与已审计财务报表一同列报，注册会计师应当根据职业判断，评价补充信息是否由于其性质和列报方式而构成财务报表的必要组成部分。如果补充信息构成财务报表的必要组成部分，则应当将其涵盖在审计意见中</td></tr>
<tr><td>构成或不构成财务报表的必要组成部分</td><td>具体内容</td></tr>
<tr><td>构成</td><td>如果补充信息构成财务报表的必要组成部分，则应当将其涵盖在审计意见中</td></tr>
<tr><td>不构成</td><td>①如果认为适用的财务报告编制基础未作要求的补充信息不构成已审计财务报表的必要组成部分，则注册会计师应当评价这些补充信息的列报方式是否充分、清楚地使其与已审计财务报表相区分；
②如果未能充分、清楚地使其与已审计财务报表相区分，则注册会计师应当要求管理层改变未审计补充信息的列报方式；
③如果管理层拒绝改变，则注册会计师应当指出未审计的补充信息，并在审计报告中说明补充信息未审计</td></tr>
</table>

四、在审计报告中沟通关键审计事项

根据《中国注册会计师审计准则第 1504 号——在审计报告中沟通关键审计事项》，注册会计师在对上市实体整套通用目的财务报表进行审计时，需要在审计报告中沟通关键审计事项，此外，还存在其他情形导致注册会计师决定在审计报告中沟通关键审计事项。不过，注册会计师在对财务报表发表无法表示意见时，不得沟通关键审计事项。

（一）关键审计事项的定义

关键审计事项是指注册会计师根据职业判断认为对当期财务报表审计最为重要的事项。关键审计事项选自与治理层沟通的事项。

关键审计事项的适用范围：（1）对上市实体整套通用目的财务报表进行审计，以及注册会计师决定或委托方要求在审计报告中沟通关键审计事项的其他情形；（2）法律法规要求注册会计师在审计报告中沟通关键审计事项的其他情形。

沟通关键审计事项，旨在通过提高已执行审计工作的透明度来增加审计报告的沟通价值。沟通关键审计事项还能够帮助财务报表预期使用者了解被审计单位，以及已审计财务报表中涉及重大管理层判断的领域。此外，在审计报告中沟通关键审计事项，还能够为财务报表预期使用者就与被审计单位、已审计财务报表或已执行审计工作相关的事项进一步与管理层和治理层沟通提供基础。

（二）确定关键审计事项的决策框架

根据关键审计事项的定义，注册会计师在确定关键审计事项时，需要遵循如图 7-1 所示的决策框架。

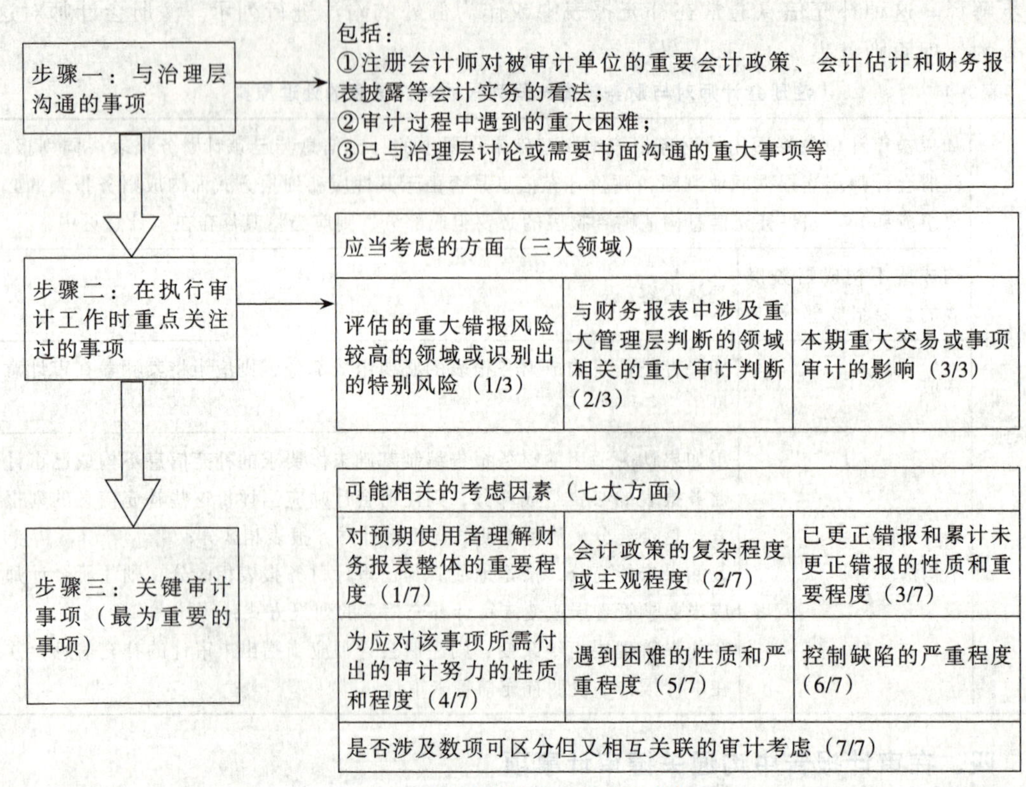

图7-1 确定关键审计事项的决策框架

（三）在审计报告中沟通关键审计事项

1.在审计报告中单设关键审计事项部分

注册会计师应当在审计报告中单设一部分，以“关键审计事项”为标题，并在该部分使用恰当的子标题逐项描述关键审计事项。关键审计事项部分的引言应当同时说明下列事项：（1）关键审计事项是注册会计师根据职业判断，认为对当期财务报表审计最为重要的事项；（2）关键审计事项的处理是以对财务报表整体进行审计为背景的，注册会计师对财务报表整体形成审计意见，而不对关键审计事项单独发表意见。

2.描述单一关键审计事项

注册会计师在审计报告的关键审计事项部分逐项描述关键审计事项，注册会计师应当分别索引至财务报表的相关披露（如有），并同时说明下列内容：（1）该事项被认定为审计中最为重要的事项之一，因而被确定为关键审计事项的原因；（2）该事项在审计中是如何被应对的。

为使预期使用者能够理解在对财务报表整体进行审计的背景下的关键审计事项的重要程度，以及关键审计事项与审计报告其他要素之间的关系，注册会计师可能需要注意用于描述关键审计事项的语言，使之：（1）不暗示注册会计师在对财务报表形成审计意见时尚未恰当解决该事项；（2）将该事项直接联系到被审计单位的具体情况，避免使用一般化或标准化的语言；（3）能够体现出对该事项在相关财务报表披露中如何应对的考虑；（4）不对财务报表单一要素发表意见，也不暗示是对财务报表单一要素单独发表意见。

注册会计师应当就下列事项与治理层沟通：(1) 注册会计师确定的关键审计事项；(2) 根据被审计单位和审计业务的具体情况，注册会计师确定不存在需要在审计报告中沟通的关键审计事项（如适用）。

(四) 关键审计事项的举例

下面列举的关键审计事项披露在XYZ会计师事务所对上市企业ABC公司2020年度财务报表出具的审计报告中。XYZ会计师事务所在与ABC公司治理层沟通过的事项中，选出在执行审计工作时重点关注过的事项，又从这些重点关注过的事项中选出下述事项作为关键审计事项，并在审计报告中披露：

实例1：商誉

国际财务报告准则要求每年要对商誉进行减值测试。

由于每年的商誉减值测试评估过程复杂，涉及大量的职业判断，并且对未来市场与经济状况的预期（尤其是X国和Y国）会影响到评估所依据的假设，因而该项测试对我们的审计十分重要。为此，我们的审计程序包含利用评估专家的工作以帮助我们评价集团所使用的假设和方法，尤其是那些和（某经营范围）未来收入增长及边际利润相关的假设和方法。我们同时关注集团对于那些严重影响减值测试结果的假设进行披露的恰当性，即那些对确定商誉可恢复金额影响重大的假设。集团对商誉的披露包含在附注3中，其中特别说明了关键假设的微小变化会导致未来商誉金额发生减值。

实例2：金融工具的计量

集团关于结构化金融工具的披露包含在附注5中。

在集团投资的金融工具中，结构化金融工具占总额的X%。由于集团对金融工具的估价不是依据活跃市场中的价格作出的，所以在估价过程中度量方面存在重大不确定性。因而，这些工具的估价对我们的审计十分重要。集团认为，这些工具因其特有的结构和条款需要利用自建模型进行估价。我们质疑管理层使用这一模型的基本原理，并与治理层进行了沟通。最后，我们的结论是，集团使用这一模型是适当的。为此，我们的审计程序还包括了测试管理层针对该模型开发与校正的控制，并且确认管理层认为无须对模型的结果作出任何调整以反映该模型所依据的假设。这一假设也是市场参与者将在相似情况下使用的假设。

(五) 不在审计报告中沟通关键审计事项的情形

1.一般要求

除非存在下列情形之一，注册会计师应当在审计报告中逐项描述关键审计事项：

(1) 法律法规禁止公开披露某事项；

(2) 极少情况下，如果合理预期在审计报告中沟通某事项造成的负面后果超过产生的公众利益方面的益处，则注册会计师确定不在审计报告中沟通该事项。

2.不在关键审计事项部分披露，但需关注的三种情形

(1) 注册会计师确定不存在关键审计事项，可以在审计报告中表述为“我们确定不存在需要在审计报告中沟通的关键审计事项”。

(2) 因法律法规禁止公开披露某事项或注册会计师合理预期在审计报告中沟通某事项造成的负面后果超过产生的公众利益方面的益处，注册会计师确定不在审计报告中沟通的关键审计事项，并且不存在其他关键审计事项。可以在审计报告中表述为“我们确定不存

在需要在审计报告中沟通的关键审计事项”。

(3) 仅有的关键审计事项是导致非无保留意见的事项、可能导致对被审计单位持续经营能力产生重大疑虑的事项或情况存在重大不确定性。就其性质而言，这些事项都属于关键审计事项，但这些事项在审计报告中专门的部分披露，不在审计报告的关键审计事项中描述。进一步说，在关键审计事项部分披露的关键审计事项是已经得到满意解决的事项，既不存在审计范围受限，也不存在注册会计师与被审计单位管理层意见分歧的情况。注册会计师应当按照适用的审计准则的规定报告这些事项，并在关键审计事项部分提及形成保留（否定）意见的基础部分或与持续经营相关的重大不确定性部分，可以表述为“除形成保留（否定）意见的基础部分或与持续经营相关的重大不确定性部分外，我们确定不存在其他需要在审计报告中沟通的关键审计事项”。

论文写作——对“关键审计事项披露”的思考

五、无保留意见审计报告

（一）无保留意见审计报告的签发条件

无保留意见，是指当注册会计师认为财务报表在所有重大方面按照适用的财务报告编制基础编制并实现公允反映时发表的审计意见。注册会计师经过审计后，认为被审计单位财务报表符合下列所有条件，注册会计师应当出具标准无保留意见的审计报告：

(1) 财务报表已经在所有重大方面按照适用的财务报告编制基础编制，公允反映了被审计单位的财务状况、经营成果和现金流量。

(2) 注册会计师已经按照中国注册会计师审计准则的规定计划和实施审计工作，在审计过程中未受到限制。

(3) 没有必要在审计报告中增加强调事项段、其他事项段、其他信息段或与持续经营相关的重大不确定性段。

综合起来，注册会计师出具无保留意见审计报告的条件：一是财务报表按照财务报告编制基础编制；二是注册会计师的审计范围没有受到重大限制。

（二）无保留意见审计报告的关键措辞

无保留意见审计报告应当以“我们认为”作为意见段的开头，并使用“在所有重大方面”“公允反映了”等专业术语。

对按照适用的财务报告编制基础（如企业会计准则）编制的财务报表出具的无保留意见审计报告范例如下：

审计报告

ABC股份有限公司全体股东：

一、对财务报表出具的审计报告

（一）审计意见

我们审计了ABC股份有限公司（以下简称公司）财务报表，包括2020年12月31

日的资产负债表，2020年度的利润表、现金流量表、所有者权益变动表以及财务报表附注。

我们认为，后附的财务报表在所有重大方面按照企业会计准则的规定编制，公允反映了ABC公司2020年12月31日的财务状况以及2020年度的经营成果和现金流量。

（二）形成审计意见的基础

我们按照中国注册会计师审计准则的规定执行了审计工作。审计报告的“注册会计师对财务报表审计的责任”部分进一步阐述了我们在这些准则下的责任。按照中国注册会计师职业道德守则，我们独立于ABC公司，并履行了职业道德方面的其他责任。我们相信，我们获取的审计证据是充分、适当的，为发表审计意见提供了基础。

（三）关键审计事项

关键审计事项是我们根据职业判断，认为对本期财务报表审计最为重要的事项。这些事项是在对财务报表整体进行审计并形成意见的背景下进行处理的，我们不对这些事项提供单独的意见。

1.商誉

企业会计准则要求每年要对商誉进行减值测试。

由于每年的商誉减值测试评估过程复杂，涉及大量的职业判断，并且对未来市场与经济状况的预期会影响到评估所依据的假设，因而该项测试对我们的审计十分重要。为此，我们的审计程序包含利用评估专家的工作以帮助我们评价集团所使用的假设和方法，尤其是那些和（某经营范围）未来收入增长及边际利润相关的假设和方法。我们同时关注集团对于那些严重影响减值测试结果的假设进行披露的恰当性，即那些对确定商誉可恢复金额影响重大的假设。集团对商誉的披露包含在附注3中，其中特别说明了关键假设的微小变化会导致未来商誉金额发生减值。

2.金融工具的计量

集团关于结构化金融工具的披露包含在附注5中。

在集团投资的金融工具中，结构化金融工具占总额的×%。由于集团对金融工具的估价不是依据活跃市场中的价格作出的，所以在估价过程中度量方面存在重大不确定性。因而，这些工具的估价对我们的审计十分重要。集团认为，这些工具因其特有的结构和条款需要利用自建模型进行估价。我们质疑管理层使用这一模型的基本原理，并与治理层进行了沟通。最后，我们的结论是，集团使用这一模型是适当的。为此，我们的审计程序还包括了测试管理层针对该模型开发与校正的控制，并且确认管理层认为无须对模型的结果作出任何调整以反映该模型所依据的假设。这一假设也是市场参与者将在相似情况下使用的假设。

（四）管理层和治理层对财务报表的责任

管理层负责按照企业会计准则的规定编制财务报表，使其实现公允反映，并设计、执行和维护必要的内部控制，以使财务报表不存在由于舞弊或错误导致的重大错报。

在编制财务报表时，管理层负责评估公司的持续经营能力，披露与持续经营相关的事项（如适用），并运用持续经营假设，除非管理层计划清算公司、停止营运或别无其他现实的选择。

治理层负责监督公司的财务报告过程。

（五）注册会计师对财务报表审计的责任

我们的目标是对财务报表整体是否不存在由于舞弊或错误导致的重大错报获取合理保证，并出具包含审计意见的审计报告。合理保证是高水平的保证，但并不能保证按照审计准则执行的审计在某一重大错报存在时总能发现。错报可能由舞弊或错误所导致，如果合理预期错报单独或汇总起来可能影响财务报表使用者依据财务报表作出的经济决策，则错报是重大的。

在按照审计准则执行审计的过程中，我们运用了职业判断，保持了职业怀疑。我们同时：

（1）识别和评估由于舞弊或错误导致的财务报表重大错报风险；对这些风险有针对性地设计和实施审计程序；获取充分、适当的审计证据，作为发表审计意见的基础。由于舞弊可能涉及串通、伪造、故意遗漏、虚假陈述或凌驾于内部控制之上，未能发现由于舞弊导致的重大错报的风险高于未能发现由于错误导致的重大错报的风险。

（2）了解与审计相关的内部控制，以设计恰当的审计程序，但目的并非对内部控制的有效性发表意见。

（3）评价管理层选用会计政策的恰当性和作出会计估计及相关披露的合理性。

（4）对管理层使用持续经营假设的恰当性得出结论。同时，基于所获取的审计证据，对是否存在与事项或情况相关的重大不确定性，从而可能导致对公司的持续经营能力产生重大疑虑得出结论。如果我们得出结论认为存在重大不确定性，审计准则要求我们在审计报告中提请报告使用者注意财务报表中的相关披露；如果披露不充分，我们应当发表非无保留意见。我们的结论基于审计报告日可获得的信息。然而，未来的事项或情况可能导致公司不能持续经营。

（5）评价财务报表的总体列报、结构和内容（包括披露），并评价财务报表是否公允反映交易和事项。

除其他事项外，我们与治理层就计划的审计范围、时间安排和重大审计发现（包括我们在审计中识别的值得关注的内部控制缺陷）进行沟通。

我们还就遵守关于独立性的相关职业道德要求向治理层提供声明，并就可能被合理认为影响我们独立性的所有关系和其他事项，以及相关的防范措施（如适用）与治理层进行沟通。

从与治理层沟通的事项中，我们确定哪些事项对当期财务报表审计最为重要，因而构成关键审计事项。我们在审计报告中描述这些事项，除非法律法规不允许公开披露这些事项，或在极其罕见的情形下，如果合理预期在审计报告中沟通某事项造成的负面后果超过产生的公众利益方面的益处，我们确定不应在审计报告中沟通该事项。

二、按照相关法律法规的要求报告的事项

［本部分的格式和内容，取决于法律法规对其他报告责任的性质的规定。法律法规规范的事项（其他报告责任）应当在本部分处理，除非其他报告责任与审计准则所要求的报告责任涉及相同的主题。如果涉及相同的主题，其他报告责任可以在审计准则所要求的同一报告要素部分列示。当其他报告责任和审计准则所规定的报告责任涉及同一主题，并且审计报告中的措辞能够将其他报告责任与审计准则规定的责任予以清楚地区分（如差异存在）时，允许将两者合并列示（即包含在“对财务报表出具的审计报告”部分中，并使用

适当的副标题)。]

负责审计并出具审计报告的项目合伙人是×××。

××会计师事务所(盖章)

中国××市

中国注册会计师:×××(项目合伙人签名并盖章)

中国注册会计师:×××(签名并盖章)

2021年×月×日

第二节　非无保留意见的审计报告

一、非无保留意见的审计报告的种类及选择

(一)非无保留意见的含义及发表的情形

非无保留意见是指保留意见、否定意见和无法表示意见。

当存在表7-2所列情形之一时,注册会计师应当在审计报告中发表非无保留意见。

表7-2　非无保留意见发表的情形和具体表现

存在情形		具体表现
1. 财务报表整体存在重大错报	(1)选择的会计政策不恰当导致的重大错报	①选择的会计政策与适用的财务报告编制基础不一致; ②财务报表(包括相关附注)没有按照公允列报的方式反映交易和事项
	(2)对所选择的会计政策运用不当导致的重大错报	①管理层没有按照适用的财务报告编制基础的要求一贯运用所选择的会计政策(运用的一致性); ②不当运用所选择的会计政策(如运用中的无意错误)
	(3)披露的不恰当和不充分导致的重大错报	①财务报表中没有包括适用的财务报告编制基础要求的所有披露; ②财务报表的披露没有按照适用的财务报告编制基础列报; ③财务报表没有作出必要的披露以实现公允反映
2. 无法获取充分、适当的审计证据(审计范围受限制)	(1)超出被审计单位控制的情形	①被审计单位的会计记录已被毁坏; ②重要组成部分的会计记录已被政府有关机构无限期地查封
	(2)与注册会计师工作的性质或时间安排有关	①被审计单位需要使用权益法对联营企业进行核算,注册会计师无法获取有关联营企业财务信息充分、适当的审计证据以评价是否恰当运用了权益法; ②注册会计师接受审计委托的时间安排,使注册会计师无法实施存货监盘; ③注册会计师确定仅实施实质性程序是不充分的,但被审计单位的控制是无效的
	(3)管理层施加限制的情形	①管理层阻止注册会计师对存货进行监盘; ②管理层阻止注册会计师对特定账户余额实施函证

（二）确定非无保留意见的类型

注册会计师确定恰当的非无保留意见类型（见表7-3），取决于下列事项：(1) 导致非无保留意见的事项的性质，是财务报表存在重大错报，还是无法获取充分、适当的审计证据的情况下，财务报表可能存在重大错报；(2) 注册会计师就导致非无保留意见的事项对财务报表产生或可能产生影响的广泛性作出的判断。

表7-3 确定非无保留意见的类型

导致非无保留意见的事项的性质	这些事项对财务报表产生或可能产生影响的广泛性	
	重大但不具有广泛性	重大且具有广泛性
财务报表存在重大错报	保留意见	否定意见
无法获取充分、适当的审计证据	保留意见	无法表示意见

二、保留意见审计报告

（一）签发保留意见审计报告的条件

当存在下列情形之一时，注册会计师应当发表保留意见审计报告：

(1) 在获取充分、适当的审计证据后，注册会计师认为错报单独或汇总起来对财务报表影响重大，但不具有广泛性。

(2) 注册会计师无法获取充分、适当的审计证据以作为形成审计意见的基础，但认为未发现的错报（如存在）对财务报表可能产生的影响重大，但不具有广泛性。

（二）保留意见审计报告的基本内容与专业术语

保留意见审计报告的基本内容除了包括标准无保留意见审计报告的基本内容外，还应当将“形成审计意见的基础”这一标题修改为“形成保留意见的基础”，在该部分包含对导致发表保留意见的事项的描述。

如果财务报表中存在与具体金额（包括财务报表附注中的定量披露）相关的重大错报，注册会计师应当在形成审计意见的基础部分说明并量化该错报的财务影响。如果无法量化财务影响，注册会计师应当在该部分说明这一情况。如果财务报表中存在与叙述性披露相关的重大错报，注册会计师应当在形成审计意见的基础部分解释该错报错在何处。如果财务报表中存在与应披露而未披露信息相关的重大错报，注册会计师应当：(1) 与治理层讨论未披露信息的情况；(2) 在形成审计意见的基础部分描述未披露信息的性质；(3) 如果可行并且已针对未披露信息获取了充分、适当的审计证据，在形成审计意见的基础部分包含对未披露信息的披露，除非法律法规禁止。

如果因无法获取充分、适当的审计证据而导致发表保留意见，注册会计师应当在形成审计意见的基础部分说明无法获取审计证据的原因。

当由于财务报表存在重大错报而发表保留意见时，注册会计师应当根据适用的财务报告编制基础在审计意见部分说明：注册会计师认为，除形成保留意见的基础部分所述事项产生的影响外，财务报表在所有重大方面按照适用的财务报告编制基础编制，并实现公允反映。

当由于无法获取充分、适当的审计证据而导致发表保留意见时，注册会计师应当在审计意见部分使用“除……可能产生的影响外”等措辞。

下面是由于注册会计师无法获取充分、适当的审计证据而发表保留意见的审计报告实例：

审计报告

ABC股份有限公司全体股东：

一、对财务报表出具的审计报告

（一）保留意见

我们审计了ABC股份有限公司及其子公司（以下简称集团）合并财务报表，包括2020年12月31日的合并资产负债表，2020年度的合并利润表、合并现金流量表、合并股东权益变动表以及合并财务报表附注。

我们认为，除“形成保留意见的基础部分”所述事项可能产生的影响外，后附的集团合并财务报表在所有重大方面按照企业会计准则的规定编制，公允反映了集团2020年12月31日的合并财务状况以及2020年度的合并经营成果和合并现金流量。

（二）形成保留意见的基础

如财务报表附注×所述，集团于2020年取得了境外XYZ公司30%的股权，因能够对XYZ公司施加重大影响，故采用权益法核算该项股权投资，于2020年度确认对XYZ公司的投资收益×元，截至2020年12月31日合并资产负债表上反映的该项股权投资为×元。由于我们未被允许接触XYZ公司的财务信息、管理层和执行XYZ公司审计的注册会计师，我们无法就该项股权投资的账面价值以及集团确认的2020年度对XYZ公司的投资收益获取充分、适当的审计证据，也无法确定是否有必要对这些金额进行调整。

我们按照中国注册会计师审计准则的规定执行了审计工作。审计报告的“注册会计师对合并财务报表审计的责任”部分进一步阐述了我们在这些准则下的责任。按照中国注册会计师职业道德守则，我们独立于集团，并履行了职业道德方面的其他责任。我们相信，我们获取的审计证据是充分、适当的，为发表保留意见提供了基础。

（三）关键审计事项

关键审计事项是根据我们的职业判断，认为对本期财务报表审计最为重要的事项。这些事项是在对财务报表整体进行审计并形成意见的背景下进行处理的，我们不对这些事项提供单独的意见。除“形成保留意见的基础”部分所述事项外，我们确定下列事项是需要在审计报告中沟通的关键审计事项。

[按照《中国注册会计师审计准则第1504号——在审计报告中沟通关键审计事项》的规定描述每一关键审计事项。]

（四）管理层和治理层对财务报表的责任

管理层负责按照企业会计准则的规定编制财务报表，使其实现公允反映，并设计、执行和维护必要的内部控制，以使财务报表不存在由于舞弊或错误导致的重大错报。

在编制财务报表时，管理层负责评估公司的持续经营能力，披露与持续经营相关的事项（如适用），并运用持续经营假设，除非管理层计划清算公司、停止营运或别无其他现实的选择。

治理层负责监督公司的财务报告过程。

（五）注册会计师对财务报表审计的责任

我们的目标是对财务报表整体是否不存在由于舞弊或错误导致的重大错报获取合理保证，并出具包含审计意见的审计报告。合理保证是高水平的保证，但并不能保证按照审计准则执行的审计在某一重大错报存在时总能发现。错报可能由舞弊或错误所导致，如果合理预期错报单独或汇总起来可能影响财务报表使用者依据财务报表作出的经济决策，则错报是重大的。

在按照审计准则执行审计的过程中，我们运用了职业判断，保持了职业怀疑。我们同时：

（1）识别和评估由于舞弊或错误导致的财务报表重大错报风险；对这些风险有针对性地设计和实施审计程序；获取充分、适当的审计证据，作为发表审计意见的基础。由于舞弊可能涉及串通、伪造、故意遗漏、虚假陈述或凌驾于内部控制之上，未能发现由于舞弊导致的重大错报的风险高于未能发现由于错误导致的重大错报的风险。

（2）了解与审计相关的内部控制，以设计恰当的审计程序，但目的并非对内部控制的有效性发表意见。

（3）评价管理层选用会计政策的恰当性和作出会计估计及相关披露的合理性。

（4）对管理层使用持续经营假设的恰当性得出结论。同时，基于所获取的审计证据，对是否存在与事项或情况相关的重大不确定性，从而可能导致对公司的持续经营能力产生重大疑虑得出结论。如果我们得出结论认为存在重大不确定性，审计准则要求我们在审计报告中提请报告使用者注意财务报表中的相关披露；如果披露不充分，我们应当发表非无保留意见。我们的结论基于审计报告日可获得的信息。然而，未来的事项或情况可能导致公司不能持续经营。

（5）评价财务报表的总体列报、结构和内容（包括披露），并评价财务报表是否公允反映交易和事项。

除其他事项外，我们与治理层就计划的审计范围、时间安排和重大审计发现（包括我们在审计中识别的值得关注的内部控制缺陷）进行沟通。

我们还就遵守关于独立性的相关职业道德要求向治理层提供声明，并就可能被合理认为影响我们独立性的所有关系和其他事项，以及相关的防范措施（如适用）与治理层进行沟通。

从与治理层沟通的事项中，我们确定哪些事项对当期财务报表审计最为重要，因而构成关键审计事项。我们在审计报告中描述这些事项，除非法律法规不允许公开披露这些事项，或在极其罕见的情形下，如果合理预期在审计报告中沟通某事项造成的负面后果超过产生的公众利益方面的益处，我们确定不应在审计报告中沟通该事项。

二、按照相关法律法规的要求报告的事项

（略）

负责审计并出具审计报告的项目合伙人是×××。

××会计师事务所（盖章）

中国××市

中国注册会计师：×××（项目合伙人签名并盖章）

中国注册会计师：×××（签名并盖章）

2021年×月×日

三、否定意见审计报告

（一）签发否定意见审计报告的条件

否定意见是指注册会计师认为财务报表没有在所有重大方面按照适用的财务报告编制基础编制，未能实现公允反映被审计单位的财务状况、经营成果和现金流量而发表的审计意见。否定意见说明被审计单位的财务报表不能信赖，因此，无论是注册会计师，还是被审计单位都不希望发表此类意见，因而在审计实务中发表否定意见的情况极其罕见。

在获取充分、适当的审计证据后，如果认为错报单独或汇总起来对财务报表的影响重大且具有广泛性，注册会计师应当发表否定意见。

（二）否定意见审计报告的基本内容与关键措辞

否定意见审计报告的基本内容除了包括标准无保留意见审计报告的基本内容外，还应当将“形成审计意见的基础”这一标题修改为“形成否定意见的基础”，在该部分包含对导致发表否定意见的事项的描述，说明注意到的、将导致发表否定意见的所有其他事项及其影响。

在发表否定意见时，注册会计师应当对审计意见部分使用恰当的标题——“否定意见”。

当发表否定意见时，注册会计师应当根据适用的财务报告编制基础在审计意见部分说明：注册会计师认为，由于形成否定意见的基础部分所述事项的重要性，财务报表没有在所有重大方面按照适用的财务报告编制基础编制，未能实现公允反映。

当发表否定意见时，注册会计师应当在形成否定意见的基础部分说明：注册会计师获取了充分、适当的审计证据以作为形成否定审计意见的基础。

下面是由于合并财务报表存在重大错报而发表否定意见的审计报告实例：

审计报告

ABC股份有限公司全体股东：

一、对财务报表出具的审计报告

（一）否定意见

我们审计了ABC股份有限公司及其子公司（以下简称集团）的合并财务报表，包括2020年12月31日的合并资产负债表，2020年度的合并利润表、合并现金流量表、合并股东权益变动表以及合并财务报表附注。

我们认为，由于“形成否定意见的基础”部分所述事项的重要性，后附的集团合并财务报表没有在所有重大方面按照企业会计准则的规定编制，未能公允反映集团2020年12月31日的合并财务状况以及2020年度的合并经营成果和合并现金流量。

（二）形成否定意见的基础

如财务报表附注×所述，2020年集团通过非同一控制下的企业合并获得对XYZ公司的控制权，因未能取得购买日XYZ公司某些重要资产和负债的公允价值，故未将XYZ公司纳入合并财务报表的范围。按照企业会计准则的规定，该集团应将这一子公司纳入合并范围，并以暂估金额为基础核算该项收购。如果将XYZ公司纳入合并财务报表的范围，后附的集团合并财务报表的多个报表项目将受到重大影响。但我们无法确定未将XYZ公司纳入合并范围对合并财务报表产生的影响。

我们按照中国注册会计师审计准则的规定执行了审计工作。审计报告的“注册会计师对合并财务报表审计的责任”部分进一步阐述了我们在这些准则下的责任。按照中国注册会计师职业道德守则，我们独立于集团，并履行了职业道德方面的其他责任。我们相信，我们获取的审计证据是充分、适当的，为发表否定意见提供了基础。

（三）关键审计事项

除“形成否定意见的基础”部分所述事项外，我们认为，没有其他需要在我们的报告中沟通的关键审计事项。

（四）管理层和治理层对财务报表的责任

管理层负责按照企业会计准则的规定编制财务报表，使其实现公允反映，并设计、执行和维护必要的内部控制，以使财务报表不存在由于舞弊或错误导致的重大错报。

在编制财务报表时，管理层负责评估公司的持续经营能力，披露与持续经营相关的事项（如适用），并运用持续经营假设，除非管理层计划清算公司、停止营运或别无其他现实的选择。

治理层负责监督公司的财务报告过程。

（五）注册会计师对财务报表审计的责任

我们的目标是对财务报表整体是否不存在由于舞弊或错误导致的重大错报获取合理保证，并出具包含审计意见的审计报告。合理保证是高水平的保证，但并不能保证按照审计准则执行的审计在某一重大错报存在时总能发现。错报可能由舞弊或错误所导致，如果合理预期错报单独或汇总起来可能影响财务报表使用者依据财务报表作出的经济决策，则错报是重大的。

在按照审计准则执行审计的过程中，我们运用了职业判断，保持了职业怀疑。我们同时：

（1）识别和评估由于舞弊或错误导致的财务报表重大错报风险；对这些风险有针对性地设计和实施审计程序；获取充分、适当的审计证据，作为发表审计意见的基础。由于舞弊可能涉及串通、伪造、故意遗漏、虚假陈述或凌驾于内部控制之上，未能发现由于舞弊导致的重大错报的风险高于未能发现由于错误导致的重大错报的风险。

（2）了解与审计相关的内部控制，以设计恰当的审计程序，但目的并非对内部控制的有效性发表意见。

（3）评价管理层选用会计政策的恰当性和作出会计估计及相关披露的合理性。

（4）对管理层使用持续经营假设的恰当性得出结论。同时，基于所获取的审计证据，对是否存在与事项或情况相关的重大不确定性，从而可能导致对公司的持续经营能力产生重大疑虑得出结论。如果我们得出结论认为存在重大不确定性，审计准则要求我们在审计报告中提请报告使用者注意财务报表中的相关披露；如果披露不充分，我们应当发表非无保留意见。我们的结论基于审计报告日可获得的信息。然而，未来的事项或情况可能导致公司不能持续经营。

（5）评价财务报表的总体列报、结构和内容（包括披露），并评价财务报表是否公允反映交易和事项。

除其他事项外，我们与治理层就计划的审计范围、时间安排和重大审计发现（包括我们在审计中识别的值得关注的内部控制缺陷）进行沟通。

我们还就遵守关于独立性的相关职业道德要求向治理层提供声明，并就可能被合理认为影响我们独立性的所有关系和其他事项，以及相关的防范措施（如适用）与治理层进行沟通。

从与治理层沟通的事项中，我们确定哪些事项对当期财务报表审计最为重要，因而构成关键审计事项。我们在审计报告中描述这些事项，除非法律法规不允许公开披露这些事项，或在极其罕见的情形下，如果合理预期在审计报告中沟通某事项造成的负面后果超过产生的公众利益方面的益处，我们确定不应在审计报告中沟通该事项。

二、按照相关法律法规的要求报告的事项

（略）

负责审计并出具审计报告的项目合伙人是×××。

××会计师事务所（盖章）

中国××市

中国注册会计师：×××（项目合伙人签名并盖章）

中国注册会计师：×××（签名并盖章）

2021年×月×日

四、无法表示意见审计报告

（一）签发无法表示意见审计报告的条件

无法表示意见是指注册会计师不能就被审计单位财务报表整体是否在所有重大方面按照适用的财务报告编制基础编制，以及是否公允反映其财务状况、经营成果和现金流量发表审计意见，也即对被审计单位的财务报表既不发表无保留意见或保留意见，也不发表否定意见。

注册会计师发表无法表示意见，不同于注册会计师拒绝接受委托，它是在注册会计师实施了必要审计程序后所形成的结论。注册会计师发表无法表示意见，不是注册会计师不愿意发表无保留、保留或否定意见，而是由于一些重大限制使得注册会计师无法实施必要的审计程序，未能对一些重大事项获得充分、适当的审计证据，从而不能对财务报表整体发表意见。

如果无法获取充分、适当的审计证据以作为形成审计意见的基础，但认为未发现的错报（如存在）对财务报表可能产生的影响重大且具有广泛性，注册会计师应当发表无法表示意见。

在极其罕见的情况下，可能存在多个不确定事项。尽管注册会计师对每个单独的不确定事项获取了充分、适当的审计证据，但由于不确定事项之间可能存在相互影响，以及可能对财务报表产生累积影响，注册会计师不可能对财务报表形成审计意见。在这种情况下，注册会计师应当发表无法表示意见。

典型的审计范围受到限制的情况有：（1）未能对存货进行监盘；（2）未能对应收账款进行函证；（3）未能取得被投资企业的财务报表；（4）内部控制极度混乱，会计记录缺乏系统性与完整性等。

在承接审计业务后，如果注意到管理层对审计范围施加了限制，且认为这些限制可能导致对财务报表发表保留意见或无法表示意见，注册会计师应当要求管理层消除这些限制。如果管理层拒绝消除这些限制，除非治理层全部成员参与管理被审计单位，注册会计师应当就此事项与治理层沟通，并确定能否实施替代程序以获取充分、适当的审计证据。

如果无法获取充分、适当的审计证据，注册会计师应当通过下列方式确定其影响：(1) 如果未发现的错报（如存在）可能对财务报表产生的影响重大，但不具有广泛性，注册会计师应当发表保留意见。(2) 如果未发现的错报（如存在）可能对财务报表产生的影响重大且具有广泛性，以至于发表保留意见不足以反映情况的严重性，注册会计师应当在可行时解除业务约定（除非法律法规禁止）；如果在出具审计报告之前解除业务约定被禁止或不可行，应当发表无法表示意见。如果解除业务约定，注册会计师应当在解除业务约定前，与治理层沟通在审计过程中发现的、将会导致发表非无保留意见的所有错报事项。

（二）无法表示意见审计报告的基本内容与关键措辞

无法表示意见审计报告的基本内容，在标准无保留审计报告基本内容的基础上进行多方面的修正。

在发表无法表示意见时，注册会计师应当对审计意见部分使用“无法表示意见”作为标题。

在审计意见部分，只强调“我们接受委托”，而非“我们审计了……”。

“形成审计意见的基础”这一标题修改为“形成无法表示意见的基础”，在该部分包含对导致发表无法表示意见的事项的描述，说明注册会计师无法获取审计证据的原因，以及注意到的、将导致发表无法表示意见的所有其他事项及其影响。

当由于无法获取充分、适当的审计证据而发表无法表示意见时，注册会计师应当：(1) 说明注册会计师不对后附的财务报表发表审计意见；(2) 说明由于形成无法表示意见的基础部分所述事项的重要性，注册会计师无法获取充分、适当的审计证据以作为对财务报表发表审计意见的基础；(3) 修改财务报表已经审计的说明，改为注册会计师接受委托审计财务报表。

当注册会计师对财务报表发表无法表示意见时，审计报告中不应当包含标准无保留意见审计报告中的下列要素：(1) 提及审计报告中用于描述注册会计师责任的部分；(2) 说明注册会计师是否已获取充分、适当的审计证据以作为形成审计意见的基础。

当由于无法获取充分、适当的审计证据而发表无法表示意见时，注册会计师应当修改标准无保留意见审计报告中对注册会计师责任的表述，并仅能包含如下内容：(1) 说明注册会计师的责任是按照中国注册会计师审计准则的规定，对被审计单位财务报表执行审计工作，以出具审计报告；(2) 但由于形成无法表示意见的基础部分所述的事项，注册会计师无法获取充分、适当的审计证据以作为发表审计意见的基础；(3) 说明注册会计师在独立性和职业道德其他要求方面的责任。

当对财务报表发表无法表示意见时，注册会计师不得在审计报告中包含关键审计事项部分，除非法律法规另有规定。

下面是由于注册会计师无法针对财务报表多个要素获取充分、适当的审计证据而发表无法表示意见的审计报告实例：

审计报告

ABC股份有限公司全体股东：

一、对财务报表出具的审计报告

（一）无法表示意见

我们接受委托，审计ABC股份有限公司（以下简称公司）财务报表，包括2020年12月31日的资产负债表，2020年度的利润表、现金流量表、股东权益变动表以及财务报表附注。

我们不对后附的公司财务报表发表审计意见。由于“形成无法表示意见的基础”部分所述事项的重要性，我们无法获取充分、适当的审计证据以作为发表审计意见的基础。

（二）形成无法表示意见的基础

我们于2021年1月接受公司的审计委托，因而未能对公司2020年年初金额为×元的存货和年末金额为×元的存货实施监盘程序。此外，我们也无法实施替代审计程序获取充分、适当的审计证据。并且，公司于2020年9月采用新的应收账款电算化系统，由于存在系统缺陷导致应收账款出现大量错误。截至报告日，管理层仍在纠正系统缺陷并更正错误，我们也无法实施替代审计程序，以对截至2020年12月31日的应收账款总额×元获取充分、适当的审计证据。因此，我们无法确定是否有必要对存货、应收账款以及财务报表其他项目作出调整，也无法确定应调整的金额。

（三）管理层和治理层对财务报表的责任

管理层负责按照企业会计准则的规定编制财务报表，使其实现公允反映，并设计、执行和维护必要的内部控制，以使财务报表不存在由于舞弊或错误导致的重大错报。

在编制财务报表时，管理层负责评估公司的持续经营能力，披露与持续经营相关的事项（如适用），并运用持续经营假设，除非管理层计划清算公司、停止营运或别无其他现实的选择。

治理层负责监督公司的财务报告过程。

（四）注册会计师对财务报表审计的责任

我们的责任是按照中国注册会计师审计准则的规定，对被审计单位财务报表执行审计工作，以出具审计报告。但由于“形成无法表示意见的基础”部分所述的事项，我们无法获取充分、适当的审计证据以作为发表审计意见的基础。

按照中国注册会计师职业道德守则，我们独立于公司，并履行了职业道德方面的其他责任。

二、对其他法律和监管要求的报告

（略）

××会计师事务所（盖章）

中国××市

中国注册会计师：×××（项目合伙人签名并盖章）

中国注册会计师：×××（签名并盖章）

2021年×月×日

第三节 在审计报告中增加强调事项段和其他事项段

一、带强调事项段的审计报告

（一）强调事项段的含义、条件及适用的情形

1.强调事项段的含义

强调事项段是指审计报告中含有的一个段落，该段落提及已在财务报表中恰当列报或披露的事项，根据注册会计师的职业判断，该事项对财务报表使用者理解财务报表至关重要。

2.增加强调事项段的条件

如果认为有必要提醒财务报表使用者关注已在财务报表中列报或披露，且根据职业判断认为对财务报表使用者理解财务报表至关重要的事项，在同时满足下列条件时，注册会计师应当在审计报告中增加强调事项段：（1）该事项不会导致注册会计师按照《中国注册会计师审计准则第1502号——在审计报告中发表非无保留意见》的规定发表非无保留意见；（2）当《中国注册会计师审计准则第1504号——在审计报告中沟通关键审计事项》适用时，该事项未被确定为将要在审计报告中沟通的关键审计事项。

3.增加强调事项段的具体情形

审计准则中要求增加强调事项段的具体情况有：（1）《中国注册会计师审计准则第1111号——就审计业务约定条款达成一致意见》中规定，如果相关部门要求采用的财务报告编制基础不适用于被审计单位的具体情况，管理层需要在财务报表中对此作出额外披露，以避免财务报表产生误导；在审计报告中增加强调事项段，以提醒使用者关注额外披露。（2）《中国注册会计师审计准则第1332号——期后事项》中规定了两种情况：第一种情况，在审计报告日后至财务报表报出日前，如果知悉了某事实，且若在审计报告日知悉该事实可能导致修改审计报告。第二种情况，在财务报表报出后，如果知悉了某事实，且若在审计报告日知悉该事实可能导致修改审计报告。

（二）带强调事项段的审计报告的措辞及举例

如果在审计报告中包含强调事项段，注册会计师应当采取下列措施：（1）将强调事项段作为单独的一部分置于审计报告中，并使用包含“强调事项”这一术语的适当标题；（2）明确提及被强调事项以及相关披露的位置，以便能够在财务报表中找到对该事项的详细描述。强调事项段应当仅提及已在财务报表中列报或披露的信息；（3）指出审计意见没有因该强调事项而改变。

下面是当注册会计师确定持续经营存在重大不确定性，且财务报表已作出充分披露时，出具无保留意见的审计报告的实例：

审计报告

ABC股份有限公司全体股东：

一、对财务报表出具的审计报告

（一）审计意见

我们审计了ABC股份有限公司（以下简称公司）财务报表，包括2020年12月31日

的资产负债表，2020年度的利润表、现金流量表、所有者权益变动表以及财务报表附注。

我们认为，后附的财务报表在所有重大方面按照企业会计准则的规定编制，公允反映了公司2020年12月31日的财务状况以及2020年度的经营成果和现金流量。

（二）形成审计意见的基础

我们按照中国注册会计师审计准则的规定执行了审计工作。审计报告的“注册会计师对财务报表审计的责任”部分进一步阐述了我们在这些准则下的责任。按照中国注册会计师职业道德守则，我们独立于公司，并履行了职业道德方面的其他责任。我们相信，我们获取的审计证据是充分、适当的，为发表审计意见提供了基础。

（三）与持续经营相关的重大不确定性

我们提醒财务报表使用者关注财务报表附注×，该附注表明在截至2020年12月31日的会计年度，公司发生净亏损×元，且在2020年12月31日，公司流动负债高于资产总额×元。如财务报表附注×所述，这些事项或情况，连同附注×所述的其他事项，表明存在可能导致对公司持续经营能力产生重大疑虑的重大不确定性。该事项不影响已发表的审计意见。

（四）关键审计事项

关键审计事项是根据我们的职业判断，认为对本期财务报表审计最为重要的事项。这些事项是在对财务报表整体进行审计并形成意见的背景下进行处理的，我们不对这些事项提供单独的意见。

[按照《中国注册会计师审计准则第1504号——在审计报告中沟通关键审计事项》的规定描述每一关键审计事项。]

（五）管理层和治理层对财务报表的责任

管理层负责按照企业会计准则的规定编制财务报表，使其实现公允反映，并设计、执行和维护必要的内部控制，以使财务报表不存在由于舞弊或错误导致的重大错报。

在编制财务报表时，管理层负责评估公司的持续经营能力，披露与持续经营相关的事项（如适用），并运用持续经营假设，除非管理层计划清算公司、停止营运或别无其他现实的选择。

治理层负责监督公司的财务报告过程。

（六）注册会计师对财务报表审计的责任

我们的目标是对财务报表整体是否不存在由于舞弊或错误导致的重大错报获取合理保证，并出具包含审计意见的审计报告。合理保证是高水平的保证，但并不能保证按照审计准则执行的审计在某一重大错报存在时总能发现。错报可能由舞弊或错误所导致，如果合理预期错报单独或汇总起来可能影响财务报表使用者依据财务报表作出的经济决策，则错报是重大的。

在按照审计准则执行审计的过程中，我们运用了职业判断，保持了职业怀疑。我们同时：

（1）识别和评估由于舞弊或错误导致的财务报表重大错报风险；对这些风险有针对性地设计和实施审计程序；获取充分、适当的审计证据，作为发表审计意见的基础。由于舞弊可能涉及串通、伪造、故意遗漏、虚假陈述或凌驾于内部控制之上，未能发现由于舞弊导致的重大错报的风险高于未能发现由于错误导致的重大错报的风险。

（2）了解与审计相关的内部控制，以设计恰当的审计程序，但目的并非对内部控制的有效性发表意见。

（3）评价管理层选用会计政策的恰当性和作出会计估计及相关披露的合理性。

（4）对管理层使用持续经营假设的恰当性得出结论。同时，基于所获取的审计证据，对是否存在与事项或情况相关的重大不确定性，从而可能导致对公司的持续经营能力产生重大疑虑得出结论。如果我们得出结论认为存在重大不确定性，审计准则要求我们在审计报告中提请报告使用者注意财务报表中的相关披露；如果披露不充分，我们应当发表非无保留意见。我们的结论基于审计报告日可获得的信息。然而，未来的事项或情况可能导致公司不能持续经营。

（5）评价财务报表的总体列报、结构和内容（包括披露），并评价财务报表是否公允反映交易和事项。

除其他事项外，我们与治理层就计划的审计范围、时间安排和重大审计发现（包括我们在审计中识别的值得关注的内部控制缺陷）进行沟通。

我们还就遵守关于独立性的相关职业道德要求向治理层提供声明，并就可能被合理认为影响我们独立性的所有关系和其他事项，以及相关的防范措施（如适用）与治理层进行沟通。

从与治理层沟通的事项中，我们确定哪些事项对当期财务报表审计最为重要，因而构成关键审计事项。我们在审计报告中描述这些事项，除非法律法规不允许公开披露这些事项，或在极其罕见的情形下，如果合理预期在审计报告中沟通某事项造成的负面后果超过产生的公众利益方面的益处，我们确定不应在审计报告中沟通该事项。

二、对其他法律和监管要求的报告

（略）

负责审计并出具审计报告的项目合伙人是×××。

××会计师事务所（盖章）

中国××市

中国注册会计师：×××（项目合伙人签名并盖章）
中国注册会计师：×××（签名并盖章）
2021年×月×日

二、带其他事项段的审计报告

（一）其他事项段的含义及适用的情形

1.其他事项段的含义

其他事项段是指审计报告中含有的一个段落，该段落提及未在财务报表中列报或披露的事项，根据注册会计师的职业判断，该事项与财务报表使用者理解审计工作、注册会计师的责任或审计报告相关。

2. 增加其他事项段的条件

如果认为有必要沟通虽然未在财务报表中列报或披露，但根据职业判断认为与财务报表使用者理解审计工作、注册会计师的责任或审计报告相关的事项，在同时满足下列条件时，注册会计师应当在审计报告中增加其他事项段：（1）未被法律法规禁止；（2）当《中国注册会计师审计准则第 1504 号——在审计报告中沟通关键审计事项》适用时，该事项未被确定为将要在审计报告中沟通的关键审计事项。

3.需要增加其他事项段的情形

增加其他事项段的具体情况有：(1)《中国注册会计师审计准则第1332号——期后事项》中规定的具体要求与强调事项段相同。(2)《中国注册会计师审计准则第1511号——比较信息：对应数据和比较财务报表》中规定，如果上期财务报表已由前任注册会计师审计，并且法律法规不禁止注册会计师提及前任注册会计师对对应数据出具的审计报告，当注册会计师决定提及时，应当在审计报告的其他事项段中说明：①上期财务报表已由前任注册会计师审计；②前任注册会计师发表的意见的类型（如果是非无保留意见，还应当说明发表非无保留意见的理由）；③前任注册会计师出具的审计报告的日期。(3) 如果上期财务报表未经审计，注册会计师应当在审计报告的其他事项段中说明对应数据未经审计。但这种说明并不减轻注册会计师获取充分、适当的审计证据，以确定期初余额不含有严重影响本期财务报表的错报的责任。(4) 当结合本期审计对上期财务报表出具审计报告时，如果对上期财务报表发表的意见与以前发表的意见不同，注册会计师应当在其他事项段中披露导致不同意见的实质性原因。(5) 如果上期财务报表已由前任注册会计师审计，除非前任注册会计师对上期财务报表重新出具审计报告；否则，注册会计师除对本期财务报表发表意见外，还应当在其他事项段中说明：①上期财务报表已由前任注册会计师审计；②前任注册会计师发表的意见类型（如果发表非无保留意见，还应当说明理由）；③前任注册会计师出具审计报告的日期。

（二）带其他事项段的审计报告的措辞及举例

如果在审计报告中包含其他事项段，注册会计师应当将该段落作为单独的一部分，并使用“其他事项”或其他适当标题。其他事项段应置于关键审计事项部分之后。如果其他事项段的内容与其他报告责任部分相关，这一段落也可以置于审计报告的其他位置。

下面是带其他事项段的无保留意见审计报告的实例：

审计报告

ABC股份有限公司全体股东：

一、对财务报表出具的审计报告

（一）审计意见

我们审计了 ABC 股份有限公司（以下简称公司）财务报表，包括 2020年 12 月 31 日的资产负债表，2020年度的利润表、现金流量表、所有者权益变动表以及财务报表附注。

我们认为，后附的财务报表在所有重大方面按照企业会计准则的规定编制，公允反映了公司 2020 年 12 月 31 日的财务状况以及2020年度的经营成果和现金流量。

（二）形成审计意见的基础

我们按照中国注册会计师审计准则的规定执行了审计工作。审计报告的“注册会计师对财务报表审计的责任”部分进一步阐述了我们在这些准则下的责任。按照中国注册会计师职业道德守则，我们独立于公司，并履行了职业道德方面的其他责任。我们相信，我们获取的审计证据是充分、适当的，为发表审计意见提供了基础。

（三）强调事项

我们提醒财务报表使用者注意财务报表附注×，该附注描述了火灾对公司的生产设备造成的影响。本段内容不影响已发表的审计意见。

（四）关键审计事项

关键审计事项是根据我们的职业判断，认为对本期财务报表审计最为重要的事项。这些事项是在对财务报表整体进行审计并形成意见的背景下进行处理的，我们不对这些事项提供单独的意见。

[按照《中国注册会计师审计准则第1504号——在审计报告中沟通关键审计事项》的规定描述每一关键审计事项。]

（五）其他事项

2019年12月31日的资产负债表，2019年度的利润表、现金流量表、股东权益变动表以及财务报表附注由其他会计师事务所审计，并于2020年3月31日发表了无保留意见。

（六）管理层和治理层对财务报表的责任

管理层负责按照企业会计准则的规定编制财务报表，使其实现公允反映，并设计、执行和维护必要的内部控制，以使财务报表不存在由于舞弊或错误导致的重大错报。

在编制财务报表时，管理层负责评估公司的持续经营能力，披露与持续经营相关的事项（如适用），并运用持续经营假设，除非管理层计划清算公司、停止营运或别无其他现实的选择。

治理层负责监督公司的财务报告过程。

（七）注册会计师对财务报表审计的责任

我们的目标是对财务报表整体是否不存在由于舞弊或错误导致的重大错报获取合理保证，并出具包含审计意见的审计报告。合理保证是高水平的保证，但并不能保证按照审计准则执行的审计在某一重大错报存在时总能发现。错报可能由舞弊或错误所导致，如果合理预期错报单独或汇总起来可能影响财务报表使用者依据财务报表作出的经济决策，则错报是重大的。

在按照审计准则执行审计的过程中，我们运用了职业判断，保持了职业怀疑。我们同时：

（1）识别和评估由于舞弊或错误导致的财务报表重大错报风险；对这些风险有针对性地设计和实施审计程序；获取充分、适当的审计证据，作为发表审计意见的基础。由于舞弊可能涉及串通、伪造、故意遗漏、虚假陈述或凌驾于内部控制之上，未能发现由于舞弊导致的重大错报的风险高于未能发现由于错误导致的重大错报的风险。

（2）了解与审计相关的内部控制，以设计恰当的审计程序，但目的并非对内部控制的有效性发表意见。

（3）评价管理层选用会计政策的恰当性和作出会计估计及相关披露的合理性。

（4）对管理层使用持续经营假设的恰当性得出结论。同时，基于所获取的审计证据，对是否存在与事项或情况相关的重大不确定性，从而可能导致对公司的持续经营能力产生重大疑虑得出结论。如果我们得出结论认为存在重大不确定性，审计准则要求我们在审计报告中提请报告使用者注意财务报表中的相关披露；如果披露不充分，我们应当发表非无保留意见。我们的结论基于审计报告日可获得的信息。然而，未来的事项或情况可能导致公司不能持续经营。

(5) 评价财务报表的总体列报、结构和内容（包括披露），并评价财务报表是否公允反映交易和事项。

除其他事项外，我们与治理层就计划的审计范围、时间安排和重大审计发现（包括我们在审计中识别的值得关注的内部控制缺陷）进行沟通。

我们还就遵守关于独立性的相关职业道德要求向治理层提供声明，并就可能被合理认为影响我们独立性的所有关系和其他事项，以及相关的防范措施（如适用）与治理层进行沟通。

从与治理层沟通的事项中，我们确定哪些事项对当期财务报表审计最为重要，因而构成关键审计事项。我们在审计报告中描述这些事项，除非法律法规不允许公开披露这些事项，或在极其罕见的情形下，如果合理预期在审计报告中沟通某事项造成的负面后果超过产生的公众利益方面的益处，我们确定不应在审计报告中沟通该事项。

二、对其他法律和监管要求的报告

（略）

负责审计并出具审计报告的项目合伙人是×××。

××会计师事务所（盖章）

中国××市

中国注册会计师：×××（项目合伙人签名并盖章）

中国注册会计师：×××（签名并盖章）

2021年×月×日

第四节 审计报告的编制

编制审计报告是一项严格而细致的工作。为确保审计报告的质量，注册会计师应掌握编制审计报告的步骤和要求，认真做好审计报告的编制工作。

一、审计报告的编写要求

为便于各财务报表的使用者根据审计意见来了解和判断被审计单位的财务状况、经营成果和现金流量，发挥审计报告的作用，编制审计报告时，应符合下列基本要求：

（一）内容要全面完整

审计报告是会计师事务所提供给各财务报表使用者的“产品”，使用者要根据审计意见，对被审计单位的财务状况、经营成果和现金流量作出正确判断。所以，注册会计师编制审计报告时，内容一定要全面、完整。注册会计师出具的每一份审计报告都应该包括审计报告准则中规定的基本要素，其中每一部分都应按要求进行撰写。

（二）相关责任界限分明

新审计报告准则对注册会计师的审计责任和管理层的责任方面的规定进一步明确。注册会计师的责任是在实施审计工作的基础上对财务报表发表审计意见。被审计单位管理层的责任是设计、实施和维护与财务报表编制相关的内部控制，以使财务报表不存在由于舞弊或错误而导致的重大错报；选择和运用恰当的会计政策，作出合理的会计估计。这种规定使会计责任的规定与财务报表的关系更清晰、更紧密，并且增大了实务中的可辨别性。

这样只要在审计报告中明确提及，以后一旦涉及法律诉讼，责任是否在管理层会一目了然。

（三）审计证据确凿充分

注册会计师应当复核与评价根据审计证据得出的结论，以作为对财务报表发表意见的基础。审计报告是向使用者传递信息，提供其决策的依据。因此，审计报告所列的事实必须证据确凿充分，这也是发挥审计报告作用的关键所在。为此，审计报告一定要从实际出发，凭事实说话，不可虚构证据，提供伪证。

审计报告是注册会计师对被审计单位特定时期内与财务报表反映有关的所有重大方面发表审计意见，并不是对被审计单位的全部经营管理活动发表审计意见。在使用审计报告时必须明确这一点。注册会计师应当要求委托人按照审计业务约定书的要求使用审计报告。委托人或其他第三者因使用审计报告不当所造成的后果，与注册会计师及其所在的会计师事务所无关。

小经验7-1

有效的写作技巧

审计报告具有鉴证、保护和证明三方面的作用，但这些效果能否实现有赖于写作的质量和清晰度。有效的写作技巧包括：(1) 注重审计证据的收集和审计工作底稿的填写。信息能丰富写作的内容并加快写作速度。如果注册会计师收集的审计证据充分、适当，并且在审计工作底稿中及时记录，同时写明恰当的审计结论。这样可使注册会计师避免将时间花费在重新组织和写作上。(2) 语句应短小、简单。审计报告中某些段落的一些信息，是具有技术性质的。各被审计单位经济业务上的不同，以及不同的业务人员对他们使用的有关技术和系统的术语表述不同，使注册会计师的写作也变得相对复杂。在这些情况下，语句短小、简单是非常重要的。长句通常模糊，容易有语病。如果忽略这一简单原则，一些较长的语句中因掺杂着没有价值的“垃圾”词语，必将削弱写作的效果。(3) 多用主动语态。主动语态通常更加简短、生动和自然，被审计单位对存在的问题表达易于接受。与主动语态相比，被动语态趋于沉闷，还会削弱表现力，显得不够清楚。(4) 使用清楚、常见的词语。注册会计师不应认为理解只是读者的责任。这一重任应在作者身上。所有的复杂问题、情况都应被简单、清楚，而又不失准确地加以表达。因此，注册会计师必须不断地对措辞进行推敲，以求恰当和准确。

资料来源　蒋武．基础审计［M］．北京：高等教育出版社，2002；莱特里夫．内部审计原理与技术［M］．李学柔，等译．北京：中国审计出版社，1999.

二、审计报告的编写步骤

注册会计师按业务循环完成各种审计测试之后应进入更具综合性的审计工作。审计报告编制前的工作主要包括：编制审计差异调整表和试算平衡表；获取管理当局声明书；获取律师声明书；执行分析程序；撰写审计总结；完成审计工作底稿的复核；评价审计结果以及就审计结果和审计报告意见类型等审计事项与被审计单位进行沟通。在以上工作完成之后，进入审计报告的编写工作。审计报告一般由审计项目负责人编制。编制审计报告时，审计项目负责人应当仔细查阅注册会计师的审计是否严格遵循了注册会计师审计准则的要求，被审计单位是否按照企业会计准则及国家其他有关财务会计法规的规定以及有关协议、合同、章程的要求进行会计核算，编制财务报表等，使注册会计师能够在按照注册会计师审计准则要求进行审计并形成一整套审计工作底稿的基础上，根据被审计单位对国家有关规定和经济关系人有关要求的执行情况，提出客观、公正、实事求是的审计意见。一般来说，编制审计报告需经过以下几个步骤：

（一）整理和分析审计工作底稿

在外勤审计过程中，注册会计师所积累的审计工作底稿是分散的、不系统的。编制审计报告时，注册会计师应根据委托审计的内容、范围和要求，对审计工作底稿进行整理和分析，全面总结审计工作。注册会计师及其助理人员都应整理好自己的工作底稿，回顾是否存在遗漏的环节，着重列举审计中发现的问题。审计项目负责人应对全部审计工作底稿进行综合分析，并对注册会计师审计过程中是否遵循了注册会计师审计准则要求进行检查，对审计工作底稿作出综合结论，形成书面记录。

（二）提请被审计单位对财务报表进行调整和披露

注册会计师在整理和分析审计工作底稿的基础上，向被审计单位通报审计情况、初步结论和应调整财务报表的事项以及应在财务报表附注中予以披露的事项，提请被审计单位加以调整和披露。对于被审计单位会计记录或会计处理方法上的错误，注册会计师应提请被审计单位改正，并相应调整财务报表的有关项目。注册会计师对于被审计单位会计处理不当、期后事项和或有损失，有的应提请被审计单位调整财务报表，有的应提请被审计单位在财务报表附注中加以披露，有的应在审计报告中予以说明。如审计报告用于对外公布目的，除被审计单位财务报表不需调整者外，注册会计师应在致送审计报告时附送被审计单位调整后的财务报表。

（三）确定审计意见的类型和措辞

注册会计师以经过整理和分析的审计工作底稿为依据，并根据被审计单位是否接受其提出的调整意见和是否已进行调整等情况，确定审计意见的类型和措辞。如被审计单位财务报表已根据调整意见进行调整，其合法性、公允性得以确认后，除专门要求说明者外，审计报告不必将被审计单位已调整或披露事项再作说明。如果被审计单位不接受调整建议，注册会计师应当根据需要调整事项的性质和重要程度，确定审计意见的类型和措辞。对于被审计单位资产负债表日至审计报告日之间发生的期后事项，注册会计师应当根据其性质和重要程度，确定审计意见的类型和措辞。对于被审计单位截至审计报告日止仍然存在的未确定事项，注册会计师应当根据其性质、重要程度和可预知的结果对财务报表的影响程度，确定审计意见的类型和措辞。

（四）编制和出具审计报告

注册会计师在整理、分析审计工作底稿和要求被审计单位调整财务报表，并根据被审计单位财务报表调整情况和审计情况确定审计意见的类型和措辞后，应拟定审计报告的提纲，概括和汇总审计工作底稿所提供的资料。标准审计报告可以只拟定简单的提纲，根据提纲进行文字加工就可以编制出审计报告。审计报告一般由审计项目负责人编制，如由其他人员编制时，须由审计项目负责人复核、校对。标准审计报告应按前述规定的审计意见类型、措辞和结构来表述，以便为各使用单位所理解。审计报告完稿后，应经会计师事务所的业务负责人进行复核，并提出修改意见。如审计证据不足以发表审计意见时，则应要求审计项目负责人追加审计程序，以确保审计证据的充分性和适当性。审计报告经复核、修改后定稿，由注册会计师签章并加盖会计师事务所公章。

根据注册会计师审计准则的要求，注册会计师出具的审计报告应当后附已审计的财务报表。注册会计师应当将审计报告直接致送收件人，无须经其他单位审定。

课程思政 7-1

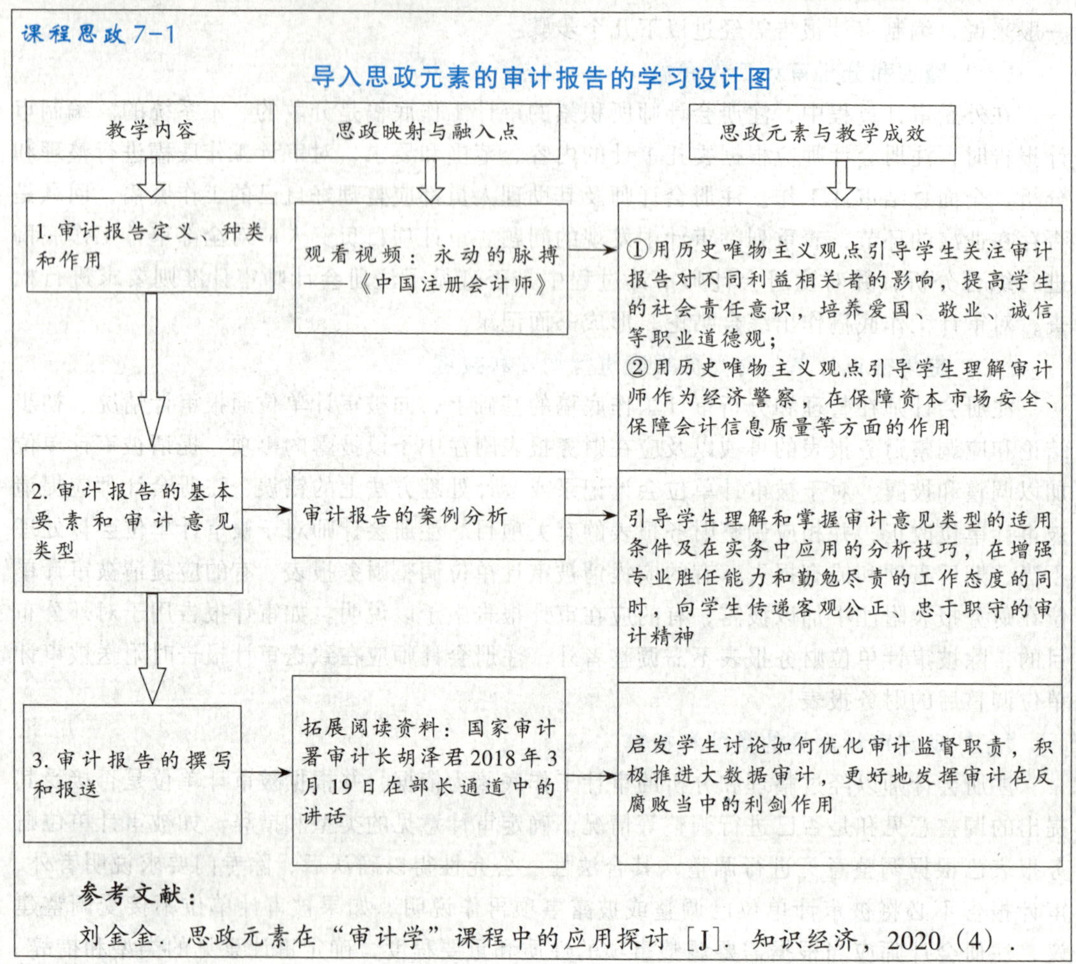

参考文献：

刘金金．思政元素在“审计学”课程中的应用探讨［J］．知识经济，2020（4）．

本章小结

审计报告是审计工作的最终成果，具有法定证明效力，主要具有鉴证、保护、证明三方面的作用。审计报告按其发表审计意见的类型，分为无保留意见审计报告和非无保留意见审计报告。

审计报告应当包括下列基本内容：①标题；②收件人；③审计意见；④形成审计意见的基础；⑤管理层对财务报表的责任；⑥注册会计师对财务报表审计的责任；⑦按照相关法律法规要求报告的事项（如适用）；⑧注册会计师的签名和盖章；⑨会计师事务所的名称、地址和盖章；⑩报告日期。审计报告意见类型包括无保留意见、保留意见、否定意见和无法表示意见。

审计报告的编写要求包括内容要全面完整、相关责任界限分明、审计证据确凿充分。审计报告的编写步骤包括整理和分析审计工作底稿、提请被审计单位对财务报表进行调整和披露、确定审计意见的类型和措辞、编制和出具审计报告四步骤。

主要概念

审计报告　无保留意见　非无保留意见　关键审计事项　否定意见　强调事项段　其他事项段

关键思考题

1. 简述审计报告的含义与特征。
2. 审计报告的基本要素包括哪些？
3. 注册会计师在确定关键审计事项时应当考虑哪些内容？
4. 审计报告的基本类型包括哪些？
5. 发表无保留意见审计报告时应具备哪些条件？
6. 无法表示意见的审计报告常用哪些术语？

第八章

销售与收款循环审计

学习目标

☆知识目标

识别销售与收款业务循环相关的会计凭证、账户、主要业务活动；

了解销售与收款业务循环相关的潜在错报风险；

掌握销售与收款循环中的控制要点及控制测试；

掌握主营业务收入、应收账款、坏账准备等账户的基本实质性程序。

☆技能目标

训练对主营业务收入、应收账款、坏账准备等账户的错账识别。

自本章起至第十二章，我们将以股份有限公司财务报表为例，介绍业务循环审计的具体内容，重点介绍对股份有限公司各财务报表项目如何进行审计测试。审计测试主要包括控制测试和交易、账户余额、列报的实质性程序。

第一部分，控制测试通常按照业务循环采用审计抽样的方法进行。这里的业务循环是指处理某一类经济业务的工作程序和先后顺序。注册会计师在对每一业务循环进行控制测试时，有两种途径可以选择：一是以风险为起点的控制测试；二是以内部控制目标为起点的控制测试。不管选择哪一种途径，都是按照业务循环了解、检查和评价被审计单位内部控制运行是否有效。

第二部分，各类交易、账户余额、列报的实质性程序也是按照业务循环采用审计抽样的方法进行。我们将股份有限公司的交易和账户划分为销售与收款循环、购货与付款循环、生产与服务循环、筹资与投资循环，分章阐述各业务循环的审计。由于货币资金与上述多个业务循环均密切相关，并且货币资金的业务与内部控制又有着不同于其他业务循环的鲜明特征，因此，将货币资金审计单独安排为一章。

第一节　销售与收款循环业务特性

销售与收款循环主要指公司接受销售订单，向顾客销售商品的过程。该循环涉及的资产负债表项目主要包括应收票据及应收账款、合同资产、长期应收款、预收款项、应交税费、合同负债；所涉及的利润表项目主要包括营业收入、税金及附加等。销售与收款循环的审计，通常可以相对独立于其他业务循环单独进行，但这不等于说销售与收款循环的审计是孤立的。审计重要性概念要求注册会计师在审计时必须综合考虑财务报表各项目的性质及相互关系，即注册会计师在最终判断被审计单位财务报表是否公允反映时，必须综合考虑审计发现的各业务循环的错误对财务报表产生的影响。因此，即使在单独执行销售与收款循环审计时，注册会计师仍然经常地将该循环的审计情况与其他循环的审计情况结合起来加以考虑。

销售与收款循环的特性主要包括两部分内容：一是本循环中的主要业务活动；二是本循环所涉及的主要凭证和账户。

一、销售与收款循环中的主要业务活动

要想很好地理解和掌握销售与收款循环的审计内容，了解企业在该业务循环的典型活动是非常必要的。下面就以赊销为例，简单介绍销售与收款循环中的主要业务活动。

（一）接受顾客订单

顾客提出订货要求是整个销售与收款循环的起点。顾客订货单只有在符合管理层的授权标准时才能被接受。管理层一般都列出了已批准销售的顾客名单。在决定是否接受某顾客的订货单时，销售单管理部门应追查该顾客是否被列入已经批准销售的顾客名单。如果该顾客未被列入顾客名单，则通常需要由销售单管理部门的主管来决定是否同意销售。很多企业在批准顾客订单之后，下一步就应编制一式多联的销售单。销售单是证明管理当局对有关销售交易的“发生”认定的凭据之一，也是此笔销售的交易轨迹的起点。

（二）批准赊销信用

赊销批准是由信用管理部门负责，根据管理层的赊销政策，以及对每个顾客的授权信用额度来进行的。其职员在收到销售单后，将销售单与购货方已被授权的赊销额度以及欠款余额加以比较，以决定是否继续给予赊销。在执行人工赊销信用检查时，应当合理划分工作责任，切实避免销售人员为增加销售而使企业承受不适当的信用风险。

企业应对每个新顾客进行信用调查，包括获取信用评审机构对顾客信用等级的评定报告。无论是否批准赊销，信用管理部门都要在销售单上签署意见，然后再将签署意见后的销售单送回销售部门。设计信用批准控制的目的是降低坏账风险，因此，这些控制与应收账款账面余额的“计价和分摊”认定有关。

（三）按销售单供货

企业管理层通常要求仓库只有在收到经过批准的销售单时才能供货，设立这项控制程序的目的是防止仓库在未经授权的情况下擅自发货，因此，已批准销售单的一联被送达仓库，作为仓库按销售单供货和发货给装运部门的授权依据。

（四）按销售单装运货物

装运部门的职员在装运之前，必须独立检查从仓库提取的商品是否都附有经批准的销售单，并且所提取商品的内容是否与销售单一致。此项控制将按经批准的销售单供货与按销售单装运货物职责相分离，有助于避免负责装运货物的职员在未经授权下装运产品。

（五）向顾客开具账单

开具账单包括编制和向顾客寄送事先连续编号的销售发票。这一环节的功能在于：保证对所有装运的货物开具账单，避免遗漏；保证只对实际装运的货物开账单，避免重复开

具账单或虚构交易；保证按已授权批准的商品价目表所列价格计价开具账单。为了避免在开具账单过程中出现遗漏、重复、错误计价等问题，应设计以下控制程序：

（1）开具账单部门职员在编制每张销售发票之前，应独立检查装运凭证是否存在、是否有相应的经批准的销售单。

（2）应根据已授权批准的商品价目表编制销售发票。

（3）独立检查销售发票计价和计算的正确性。

（4）将装运凭证上的商品总数与对应的销售发票上的商品总数进行比较。

上述控制程序为确保销售发票的正确性起到积极作用，因此，这些控制与“发生”、“完整性”及“准确性”等认定有关。

（六）记录销售

为了确保正确记录销售发票，将销货交易归属于适当的会计期间，企业需设计并执行下列记录销售的控制程序：

（1）只依据附有有效装运凭证和销售单的销售发票记录销售。这些装运凭证和销售单应能证明销售交易已真实发生。

（2）控制所有事先连续编号的销售发票。

（3）独立检查已处理销售发票上的金额同会计记录金额的一致性。

（4）不相容职责分离，记录销售的职责应与处理销售交易的其他功能相分离。

（5）对记录过程中所涉及的有关记录的接触予以限制，以减少未经授权批准的记录发生。

（6）定期独立检查应收账款明细账与其总账的一致性。

（7）定期向顾客寄送对账单，并要求顾客将任何例外情况直接向所指定的未涉及执行或记录销售交易循环的会计主管报告。

以上这些控制与“发生”、“完整性”、“准确性”以及“计价和分摊”等认定有关。

（七）办理和记录现金、银行存款收入

货款回笼一方面涉及现金、银行存款的增加，另一方面导致应收账款的减少。在办理货款业务时，人们最关心的是货币资金失窃的可能性。处理货币资金最重要的是保证全部货币资金如数、及时地记入库存现金、银行存款日记账或应收账款明细账，并如数、及时地将现金存入银行。其中起到关键控制作用的是汇款通知单。

（八）办理和记录销售退回、销售折扣与折让

销售退回、销售折扣与折让均属于销售调整业务。发生此类事项时，必须经过授权批准，并确保与办理此事有关的部门和职员各司其职，明确分工。其中，严格使用贷项通知单无疑会起到关键作用。

（九）注销坏账

不管赊销部门的工作如何主动，顾客因宣告破产、死亡等原因而不支付货款的事情仍有发生。销货企业若认为某项货款再也无法收回，就必须注销这笔货款。对这些坏账，正确的处理方法应该是获取货款无法收回的确凿证据，经适当审批后及时做会计调整。

（十）提取坏账准备

坏账准备提取的数额必须能够抵补企业以后无法收回的销货款。

二、销售与收款循环所涉及的主要凭证和会计记录

（一）原始凭证类

销售与收款循环涉及的主要原始凭证包括：顾客订货单、销售单、发运凭证、销售发票、商品价目表、汇款通知书、应收账款账龄分析表、贷项通知单和坏账审批表。

（二）记账凭证类

销售与收款循环涉及的主要记账凭证包括：收款凭证和转账凭证。

（三）日记账和明细账类

销售与收款循环涉及的主要日记账和明细账包括：库存现金日记账和银行存款日记账、应收账款明细账、主营业务收入明细账和折扣与折让明细账等。

（四）总账类

销售与收款循环涉及的主要总账包括：库存现金和银行存款、应收账款、应收票据、坏账准备、预收账款、应交税费、主营业务收入、税金及附加、销售费用、其他业务收入和其他业务成本等总账。

销售与收款循环中的各种关系见表8-1。

表8-1 销售与收款循环中的各种关系

序号	主要业务活动	涉及的凭证及记录	相关部门	相关认定	重要控制
1	接受顾客订单	顾客订货单、销售单	销售单管理部门	发生	顾客名单已被授权批准
2	批准赊销信用	销售单	信用管理部门	应收账款净额的准确性	信用部门签署意见
3	按销售单供货	销售单	仓库	发生	收到经批准的销售单才供货
4	按销售单装运货物	销售单、发运凭证	装运部门	发生、完整性	供货和发运职能相分离
5	向顾客开具账单	销售单、发运凭单、商品价目表、销售发票	开具账单部门	发生、完整性、计价和分摊	销售发票连续编号
6	记录销售	销售发票及附件、转账凭证、收款凭证、销售明细账、应收账款明细账、库存现金和银行存款日记账、顾客对账单	会计部门	发生、完整性、计价和分摊	销售发票连续编号、记录销售与处理销售职能分离、定期独立检查、向顾客寄送对账单
7	办理和记录现金、银行存款收入	汇款通知书、收款凭证、库存现金和银行存款日记账	会计部门	发生、完整性、计价和分摊	利用汇款通知书加强货币资金控制
8	办理和记录销售退回、销售折扣与折让	贷项通知单	会计部门、仓库	发生、完整性、计价和分摊	必须经授权处理、分别控制实物流和会计处理
9	注销坏账	坏账审批表	会计部门	计价和分摊（或准确性）	审批后及时进行会计处理
10	提取坏账准备	逾期应收账款余额表	会计部门	计价和分摊（或准确性）	

资料来源 刘明辉，史德刚. 审计［M］. 5版. 大连：东北财经大学出版社，2017.

第二节 重大错报风险评估和控制测试

一、评估销货业务的重大错报风险

在实施控制测试和实质性程序之前，注册会计师需要结合对销售与收款循环中的业务流程和相关控制的了解，考虑该循环中发生错报的可能性以及潜在错报的重大程度，评估认定层次的重大错报风险，为设计和实施进一步审计程序提供基础。为便于注册会计师对被审计单位经营活动中可能发生的重大错报风险保持警觉，本教材对常规的销货业务的重大错报风险评估进行阐述。详见以下二维码中的相关内容。

销售循环的重大错报风险的评估

二、销货业务的内部控制和控制测试

（一）以内部控制目标为起点的控制测试

下面结合本循环主要业务活动中的控制措施，总结归纳与销货交易有关的关键内部控制要点和采取的相应控制测试。

1.适当的职责分离

适当的职责分离有利于防止各种有意或无意的错误。销售与收款业务涉及的职责分离包括：（1）单位在销售合同订立前，应当指定专门人员就销售价格、信用政策、发货及收款方式等具体事项与客户进行谈判。谈判人员至少有两人，并与订立合同的人员相分离。（2）编制销售单的人员与开具销售发票的人员应相分离。（3）销售人员应当避免接触销售现款。（4）单位应收票据的取得和贴现必须经由保管票据以外的主管人员的批准；主营业务收入账应由记录应收账款之外的职员独立登记，并由另一位不负责账簿记录的职员定期调节总账和明细账。（5）负责主营业务收入和应收账款的记账的职员不得经手现金。这些措施主要是确保销售与收款业务的不相容岗位相互分离、制约和监督。

注册会计师对于该控制措施的测试可以采用实地观察、询问相关人员等方法获取证据。

2.正确的授权审批

销售业务的授权审批主要集中在以下四个关键点上：（1）信用批准，即在销货发生之前，赊销应经信用部门正确审批。（2）发货批准，即非经正当审批，不得发出货物。（3）价格批准，即销售价格、销售条件、运费、折扣等必须经过审批。（4）限定授权范围，即审批人应当根据销售与收款授权批准制度的规定，在授权范围内进行审批，不得超越审批权限。对于超过单位既定销售政策和信用政策规定范围的特殊销售业务，单位应当集体决策。前两项控制的目的在于防止企业财产因向虚构的或者无力支付货款的顾客发货而蒙受损失；价格授权控制的目的在于保证销货业务按照企业定价政策规定的价格开票收款；对授权审批范围设定权限的目的在于防止因审批人决策失误而造成严重损失。

注册会计师通常采用检查相关凭证的方法，审阅四个关键点是否经过审批，以测试出授权批准方面的控制效果。例如，检查销售单上授权部门的授权记录，检查销售发票上的授权价格是否符合企业的定价政策。

3.充分的凭证和记录

销售收入内部控制的好的控制效果有赖于凭证处理程序的正确合理。换言之，只有具备充分的记录手续，才有可能实现其他各项控制目标。例如，有的企业在收到顾客订货单后，就立即编制一份预先编号的一式多联的销售单，分别用于批准赊销、审批发货、记录发货数量以及向顾客开具账单等。在这种制度下，只要定期清点销售发票，漏开账单的情况几乎很少发生。相反，有的企业只有在发货以后才开具账单，如果没有其他补充控制的措施，漏开账单的情况则很可能发生。

注册会计师可以通过询问等方法，了解被审计单位凭证传递程序和记录制度，在此基础上进行记录并评价该方面控制措施的运行情况。

4.凭证的预先编号

对凭证预先进行编号，其目的主要有两个：一是防止销货以后忘记向顾客开具账单或登记入账，即漏开发票；二是防止重复开具账单或重复记账。与销售有关的客户订货单、销售单、发运凭单和销售发票等重要原始凭证都应连续编号并指定专人保管。例如，由收款员对每笔销货开具账单后，将发运凭单按顺序归档，而由另一位职员定期检查全部凭证的编号，并调查缺号的原因，这就是一种有效的控制方法。

注册会计师测试这种控制内容时主要清点各种凭证。比如从主营业务收入明细账中选出发票的存根，看其编号是否连续，有无不正常的缺号发票和重号发票，这种测试同时能提供满足有关真实性和完整性目标的证据。

5.按月寄出对账单

按月对账是一种防止记账错误和舞弊行为的有效控制程序。由不负责现金出纳和销货及应收账款记账的人员按月向顾客寄发对账单，能促使顾客在发现应付账款余额不正确后及时反馈信息，然后将账户余额中出现的所有核对不符的账项，指定一位独立的主管人员处理。

注册会计师观察指定人员寄送对账单和检查顾客复函档案，对于测试被审计单位是否按月向顾客寄送对账单是十分有效的控制测试。

6.内部检查程序

由内部审计人员或者其他独立人员检查销货业务的处理和记录，是实现内部控制目标不可缺少的一项控制措施。其检查内容包括：（1）检查销售发票的连续性及所附的佐证凭证；（2）了解客户的信用情况，确定是否符合企业的赊销政策；（3）检查发运凭证的连续性，并将其与主营业务收入明细账核对；（4）将销售发票上的数量与发运凭单上的记录进行比较核对；（5）将登记入账的销货业务原始凭证与会计科目表核对；（6）检查开票员所保管的未开票发运凭证，确定是否包括所有应开票的发运凭证在内；（7）从发运凭证追查至主营业务收入明细账和总账。

注册会计师可以采用检查内部审计人员的报告，或者其他独立人员在他们检查的凭证上签字等方法实施控制测试。

【例题8-1】

基本案情：注册会计师刘莹和万胜2020年12月1—7日对KJ公司销售与收款循环的内

部控制进行了解和测试，并在相关审计工作底稿中记录了解和测试的事项，部分摘录如下：

（1）KJ公司发出库存商品时，由销售部填制一式四联的出库单。仓库发出库存商品后，将第一联出库单留存登记库存商品卡片，第二联交销售部留存，第三联、第四联交会计部会计人员乙登记库存商品总账和明细账。

（2）会计人员戊负责开具销售发票。在开具销售发票之前，先取得仓库的发货单和销售商品价目表，然后填写销售发票的数量、单价和金额。

分析要求：根据上述摘录，请代注册会计师刘莹和万胜指出KJ公司在销售与收款循环内部控制方面的缺陷，并提出改进建议。

答案提示：KJ公司销售与收款循环内部控制的缺陷有：

（1）会计部会计人员乙同时登记库存商品总账和明细账，不相容岗位未进行分离。应建议KJ公司由不同的会计人员分别登记库存商品明细账和总账。

（2）会计人员戊开具销售发票不能只依据发货单和销售商品价目表。因为实际销售数量和结算价格可能与发货单上数量以及销售商品价目表上的价格不一致。应建议KJ公司会计人员戊先核对装运凭证和相应的经批准的销售单，并根据已授权批准的商品价格填写销售发票上的价格，根据装运凭证上的数量填写销售发票上的数量，再根据数量和价格计算出金额。

资料来源　秦荣生，卢春泉. 审计学［M］. 8版. 北京：中国人民大学出版社，2014.

（二）以风险为起点的控制测试

在审计实务中，注册会计师还可以考虑以识别的重大错报风险为起点进行的控制测试。其操作思路是从销售交易活动的主要环节入手，通过风险评估，识别每一环节可能存在的风险形式；在此基础上，采用观察、询问、检查、重新执行等方法进行控制测试。具体内容如图8-1所示。

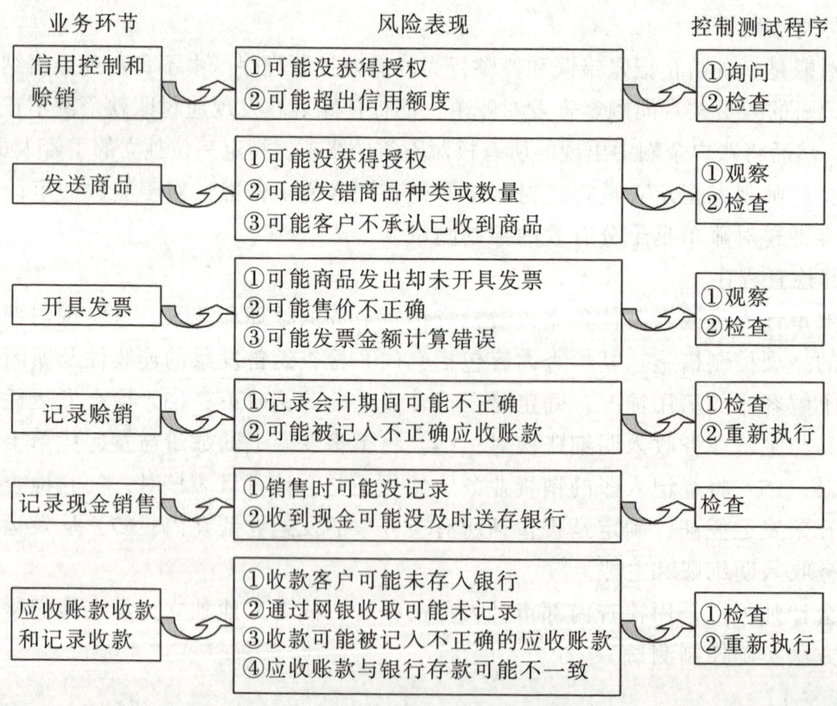

图8-1　以风险为起点的内控测试简图

如果被审计单位销售与收款循环的内部控制不存在，或尽管存在但未得到遵循，或者控制测试的工作量可能大于进行控制测试所减少的实质性程序的工作量，则注册会计师不应再继续实施控制测试，而应直接进行实质性程序。

以上是以企业赊销业务为例对有关的控制测试进行了讨论。由于销售与收款业务同属于一个循环，在经济活动中密切相关，因此，收款业务的一部分测试可与销售业务的测试一并进行，而另一部分测试仍需单独进行。关于收款的交易类别测试在第十二章的相关内容中还会述及。

第三节 营业收入的审计

营业收入项目是核算企业为完成其经营目标从事的经常性活动实现的收入。

一、营业收入的审计目标

主营业务收入的审计目标一般包括：(1) 确定利润表中记录的主营业务收入是否已发生，且与被审计单位有关；(2) 确定所有应当记录的主营业务收入是否均已记录；(3) 确定与主营业务收入有关的金额及其他数据是否已恰当记录（包括对销售退回、可变对价的处理）；(4) 确定主营业务收入是否已记录于正确的会计期间；(5) 确定主营业务收入是否已记录于恰当的账户；(6) 确定主营业务收入是否已按照企业会计准则的规定在财务报表中作出恰当的列报。

其他业务收入的审计目标与主营业务收入的审计目标基本相同。

二、营业收入的实质性程序

(一) 主营业务收入的实质性程序

(1) 取得或编制主营业务收入项目明细表，复核加计正确，并与总账数和明细账合计数核对是否相符，结合“其他业务收入”科目，核对与报表中“营业收入”项目数是否相符。同时检查非记账本位币结算的主营业务收入的折算汇率及折算是否正确。

(2) 运用分析程序分析主营业务收入的变动趋势。

为了在总体上确定企业主营业务收入数据的合理性，可以采用分析程序的方法，检查主营业务收入是否有异常变动，从而作出初步判断，实施这一审计程序的基本要点包括：

①针对已识别需要运用分析程序的有关项目，并基于对被审计单位及其环境的了解，通过进行以下比较，同时考虑有关数据间关系的影响，以建立有关数据的期望值：

第一，将本期与上期的主营业务收入（或销售预算或预测数等）进行比较，分析产品销售的结构和价格的变动是否异常，并寻找异常变动的原因。

第二，比较本期各月各种主营业务收入的波动情况，分析判断其变动趋势是否正常，是否符合被审计单位季节性、周期性的经营规律，并查明异常现象和重大波动的原因。

第三，计算产品的毛利率、应收账款/合同资产周转率、存货周转率等财务指标，分析比较本期与可比期间数据、预算或同行业其他企业数据等的变化情况，并查清重大波动和异常情况的原因。

第四，将账面主营业务收入、销售清单和销售增值税销项清单进行核对。

第五，将主营业务收入变动幅度与销售商品及提供劳务收到的现金、应收账款/合同资产、存货、税金等项目进行比较。

第六，分析主营业务收入等财务信息与投入产出率、劳动生产率、产能、水电能耗、运输数量等非财务信息之间的关系。

第七，分析主营业务收入与销售费用之间的关系，包括销售机构的设置、规模、数量、分布等。

②确定可接受的差异额。

③将实际的情况与期望值相比较，识别需要进一步调查的差异。

④如果其差额超过可接受的差异额，调查并获取充分的解释和恰当的、具有佐证性质的审计证据。

⑤评估分析程序的测试结果。

【例题 8-2】

基本案情：长华公司2020年度主营业务收入分析表见表8-2。

表8-2 长华公司2020年度主营业务收入分析表 金额单位：元

月份	销售收入额			销售收入百分比（%）
	甲产品	乙产品	合计	
1	1 698 913.4	1 142 122.1	2 841 035.5	8.4
2	1 740 861.9	1 116 741.6	2 857 603.5	8.5
3	1 824 758.8	1 002 529.4	2 827 288.2	8.4
4	1 971 578.5	1 269 024.6	3 240 603.1	9.6
5	2 055 475.4	1 027 909.9	3 083 385.3	9.2
6	2 307 166.4	1 027 909.9	3 335 076.3	9.9
7	2 516 908.8	1 218 263.6	3 735 172.4	11.1
8	2 098 424.0	1 421 307.5	3 519 731.5	10.5
9	1 887 681.6	1 167 502.6	3 055 184.2	9.1
10	1 950 604.3	1 535 519.7	3 486 124.0	10.4
11	587 278.7	380 707.4	967 986.1	2.9
12	335 587.8	380 707.4	716 295.2	2.1
合计	20 975 239.6	12 690 245.7	33 665 485.3	100

分析要求：请结合案情，分析注册会计师采用的是何种实质性程序，能揭示什么问题。

答案提示：注册会计师采用分析程序方法，通过对长华公司2020年度销售收入明细表的分析，发现当年11、12月份的主营业务收入明显偏低，在当年各月产供销情况大体相当的情况下，这种现象可能揭示出该公司存在少计或隐瞒销售收入的问题。

(3) 从主营业务收入明细账入手，核对收入交易的原始凭证与会计分录。

按照《企业会计准则第14号——收入》的要求，当企业与客户之间签订合同同时满足下列条件，即企业取得相关商品控制权时确认主营业务收入：①合同各方已批准该合同并承诺履行各自义务；②该合同明确了合同各方与所转让商品或提供劳务相关的权利和义务；③该合同有明确的与所转让的商品相关的支付条款；④该合同具有商业实质，即履行该合同将改变企业未来现金流量的风险、时间分布或金额；⑤企业因向客户转让商品而有权取得的对价很可能收回。

因此，应依据上述五个条件，注册会计师主要采用抽样、检查和重新计算等技术测试企业是否准确地确认主营业务收入。具体做法是：一是以主营业务收入明细账中的会计分录为起点，选中若干笔业务，对选中的每一笔业务依据记账依据找到相关的原始单据（如订购单、销售单、增值税销售发票、出库单、发运凭单等），以评价已入账的主营业务收入是否发生；二是检查订购单和销售单，用以确认存在真实的客户购买要求，销售交易是否经过授权批准；三是检查销售金额，先将销售发票上所列的单价与经过批准的商品价目表进行比对，发票上销售数量与出库单、发运凭单上的数量进行比对，对发票上的金额小计和合计数进行复算，尤其是由客户签收商品的一联，确定已按合同约定履行了义务，可以确认收入。最后还要检查原始凭证中的交易日期（客户取得商品控制权的日期），以确认收入计入了正确的会计期间。

【例题8-3】

基本案情：大华会计师事务所接受委托对乙公司2020年度财务报表进行审计。注册会计师在审查"主营业务收入"明细账时，发现下列情况：

(1) 乙公司于2020年1月10日与客户W公司签订合同，向其销售A产品。注册会计师了解到：根据合同约定，该客户W公司在合同开始日即取得了A产品的控制权，并在90天内有权退货。W公司应于合同开始日后的第二年年末付款。A产品在合同开始日的现销价格为10 000元。A产品的成本为8 000元，该合同对价为12 100元。由于A产品是最新推出的产品，乙公司尚无有关该产品退货率的历史数据，也没有其他可以参考的市场信息。在合同开始日，乙公司将A产品发出，乙公司在无法合理估计退货概率的情况下，当天确认收入并登记入账，退货期满后，未发生退货。(上述价格均不包含增值税，假定不考虑相关税费影响)

借：应收账款——W公司	10 000	
贷：主营业务收入——A产品		10 000
借：主营业务成本——A产品	8 000	
贷：库存商品——A产品		8 000

(2) 乙公司于12月28日向V公司预收B产品货款20 000元，会计人员根据一张20 000元的信汇收款通知单进行这样的会计处理：

借：银行存款	20 000	
贷：主营业务收入——B产品		20 000

分析要求：假如您是该注册会计师，请您分析上述业务的会计处理是否正确。若不正确，如何调整？

答案提示：

（1）本笔业务中，客户有退货权，因此，该合同的对价是可变的。由于乙公司缺乏有关退货情况的历史数据，考虑将可变对价计入交易价格的限制要求，在合同开始日不能将可变对价计入交易价格，因此，乙公司在A产品控制权转移时确认的收入为0，其应当在退货期满后，根据实际退货情况，按照预期有权收取的对价金额确定交易价格。而该公司却在不能确认是否退货时就确认收入。注册会计师应建议乙公司进行如下调整：

①在合同开始日（2020年1月10日），乙公司将A产品的控制权转移给客户，调整分录如下：

借：主营业务收入——A产品	10 000	
贷：应收账款——W公司		10 000
借：应收退货成本——A产品	8 000	
贷：主营业务成本——A产品		8 000

②退货期满日（假定应收款项在合同开始日和退货期满日的公允价值无重大差异），补做如下分录：

借：长期应收款	12 100	
贷：主营业务收入——A产品		10 000
未实现融资收益		2 100
借：主营业务成本——A产品	8 000	
贷：应收退货成本 ——A产品		8 000

（2）该公司违反了会计准则中关于以预收账款销售方式销售产品时入账时间的规定，使当期主营业务收入虚增。注册会计师建议乙公司作如下调整：

借：主营业务收入——B产品	20 000	
贷：预收账款——V公司		20 000

（4）相关凭证的审查。

①根据增值税专用发票或普通发票申报表，估算全年收入并与实际入账收入的金额核对，检查是否存在虚开发票或已销售但未开发票的情况。

②获取产品价格目录，抽查售价是否符合定价政策，并注意销售给关联方或关系密切的重要客户的产品价格是否合理，判断有无低价或高价结算以转移收入的现象。

③抽取本期一定数量的销货发票，检查开票、记账、发货日期是否相符；品名、数量、单价、金额是否与发运凭证、销售合同等一致，编制测试表。

④从发运凭证（客户签收联，已获取全部）中选取样本，追查至主营业务收入明细账，以确定是否存在遗漏事项（完整性认定）。

（5）实施销售的截止测试。

截止测试是实质性程序中常用的一种审计技术，被广泛运用于货币资金、往来款项、存货、主营业务收入和期间费用等诸多财务报表项目的审计中，尤其在主营业务收入项目中的运用更为典型。其目的主要是证实主营业务收入是否已计入了合理的会计期间，这有助于实现与管理层的“发生”“完整性”“准确性”认定相关的审计目标。

实施截止测试的前提是注册会计师充分了解客户的销售业务，识别出能证明销售实现的关键单据，即能够判断客户取得了对商品的控制权。因此，仓储部门留存的发运凭单可能不是实现收入的充分证据，注册会计师还需检查由客户签署的那一联发运凭单。

注册会计师对销货交易实施的截止测试程序有：①在审计实务中，注册会计师可以考虑选择两条审计路线实施主营业务收入的截止测试，即从应收账款和主营业务收入明细账中选取资产负债表日前后的若干天的账簿记录追查至记账凭证和客户签收的发运凭单，或选取资产负债表日前后若干天的已由客户签收的发运凭证，追查至应收账款和主营业务收入明细账，以确定销售是否存在跨期现象，具体内容见表8-3。②复核资产负债表日前后销售和发货水平，确定业务活动水平是否异常，并考虑是否有必要追加实施截止测试程序。③取得资产负债表日前后所有的销售退后记录，检查是否存在提前确认收入的情况。④结合对资产负债表日应收账款/合同资产的函证程序，检查有无未取得客户认可的销售。

表8-3 主营业务收入的截止测试

起点	路线	目的	优点	缺点
账簿记录	从报表日前后若干天的账簿记录追查至记账凭证，检查发票存根与发货凭证	证实已入账是否在同一期间已开具发票发货，有无多记收入，防止高估主营业务收入	比较直观，容易追查至相关凭证记录	缺乏全面性和连贯性，只能查多记，无法查漏记
发运凭证	从报表日前后若干天的发货凭证查至发票开具情况与账簿记录	确认收入是否已计入适当的会计期间，防止低估收入	较全面、连贯，容易发现漏记收入	较费时、费力，尤其是难以查找相应的发货及账簿记录，不易发现多记收入

上述两条路线在审计实务中均被广泛采用，它们并不是孤立的，注册会计师应当根据经验和所掌握的信息，作出正确的专业判断，结合实际情况选择一条或两条路线实施有效的截止测试。

（6）销货退回、销售折扣与折让业务测试。

企业在销售过程中，经常会因为产品质量、品种不符合要求以及结算方面的原因发生销货退回、销售折扣与折让业务。尽管引起三者的原因不同，其表现形式也不尽一致，但最终结果都是对收入的抵减，直接影响主营业务收入的确认和计量。因此，注册会计师应重视对销货退回、销售折扣与折让业务的审计。其测试程序主要包括：

①获取或编制折扣与折让明细表，复核加计正确，并与明细账合计数核对是否相符。

②抽查较大金额的折扣与折让业务，检查其是否经过授权批准，是否真实、合法。

③检查销售退回的产品是否已验收入库并登记入账，有无形成账外物资的情况。销售折扣与折让是否及时足额提交对方，有无转移收入、私设账外“小金库”等情况。

④检查折扣与折让的会计处理是否正确。

(7) 查找未经认可的大额销售。注册会计师应结合对资产负债表日应收账款的函证程序，查明有无未经认可的大额销售。若有，应作出记录并提请被审计单位作出相应调整。

(8) 根据评估的舞弊风险等因素增加审计程序，如“延伸检查”程序。

(9) 确认主营业务收入的列报是否恰当。

(二) 其他业务收入的实质性程序

其他业务收入的实质性程序一般包括以下内容：

(1) 获取或编制其他业务收入明细表，复核加计正确，与总账数和明细账合计数核对是否相符，结合“主营业务收入”科目，核对与报表中“营业收入”项目数是否相符，并注意其他业务收入是否有相应的业务成本数。

(2) 实施分析性程序，将本期和上期其他业务收入与其他业务成本的比率进行比较，如有重大波动应查明原因，分析其合理性。

(3) 抽查大额其他业务收入项目，检查其凭证是否齐全，会计期间划分是否恰当，业务内容是否真实合法，会计记录是否正确。

(4) 检查其他业务收入是否已在利润表上作恰当列报。

第四节 应收账款的审计

由于企业大量采用赊销这种形式，主营业务收入的实现往往伴随着应收账款的确认，如果应收账款存在错报或漏报，则极有可能影响营业收入的真实性和完整性。所以，应收账款的审计应结合销售业务来进行。

一、应收账款的审计目标

应收账款的审计目标一般包括：(1) 确定资产负债表中记录的应收账款是否存在；(2) 确定所有记录的应收账款是否均已记录；(3) 确定应收账款是否由被审计单位拥有或控制；(4) 确定应收账款是否以恰当的金额包括在财务报表中，与之相关的计价调整已恰当记录；(5) 确定应收账款是否已按照企业会计准则的规定在财务报表中作出恰当列报。

二、应收账款的实质性程序

(一) 核对应收账款

(1) 注册会计师取得或编制应收账款明细表，复核加计正确，并与总账数和明细账合计数核对是否相符，结合“坏账准备”科目与报表数核对是否相符。如果出现不符情况，注册会计师应予调查并作适当的调整。

(2) 检查外币应收账款的折算。对于外币结算的应收账款，注册会计师应审查被审计单位外币应收账款的增减变动是否采用交易日的即期汇率或即期汇率的近似汇率将外币金额折合为记账本位币金额，采用的折合汇率是否前后期一致；期末外币应收账款余额是否按期末即期汇率折合为记账本位币金额；折算差额的会计处理是否正确。

（3）分析应收账款明细账余额。应收账款明细账余额一般在借方，注册会计师如果发现应收账款出现贷方余额，应查明原因，必要时建议作重分类调整。

（4）结合其他应收款、预收账款等往来款项的明细余额，调查有无同一客户多处挂账、异常余额或与销售无关的其他项目（如代销账户、关联方账户或员工账户）。必要时提出调整建议。

（二）检查涉及应收账款的相关财务指标

（1）复核应收账款借方累计发生额与主营业务收入关系是否合理，并将当期应收账款借方发生额占销售收入净额的百分比与管理层考核指标和被审计单位相关赊销政策比较，如存在异常应查明原因。

（2）计算应收账款周转率、应收账款周转天数等指标，并与被审计单位相关赊销政策、被审计单位以前年度指标、同行业同期相关指标对比分析，检查是否存在重大异常。

（三）分析应收账款账龄

应收账款账龄是指资产负债表中的应收账款从销售实现、产生应收账款之日起，至资产负债表日止所经历的时间。注册会计师可以通过编制或索取应收账款账龄分析表（见表8-4）来分析应收账款账龄，以便了解应收账款的可收回性。同时，也是注册会计师函证的依据及核对的基础。

表8-4 应收账款账龄分析表

2020年12月31日

单位：元

序号	顾客名称	期末余额	账龄			
			1年以内	1~2年	2~3年	3年以上
1	黄河公司	125 300				
2	长江公司	384 120				
3	安阳公司	48 000		√		
4	西安公司	69 300	√			√
5	其他公司	118 000			√	
合　计		744 720				

在实际操作中，注册会计师可以选择重要的顾客及其余额列示，不重要的或余额较小的，可以汇总列示。应收账款账龄分析表的合计数减去已计提的相应坏账准备后的净额，应该等于资产负债表中的应收账款数额。

（四）向债务人函证应收账款

应收账款函证就是直接发函给被审计单位的债务人，要求核实被审计单位应收账款的记录是否正确的一种方法。函证的目的是证实“应收账款”账户余额的真实性、正确性，防止或发现被审计单位及其有关人员在销售业务中发生的差错或弄虚作假、营私舞弊行为。通过函证，可以有效地证明债务人的存在和被审计单位记录的可靠性。

小资料 8-1

积极式询证函格式

企业询证函

编号：

________（公司）：

本公司聘请的××会计师事务所正在对本公司××年度财务报表进行审计，按照中国注册会计师审计准则的要求，应当询证本公司与贵公司的往来账项等事项。下列数据出自本公司账簿记录，如与贵公司记录相符，请在本函下端“数据证明无误”处签章证明；如有不符，请在“数据不符”处列明不符金额。回函请直接寄至××会计师事务所。

回函地址：

邮编：　　　电话：　　　传真：　　　联系人：

1.本公司与贵公司的往来账项列示如下：

截止日期	贵公司欠（元）	欠贵公司（元）	备注

2.其他事项。

本函仅为复核账目之用，并非催款结算。若款项在上述日期之后已经付清，仍请及时函复为盼。

（本公司盖章）

年　月　日

结论：1.数据证明无误。

（贵公司盖章）

年　月　日

经办人：

2.数据不符，请列明不符详细情况：

（贵公司盖章）

年　月　日

经办人：

消极式询证函格式

企业询证函

编号：

________（公司）

本公司聘请的××会计师事务所正在对本公司××年度财务报表进行审计，按照中国注册会计师审计准则的要求，应当询证本公司与贵公司的往来账项等事项。下列数据出自本公司账簿记录，如与贵公司记录相符，请在本函下端“数据证明无误”处签章证明；如有不符，请在“数据不符”处列明不符金额。回函请直接寄至××会计师事务所。

回函地址：

邮编：　　　电话：　　　传真：　　　联系人：

1.本公司与贵公司的往来账项列示如下：

截止日期	贵公司欠（元）	欠贵公司（元）	备注

2.其他事项。

本函仅为复核账目之用，并非催款结算。若款项在上述日期之后已经付清，仍请及时函复为盼。

（本公司盖章）

年　　月　　日

××会计师事务所：

上面的信息不正确，差异如下：

（贵公司盖章）

年　　月　　日

经办人：

资料来源　中国注册会计师协会. 审计［M］. 北京：经济科学出版社，2017.

注册会计师应当考虑被审计单位的经营环境、内部控制的有效性、应收账款账户的性质、被询证者处理询证函的习惯做法及回函的可能性等，以确定应收账款函证的范围、对象、方式和时间。

1.确定函证的范围和对象

除非有充分证据表明应收账款对财务报表不重要，或函证很可能无效；否则，注册会计师应当对应收账款实施函证，如果不对应收账款函证，注册会计师应当在工作底稿中说明理由。如果认为函证很可能无效，注册会计师应当实施替代审计程序，获取充分、适当的审计证据。在抽样审计的情况下，函证数量的多少及范围的大小是由诸多因素决定的，主要包括：（1）应收账款在全部资产中的重要性。如果应收账款在资产总额中所占比重较大，应相应扩大函证的范围；反之，缩小函证的范围。（2）被审计单位内部控制的强弱。若内部控制较混乱，则相应扩大函证范围；反之，可以相应减少函证数量。（3）以前期间函证的结果。若以前期间函证时发现重大差异或有未曾回函的账户，应扩大本期函证范围，并把有问题的账户选为本期函证的样本。（4）函证方式的选择。若采用肯定式函证，则可以相应减少函证量；若采用否定式函证，则要相应增加函证量。

一般情况下，注册会计师应选择以下项目作为函证对象：大额或账龄较长的项目；与债务人发生纠纷的项目；关联方项目；主要客户（包括关系密切的客户）项目；交易频繁但期末余额较小甚至余额为零的项目；可能产生重大错报或舞弊的非正常的项目。

2.选择函证方式

函证方式分为积极式函证和消极式函证两种：（1）积极式函证，就是向债务人发出询证函，要求他证实所函证的欠款是否正确，无论对错都要求复函。（2）消极式函证，它也是向债务人发出询证函，但所函证的款项相符时不必回函，只有在所函证的款项不符时才要求债务人向注册会计师复函。按照审计准则的规定，注册会计师一般应当采用积极式函证方式。由于采用消极式函证方式获取的审计证据说服力较低，除非满足特定条件，否则不准将消极式函证作为唯一的实质性程序。

小思考8-1

在对应收账款进行函证测试时，注册会计师在什么情况下适合采用消极式函证？

提示：消极式函证的适用范围：（1）重大错报风险评估为低水平；（2）涉及大量余额较小的账户；（3）预期不存在大量的错误；（4）没有理由相信被询证者不认真对待函证。

资料来源　刘明辉，史德刚. 审计［M］. 5版. 大连：东北财经大学出版社，2017.

3.选择函证时间

恰当选择函证时间，有利于提高注册会计师的审计效率和效果。注册会计师通常以资产负债表日为截止日，在资产负债表日后适当时间内实施函证。如果重大错报风险评估为低水平，注册会计师可选择资产负债表日前适当日期为截止日实施函证，并对所函证项目自该截止日起至资产负债表日止发生的变动实施实质性程序。

4.控制函证过程

注册会计师通常利用被审计单位提供的应收账款明细账户名称及客户地址等资料据以编制询证函，但注册会计师应当对选择被询证者、设计询证函以及发出和收回询证函保持控制。出于掩盖舞弊的目的，被审计单位可能想方设法拦截或更改询证函及回函内容。如果注册会计师对函证程序控制不严密，就可能给被审计单位以可乘之机，导致函证结果发生偏差和函证程序失效。

（1）在询证函发出前，注册会计师采取的控制措施。

注册会计师应当采取下列措施对函证实施过程进行控制：

①询证函中填列的需要被询证者确认的信息是否与被审计单位账簿中的有关记录保持一致。对于银行存款的函证，需要银行确认的信息是否与银行对账单等保持一致。

②考虑选择的被询证者是否适当，包括被询证者对被函证信息是否知情、是否具有客观性、是否拥有回函的授权等。

③是否已在询证函中正确填列被询证者直接向注册会计师回函的地址。

④是否已将被询证者的名称、地址与被审计单位有关记录进行核对，以确保询证函中的名称、地址等内容的准确性。

可以执行的程序包括但不限于：通过拨打公共查询电话核实被询证者的名称和地址；通过被询证者的网站或其他公开网站核对被询证者的名称和地址；将被询证者的名称和地址信息与被审计单位持有的相关合同等文件核对；对于供应商或客户，可以将被询证者的名称、地址与被审计单位收到或开具的增值税专用发票中的对方单位名称、地址进行核对。

（2）通过不同方式发出询证函时，注册会计师可以采取的控制措施。

询证函的发出和收回可以采用邮寄、跟函、电子形式函证（包括传真、电子邮件、直接访问网站等）等方式。

①通过邮寄方式发出询证函时采取的控制措施。为避免询证函被拦截、篡改等舞弊风险，在邮寄询证函时，注册会计师可以在核实由被审计单位提供的被询证者的联系方式后，不使用被审计单位本身的邮寄设施，而是独立寄发询证函（例如，直接在邮局投递）。

②通过跟函的方式发出询证函时采取的控制措施。如果注册会计师认为跟函的方式（即注册会计师独自或在被审计单位员工的陪伴下亲自将询证函送至被询证者，在被询证者核对并确认回函后，亲自将回函带回的方式）能够获取可靠信息，可以采取该方式发送并收回询证函。如果被询证者同意注册会计师独自前往被询证单位执行函证程序，注册会计师可以独自前往。如果注册会计师跟函时需有被审计单位员工陪伴，注册会计师需要在整个过程中保持对询证函的控制，同时，对被审计单位和被询证者之间串通舞弊的风险保持警觉。

③如果注册会计师根据具体情况选择通过电子方式发送询证函，在发函前可以基于对特定询证方式所存在风险的评估，考虑相应的控制措施。

收到回函后，根据不同情况，注册会计师可以分别实施审计程序，以验证回函的可靠性。在验证回函的可靠性时，注册会计师需要保持职业怀疑，并对回函结果进行分析，并形成函证结果汇总表（见表8-5）。

表8-5　　应收账款函证结果汇总表

客户名称：　　制表：　　日期：

结账日：　　年　　月　　日　　复核：　　日期：

询证函编号	债务人名称	债务人地址及联系方式	账面金额	函证方式	函证日期		回函日期	替代程序	确认余额	差异金额及说明	备注
					第一次	第二次					
合计											

如果被询证者以传真、电子邮件等方式回函，由于这些方式易被截留、篡改或难以确定回函者真实身份，因此，注册会计师应当直接接收，并要求被询证者及时寄回询证函原件。如果采用积极的函证方式实施函证而未能收到回函，注册会计师应当考虑与被询证者联系，要求对方作出回应或再次寄发询证函。如果未能得到被询证者的回应，注册会计师应当实施替代审计程序。替代审计程序应当能够提供实施函证所能够提供的同样效果的审计证据。例如，检查与销售有关的文件，包括销售合同或协议、销售订单、销售发票副本及发运凭证等，以验证这些应收账款的真实性。如果实施函证和替代审计程序都不能提供财务报表有关认定的充分、适当的审计证据，注册会计师应当实施追加的审计程序。

5.分析函证结果

注册会计师从顾客那里收回询证函后，应对函证结果进行分析。一般情况下函证结果有两种：（1）注册会计师认为函证结果得到了对方的确认，正确可靠。（2）注册会计师认为回函结果有差异，需作进一步核实。必要时，应建议被审计单位作适当调整。产生差异的原因可能是未达账项，可能是记账错误，也可能是弄虚作假或舞弊行为。

小资料 8-2

应收账款登记入账时间不同产生的不符事项

对应收账款而言，登记入账的时间不同而产生的不符事项主要表现为：(1) 询证函发出时，债务人已经付款，而被审计单位尚未收到货款；(2) 询证函发出时，被审计单位的货物已经发出并已作销售记录，但货物仍在途中，债务人尚未收到货物；(3) 债务人由于某种原因将货物退回，而被审计单位尚未收到；(4) 债务人对收到的货物的数量、质量及价格等有争议而全部或部分拒付货款等。

资料来源　刘明辉，史德刚. 审计［M］. 5版. 大连：东北财经大学出版社，2017.

6. 对函证结果进行总结和评价

注册会计师应将函证的过程和情况记录在审计工作底稿中，并据以总结和评价应收账款。评价内容包括：(1) 注册会计师应重新考虑过去对内部控制的评价是否适当、控制测试的结果是否适当、分析程序的结果是否适当、相关的风险评价是否适当等。(2) 如果函证结果表明没有审计差异，则注册会计师可以合理地推论，全部应收账款总体是正确的。(3) 如果函证结果表明存在审计差异，则注册会计师应当估算应收账款总额中可能出现的累计差错是多少，估算未被选中进行函证的应收账款的累计差错是多少。为取得对应收账款累计差错更加准确的估计，也可以扩大函证范围。

【例题 8-4】

基本案情：某注册会计师对ABC公司2020年度的应收账款项目进行审计时，决定对下列五个明细账中的三个进行函证，见表8-6。

表 8-6　相关资料表

客户名称	应收账款年末余额（元）
甲公司	222 650
乙公司	198 900
丙公司	1 000
丁公司	165 000
戊公司	19 000

分析要求：

(1) 假如您是该注册会计师，您会从以上客户中选择哪三个客户作为应收账款的函证对象？为什么？

(2) 在您选中的三个函证对象中，假如按从上至下的顺序排列，三个被函证客户回函情况各不相同。第一个被函证客户表示余额于2020年12月25日已全部付清，第二个被函证客户表示询证函上所列货物从未采购过，第三个被函证客户表示询证内容完全属实、正确。试问，对于回函结果有差异的客户，您下一步该怎么办？

答案提示：

(1) 该注册会计师应选择甲、乙、丁三家公司作为应收账款的函证对象，因为函证的主要目的在于验证各明细账期末余额的正确性，防止被审计单位高估或虚构应收账款，由于甲、乙、丁三家公司在资产负债表日欠被审计单位的货款最多，因而应确定为函证对象。

(2) 第一个被函证客户应是甲公司，函证结果差异形成的原因极有可能是未达账项或记账错误所致。注册会计师应进一步查证核实。主要方法包括：一是抽取“应收账款——甲公司”明细账，采用截止测试的方法，判断是否于下年年初收款入账。二是到银行查询有无款到还未通知ABC公司的情况。三是根据银行存款日记账的收款记录追查至应收账款明细账，查明是否存在过账错误，误将其他客户的欠款注销。

第二个被函证客户应是乙公司，函证结果差异形成的原因极有可能是虚构债权和收入。注册会计师应进一步查证核实。主要方法包括：审核发运凭证及运输公司的运输发票，以查明ABC公司是否确实发货。如果货物确实运出，还应将有关凭证影印送乙公司查明。如果未运出，应调整会计记录。

第三个被函证客户应是丁公司，函证结果无差异。

（五）确定已收回应收账款的金额

请被审计单位协助，在应收账款账龄分析表中标出至审计日已收回的应收账款的金额，对已收回的金额较大的款项进行常规检查，如核对收款凭证、银行对账单、销货发票等，并注意凭证发生日的合理性，分析收款时间是否与合同相关要素一致。

（六）审查未函证的应收账款

由于注册会计师不可能对所有应收账款进行函证，因此，对未函证的应收账款，注册会计师应抽查有关原始凭证，如销售合同、销售订单、销售发票副本及发运凭证等，以验证与其相关的这些应收账款的真实性。

（七）审查坏账的确认和处理

首先，注册会计师应检查被审计单位已记录的坏账是否符合规定的条件。会计准则规定，如果债务人破产或者死亡，以及破产或以遗产清偿后仍无法收回的，债务人长期未履行清偿义务的应收账款可以确认为坏账。其次，检查被审计单位坏账的处理是否经授权批准，有关会计处理是否正确。

（八）抽查有无不属于结算业务的债权

对于不属于结算业务的债权，不应在应收账款中进行核算。因此，注册会计师应抽查应收账款明细账，并追查有关原始凭证，查证被审计单位有无不属于结算业务的债权。如有，应作记录或建议被审计单位作适当调整。

（九）根据评估的舞弊风险等因素增加审计程序

（十）确定应收账款在资产负债表上列报是否恰当

如果被审计单位为上市公司，则其财务报表附注通常应披露期初、期末余额的账龄分析，期末欠款金额较大的单位账款，持有5%（含5%）以上股份的股东单位欠款等情况。

第五节 坏账准备的审计

在市场经济的社会信用制度尚未完善时期，企业间交易形成款项部分或全部无法收回的情况时有发生。因此，企业应当在期末对应收款项进行检查，预计各项应收款项可能发生的坏账。应收款项包括应收票据、应收账款、预付账款、其他应收款和长期应收款等，对于没有把握能够收回的应收款项，应当计提坏账准备。坏账准备虽然只是一个普通的会计科目，但注册会计师一直以来把它作为审计的一个重点领域。

一、坏账准备的审计目标

坏账准备的审计目标一般包括：(1) 确定计提坏账准备的方法和比例是否恰当，坏账准备的计提是否充分；(2) 确定坏账准备增减变动的记录是否完整；(3) 确定坏账准备期末余额是否正确；(4) 确定坏账准备的列报是否恰当。

二、坏账准备的实质性程序

(一) 核查坏账准备数

核对坏账准备的报表数与总账余额、明细账余额合计数是否相符。如不相符，应查明原因，作审计记录并提出必要的审计调整建议。

(二) 运用分析程序

(1) 通过计算坏账准备余额占应收账款余额的比例，并与以前期间的相关比例比较，检查分析其重大差异，以发现可能存在重要问题的审计领域。

(2) 将应收账款坏账准备本期计提数与信用减值损失相应明细项目的发生额核对是否相符。

(三) 审查坏账准备的计提

主要应查明的内容有：(1) 坏账准备的计提方法和比例是否符合准则规定；(2) 计提的数额是否恰当；(3) 会计处理是否正确；(4) 计提坏账准备的方法前后期是否一致。

(四) 审查坏账损失

对于被审计单位在被审期间发生的坏账损失，注册会计师应查明原因，有无授权批准，有无已作坏账处理后又重新收回的应收款项，相应的会计处理是否正确。

(五) 检查函证结果

对债务人回函中反映的例外事项及存在争执的余额，注册会计师应查明原因并作记录。必要时，应建议被审计单位作相应的调整。

(六) 审查长期挂账的应收款项

注册会计师应审查应收款项（包括应收账款和其他应收款等）明细账及相关原始凭证，查找有无资产负债表日后仍未收回的长期挂账应收款项。如有，应提请被审计单位作适当处理。

(七) 确定坏账准备是否已在资产负债表上作恰当披露

企业应在年度财务报表附注中说明坏账的确认标准，以及坏账准备的计提方法和计提比例，上市公司还应在财务报表附注中重点说明如下事项：

(1) 本年度全额计提坏账准备，或计提坏账准备的比例较大的（计提比例一般在40%及以上，下同），应单独说明计提的比例及其理由。

(2) 以前年度已全额计提坏账准备，或计提坏账准备的比例较大的，但在本年度又全额或部分收回的，或通过重组等其他方式收回的，应说明原因，原估计计提比例的理由，以及原估计计提比例的合理性。

(3) 对某些金额较大的应收款项不计提坏账准备，或计提坏账准备比例较低（一般为5%或低于5%）的理由。

（4）本年度实际冲销的应收款项及其理由，其中，实际冲销的关联交易产生的应收款项应单独披露。

【例题8-5】

基本案情：注册会计师审查宏兴公司2020年度财务报表时了解到，该公司应收账款的坏账准备是采用应收款项余额百分比法计提。该公司确定的计提率为5‰，本年度应收账款余额为800 000元。在审查“坏账准备”账户时注册会计师得知，坏账准备账户年初贷方余额为5 300元，本年度业务发生情况如下：

（1）10月15日，因D公司破产，3 300元应收债权无法收回，经领导批准，确认为坏账损失，其会计处理为：

借：坏账准备　　3 300

　贷：应收账款　　3 300

（2）2019年已注销的坏账2020年12月3日收回1 500元，其会计处理为：

借：银行存款　　1 500

　贷：其他应收款　　1 500

（3）年末会计人员计提坏账准备，其会计处理为：

借：信用减值损失　　4 000

　贷：坏账准备　　4 000

分析要求：假如您是注册会计师，请指出该公司的账务处理是否正确。如不正确，请分析并作出调整分录。

答案提示：

（1）10月15日该公司确认坏账损失3 300元的会计处理是正确的。

（2）收回已注销的坏账应增加坏账准备余额，该公司记入“其他应收款”账户，既造成以后要多提坏账准备，增加费用，又为私设小金库或贪污舞弊提供了条件。

（3）年末公司计提本年度坏账准备的金额不正确，应计提500元，而该公司却计提了4 000元，虚增当期费用3 500元。

调整分录：

借：其他应收款　　1 500

　贷：坏账准备　　1 500

借：坏账准备　　3 500

　贷：信用减值损失　　3 500

课程思政 8-1

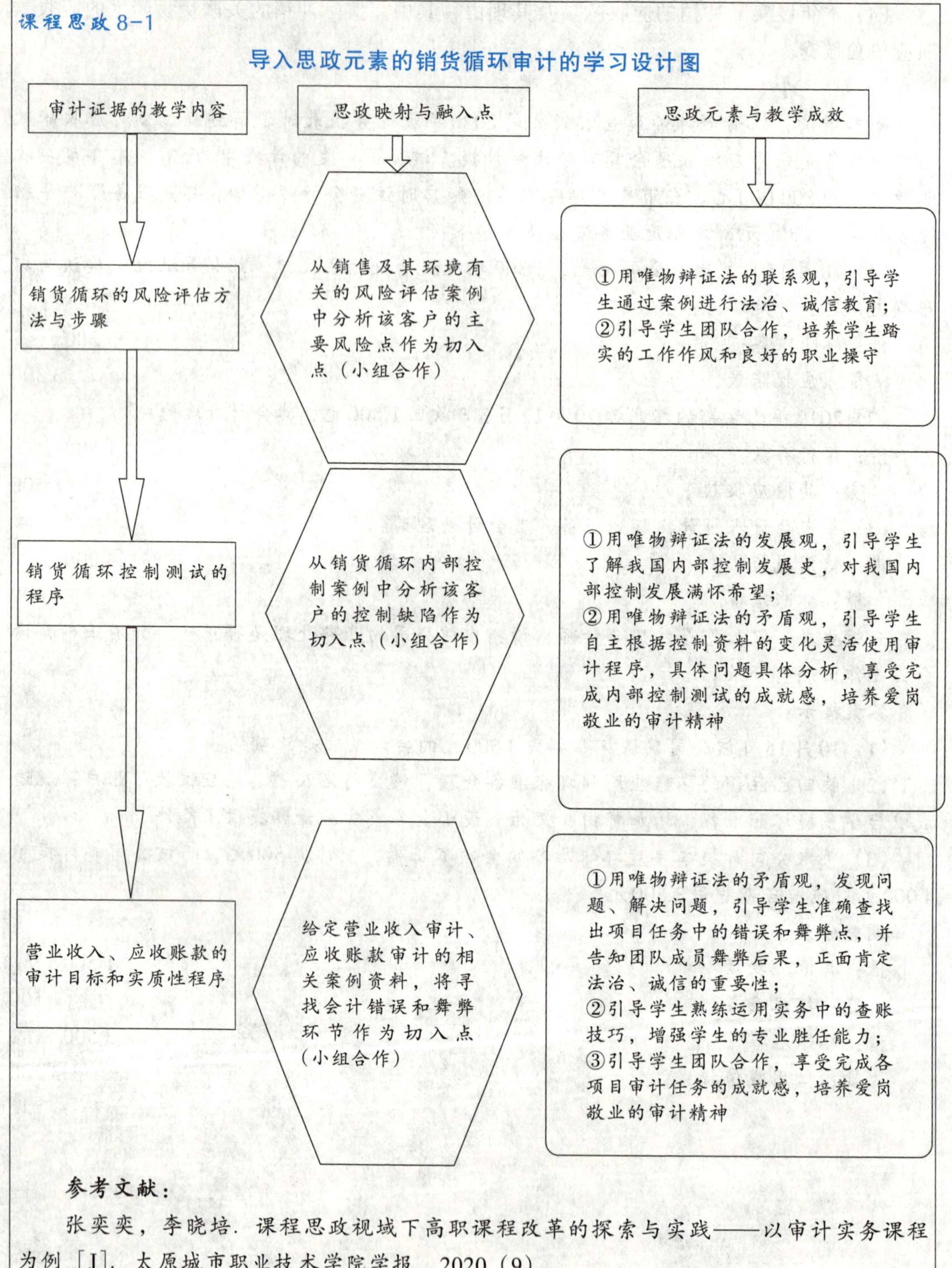

参考文献：

张奕奕，李晓培. 课程思政视域下高职课程改革的探索与实践——以审计实务课程为例［J］. 太原城市职业技术学院学报，2020（9）.

第六节 其他相关账户的审计

在销售与收款循环中，除了以上介绍的会计科目外，还有应收票据、预收账款、应交税费、税金及附加等项目，由于篇幅所限，本教材简要阐述这些项目的审计目标和实质性测试。但需要强调的是，这些审计目标和实质性测试程序并不是一成不变的，注册会计师应结合具体审计情况，运用专业判断合理增删。

一、应收票据的审计

应收票据是以书面形式表现的债权资产，其款项具有一定的保证，经持有人背书后可以提交银行贴现，具有较大的灵活性。由于应收票据是在企业赊销业务中产生的，因此对应收票据的审计也必须结合赊销业务一起进行。

（一）应收票据的审计目标

应收票据审计目标一般包括：（1）确定资产负债表中记录的应收票据是否存在；（2）确定所有记录的应收票据是否均已记录；（3）确定应收票据是否由被审计单位拥有或控制；（4）确定应收票据是否以恰当的金额包括在财务报表中，与之相关的计价调整已恰当记录；（5）确定应收票据是否已按照企业会计准则的规定在财务报表中作出恰当列报。

（二）应收票据的实质性程序

（1）获取或编制应收票据明细表，复核其加计数是否正确，并核对其期末余额合计数与报表数、总账数和明细账合计数是否相符；对以非记账本位币结算的应收票据，应检查其采用的折算汇率和汇兑损益处理的正确性。

（2）监盘库存票据，同时关注是否存在已作抵押的票据和银行退回的票据。

（3）必要时，函证部分应收票据，证实其存在性和可收回性。

（4）检查应收票据的利息收入是否正确入账，注意逾期应收票据是否已按规定停止计提利息。

（5）对于大额票据，应取得相应销售合同或协议、销售发票和出库单等原始单据并进行核对，以证实是否存在真实交易。

（6）对于已贴现应收票据，注册会计师应审查其贴现额与利息额的计算是否正确，会计处理方法是否恰当。复核、统计已贴现以及已转让但未到期的应收票据的金额。

（7）评价应收票据计提的坏账准备的适当性。

（8）根据评估的舞弊风险等因素增加的审计程序。

（9）检查应收票据在资产负债表上的列报是否恰当。

二、预收账款审计

预收账款是买卖双方协议商定，由购货方预先支付一部分货款给供应方而发生的一项负债。由于预收账款是随着企业销货业务的发生而发生的，注册会计师应结合企业销货业务对预收账款进行审计。

（一）预收账款的审计目标

预收账款审计目标一般包括：（1）确定资产负债表中记录的预收账款是否存在；（2）确定所有应当记录的预收账款是否完整；（3）确定记录的预收账款是否为被审计单位应当履行的现时义务；（4）确定预收账款是否以恰当的金额包括在财务报表中，与之相关的计价调整已恰当记录；（5）确定预收账款在财务报表上的列报是否恰当。

（二）预收账款的实质性程序

（1）获取或编制预收账款明细表，复核其加计数是否正确，并核对期末合计数与报表数、总账数和明细账合计数是否相符。

（2）抽查相关销售合同、仓库发运凭证、收款凭证，检查已实现销售的商品是否及时转销预收账款，确保预收账款期末余额的正确性和合理性。

（3）选择预收账款的重大项目进行函证，根据回函情况编制函证结果汇总表。

（4）检查预收账款长期挂账的原因，必要时提请被审计单位予以调整。

（5）通过货币资金的期后测试，以确定预收账款是否已计入恰当期间。

（6）根据评估的舞弊风险等因素增加的审计程序。

（7）检查预收货款是否已在资产负债表上作恰当列报。

三、长期应收款的审计

（一）长期应收款的审计目标

长期应收款的审计目标一般包括：（1）确定资产负债表上的长期应收款是否存在；（2）确定记录的长期应收款是否归被审计单位拥有或控制；（3）确定被审计单位所有应当记录的长期应收款是否均已记录；（4）确定长期应收款是否以恰当的金额包括在财务报表中，与之相关的计价调整已恰当记录；（5）确定长期应收款是否已按照企业会计准则的规定在财务报表中作出恰当列报。

（二）长期应收款的实质性程序

（1）获取或编制长期应收款明细表，复核其加计数是否正确，并与总账数和明细账合计数核对是否相符，结合“坏账准备”科目与报表数核对是否相符。

（2）分析长期应收款账龄及余额构成，了解每一明细项目的性质，查阅长期应收款相关合同协议，了解长期应收款是否按合同或协议规定按期收款，检查长期应收款是否真实。

（3）选择长期应收款的重要项目向债务人函证其余额和交易条款，对未回函的再次发函或实施替代的审计程序。

（4）对于融资租赁产生的长期应收款项，取得相关合同和契约，进行检查：关注租赁合同的主要条款，检查是否满足企业会计准则对于融资租赁的相关规定，检查授权批准手续是否齐全；根据合同及协议，检查最低租赁收款额、每期租金、租赁期、担保余值和未担保余值等项目的金额是否正确；检查初始直接费用及其相关扩建处理是否正确；检查租赁资产在租赁期开始日的公允价值，如与账面价值有差额，会计处理是否正确；检查应收租赁款项的收回情况，了解有无未能按合同规定收款或延期收款现象，并查明原因，检查坏账准备的计提是否恰当。

（5）对于采用递延方式、有融资性质的销售形成的长期应收款项，取得相关的销售合同或协议进行检查：根据合同及协议，检查是否已满足确认销售的条件；检查合同规定的售价、每期租金、收款期等要素；检查所销售资产在销售确认日的公允价值；检查会计处理是否正确；检查应收款项收回情况，了解有无未能按合同规定收款或延期收款现象，并查明原因；如果应收款项的收回存在问题，检查相关坏账准备的计提是否恰当。

（6）对有实质上构成对被投资单位净投资的长期权益，检查在“长期股权投资”的账面价值减记至零以后还需承担的投资损失，检查是否冲减长期应收款，若无，应作出记录，必要时建议作适当调整。

(7) 对长期应收款相关的坏账准备进行审计。

(8) 检查未实现融资收益。

(9) 根据评估的舞弊风险等因素增加的审计程序。

(10) 检查长期应收款是否已按照企业会计准则的规定在财务报表中作出恰当列报。

四、应交税费的审计

应交税费是指企业应向国家缴纳的流转税、所得税、资源税等。这些应交的税费应按权责发生制原则预提记入有关账户，在尚未缴纳之前就形成了企业的一项负债。

(一) 应交税费的审计目标

应交税费的审计目标一般包括：(1) 确定资产负债表中记录的应交税费是否存在；(2) 确定所有记录的应交税费是否均已记录；(3) 确定记录的应交税费是否是被审计单位应当履行的偿还义务；(4) 确定应交税费是否以恰当的金额包括在财务报表中，与之相关的计价调整已恰当记录；(5) 确定应交税费是否已按照企业会计准则的规定在财务报表中作出恰当列报。

(二) 应交税费的实质性程序

(1) 获取或编制应交税费明细表，复核其加计数是否正确，并核对其期末合计数与报表数、总账数和明细账合计数是否相符。

(2) 查阅相关文件，了解被审计单位适用的税种、计税基础、税率，以及征、免、减税的范围与期限，确认其在被审计期间的应纳税款内容。

(3) 核对期初未交税费与税务机关认定数是否一致，如有差异应查明原因，作出记录，必要时建议作适当调整。

(4) 检查应交增值税、应交消费税、应交资源税、应交城镇土地使用税、应交城建税、应交车船税、应交房产税、应交所得税等计算是否正确，是否按规定进行会计处理。

(5) 检查除上述税项外的其他税项及代扣税项的计算是否正确，是否按规定进行了会计处理。

(6) 检查被审计单位获得税费减免或返还时的依据是否充分、合法和有效。

(7) 根据评估的舞弊风险等因素增加的审计程序。

(8) 确定应交税费是否已在资产负债表上作恰当列报。

如果被审计单位是上市公司，在其财务报表附注中应按税费种类分项列示应交税费金额，并说明本期执行的法定税（费）率。对于超过法定交纳期限的，应列示主管税务部门的批准文件。

【例题 8-6】

基本案情：注册会计师在审计天成公司2020年度财务报表时发现下列情况：

该公司与长江公司签订来料加工合同。合同中规定，加工费12 000元通过银行转账支付，剩余材料留给天成公司。天成公司收款凭证的会计处理为：

借：银行存款　　　　12 000

　贷：其他应付款——长江公司　　　　12 000

注册会计师进一步向被审计单位查询得知，天成公司加工车间将加工后剩余材料200千克售出。合同中标价每千克10元，共得2 000元收入，公司将此项收入作为加工人员的奖金分掉。

分析要求：指出上述业务中存在的问题，并作出调整分录。

答案提示：

该公司将来料加工业务所获收入记入“其他应付款”账户，其意图是通过少确认主营业务收入，达到少纳增值税的目的。其应补交的增值税税额为：

12 000÷（1+13%）×13%=1 380.53（元）

调整分录：

借：其他应付款——长江公司　　12 000

　贷：主营业务收入——劳务收入　　10 619.47

　　应交税费——应交增值税（销项税额）　　1 380.53

公司加工剩余的材料出售所得的2 000元收入，应记入“其他业务收入”账户，而该公司却作为奖金私自分掉，不但少交增值税，而且性质严重。其调整分录为：

借：其他应收款　　2 000

　贷：其他业务收入——出售材料　　1 769.91

　　应交税费——应交增值税（销项税额）　　230.09

五、税金及附加的审计

税金及附加是指企业由于销售产品、提供劳务等负担的税金及附加，包括消费税、城市维护建设税、资源税和教育费附加，以及与投资性房地产相关的房产税、城镇土地使用税等。对税金及附加的实质性程序，应在查明被审计单位应交纳的税种基础上结合“税金及附加”总账、明细账与有关的原始凭证，以及与该账户对应的“应交税费”等账户实施，必要时，应向有关部门、单位和人员进行查询。

（一）税金及附加的审计目标

税金及附加的审计目标一般包括：（1）确定记录的税金及附加是否已发生，且与被审计单位有关；（2）确定税金及附加的记录是否完整；（3）确定与税金及附加有关的金额及其他数据是否已恰当记录；（4）确定税金及附加是否记录于恰当的会计期间；（5）确定与税金及附加有关的交易和事项是否已记录于恰当的账户；（6）确定税金及附加是否已在财务报表上作出恰当列报。

（二）税金及附加的实质性程序

（1）获取或编制税金及附加明细表，复核加计正确，并与报表数、总账数和明细账合计数核对是否相符。

（2）确定被审计单位的纳税范围与税种是否符合国家规定。

（3）检查税金及附加的计算及对应关系是否正确。

（4）确定被审计单位减免税的项目是否真实，理由是否充分，手续是否完备。

（5）根据评估的舞弊风险等因素增加的审计程序。

（6）确定税金及附加是否已在利润表上作恰当列报。

案例分析8-1

东方电子虚构收入舞弊案

一、公司概况

东方电子的母公司烟台东方电子信息产业集团原来是一家经营困难的小企业，后来工厂规模由小变大，技术由弱变强。1994年1月，烟台东方电子信息产业集团作为独家发起人采用定向募集的方式设立了烟台东方电子信息产业股份有限公司（简称东方电子），公司主要拥有电网监控及能量管理系统等八大系列300多种产品。东方电子业绩及股价曾连年翻番，不仅是中小投资者追捧的对象，而且还是多家机构重仓持有的股票。

二、舞弊的手段

1.造假操作手段

东方电子的股市神话开始于内部职工股。东方电子将职工股过户至个人账户，并隐匿职工股。东方电子上市后，每年初都制订一个年增长速度在50%以上的发展计划和利润目标，而按公司的实际生产情况是不可能达到的。于是在每年年中和年底，根据实际完成情况与计划目标的差异，由抛售股票收入来弥补。

2.具体造假过程

手法一：证券部负责抛售股票提供资金。东方电子从1998年开始抛售持有的内部职工股，一直到2001年8月份，每年抛售的时间大约集中在中期报告和年度报告披露前，每次抛售的数量由公司业绩的需要而定，在证券公司抛售股票，并将所得收入转入公司在银行的账户。

手法二：公司经营销售部门负责伪造合同与发票。销售部门人员采取修改客户合同、刻客户印章、向客户索要空白合同和粘贴复印伪造合同等四种手段。同时，为了应付审计，销售部门还伪造客户的函证。此外，销售部门人员与个别客户串通，通过向客户汇款，再由客户汇回的方式，虚增销售收入。先后伪造销售合同1 242份，合同金额17.2968亿元，虚开销售发票2 079张，金额17.0823亿元。

手法三：公司财务部负责拆分资金和做假账。为掩盖资金的真实来源，方跃等通过在烟台某银行南大街分理处设立东方电子户头、账号，在该行工作人员配合下，中转、拆分由证券公司所得的收入，并根据伪造的客户合同、发票，伪造了1 509份银行进账单，以及相应的对账单，金额共计17.047 5亿元。

三、舞弊的后果

东方电子的造假行为使得众多投资者蒙受巨大损失，同时也给东方电子带来了灾难性后果。最后，涉嫌参与造假的相关人员受到了法律的制裁。

分析要求：

（1）东方电子为什么要虚构收入？

（2）分析东方电子虚构收入的手段与其他收入造假手段的不同及其隐蔽性。

（3）有人认为东方电子把出售原始股票收益转为收入，既有现金流入，又有销售发票、销售合同等，可谓账证齐全、账钱相符，利用常规审计方法很难查出。说明现代舞弊手段的特点。以此讨论现代风险审计的特征。

资料来源　颜晓燕，朱清贞，陈福庭. 注册会计师审计经典案例教程［M］. 北京：清华大学出版社，2010.

本章小结

销售与收款循环的特性包括销售与收款循环中的主要业务活动和销售与收款循环所涉及的主要凭证及账户两部分内容。若以控制目标为起点，销售与收款循环控制测试主要对职责分离、授权审批、凭证和记录、凭证编号、按月对账、内部检查等关键控制点进行控制测试。注册会计师也可以选择以风险为起点的控制测试。

主营业务收入的实质性测试中，主要测试程序包括获取或编制主营业务收入明细表、检查收入的确认、执行分析程序、相关凭证的审查、实施销售的截止测试、销货退回、销售折扣与折让业务测试和检查报表列报的恰当性。

应收账款的余额测试中，主要测试程序包括核对应收账款、分析应收账款账龄、对未函证的应收账款应抽查原始凭证、分析应收账款明细账的余额、检查应收账款在财务报表上的列报是否恰当等。在坏账准备的余额测试中，特别注意坏账准备计提的审计内容和列报内容。

在销售与收款循环中还介绍了应收票据、预收账款、长期应收款、应交税费、税金及附加等项目的审计目标和实质性程序。

主要概念

应收账款函证　积极式（肯定式）询证函　消极式（否定式）询证函　截止测试

关键思考题

1. 比较说明对销售业务的发生性和完整性的测试程序有何区别。

2. 执行应收账款函证程序时，如何确定函证的范围、对象和方式？

3. 注册会计师如何实施销售业务的截止测试？

4. 审查坏账准备的计提时应审查哪几个方面的内容？

第九章

购货与付款循环审计

学习目标

☆知识目标

识别购货与付款业务循环相关的会计凭证、账户、主要业务活动；

了解采购与付款业务循环相关的潜在错报风险；

掌握购货与付款循环中的控制要点及控制测试；

掌握应付账款、固定资产、累计折旧等账户的基本实质性程序。

☆技能目标

训练对固定资产、累计折旧等账户的错账识别。

购货与付款循环是企业进行的采购与付款业务，它涉及的主要财务报表账户包括：预付账款、固定资产、累计折旧、固定资产减值准备、工程物资、在建工程、固定资产清理、无形资产、研发支出、应付票据、应付账款、销售费用、管理费用等。

第一节 购货与付款循环业务特性

购货与付款循环的业务特性包括两部分内容：一是本循环中的主要业务活动；二是本循环所涉及的主要凭证和账户。

一、购货与付款循环中的主要业务活动

购货交易包括原材料、配件以及固定资产等方面的采购。对于每一项采购业务，企业应合理分工，指派不同的部门和职员共同来完成。下面以采购商品为例，简单介绍购货与付款循环中的主要业务活动和相关的控制措施。

（一）请购商品和劳务

企业的生产和仓库等部门按照需要购买的存货填写请购单。请购单可由手工或计算机编制。由于企业内不少部门都可能填列请购单，不便事先编号，为加强控制，每张请购单必须经过对这类支出负预算责任的主管人员签字批准。商品和劳务的采购申请和预算批准应是购货业务流程的起点。请购单是证明有关采购交易的“发生”认定的凭据之一。

（二）编制订购单

采购部门在收到请购单后，只能对经过批准的请购单发出订购单。对每张订购单，采购部门应确定最佳的供应来源。对一些大额、重要的采购项目，应采取竞价方式来确定供应商，以保证供货的质量、及时性和成本的低廉。

订购单应正确填写所需要的商品名称、数量、价格、厂商名称和地址等，预先编号并经过被授权的采购人员签名。其正联应送交供应商，副联则送至企业内部的验收部门、应付凭单部门和编制请购单的部门。随后，应独立检查订购单的处理，以确定是否确实收到商品并正确入账。这项检查与采购交易的“完整性”认定有关。

（三）验收商品

验收部门主要做好两方面的工作：一是盘点商品，将所收商品与订购单上的内容逐项进行核对，如商品的品名、说明、数量、到货时间等，同时应注意商品有无损坏。二是根据已收货的每张订购单编制一式多联、预先编号的验收单，作为验收和检验商品的依据。验收人员将货品送交仓库或其他请购部门时，应取得经过签字的收据，或要求其在验收单的副联上签收，以确立它们对所采购的资产应负的保管责任。验收人员还应将其中的一联验收单送交应付凭单部门。验收单既与资产或费用以及与采购有关的负债的“存在”认定有关，也与采购交易的“完整性”认定有关。

（四）储存已验收的商品

将已验收商品的保管与采购的其他职责相分离，可减少未经授权的采购和盗用商品的风险。存放商品的仓储区应相对独立，限制无关人员接近。这些控制与商品的“存在或发生”认定有关。

（五）编制付款凭单

在记录采购交易之前，应编制付款凭单。这里需要说明三点：第一，为采购交易编制的付款凭单所要求具有的原始凭证的种类，会随着交易对象的不同而不同；第二，所有未付凭单的副联应保存在未付凭单部门的未付凭单的档案中，以待日后付款；第三，这些控制与“存在”“完整性”“计价和分摊”“权利与义务”认定有关。

> 小思考9-1
>
> **编制付款凭单过程中应建立哪些控制措施?**
>
> **提示：**(1) 收集订购单、验收单和供应商发票等与采购业务相关的凭证，并复核供应商发票的内容与相关的验收单、订购单是否一致，供应商发票的计算是否正确；(2) 编制有预先编号的付款凭单，并附上相关的原始凭证，如订购单、验收单和供应商发票等；(3) 在付款凭单上填入应借记的资产或费用账户名称；(4) 独立检查付款凭单计算的正确性；(5) 由被授权人员在凭单上签字，以示批准照此凭单要求付款。
>
> 资料来源　刘明辉，史德刚．审计［M］．5版．大连：东北财经大学出版社，2017.

（六）确认与记录负债

在手工系统下，应将已批准的未付款凭单送达财会部门，据以编制有关记账凭证和登记有关账簿。

> 小资料 9-1
>
> **会计主管对采购交易记录的检查**
>
> 为保证记录负债的及时性和准确性，会计主管应对形成的会计资料进行检查，内容包括：(1) 监督为采购交易编制的记账凭证中账户分类的适当性；(2) 定期核对记账凭证的日期与凭单副联的日期，以监督入账的及时性；(3) 定期核对应付账款总账余额与应付凭单部门未付凭单档案中的总金额是否一致。
>
> 资料来源 中国注册会计师协会. 审计 [M]. 北京：经济科学出版社，2017.

对于已发生的购货业务，企业应及时在应付账款到期日前付款。支付方式以支票结算方式为主。在付款活动中，相关的内部控制措施有：(1) 独立检查已签发支票的总额与所处理的付款凭单的总额是否一致；(2) 应由被授权的财务部门的人员负责签署支票；(3) 被授权签署支票的人员应确定每张支票都附有一张已经批准的未付款凭单，并确定支票收款人姓名和金额与凭单内容是否一致；(4) 支票一经签署应在其凭单和支持性凭证上以加盖印戳或打洞等方式将其注销，以免重复付款；(5) 支票签署人不应签发无记名甚至空白支票；(6) 支票应预先连续编号，保证支出支票存根的完整性和作废支票处理的恰当性；(7) 应确保只有被授权的人员才能接近未经使用的空白支票。

(七) 记录现金、银行存款的支出

在支票结算方式下，会计部门应根据已签发的支票编制付款记账凭证，并据以登记银行存款日记账和其他相关账簿。该业务活动中的相关控制措施有：(1) 会计主管独立检查记入银行存款日记账和应付账款明细账的金额的一致性，以及与支票汇总记录的一致性；(2) 定期比较银行存款日记账记录的日期与支票副本的日期，独立检查入账的及时性；(3) 独立编制银行存款余额调节表。

二、购货与付款循环所涉及的主要凭证和账户

(一) 原始凭证类

购货与付款循环涉及的主要原始凭证包括：请购单、订购单、验收单、供应商发票和付款凭单。

(二) 记账凭证类

购货与付款循环涉及的主要记账凭证包括：付款凭证和转账凭证。

(三) 日记账和明细账类

购货与付款循环涉及的主要日记账和明细账包括：库存现金日记账和银行存款日记账，应付账款、固定资产、累计折旧明细账等。

(四) 总账类

购货与付款循环涉及的主要总账包括：库存现金、银行存款、应付账款、应付票据、原材料、固定资产、累计折旧等总账。

采购与付款循环中的各种关系见表9-1。

表9-1 采购与付款循环中的各种关系

序号	主要业务活动	涉及的凭证及记录	相关部门	相关认定	重要控制
1	请购商品或劳务	请购单	仓库或其他部门		签字批准
2	编制订购单	订购单	采购部门	完整性	订购单预先编号，一式多联
3	验收商品	订购单、验收单	验收部门	存在、完整性	验收单预先编号，一式多联
4	储存已验收的商品	验收单	仓库部门	存在	保管与采购分工
5	编制付款凭单	付款凭单、验收单、订购单、供应商发票	应付凭单部门	存在、完整性、计价和分摊	预先编号，并经授权批准
6	确认与记录负债	应付账款明细账、供应商发票、验收单、转账凭证、订购单	会计部门	存在、完整性、计价和分摊	记录库存现金收支人员不得经手现金、有价证券和其他资产
7	付款	付款凭单	应付凭单部门、财务部门	存在、完整性、计价和分摊	支票预先编号，相关凭证注销
8	记录现金、银行存款的支出	库存现金和银行存款日记账、付款凭证	会计部门	存在、完整性、计价和分摊	账账核对，账实核对，独立编制银行存款余额调节表

资料来源 刘明辉，史德刚．审计［M］．5版．大连：东北财经大学出版社，2017.

第二节 重大错报风险评估和控制测试

一、评估采购业务的重大错报风险

在实施控制测试和实质性程序之前，注册会计师需要结合对采购循环中的业务流程和相关控制的了解，考虑该循环中发生错报的可能性以及潜在错报的重大程度，评估认定层次的重大错报风险，为设计和实施进一步审计程序提供基础。为便于注册会计师对被审计单位经营活动中可能发生的重大错报风险保持警觉，本教材对常规的采购业务的重大错报风险评估进行阐述。详见以下二维码中的相关内容。

采购循环的重大错报风险的评估

二、购货业务的内部控制要点和控制测试

(一) 以内部控制目标为起点的控制测试

1.适当的职责分离

为防止出现各种有意或无意的错误，购货与付款业务也需要适当的职责分离。本业务循环涉及的职责分离包括：(1) 请购与审批；(2) 询价与确定供应商；(3) 采购合同的订立与审批；(4) 采购与验收；(5) 采购、验收与会计记录；(6) 付款审批与付款执行。这些都是对单位提出的有关购货与付款方面相关职责适当分离的基本要求，以确保办理采购与付款业务的不相容职务相互分工、制约和监督。

注册会计师对于该控制措施的测试可以采用实地观察、询问相关人员等方法获取证据。

2.正确的授权审批

购货与付款业务的授权审批主要集中在以下三个关键点上：(1) 购货预算批准，请购的货物经过负责采购预算人员的审批。(2) 采购价格授权，为保证供货的质量、及时性和成本的低廉，企业应采取竞价方式来确定供应商，经主管领导签字后采购人员才能办理采购业务。(3) 付款授权，由被授权人员在付款凭单上签字，以示批准照此凭单要求付款。

注册会计师通常采用检查相关凭证的方法，审阅以上关键点是否经过审批，以测试出授权批准方面的控制效果，如检查请购单上授权部门的授权记录等。

3.单证控制

虽然存货收入、发出、结存具有业务频繁、流动性强、种类繁多、核算复杂等特点，但只要加强对请购单、订购单、入库单、付款凭单等单据的管理，尤其是保管部门只要盯着这些单据的来龙去脉，就不怕存货有问题。同时，企业将所有存货都按品种、规格、型号等建立仓库明细卡，妥善保管。

注册会计师通常采用检查相关凭证的方法，审阅购货业务发生的原始凭单是否齐全；也可采用检验或观察的方法验证业务的处理程序是否得到有效执行。

4.内部检查程序

企业应当建立对购货与付款业务内部控制的监督检查制度。监督检查的内容包括：(1) 购货与付款业务相关岗位及人员的设置情况，重点检查是否存在购货与付款业务不相容职务混岗的现象。(2) 购货与付款业务授权批准制度的执行情况，重点检查大宗购货与付款业务的授权批准手续是否健全，是否存在越权审批的行为。(3) 应付账款和预付账款的管理，重点审查应付账款和预付账款支付的正确性、时效性和合法性。(4) 有关单据、凭证和文件的使用和保管情况，重点检查凭证的登记、领用、传递、保管、注销手续是否健全，使用和保管制度是否存在漏洞。

注册会计师可以采用检查内部审计人员的报告，或者其他独立人员在他们检查凭证上签字等方法实施控制测试。

(二) 以风险为起点的控制测试

在审计实务中，注册会计师可以以识别的重大错报风险为起点实施控制测试。具体内容如图9-1所示。

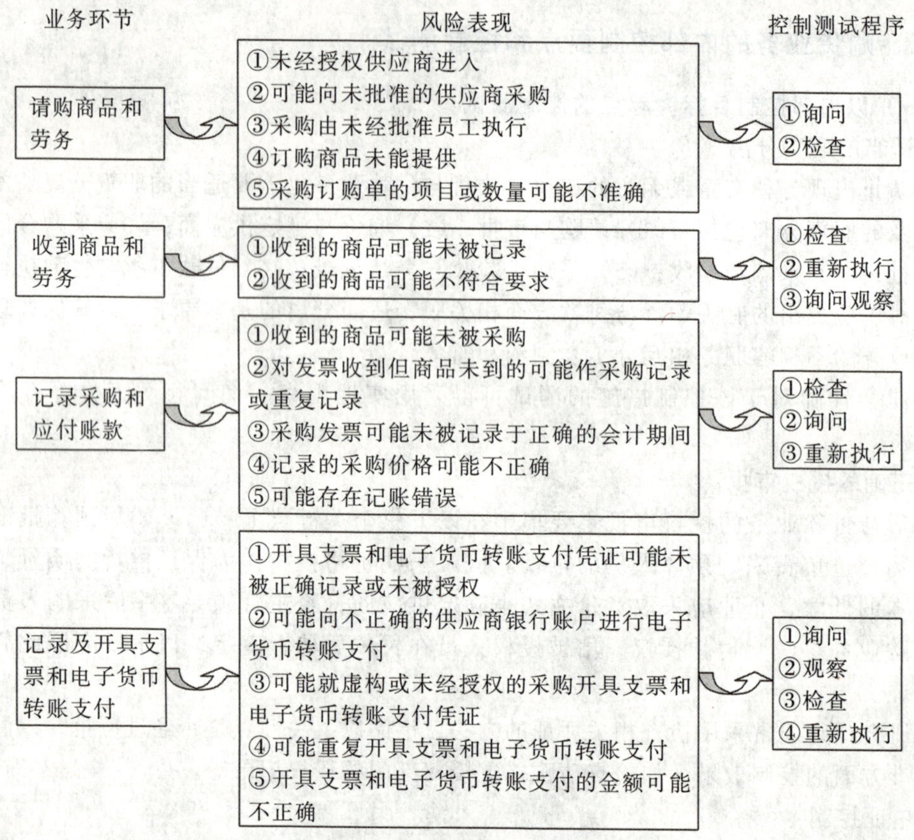

图 9-1　以风险为起点的内控测试简图

如果被审计单位采购与付款循环的内部控制不存在，或尽管存在但未得到遵循，或者控制测试的工作量可能大于进行控制测试所减少的实质性程序的工作量，则注册会计师不应再继续实施控制测试，而应直接进行实质性程序。

【例题 9-1】

基本案情：王丹和刘民两位注册会计师正在对亚迪公司2020年度财务报表进行审计。两位注册会计师于2020年12月21—30日对亚迪公司购货与付款循环内部控制进行测试，并在审计工作底稿中记录了亚迪公司的控制运行如下：

（1）亚迪公司的材料采购需要经请购部门负责人授权批准后方可进行。采购部根据经批准的请购单发出订购单。货物运达后，验收部门根据订购单的要求验收货物，并编制一式多联的未连续编号的验收单，验收单上有数量、品名、单价等要素。其中：仓库留存一联验收单，根据验收单验收货物，并将货物移入仓库加以保管，同时依据验收单登记材料保管账；验收单一联交给应付凭单部门编制付款凭单，在手工系统下，将已批准的未付款凭单月末统一送达会计部门；会计部门根据付款凭单登记有关账簿。

（2）会计部门月末审核付款凭单后，支付采购款项。亚迪公司授权会计部门的经理签署支票，经理将其授权给会计人员丁玲负责，但保留了支票印章。丁玲根据已批准的凭单，在确定支票收款人姓名与凭单内容一致后签署支票，并在凭单上加盖“已支付”的印章。

分析要求：根据上述摘录，请代王丹和刘民两位注册会计师指出亚迪公司购货与付款循环的内部控制运行是否有效。

答案提示：

（1）材料采购需要经预算部门负责人授权批准后方可进行。

（2）验收单未连续编号，不能保证所有采购业务都已记录或不被重复记录。

（3）付款凭单后面未附订购单及供应商发票等，会计部门无法核对采购业务的真实性，登记有关账簿时，计价方面容易出错。

（4）验收单的一联送达仓库，未要求其在验收单的副联上签收。

（5）会计部门在月末统一审核付款凭单后才能支付货款，造成无法及时登记入账，也无法及时按约定时间支付货款。

三、固定资产的内部控制要点和控制测试

为了确保固定资产的真实、完整、安全和有效利用，被审计单位应当建立和健全固定资产的内部控制。

（一）固定资产的预算制度

预算制度是固定资产内部控制中最重要的部分。通常，大企业应编制旨在预测与控制固定资产增减和合理运用资金的年度预算；小企业即使没有正规的预算，对固定资产的购建也要事先加以计划。

注册会计师应注意检查固定资产的取得和处置是否均依据预算，对实际支出与预算之间的差异以及未列入预算的特殊事项，应检查其是否履行特别的审批手续。如果固定资产增减均能处于良好的经批准的预算控制之下，注册会计师即可适当减少对固定资产增加、减少审计中的实质性程序的样本量。

（二）授权批准制度

完善的授权批准制度包括：企业的资本性预算只有经过董事会等高层管理机构批准方可生效；所有固定资产的取得和处置均需经企业管理当局的书面认可。

注册会计师不仅要检查被审计单位固定资产授权批准制度本身是否完善，还要关注授权批准制度是否得到切实执行。

（三）账簿记录制度

除固定资产总账外，被审计单位还须设置固定资产明细分类账和固定资产登记卡，按固定资产类别、使用部门和每项固定资产进行明细分类核算。固定资产的增减变化均应有充分的原始凭证。一套设置完善的固定资产明细分类账和登记卡，将为注册会计师分析固定资产的取得和处置、复核折旧费用和修理支出的列支带来帮助。

（四）职责分工制度

对固定资产的取得、记录、保管、使用、维修、处置等，均应明确划分责任，由指定部门和专人负责。明确的职责分工制度，有利于防止舞弊，降低注册会计师的审计风险。

（五）划清资本性支出和收益性支出的界限

企业应制定区分资本性支出和收益性支出的书面标准。通常须明确资本性支出的范围和最低金额，凡不属于资本性支出的范围、金额低于下限的任何支出，均应列作费用并抵减当期收益。注册会计师可调阅被审计单位会计核算制度文件，确认是否存在相关规定。

（六）固定资产的维护保养制度

固定资产应有严格的维护保养制度，以防止其因各种自然和人为的因素而遭受损失，并应建立日常维护和定期检修制度，以延长其使用寿命。

（七）固定资产的处置制度

固定资产的处置包括投资转出、报废、出售等，均要有一定的申请报批程序。

（八）固定资产的定期盘点制度

对固定资产的定期盘点，是验证账面各项资产是否真实存在，了解资产放置地点和使用状况以及发现是否存在未入账固定资产的必要手段。注册会计师应了解和评价企业固定资产盘点制度，并应注意查询盘盈、盘亏固定资产的处理情况。

注册会计师在实际工作中，并不需要对固定资产的所有控制点进行测试，而是应该针对识别的可能发生错报环节，选择足以应对评估的重大错报风险的关键控制进行控制测试。

第三节　应付账款的审计

应付账款是企业在正常经营过程中，因购买材料、商品和接受劳务供应等经济活动而应付给供应单位的款项。可见，应付账款是随着企业赊购交易的发生而发生的，注册会计师应结合赊购业务进行应付账款的审计。

一、应付账款的审计目标

应付账款的审计目标包括：（1）确定资产负债表中的应付账款是否存在；（2）确定所有应当记录的应付账款是否完整；（3）确定记录的应付账款是否为被审计单位应当履行的现时义务；（4）确定应付账款是否以恰当的金额包括在财务报表中，与之相关的计价调整已恰当记录；（5）确定应付账款在资产负债表上的列报是否恰当。

二、应付账款的实质性程序

（1）获取或编制应付账款明细表，并执行下列工作：

①复核加计正确，并与报表数、总账数和明细账合计数核对是否相符。

②检查非记账本位币应付账款的折算汇率及折算是否正确。

③分析应付账款明细账余额。应收账款明细账余额一般在贷方，注册会计师如果发现应付账款出现借方余额，应查明原因，必要时建议作重分类调整。

④结合其他应付款、预付账款等往来款项的明细余额，调查有无同一客户多处挂账、异常余额或与购货无关的其他项目（如关联方账户或员工账户）。必要时提出调整建议。

（2）实施实质性分析程序。根据被审计单位的实际情况，选择以下方法对应付账款进行分析：

①对本期期末应付账款余额与上期期末余额进行比较，分析其波动原因。

②分析长期挂账的应付账款，要求被审计单位作出解释，判断被审计单位是否缺乏偿债能力或利用应付账款隐瞒利润。

③计算应付账款对存货的比率、应付账款对流动负债的比率，并与以前期间对比分

析，评价应付账款整体的合理性。

④根据存货、主营业务成本的增减变动幅度，判断应付账款增减变动的合理性。

（3）函证应付账款。一般情况下，应付账款不需要函证，这是因为函证不能保证查出未记录的应付账款，况且注册会计师能够取得购货发票等外部凭证来证实应付账款的余额。但如果控制风险较高，某应付账款账户金额较大或被审计单位处于经济困难阶段，则应进行应付账款的函证。

进行函证时，注册会计师应选择金额较大的债权人，以及那些在资产负债表日金额不大甚至为零，但为企业重要供货商的债权人，作为函证对象。此外，还应考虑向上一年度供过货而本年度又没有供货的供应商，以及没有按月寄送对账单的供应商和存在关联交易的账户进行函证。函证最好采用积极形式，并具体说明应付金额。同应收账款的函证一样，注册会计师必须对函证的过程进行控制，要求直接回函，并根据回函情况编制与分析函证结果汇总表，对未回函的，应考虑是否再次函证。

小思考9-2

某注册会计师正在对甲公司的应付账款项目进行审计。根据需要，该注册会计师决定对甲公司下列四个明细账户中的两个进行函证：

供货商	应付账款年末余额	本年度进货总额
A公司	22 650元	46 100元
B公司	—	1 980 000元
C公司	65 000元	75 000元
D公司	190 000元	2 123 000元

试问该注册会计师应该选择哪两位供货商进行函证，为什么？

提示： 该注册会计师应选择B公司、D公司进行应付账款余额的函证。因为函证客户的应付账款，应选择那些可能存在较大余额而并非在会计决算日有较大余额的债权人。函证的目的在于查实有无未入账负债，而不在于验证具有较大年末余额的债务。本年度甲公司从B、D两家公司采购了大量商品，存在漏记负债业务的可能性更大。

如果存在未回函的重大项目，注册会计师应采取替代程序。比如，可以检查决算日后应付账款明细账及库存现金和银行存款日记账，核对其是否已支付，同时检查该笔债务的相关凭证资料，核实交易事项的真实性。

（4）查找未入账的应付账款。为了防止企业低估负债，注册会计师应检查被审计单位有无故意漏记应付账款的行为。通常查找未入账应付账款的审计程序如下：

①检查被审计单位在决算日尚未处理的不符合要求的购货发票及有关材料入库凭证和未收到购货发票的经济业务，并询问会计人员未入账的原因。

②检查购货发票与验收单不符或未列明金额的发票单据，应审查决算日的全部待处理凭单，确定是否有漏记的应付账款。

③审阅结账日之前签发的验收单，追查至应付账款明细账，检查是否有货物已收，而负债未入账的应付账款。

④检查企业决算日后收到的购货发票，确定这些发票记录的负债是否应计入决算日。

⑤检查企业决算日后收到应付账款明细账贷方发生额的相应凭证，确定其入账时间是否正确。

⑥抽查未结算货物和劳务采购，检查有无未入账的应付账款。

（5）审查应付账款借方余额。注册会计师应检查被审计单位有无应付账款借方余额，并决定是否进行重分类调整。

【例题9-2】

基本案情：注册会计师张红和李利对夏华公司2020年度财务报表中“应付账款”项目进行审计。通过核对明细账，发现2020年末余额中有应付A公司及B公司款项各60万元为借方余额，另外，应付C公司款项90万元属于临时借入工程结算资金。

分析要求：如果你是注册会计师，你将对被审计单位提出什么建议呢？

答案提示：A公司和B公司账户借方余额各60万元，均属正常经济业务往来款项。根据企业会计准则的规定，应作重分类调整。为此，注册会计师应建议夏华公司作如下调整分录：

借：预付账款——A公司　　　　600 000
　　　　　　——B公司　　　　600 000
　贷：应付账款——A公司　　　　600 000
　　　　　　　——B公司　　　　600 000

C公司账户贷方余额90万元，经审查为夏华公司临时借入款项，主要用于在建工程项目结算工程价款。注册会计师应建议夏华公司作如下调整分录：

借：应付账款——C公司　　　　900 000
　贷：其他应付款——C公司　　　　900 000

（6）检查应付账款长期挂账的原因，作出记录，注意其是否可能无须支付。对确实无法支付的应付账款，看其是否按规定转入了“营业外收入”科目，相关依据和有关手续是否完备。

（7）假如销货方在销售商品或提供劳务时，为了尽快回笼资金给购货方（被审计单位）开出现金折扣条件，检查带有现金折扣的应付账款是否按发票上记载的全部应付金额入账，待实际获得现金折扣时再冲减财务费用项目。

（8）被审计单位与债权人进行债务重组的，应结合债务重组事项的专项审计，检查有关的会计处理是否正确。

（9）关注是否存在应付关联方账款。如有，应通过了解关联交易事项的内容、价格和条件，检查采购合同等方法确认该应付账款的合法性和合理性；通过向关联方或其他注册会计师查询及函证等方法，以确认交易的真实性。

（10）根据评估的舞弊风险等因素增加的审计程序。

（11）验明应付账款在资产负债表上的列报是否恰当。一般来说，注册会计师应将被审计单位资产负债表对应付账款的反映同会计准则相比较，以发现不当之处。“应付账款”项目应根据“应付账款”和“预付账款”科目所属明细科目的期末贷方余额的合计数填列。

如果被审计单位为上市公司，则在其财务报表附注中通常还应说明有无欠持有5%（含5%）以上表决权股份的股东单位账款；说明账龄超过3年的大额应付账款未偿还的原因，并在期后事项中反映资产负债表日后是否偿还。

第四节 固定资产和累计折旧的审计

固定资产是指同时具备下列两个特征的有形资产：(1) 为生产商品、提供劳务、出租或经营管理而持有的。(2) 使用寿命超过一个会计年度。这里的使用寿命是指固定资产的预计使用期间，或者该固定资产所能生产产品或提供劳务的数量。固定资产只有同时满足下列两个条件才能予以确认：(1) 与该固定资产有关的经济利益很可能流入企业。(2) 该固定资产的成本能够可靠地计量。

固定资产折旧则是指在固定资产的使用寿命内，按照确定的方法对应计折旧额进行的系统分摊。由于固定资产在企业资产总额中一般都占有较大的比例，固定资产的安全、完整对企业的生产经营影响极大，注册会计师应对固定资产的审计予以高度重视。

一、固定资产的审计

固定资产审计的范围很广。"固定资产"科目反映企业所有固定资产的原价，"累计折旧"科目反映企业固定资产的累计折旧数额，"固定资产减值准备"科目余额反映企业对固定资产计提的减值准备数额，固定资产项目余额由"固定资产"科目余额扣除"累计折旧"科目余额和"固定资产减值准备"科目余额构成，这三项无疑属于固定资产的审计范围。除此之外，由于固定资产的增加包括购置、自行建造、投资者投入、融资租入、更新改造、以非现金资产抵偿债务方式取得或以应收债权换入、以非货币性资产交换方式换入、经批准无偿调入、接受捐赠和盘盈等多种途径，相应涉及货币资金、应付账款、预付账款、在建工程、股本、资本公积、长期应付款、递延所得税负债等项目；企业的固定资产又因出售、报废、投资转出、捐赠转出、抵债转出、以非货币性资产交换方式换出、无偿调出、毁损和盘亏等原因而减少，与固定资产清理、其他应收款、营业外收入和营业外支出等项目有关；另外，企业按月计提固定资产折旧，这又与制造费用、销售费用、管理费用等项目联系在一起。因此，在进行固定资产审计时，应当关注这些相关项目。广义的固定资产审计范围，自然也包括这些相关项目在内。

(一) 固定资产的审计目标

固定资产审计目标一般包括：(1) 确定资产负债表中记录的固定资产是否存在；(2) 确定所有应当记录的固定资产是否均已记录；(3) 确定固定资产是否由被审计单位拥有或控制；(4) 确定固定资产是否以恰当的金额包括在财务报表中，与之相关的计价调整已恰当记录；(5) 确定固定资产是否已按照企业会计准则的规定在财务报表中作出恰当列报。

(二) 固定资产的实质性程序

1.获取或编制固定资产及累计折旧分类汇总表

检查固定资产的分类是否正确，复核加计是否正确，并与报表数、总账数和明细账合计数核对是否相符。

固定资产及累计折旧汇总表又称综合分析表，是审计固定资产和累计折旧的重要工作底稿，其格式见表9-2。

表9-2　　　　　　　　　　固定资产及累计折旧汇总表

年　月　日

被审计单位：____________________编制人：　　　　　　　　　　　　日期：

复核人：　　　　　　　　　　　　日期：

账户编号	固定资产类别	固定资产				累计折旧					
		期初余额	增加	减少	期末余额	折旧方法	折旧率	期初余额	增加	减少	期末余额
合计											

固定资产及累计折旧汇总表的内容包括固定资产的增减变动情况、固定资产折旧的计提情况等。注册会计师索取或编制固定资产综合分析表主要是为了分析固定资产账户余额的变动，并为固定资产的取得、处置和出售等提供进一步的证据。综合分析表中固定资产的期初余额，可分三种情况分析核实：（1）在初次审计的情况下，注册会计师应对期初余额进行全面的审计。（2）被审计单位变更委托的会计师事务所时，后任注册会计师可借阅前任注册会计师的有关工作底稿，并进行一般性的复核。（3）在连续常年审计的情况下，应注意与上期审计工作底稿中的固定资产和累计折旧的期末余额审定数核对相符。注册会计师只有认为期初余额正确，才能通过检查本年度固定资产变动情况，从而确定其期末余额是否正确。在这个过程中，注册会计师通常要进行两项核对工作：一是以期末余额与总分类账试算表核对，并与固定资产明细账余额合计数核对；二是与明细账和总账账户的余额核对，如果不相符，则应查明从何时起不相符，然后从不符时起，将明细账与有关原始凭证进行核对，查明发生的错误，并予以改正。

2.实施实质性分析程序

注册会计师实施实质性分析程序，通过相关比率的分析，确定固定资产和折旧业务是否真实、会计处理是否正确、固定资产和累计折旧变动是否合理。常用的方法有：

（1）计算固定资产总额与全年总产量的比率，将该比率与以前年度相比较，以检查已减少的固定资产是否已注销或存在闲置固定资产等情况。

（2）比较本年度与以前年度固定资产增减变动情况，查明其变动原因。

（3）比较本年度各月份、本年度与以前各年度的固定资产修理费用，以便于确定资本性支出和收益性支出的区分是否正确。

（4）计算本期计提的折旧额与固定资产总成本的比率，将此比率与上期比较，旨在发现本期折旧额计算上可能存在的错误。

（5）将固定资产的构成及增减变动与相关信息交叉核对，检查固定资产相关金额的合理性和准确性。

（6）将累计折旧与固定资产总成本的比率同上年比较，发现累计折旧核算中的错误。

3.测试新增固定资产所有权的归属

对新增固定资产所有权检查时应验证所有权或使用权的证明文件。具体验证时应注意：

(1) 对外购的机器设备等固定资产，应对采购发票、购货合同等进行验证；

(2) 对于房地产类固定资产，可查阅有关的合同、产权证明、财产税单、抵押贷款的还款凭据、保险单等书面文件；

(3) 对融资租入的固定资产，应验证有关融资租赁合同等书面文件，以证实融资租赁，如有经营租赁固定资产和代管固定资产混入，应予剔除；

(4) 对汽车等运输设备，应验证有关运营执照等证件；

(5) 对受留置权限制的固定资产，通常还应审核被审计单位的有关负债项目等予以证实。

4.测试固定资产的增加情况

固定资产增加核算的正确与否，将对资产负债表和利润表产生长期的影响，因此审计固定资产增加，是固定资产实质性程序的重要内容。固定资产的增加有购入、自行建造、投资者投入、融资租入、更新改造、债务人抵债增加等多种来源渠道。审计中应注意以下几点：

(1) 对于外购固定资产的审查。其审查要点有：①审查购买固定资产的批准文件，以查明其是否经过合法的授权批准；②核对购货合同、发票、保险单、发运凭证等文件；③审查固定资产验收报告；④审查购进土地、房屋等的契约和结算单，以确定其所有权的归属；⑤确定被审计单位估计的固定资产使用年限和残值是否合理；⑥测试固定资产计价是否正确，会计处理是否正确；⑦对于以一笔款项购入多项没有单独标价的固定资产，还应检查是否按各项固定资产公允价值的比例对总成本进行分配，以分别确定各项固定资产的入账价值。

(2) 对于在建工程转入的固定资产的审查。其审查要点有：①审查建设项目的批准文件，以查明其是否经过合法的授权批准；②审查建设成本的构成内容是否符合规定，计算是否正确；③检查竣工决算、验收和移交报告是否正确，并与在建工程相关的记录核对是否相符，资本化利息金额是否恰当；④对已经在用但尚未办理竣工决算的固定资产，检查其是否已经暂估入账，并按规定计提折旧，竣工决算完成后，是否及时调整；⑤确定被审计单位估计的固定资产使用年限和残值是否合理。

(3) 对于投资者投入的固定资产的审查。其审查要点有：①检查其入账价值与投资合同中关于固定资产作价的规定是否一致；②检查须经评估确认的固定资产是否有评估报告并经国有资产管理部门等确认；③检查固定资产交接手续是否齐全。

(4) 对于改扩建增加的固定资产的审查。其审查要点有：①查明增加的固定资产原值是否真实，是否符合资本化条件，增计金额是否超过了该固定资产的可收回金额；②审查重新确定的剩余折旧年限是否恰当。

【例题9-3】

基本案情：注册会计师张红、李利审计夏华公司2020年度财务报表的固定资产项目时，发现2020年度公司对综合办公楼进行了较大程度的改建，并于2020年7月投入使用，改建总支出为400万元。在改建过程中实现变价收入50万元，改建后预计可使用年限为

15年。截至7月31日原办公楼的原值为800万元，累计折旧为400万元，已使用年限为20年，剩余使用年限为20年。夏华公司对于改建后的办公楼仍按40年计提折旧。

分析要求：请指出上述案例中存在的问题，应如何处理？

答案提示：企业会计准则规定，企业因更新改造等原因而调整固定资产价值的，应当根据调整后价值、预计尚可使用年限和净残值，按选用的折旧方法计提折旧。

因此，夏华公司的上述事项，是在原有固定资产的基础上进行改建，改建后增强了原有固定资产的经济利益的流入能力，故此，应根据原有的剩余账面价值加上新支出减去变价收入作为新的原值入账，即750万元（800-400+400-50），并根据此原值扣除预计的净残值后，按改建后的预计可使用年限即15年计算每年应计提的折旧额。

（5）对于融资租赁增加的固定资产的审查。获取融资租入固定资产的相关证明文件，检查融资租赁合同主要内容，并结合“长期应付款”“未确认融资费用”等科目检查相关的会计处理是否正确。

（6）对于企业合并、债务重组和非货币性资产交换增加的固定资产的审查。其审查要点有：①检查产权过户手续是否齐备；②审查固定资产入账价值及确认的损益和负债是否符合规定。

（7）检查固定资产的后续支出是否符合资本化条件，会计处理是否正确。

（8）如果被审计单位为外商投资企业，则需检查其采购国产设备退还增值税的会计处理是否正确。

（9）检查被审计单位的固定资产是否需要预计弃置费用，相关的会计处理是否符合规定。

（10）对于因其他原因增加的固定资产，应检查相关的原始凭证，核对其计价及会计处理是否正确，法律手续是否齐全。

小思考9-3

某注册会计师对新成立的A公司进行审计，发现其固定资产总账中有如下会计分录：

借：固定资产——房屋	2 400 000	
贷：应付票据——抵押票据		1 400 000
长期股权投资——普通股		1 000 000

经审核相关凭证，发现该公司以转让其所持普通股10 000股（每股面值100元）给B公司及承担B公司建造房屋的抵押借款1 400 000元为条件获得一幢厂房。试问，该注册会计师应实施哪些审计程序，以验证所登记的房屋成本是2 400 000元？

提示：由于B公司获得了A公司转让的股份，所以本笔交易可能属于关联方交易，注册会计师应特别警惕。概括地讲，该项固定资产（房屋）不能简单地认定成本为2 400 000元。首先，注册会计师应取得该房屋的建筑工程记录，仔细核对相关的成本费用，包括原材料、人工和制造费用的附件凭证；其次，注册会计师应调查建筑行业的正常利润率，进一步准确确定工程价值；再次，审核抵押贷款合同及附件，因为该借款也许代表全部房屋建筑成本；最后，应请资产评估机构确定该房屋的现值（重置成本），如建筑成本和正常利润之和超过重置成本，则必须以重置成本为评价依据。

5.测试固定资产的减少情况

固定资产的减少主要包括出售、报废、毁损、向其他单位投资转出、对外捐赠和盘亏等。为了保护固定资产的安全和完整，必须对固定资产的减少进行严格的审查，从而确定资产减少的合法性、真实性。有的被审计单位在全面清查固定资产时，常常会出现固定资产账存实无的现象，这可能是由于固定资产管理或使用部门不了解报废固定资产与会计核算两者间的关系，擅自报废固定资产而未及时通知财务部门作相应的会计核算所致，这样势必造成财务报表反映失真。审查固定资产减少的主要目的就在于查明已减少的固定资产是否已作适当的会计处理。其审计要点如下：

（1）结合“固定资产清理”科目，抽查固定资产账面转销额是否正确。

（2）检查减少固定资产授权批准文件、会计处理是否正确。

（3）检查因修理、更新改造而停止使用的固定资产的会计处理是否正确。

（4）检查投资转出固定资产的会计处理是否正确。

（5）检查债务重组或非货币性资产交换转出固定资产的会计处理是否正确。

（6）检查转出的投资性房地产账面价值及会计处理是否正确。

（7）检查其他减少固定资产的会计处理是否正确。

6.实地检查重要的固定资产

实施实地检查审计程序时，注册会计师可以以固定资产明细分类账为起点，进行实地追查，以证明会计记录中所列固定资产确实存在，并了解其目前的使用状况；也可以以实地为起点，追查至固定资产明细分类账，以获取实际存在的固定资产均已入账的证据。

当然，注册会计师实地检查的重点是本期新增加的重要固定资产，有时，检查范围也会扩展到以前期间增加的固定资产。检查范围的确定需要依据被审计单位内部控制的强弱、固定资产的重要性和注册会计师的经验来判断。如为初次审计，则应适当扩大检查范围。

7.检查固定资产的租赁

企业在生产经营过程中，有时可能有闲置的固定资产供其他单位租用；有时由于生产经营的需要，又需临时租用固定资产。租赁一般分为经营租赁和融资租赁两种。

在经营租赁中，租入固定资产的企业按合同规定的时间，交付一定的租金，享有固定资产的使用权，而固定资产的所有权仍属于出租单位。因此，租入固定资产的企业的固定资产价值并未因此而增加，企业对临时租入的固定资产，不在“固定资产”账户内核算，只是另设备查簿进行登记。而租出固定资产的企业仍继续提取折旧，同时，取得租金收入。审查经营租赁时，应查明：

（1）固定资产的租赁是否签订了合同、租约，手续是否完备，合同内容是否符合国家规定，是否经相关管理部门审批。

（2）租入的固定资产是否确属企业必需，或出租的固定资产是否确属企业多余、闲置不用，双方是否认真履行合同，其中是否存在不正当交易。

（3）租金收取是否签有合同，有无多收、少收现象。

（4）租入固定资产有无久占不用、浪费损坏现象；租出的固定资产有无长期不收租金、无人过问，是否有变相馈赠、转让等情况。

（5）租入固定资产是否已登入备查簿。

(6) 对于租赁固定资产的改良工作，在租赁合同中双方是否有约定等。

在融资租赁中，租入单位向租赁公司借款购买固定资产，分期归还本息，全部付清本息后，就取得了固定资产的所有权。因此，融资性租赁支付的租金，包括了固定资产的价值和利息，并且这种租赁的结果是固定资产控制权归租入单位，故租入企业在租赁期间，对融资租入的固定资产应按企业的固定资产一样管理，并计提折旧、进行维修。在审查融资租赁时，如果被审计单位的固定资产中融资租赁占相当大的比例，应当复核租赁协议，确定租赁是否符合融资租赁的条件；结合"长期应付款""未确认融资费用"等科目检查相关的会计处理是否正确（资产的入账价值、折旧、相关负债）。在审计融资租赁固定资产时，除可以参照经营租赁固定资产审查的要点以外，还应补充实施以下审计程序：

(1) 复核租赁的折现率是否合理。

(2) 检查租赁相关税费、保险费、维修费等费用的会计处理是否符合企业会计准则的规定。

(3) 检查融资租入固定资产的折旧方法是否合理。

(4) 检查租赁付款情况。

(5) 检查租入固定资产的成新程度。

(6) 向出租人函证租赁合同及执行情况。

(7) 租入固定资产改良支出的核算是否符合规定。

8.审查固定资产的后续支出的核算是否符合规定

《企业会计准则第4号——固定资产》规定，与固定资产有关的后续支出，如果同时满足下列两个确认条件，应当将该后续支出计入固定资产成本；否则，应当在该后续支出发生时计入当期损益：一是该固定资产包含的经济利益很可能流入企业；二是该固定资产的成本能够可靠计量。

在具体实务中，对于固定资产发生的下列各项后续支出，通常处理方法为：(1) 固定资产修理费用，应当直接计入当期损益。(2) 固定资产改良支出，应当计入固定资产账面价值，其增计后的金额不应超过该固定资产的可收回金额。(3) 如果不能区分是固定资产修理还是固定资产改良，或固定资产修理和固定资产改良结合在一起，则企业应按上述原则进行判断，其发生的后续支出，分别计入固定资产价值或计入当期损益。(4) 固定资产装修费用，符合上述原则可予以资本化的，在两次装修期间与固定资产尚可使用年限两者中较短的期间内，采用合理的方法单独计提折旧。如果在下次装修时，该固定资产相关的固定资产装修项目仍有余额，应将余额一次全部计入当期营业外支出。

9.获取暂时闲置固定资产的相关证明文件，并观察其实际状况，检查是否已按规定计提折旧，相关的会计处理是否正确

10.检查固定资产的保险

注意检查保险的范围是否恰当，保险金额是否足够。

11.获取已提足折旧继续使用固定资产的相关证明文件，并作相应的会计记录

12.获取持有待售固定资产的相关证明文件，并作相应的会计记录，检查对其预计净残值的调整是否正确，相关的会计处理是否正确

13.检查固定资产的抵押、担保情况

结合对银行借款等的检查，了解固定资产是否存在重大的抵押、担保情况。如存在，

应取证、记录，并提请被审计单位作必要披露。

14.检查固定资产的购置情况

检查固定资产的购置是否存在与资本性支出有关的财务承诺；必要时，提请被审计单位作适当披露。

15.根据评估的舞弊风险等因素增加的审计程序

16.检查固定资产是否已在资产负债表上恰当列报

二、累计折旧的审计

折旧是指在固定资产的使用寿命内，按照确定的方法对应计折旧额进行的分摊。应计折旧额，是指应当计提折旧的固定资产的原价扣除其预计净残值后的余额。如果已对固定资产计提减值准备，还应当扣除已计提的固定资产减值准备累计金额。影响折旧的因素包括固定资产原价、预计净残值、固定资产减值准备和固定资产的使用寿命四个方面。其中，预计净残值、固定资产的使用寿命都是估计的，因此，固定资产折旧主要取决于企业的折旧政策，具有一定程度的主观性。

（一）累计折旧的审计目标

固定资产折旧的以上特性决定了累计折旧审计的主要目标在于：（1）确定折旧政策和方法是否符合企业会计准则的规定，是否一贯遵循；（2）确定累计折旧增减变动的记录是否完整；（3）确定折旧费用的计算、分摊是否正确、合理和一贯；（4）确定累计折旧的期末余额是否正确；（5）确定累计折旧在财务报表上的列报是否恰当。

（二）累计折旧的实质性程序

（1）编制或索取累计折旧分类汇总表，复核加计正确，并与报表数、总账数和明细账合计数核对是否相符。

（2）审查被审计单位固定资产折旧政策的执行情况。注册会计师应查阅被审计单位的经营手册或其他管理文件，确定被审计单位制定的折旧政策和方法是否符合企业会计准则的规定，所采用的折旧方法能否在固定资产使用年限内合理分摊其成本，前后期是否一致，预计使用寿命和预计净残值是否合理。

《企业会计准则第4号——固定资产》明确规定：企业应当根据与固定资产有关的经济利益的预期实现方式选择折旧方法，可选用的折旧方法包括年限平均法、工作量法、双倍余额递减法和年数总和法；除非由于固定资产包含的经济利益的预期实现方式有重大改变而应当相应改变固定资产折旧方法，折旧方法一经选定，不得随意调整。

（3）对固定资产的累计折旧执行实质性分析程序：

①对折旧计提的总体合理性进行复核，是测试折旧正确与否的一个有效办法。在不考虑固定资产减值准备的前提下，计算、复核的方法是用应计提折旧的固定资产原值乘本期的折旧率。计算之前，注册会计师应对本期增加和减少固定资产、使用年限长短不一的和折旧方法不同的固定资产作适当调整。如果总的计算结果和被审计单位的折旧总额相近，且固定资产及累计折旧的内部控制较健全时，就可以适当减少累计折旧和折旧费用的其他实质性程序工作量。

②计算本期计提折旧额占固定资产原值的比率，并与上期比较，分析本期折旧计提额的合理性和准确性。

③计算累计折旧占固定资产原值的比率，评估固定资产的老化率，并估计因闲置、报废等原因可能发生的固定资产损失，结合固定资产减值准备，分析其是否合理。

（4）复核本期折旧费用的计提和分配是否正确：

①已计提部分减值准备的固定资产，计提的折旧是否正确。按照《企业会计准则第4号——固定资产》的规定，已计提部分减值准备的固定资产，应当按照该固定资产的账面价值以及尚可使用寿命重新计算确定折旧率和折旧额。

②已全额计提减值准备的固定资产，是否已停止计提折旧。

③因更新改造而停止使用的固定资产是否已停止计提折旧，因大修理而停止使用的固定资产是否照提折旧。

④未使用、不需用和暂时闲置的固定资产是否按规定计提折旧。

（5）检查折旧费用的分配是否合理，与上期分配方法是否一致。

（6）注意固定资产增减变动时，有关折旧的会计处理是否符合规定，查明通过更新改造、接受捐赠或融资租入而增加的固定资产的折旧费用计算是否正确。

（7）将“累计折旧”账户贷方的本期计提折旧额与相应的成本费用中的折旧费用明细账户的借方相比较，以查明所计提折旧金额是否已全部摊入本期产品成本或费用。一旦发现差异，应及时追查原因，并考虑是否应建议作适当调整。

（8）检查累计折旧的列报是否恰当。如果被审计单位是上市公司，应在其财务报表附注中按固定资产类别分项列示累计折旧期初余额、本期计提额、本期减少额及期末余额。

【例题9-4】

基本案情：注册会计师张红、李利对夏华公司2020年度财务报表进行审计，在进行“固定资产”账户审计时，对该公司2020年度固定资产增加、减少情况实施了必要的抽查，并对实物资产进行了抽盘。根据固定资产实物盘点资料记录，非生产用东风140汽车账面20台，实际盘点16台。经查阅有关资料及向有关人员询问，了解到这4台汽车已于2020年11月20日变卖，实际收款48 000元，并将实际收到的价款记入“其他应付款”科目。这4台车年底时的账面原值为220 000元，累计折旧为170 000元，净值为50 000元，该固定资产月折旧率为10%。

分析要求：请指出上述交易事项存在的问题及应如何进行调整。

答案提示：存在的问题：

（1）由于变卖的固定资产未减少固定资产账面价值，造成多计提折旧1个月，计22 000元（220 000×10%）。

（2）变卖出售固定资产收入48 000元，应记入“固定资产清理”科目，不能记入“其他应付款”科目。

（3）固定资产出售应作固定资产减少的账务处理。为此，应建议夏华公司首先冲回多提的折旧，即：

借：累计折旧　　22 000

　　贷：管理费用——折旧费　　22 000

然后，根据上述说明进行如下调整：

借：固定资产清理　　72 000

　　累计折旧　　148 000

贷：固定资产　220 000

借：其他应付款　48 000

贷：固定资产清理　48 000

借：资产处置损益　24 000

贷：固定资产清理　24 000

三、固定资产减值准备的审计

固定资产可收回金额低于其账面价值的差额称为固定资产减值。这里的可收回金额应当根据固定资产的公允价值减去处置费用后的净额与资产预计未来现金流量的现值两者之间的较高者确定。这里的处置费用包括与固定资产处置有关的法律费用、相关税费、搬运费以及为使固定资产达到可销售状态所发生的直接费用等。企业应当在资产负债表日判断固定资产是否存在减值的迹象，如果固定资产存在减值迹象，导致其可收回金额低于账面价值的，应当将固定资产的账面价值金额减记至可收回金额，将减记的金额确认为固定资产减值损失，计入当期损益，同时计提相应的固定资产减值准备。

知识链接9-1

如何判断固定资产减值迹象?

根据《企业会计准则第8号——资产减值》的规定，如存在下列迹象，表明固定资产可能发生了减值：

(1) 固定资产的市价当期大幅度下跌，其跌幅明显高于因时间的推移或正常使用而预计的下跌。

(2) 企业经营所处的经济、技术或者法律等环境以及固定资产所处的市场在当期或者在近期发生重大变化，从而对企业产生不利影响。

(3) 市场利率或者其他市场投资回报率在当期已经提高，从而影响企业计算固定资产预计未来现金流量现值的折现率，导致固定资产可收回金额大幅度降低。

(4) 有证据表明固定资产陈旧过时或者其实体已经损坏。

(5) 固定资产已经或者将被闲置、终止使用或者计划提前处置。

(6) 企业内部报告的证据表明固定资产的经济绩效已经低于或者将低于预期，如固定资产所创造的净现金流量或者实现的营业利润（或者损失）远远低于（或者高于）预计金额等。

(7) 其他表明固定资产可能已经发生减值的迹象。

(一) 固定资产减值准备的审计目标

固定资产减值准备的审计目标一般包括：(1) 确定计提固定资产减值准备的方法是否恰当，固定资产减值准备的计提是否充分；(2) 确定固定资产减值准备增减变动的记录是否完整；(3) 确定固定资产减值准备期末余额是否正确；(4) 确定固定资产减值准备的列报是否恰当。

(二) 固定资产减值准备的实质性程序

围绕上述审计目标，固定资产减值准备的实质性程序一般包括：

(1) 获取或编制固定资产减值准备明细表，复核加计是否正确，并与总账数和明细账合计数核对是否相符。

（2）检查被审计单位计提固定资产减值准备的依据是否充分，会计处理是否正确。

（3）检查资产组的认定是否恰当，计提固定资产减值准备的依据是否充分，会计处理是否正确。

（4）运用实质性分析程序，分析本期末固定资产减值准备数额占期末固定资产原价的比率，并与期初数比较。如有异常波动，查明波动原因，判断波动的合理性。

（5）检查被审计单位处置固定资产时原计提的减值准备是否同时结转，会计处理是否正确。

（6）检查是否存在转回固定资产减值准备的情况。按照企业会计准则的规定，固定资产减值损失一经确认，在以后会计期间不得转回。

（7）确定固定资产减值准备的列报是否恰当。如果企业计提了固定资产减值准备，根据《企业会计准则第8号——资产减值》的规定，企业应当在财务报表附注中披露：①当期确认的固定资产减值金额。②企业提取的固定资产准备累计金额。如果是重大固定资产减值损失，还应当说明导致重大固定资产减值损失的原因，固定资产可收回金额的确定方法，以及当期确认的重大固定资产减值损失的金额。如果被审计单位为上市公司，其财务报表附注中通常还应分项列示计提的固定资产减值金额、增减变动情况以及计提的原因。

【例题9-5】

基本案情： 注册会计师张红审计夏华公司2020年度财务报表时，了解到该公司固定资产的期末计量。2020年年末该公司部分固定资产有关资料及会计处理情况如下：

设备A：账面原值10万元，累计折旧为零，减值准备为零，该设备因长期未使用，在可预见的未来不会再使用，经认定其转让价值为2万元。夏华公司对该设备全额计提了减值准备。

设备B：账面原值200万元，累计折旧50万元，已提取减值准备150万元。该设备上年度已遭毁损，不再具有使用价值和转让价值，在上年已全额计提减值准备，夏华公司本年度又计提累计折旧3万元。

分析要求： 请指出上述夏华公司的会计处理存在的问题，应如何处理？

答案提示： 对于设备A，只有当企业的固定资产由于长期闲置不用，在可预见的未来不会再使用，且无转让价值的情况下，方可计提全额准备，而夏华公司的该设备虽然由于闲置不用已无使用价值，但仍有转让价值2万元，因此，不符合全额计提减值准备的条件，夏华公司全额计提减值准备的做法将会使企业的费用多计、利润少计、固定资产的价值虚减。应冲回所计提的减值准备，同时考虑该项调整对当期利润及所得税的影响。

对于设备B，企业的固定资产在遭受毁损，以至于不再具有使用价值和转让价值时，应在按规定程序核准报废处理前，全额计提减值准备。而且在对资产计提了全额减值准备后不得再计提折旧，应及时对其进行处理。夏华公司对该设备已全额计提减值准备后，又计提了3万元的累计折旧。此做法将会使企业费用虚计、利润少计。注册会计师应建议首先将计提的累计折旧冲回，并按规定程序处理该设备，同时考虑该项调整对当期利润及所得税的影响。

第五节 其他相关账户的审计

在购货与付款循环中，除以上介绍的财务报表项目以外，还有预付账款、固定资产减值准备、工程物资、在建工程、固定资产清理和应付票据等账户。对这些账户审计的阐述，一般只直接列示其审计目标和相应的实质性程序，仅对其中某些必须作解释的特殊的审计程序稍作解释。

需要强调的是，这些审计目标和实质性程序并不是一成不变的，注册会计师在审计时，应视具体审计情况，运用专业判断作出合理增删。

一、预付账款的审计

预付账款是企业按购货合同的规定，预先支付给供货单位的货款，会计上通过“预付账款”或“应付账款”科目（借方）进行核算。预付账款是企业的一项流动资产，它是企业在购货环节中产生的。因此，预付账款的审计应结合购货与付款循环的审计进行。

（一）预付账款的审计目标

预付账款的审计目标一般包括：（1）确定资产负债表中记录的预付账款是否存在；（2）确定所有应当记录的预付账款是否均已记录；（3）确定预付账款是否由被审计单位拥有或控制；（4）确定预付账款是否以恰当的金额包括在财务报表中，与之相关的计价调整已恰当记录；（5）确定预付账款是否已按照企业会计准则的规定在财务报表中作出恰当列报。

（二）预付账款的实质性程序

（1）获取或编制预付账款明细表，复核加计正确，并与报表数、总账数和明细账合计数核对是否相符；同时请被审计单位协助，在预付账款明细表上标出审计截止日已收到货物并冲销预付账款的项目。

（2）分析预付账款账龄及余额构成，确定：

①该笔款项是否根据有关购货合同支付；

②检查一年以上预付账款未核销的原因及发生坏账的可能性，检查不符合预付账款性质的或因供货单位破产、撤销等原因无法再收到所购货物的是否已转入其他应收款。

（3）将期末预付账款余额与上期期末余额进行比较，分析其波动原因。

（4）审查预付账款是否根据协议、合同规定预付，有关凭证和会计记录是否齐全，数额计算有无差错和遗漏，如有，则应进一步查明原因。

（5）选择预付账款的重要项目函证其余额和交易条款，对未回函的再次发函或实施替代的检查程序（检查原始单据，如合同、发票、验收单，核实预付账款的真实性）。

（6）检查资产负债表日后的预付账款、存货及在建工程明细账，并检查相关凭证，核实期后是否已收到实物并转销预付账款，分析资产负债表日预付账款的真实性和完整性。

（7）分析出现贷方余额的项目，查明原因，必要时建议进行重分类调整。

（8）检查预付账款的坏账准备是否正确。

（9）根据评估的舞弊风险等因素增加的审计程序。

（10）检查预付账款是否已在资产负债表上恰当列报。

如果被审计单位是上市公司，应在其财务报表附注中按不同账龄段列示预付账款余额、各账龄段余额占预付账款总额的比例；说明账龄超过1年的预付账款未收回的原因，以及持有5%以上（含5%）表决权股份的股东单位账款等情况。

【例题9-6】

基本案情：注册会计师张红在对夏华公司审计时，发现预付账款科目中有3年前预付给A公司购材料款100万元和B公司购工具款50万元。注册会计师张红向夏华公司索取供货合同及相关资料时，均未能提供，要求进行函证时也无法发函和回函。

分析要求：根据案情，注册会计师张红应采取的审计程序是什么？

答案提示：通常情况下，经供需双方签订合同确定供货数量、时间、预付账款比例等条款后，购货方才能付出款项，而且在一定供货期内，可以把预付账款大部分扣回。上述案例的情况已属非正常情况，且数额较大，需要注册会计师根据各方情况综合分析判断，以确定其性质，履行必要的审计程序。注册会计师可追加以下审计程序：

（1）追溯查验汇出款项的原始凭证、授权等有关资料；

（2）要求被审计单位提供书面材料，说明此款项的用途和未能清算的原因；

（3）由注册会计师第二次发出函证，获取积极的证明。

二、工程物资的审计

（一）工程物资的审计目标

工程物资的审计目标一般包括：（1）确定资产负债表中记录的工程物资是否存在；（2）确定所有应当记录的工程物资是否均已记录；（3）确定工程物资是否由被审计单位拥有或控制；（4）确定工程物资是否以恰当的金额包括在财务报表中，与之相关的计价调整已恰当记录；（5）确定工程物资是否已按照企业会计准则的规定在财务报表中作出恰当列报。

（二）工程物资的实质性程序

（1）取得或编制工程物资明细表，复核加计正确，并与报表数、总账数和明细账合计数核对是否相符。

（2）实地检查工程物资，确定其是否存在，并观察是否有呆滞、积压物资。

（3）抽查若干工程物资采购合同、发票、货物验收单等原始凭证，检查其是否经过授权批准，会计处理是否正确。

（4）结合在建工程审计，检查工程物资的领用手续是否齐全，会计处理是否正确。

（5）检查被审计单位是否对工程物资定期盘点，对盘盈、盘亏的处理是否及时、是否符合规定，会计处理是否正确。

（6）检查工程完工后剩余的工程物资在转入存货时，是否将其所含的增值税进项税额进行了正确的分离。

（7）检查有无与关联方的工程物资购销业务，如有，确认其是否经过适当授权，是否按正常交易价格结算。

（8）检查当期计提的工程物资减值准备是否充分、合理，累计减值准备额是否以恰当的金额列示。

（9）根据评估的舞弊风险等因素增加的审计程序。

（10）检查工程物资在资产负债表上的列报是否恰当。如果被审计单位是上市公司，应在其财务报表附注中分项列示各类工程物资的期初、期末余额。

三、在建工程的审计

（一）在建工程的审计目标

在建工程的审计目标一般包括：（1）确定资产负债表中记录的在建工程是否存在；（2）确定所有应当记录的在建工程是否均已记录；（3）确定在建工程是否由被审计单位拥有或控制；（4）确定在建工程是否以恰当的金额包括在财务报表中，与之相关的计价调整已恰当记录；（5）确定在建工程是否已按照企业会计准则的规定在财务报表中作出恰当列报。

（二）在建工程的实质性程序

（1）取得或编制在建工程明细表，复核加计正确，并与报表数、总账数和明细账合计数核对是否相符。

（2）实施分析程序，具体分析方法可依据借款和工程建设情况计算借款费用资本化金额，与被审计单位实际的借款费用资本化情况进行比较。

（3）检查本期在建工程的增减变动情况，看其会计处理是否正确。

（4）检查利息资本化是否正确。复核计算资本化利息的借款费用、资本化率、实际支出数以及资本化的开始和结束时间。

（5）实施在建工程实地检查程序（全部或部分）。

（6）检查在建工程的减值准备。一是判断是否具备计提条件；二是判断会计处理是否正确。

（7）根据评估的舞弊风险等因素增加的审计程序。

（8）确定在建工程在资产负债表上的列报是否恰当。如果企业计提了在建工程减值准备，根据《企业会计准则第8号——资产减值》的规定，企业应当在财务报表附注中披露：①当期确认的在建工程减值损失金额。②企业提取的在建工程减值准备累计金额。发生重大在建工程减值损失的，还应当说明导致重大在建工程减值损失的原因以及当期确认的重大在建工程减值损失的金额。如果被审计单位为上市公司，通常还应分项列示在建工程减值准备金额、增减变动情况以及计提的原因。

四、固定资产清理的审计

（一）固定资产清理的审计目标

固定资产清理的审计目标一般包括：（1）确定资产负债表中记录的固定资产清理是否存在；（2）确定所有应当记录的固定资产清理是否均已记录；（3）确定固定资产清理是否由被审计单位拥有或控制；（4）确定固定资产清理是否以恰当的金额包括在财务报表中，与之相关的计价调整已恰当记录；（5）确定固定资产清理是否已按照企业会计准则的规定在财务报表中作出恰当列报。

（二）固定资产清理的实质性程序

（1）取得或编制固定资产清理明细表，复核其加计数是否正确，并核对其期末合计数与报表数、总账数和明细账合计数是否相符。

（2）检查固定资产清理的发生是否有正当理由，是否经有关技术部门鉴定，其发生和转销是否经授权批准，相关会计处理是否正确。

①结合固定资产等账项的审计，检查固定资产、累计折旧、固定资产清理等会计处理是否正确；

②检查固定资产清理收入和清理费用的发生是否真实，清理损益的计算是否正确，会计处理是否正确。

（3）由于对外投资、非货币性资产交换、债务重组等原因转出产生固定资产清理的，检查相关合同或协议以及重要的会议记录，确定合同或协议确定的价格是否公允，会计处理是否正确。

（4）检查固定资产清理是否长期挂账，如有，应作出记录，必要时建议作适当的调整。

（5）根据评估的舞弊风险等因素增加的审计程序。

（6）检查固定资产清理是否已在资产负债表上恰当列报。

五、无形资产的审计

（一）无形资产的审计目标

无形资产是指企业拥有或控制的没有实物形态的可辨认非货币性资产，包括专利权、非专利技术、商标权、著作权、土地使用权等。

无形资产的审计目标为：（1）确定资产负债表中记录的无形资产是否存在；（2）确定所有应当记录的无形资产是否均已记录；（3）确定无形资产是否由被审计单位拥有或控制；（4）确定无形资产是否以恰当的金额包括在财务报表中，与之相关的计价调整已恰当记录；（5）确定无形资产是否已按照企业会计准则的规定在财务报表中作出恰当列报。

（二）无形资产的实质性程序

（1）取得或编制无形资产明细表，复核加计正确，并与总账数和明细账合计数核对是否相符；结合“累计摊销”“无形资产减值准备”等科目，与报表数核对是否相符。

（2）检查“无形资产”科目的核算内容是否符合规定，特别关注土地使用权的核算是否正确。

（3）检查无形资产的权属证书原件、非专利技术的持有和保密状况等，并获取有关协议和董事会纪要等文件、资料，检查无形资产的性质、构成内容、计价依据、使用状况和受益期限，确保无形资产的所有权和存在性。

（4）检查无形资产的增加。对股东投入的无形资产，检查是否按投资各方确认的价值入账，并检查确认价值是否公允，交接手续是否齐全；涉及国有资产的，是否有评估报告并经国有资产管理部门评审备案或核准确认；对自行研发取得、购入或接受捐赠的无形资产，检查其原始凭证，确认计价是否正确，法律程序是否完备（如依法登记、注册及变更登记的批准文件和有效期），会计处理是否正确；对债务重组或非货币性资产交换取得的无形资产，检查有关协议等资料，确定其计价和会计处理是否正确；检查本期购入土地使用权相关税费计缴情况，与购买土地使用权相关的会计处理是否正确。

（5）检查无形资产的减少。取得无形资产处置的相关合同、协议，检查其会计处理是否正确；检查房地产开发企业取得的土地用于建造对外出售的房屋建筑物的，相关的土地使用权是否转入所建造的房屋建筑物的成本。在土地上自行开发建造厂房等建筑物的，土地使用权和地上建筑物是否分别进行摊销和计提折旧。当土地使用权用于出租或增值目的时，检查其是否转为投资性房地产核算，会计处理是否正确。

（6）检查被审计单位确定无形资产使用寿命的依据，分析其合理性。对使用寿命有限的无形资产，应逐项检查是否存在减值迹象，作出详细记录；对于使用寿命不确定的无形资产，无论是否存在减值迹象，都应进行减值测试；若某项无形资产预计不能为被审计单位带来经济利益的，应将其账面价值予以转销，计入当期营业外支出。

（7）根据评估的舞弊风险等因素增加的审计程序。

（8）检查无形资产的列报是否恰当。

小思考9-4

企业取得的无形资产，如何确定其使用寿命？如何确定其摊销起始和停止日期？怎样核算自用或出租无形资产的价值摊销？

提示： 无形资产使用寿命的确定：（1）某些无形资产的取得源自合同性权利或其他法定权利，其使用寿命不应超过合同性权利或其他法定权利的期限。但如果企业使用资产的预计期限短于合同性权利或其他法定权利规定的期限，则应当按照企业预期使用的期限确定其使用寿命。（2）如果合同性权利或其他法定权利能够在到期时因续约等延期，则仅当有证据表明企业续约不需要付出重大成本时，续约期才能够包括在使用寿命的估计中。（3）没有明确的合同或法律规定无形资产的使用寿命的，企业应当综合各方面情况来确定无形资产为企业带来未来经济利益的期限。

使用寿命有限的无形资产，应在其预计的使用寿命内采用系统合理的方法对应摊销金额进行摊销，无形资产的摊销期自其可供使用时起至终止确认时止，即无形资产摊销的起始和停止日期为：当月增加的无形资产，当月开始摊销；当月减少的无形资产，当月不再摊销。

企业自用的无形资产，其摊销的无形资产价值应当计入当期管理费用；出租的无形资产，相关的无形资产摊销价值应当计入其他业务成本。

（三）累计摊销的实质性程序

（1）取得或编制无形资产累计摊销明细表，复核加计正确，并与总账数和明细账合计数核对是否相符。

（2）检查无形资产各项目的摊销政策是否符合有关规定，是否与上期一致，若改变摊销政策，检查其依据是否充分。注意使用期限不确定的无形资产不应摊销，但应当在每个会计期间对其进行减值测试。

（3）检查被审计单位是否在年度终了，对使用寿命有限的无形资产的使用寿命和摊销方法进行复核，其复核结果是否合理。

（4）检查无形资产的应摊销金额是否为其成本扣除预计残值和减值准备后的余额。检查其预计残值的确定是否合理。

（5）复核本期摊销是否正确，与相关科目核对是否相符。

（6）确定累计摊销的列报是否恰当。

（四）无形资产减值准备的实质性程序

（1）获取或编制无形资产减值准备明细表，复核加计正确，并与总账数和明细账合计数核对是否相符。

（2）检查被审计单位无形资产减值准备计提和转销的批准程序，取得书面报告等证明文件；检查计提无形资产减值准备的依据是否充分，计算和会计处理是否正确；检查当无形资产转让时，相应的减值准备是否一并结转，会计处理是否正确。

（3）确定无形资产减值准备的列报是否恰当。

六、长期待摊费用的审计

（一）长期待摊费用的审计目标

长期待摊费用的审计目标为：（1）确定资产负债表中记录的长期待摊费用是否存在；（2）确定所有应当记录的长期待摊费用是否均已记录；（3）确定长期待摊费用是否由被审计单位拥有或控制；（4）确定长期待摊费用是否以恰当的金额包括在财务报表中，与之相关的计价调整已恰当记录；（5）确定长期待摊费用是否已按照企业会计准则的规定在财务报表中作出恰当列报。

（二）长期待摊费用的实质性程序

（1）取得或编制长期待摊费用明细表，复核加计正确，并与总账数和明细账合计数核对是否相符。减去一年内（含一年）摊销的数额后与报表数核对是否相符。

（2）抽查重要的原始凭证，检查长期待摊费用增加的合法性和真实性，查阅有关合同、协议等资料和支出凭证，是否经授权批准，会计处理是否正确，是否存在应计入期间费用的支出。

（3）检查摊销政策是否符合会计准则的规定，复核计算的摊销额及相关的会计处理是否正确，前后期是否保持一致，是否存在随意调节利润的情况。

（4）检查被审计单位筹建期间发生的开办费是否在发生时直接计入管理费用。

（5）对于经营租赁方式租入的固定资产发生的改良支出，应检查相关原始凭证（如承租合同、装修合同和决算书等），确定改良支出金额是否正确，摊销期限是否合理，摊销额的计算及会计处理是否正确。

（6）检查被审计单位是否将预期不能为其带来经济利益的长期待摊费用项目的摊余价值转销。

（7）根据评估的舞弊风险等因素增加的审计程序。

（8）检查长期待摊费用的列报是否恰当。

七、应付票据的审计

应付票据是指企业因购买材料、商品或接受劳务等，为延期付款而开出、承兑的商业汇票，包括银行承兑汇票和商业承兑汇票。随着商业活动的票据化，企业票据业务将越来越多，应付票据也将成为一个重要的审计领域。并且，由于应付票据大多是指向供货单位购入材料、商品或劳务时所开出的商业承兑汇票，因此，对应付票据的审计需结合购货与付款业务一起进行。

（一）应付票据的审计目标

应付票据的审计目标一般包括：（1）确定资产负债表中的应付票据是否存在；（2）确定所有应当记录的应付票据是否完整；（3）确定记录的应付票据是否为被审计单位应当履行的现时义务；（4）确定应付票据是否以恰当的金额包括在财务报表中，与之相关的计价调整已恰当记录；（5）确定应付票据在资产负债表上的列报是否恰当。

（二）应付票据的实质性程序

（1）取得或编制应付票据明细表，复核其加计数是否正确，并核对其期末合计数与报表数、总账数和明细账合计数是否相符。

（2）函证应付票据，并根据回函情况，编制与分析函证结果汇总表。询证函通常包括出票日、到期日、票面金额、已付息期间、利息率以及票据的抵押担保等项内容，对未回函的可以再次函证，也可以不再函证而采取其他替代审计程序以确定应付票据的真实性。

（3）实施实质性分析程序，以证实应付票据的完整性和合理性以及发现需要加以特别关注的事项。

（4）检查应付票据备查簿，抽查若干重要原始凭证，确定其是否真实，会计处理是否正确。

（5）复核带息应付票据的利息是否足额计提，其会计处理是否正确。

（6）查明逾期未兑付应付票据的原因，是否已转入“应付账款”账户，其中带息应付票据是否已停止计息；确定是否存在抵押票据的情形，必要时提请被审计单位予以披露。

（7）审查外币应付票据的折算。

（8）根据评估的舞弊风险等因素增加的审计程序。

（9）确定应付票据是否已在资产负债表上恰当列报。如果被审计单位是上市公司，则其财务报表附注通常应披露持有5%以上（含5%）股份的股东单位的应付票据等内容，并按应付票据的种类分项列示其金额。

【例题 9-7】

基本案情：注册会计师李利审计S公司“应付票据”项目，在逐份审验确认应付票据的金额、日期和是否属于带息票据时发现其中有两份票据是带息票据，一份是2019年11月1日开具，应付B单位1 200万元，付款日期为2020年2月1日，票面利率为月息5‰；另一份是2019年10月1日开具，应付C单位800万元，付款日期为2020年3月1日，票面利率为月息5‰。两份票据均未按规定在2019年年末计提利息。

分析要求：请指出上述案例中存在的问题，应如何处理？

答案提示：根据“权责发生制”的原则和企业会计准则的规定，公司开出的商业汇票，如为带息票据，应于中期或年度终了，计算应付利息，借记“财务费用”科目，贷记“应付票据”科目。依据本例经济业务数据，S公司应计应付B单位票据利息12万元（1 200×2×5‰）、应计应付C单位票据利息12万元（800×3×5‰）。

八、长期应付款的审计

（一）长期应付款的审计目标

长期应付款审计目标是：（1）确定资产负债表中的长期应付款是否存在；（2）确定所有应当记录的长期应付款是否完整；（3）确定记录的长期应付款是否为被审计单位应当履

行的现时义务；(4) 确定长期应付款是否以恰当的金额包括在财务报表中，与之相关的计价调整已恰当记录；(5) 确定长期应付款在资产负债表上的列报是否恰当。

(二) 长期应付款账面余额的实质性程序

(1) 取得或编制长期应付款明细表，复核加计正确，并与报表数、总账数和明细账合计数核对是否相符；检查长期应付款的内容是否符合本行业会计制度的规定。

(2) 对融资租入固定资产的应付款的审查：取得相关的合同或契约，检查对方是否履行了融资租赁合约规定，授权批准手续是否齐全，在租赁期开始日，长期应付款是否按照最低租赁付款额确认；检查是否按照合约约定的付款条件按期支付租金；检查会计处理是否正确。

(3) 对于分期付款方式购入固定资产等发生的应付款的审查：检查购入超过信用条件延期支付价款、实质上具有融资性质的资产，长期应付款是否按照应支付的金额确认；是否按照合约约定的付款条件按期支付租金；检查会计处理是否正确。

(4) 必要时函证长期应付款。

(5) 确定长期应付款的列报是否恰当，注意一年内到期的长期应付款是否在编制报表时重分类列为一年内到期的非流动负债。

(三) 未确认融资费用的实质性程序

(1) 取得或编制未确认融资费用明细表，复核加计正确，并与总账数和明细账合计数核对是否相符。

(2) 检查未确认融资费用的本期增加记录，审阅融资租赁合同及相关资料，结合固定资产等的审计，确定未确认融资费用的入账金额是否正确，摊销期限是否恰当，会计处理是否恰当。

(3) 确定未确认融资费用的列报是否恰当。

九、管理费用（或财务费用）的审计

(一) 管理费用的审计目标

管理费用（或财务费用）的审计目标是：(1) 确定利润表中记录的管理费用（或财务费用）是否已发生，且与被审计单位有关；(2) 确定所有应当记录的管理费用（或财务费用）是否均已记录；(3) 确定与管理费用（或财务费用）有关的金额及其他数据是否已恰当记录；(4) 确定管理费用（或财务费用）是否已记录于正确的会计期间；(5) 确定管理费用（或财务费用）是否已记录于恰当的账户；(6) 确定管理费用（或财务费用）是否已按照企业会计准则的规定在财务报表中作出恰当的列报。

(二) 管理费用（或财务费用）的实质性程序

(1) 取得或编制管理费用（或财务费用）明细表，复核加计正确，与报表数、总账数及明细账数合计数核对是否相符。

(2) 检查其明细项目的设置是否符合规定的核算内容与范围。

(3) 将本期、上期管理费用（或财务费用）各明细项目作比较分析，必要时比较本期各月份管理费用（或财务费用），对有重大波动和异常情况的项目应查明原因，作适当处理。

(4) 从管理费用（或财务费用）借方发生额记录的各项业务中抽查部分业务，账证核对，判断业务发生是否真实，会计处理是否正确。

（5）选择管理费用（或财务费用）中数额较大，以及本期与上期相比变化异常的项目追查至原始凭证。

（6）抽取资产负债表日前后一定数量的凭证，实施截止测试。对于重大跨期项目，应作必要调整。

（7）根据评估的舞弊风险等因素增加的审计程序。

（8）检查管理费用（或财务费用）的列报是否恰当。

【例题9-8】

基本案情：注册会计师张红、李利对夏华公司2020年财务报表进行审计，在进行“管理费用”项目检查时发现：

（1）2020年11月25日经有关部门批准处理因交通事故造成的产成品损失645 880元，夏华公司进行的会计处理如下：

借：管理费用——其他　　645 880

　贷：待处理财产损溢　　645 880

（2）2020年度夏华公司对财务结算中心营业部进行了装修，共发生装修费用1 870 000元，夏华公司进行的会计处理如下：

借：管理费用——修理费　　1 870 000

　贷：银行存款　　1 870 000

（3）2020年6月5日行政部购入复印机1台，含税价格为35 000元；电脑两台合计25 000元，打字机1台3 500元。夏华公司进行的会计处理如下：

借：管理费用——购置费　　63 500

　贷：银行存款　　63 500

分析要求：请指出夏华公司的上述三笔业务的会计处理存在哪些问题，应如何进行调整。

答案提示：根据企业会计准则的规定：

第（1）笔业务，夏华公司的会计处理造成当期“管理费用”虚增645 880元，“营业外支出”虚减645 880元，据此，建议夏华公司进行以下调整：

借：营业外支出——非常损失　　645 880

　贷：管理费用——其他　　645 880

第（2）笔业务，夏华公司的会计处理造成当期“管理费用”虚增1 870 000元，“固定资产”虚减1 870 000元，据此，建议夏华公司进行以下调整：

借：固定资产——固定资产改良支出　　1 870 000

　贷：管理费用——修理费　　1 870 000

第（3）笔业务，夏华公司的会计处理造成当期“管理费用”虚增63 500元，“固定资产”虚减63 500元，同时，造成固定资产折旧少计提。据此，建议夏华公司进行以下调整：

办公设备（复印机）不含税价格=35 000/（1+13%）=30 937.45（元）

办公设备（电脑）不含税价格=25 000/（1+13%）=22 123.89（元）

办公设备（打印机）不含税价格=3 500/（1+13%）=3 097.35（元）

借：固定资产——办公设备（复印机） 30 937.45

——办公设备（电脑） 22 123.89

——办公设备（打印机） 3 097.35

应交税费——应交增值税（进项） 7 341.31

贷：管理费用——购置费 63 500

并补提折旧（略）。

案例分析 9-1

云南绿大地生物科技股份有限公司舞弊案

一、云南绿大地生物科技股份有限公司基本情况及财务造假手段

1.云南绿大地生物科技股份有限公司基本情况

云南绿大地生物科技股份有限公司（以下简称绿大地）创建于1996年，2001年完成股份制改造，2006年11月，绿大地申请深交所上市失败。2007年12月，公司股票在深交所上市，成为国内绿化行业第一家上市公司，云南省第一家民营上市企业。公司主营业务为绿化工程设计及施工、绿化苗木种植及销售。公司注册资本1.5亿元人民币，拥有自主苗木生产基地2.9万余亩，生产各类绿化苗木500多种，是国内领先、云南省最大的特色苗木生产企业。2008年10月以来，绿大地三度更换财务总监、三度变更审计机构；2009年度公司业绩预告和快报则五度反复；2010年3月，绿大地因信息披露严重违规等问题被证监会调查。

2.云南绿大地公司财务造假手段

手法一：虚增资产

2004年2月，在马龙县购买960亩土地，支付955万元，虚增成本900万元；

2005年4月，在马鸣乡购买土地3 500亩，支付3 360万元，虚增成本3 190万元；

2007年第一季度，马鸣乡基地土壤改良虚增价值2 124万元；

2007年6月，马鸣乡基地灌溉系统多计价值797万元；

2007年6月，马鸣乡基地围墙等多计价值686.9万元；

2010年固定资产虚增5 983.67万元。

手法二：虚增收入

2004年至2007年6月，其虚增资产7 011.4万元、虚增营业收入2.96亿元；上市后公司排名前五的大客户陆续注销。

2007—2009年，虚增资产2.88亿元、虚增营业收入2.5亿元。

在招股说明书中，绿大地还虚增2006年年末银行存款，虚增金额占货币资金期末余额一半以上。在首发上市之前，绿大地还伪造了相关监管机构的证明。

二、频繁更换审计机构

2008年，中和正信会计师事务所，审计费用30万元，出具无保留意见审计报告；

2009年，中审亚太会计师事务所，审计费用50万元，出具保留意见审计报告；

2011年，中准会计师事务所，审计费用50万元，出具无法表示意见审计报告。

三、造假后果

（1）2010年3月，证监会对绿大地立案稽查。经过5个月的实地调查，认定绿大地

涉及虚增资产、虚增收入、伪造银行单据、虚构银行交易、篡改财务资料、内幕交易等违规行为。2011年5月后，绿大地改名ST大地。

（2）绿大地原董事长何学葵被判处有期徒刑10年。财务总监蒋凯西被判处有期徒刑6年，并处罚金30万元；原财务顾问庞明星数罪并罚，被判处有期徒刑5年，并处罚金30万元；原出纳主管赵海丽被判处有期徒刑5年，并处罚金30万元；原大客户中心负责人赵海艳被判处有期徒刑2年3个月，并处罚金5万元。

（3）2010年12月份，伴随着绿大地原控股股东何学葵所持股份被冻结，此前一直被机构投资者看好、股价被炒至高位的绿大地开始走下“神坛”，其股价也从当时的38元“飞流直下”，最低曾探至10.08元，高位买入的投资者损失惨重。

分析要求：

（1）云南绿大地公司为什么要虚增、虚构资产和收入？

（2）注册会计师对云南绿大地公司虚构资产问题，在资产控制测试方面应采用哪些审计程序？

（3）云南绿大地造假案给注册会计师带来哪些启示？

资料来源　刘晓波．云南绿大地公司财务舞弊案例研究［J］．会计之友，2011（8）．有改动．

本章小结

购货与付款循环的特性包括购货与付款循环中的主要业务活动和购货与付款循环所涉及的主要凭证和账户两部分内容。

若以控制目标为起点，购货与付款循环控制测试主要包括适当的职责分离、正确的授权审批、单证控制、内部检查程序等关键控制点进行控制测试。固定资产的控制测试包括建立固定资产的预算制度、授权批准制度、账簿记录制度、职责分工制度、划清资本性支出和收益性支出的界限、固定资产的维护保养制度、固定资产的处置制度、固定资产的定期盘点制度等关键控制点的测试。注册会计师也可以选择以风险为起点的控制测试。

应付账款的余额测试中，主要的程序包括获取或编制应付账款明细表、实施分析程序、函证应付账款、查找未入账的应付账款、检查应付账款长期挂账的原因、关注是否存在应付关联方账款、根据评估的舞弊风险等因素增加的审计程序、检查应付账款在财务报表上的列报是否恰当等。

固定资产的余额测试程序包括获取或编制固定资产及累计折旧分类汇总表、实施实质性分析程序、测试新增固定资产所有权的归属、测试固定资产的增加情况、测试固定资产的减少情况、实地检查重要的固定资产、检查固定资产的租赁、审查固定资产的后续支出的核算是否符合规定、检查固定资产的列报等内容。固定资产折旧的测试程序包括编制或索取固定资产及累计折旧分类汇总表、审查折旧政策的执行情况、实质性分析程序、复核本期折旧费用和分配、检查累计折旧的列报是否恰当。

在购货与付款循环中介绍了应付票据、预付账款、固定资产减值准备、工程物资、在建工程、长期待摊费用、无形资产、长期应付款、管理费用（或财务费用）等项目的审计目标和实质性程序。

主要概念

购货与付款循环　应付账款　固定资产

关键思考题

1.注册会计师在取得决算日被审计单位应付账款试算表后，应实施哪些基本审计程序对应付账款试算表进行审计?

2.直接向供货方函证应付账款的审计程序是否和函证应收账款一样有用和重要?试说明理由。

3.注册会计师应如何查找未入账的应付账款?

4.固定资产的实质性程序包括哪些内容?

5.累计折旧的实质性程序包括哪些内容?

6.预付账款的实质性程序包括哪些内容?

7.无形资产的实质性程序包括哪些内容?

第十章

生产与薪酬循环审计

学习目标

☆知识目标

识别生产与薪酬循环相关的会计凭证、账户、主要业务活动；

了解生产循环相关的潜在错报风险；

掌握生产与薪酬循环中控制要点及控制测试；

掌握存货、营业成本、应付职工薪酬等账户的基本实质性程序。

☆技能目标

训练对存货、营业成本、应付职工薪酬等账户的错账识别。

第一节 生产与薪酬循环业务特性

生产循环是指从计划和安排生产开始直到形成完工产品为止的过程。该循环所涉及的资产负债表项目主要是存货、应付职工薪酬等；所涉及的利润表项目主要是主营业务成本等项目。其中，存货包括材料采购或在途物资、原材料、周转材料、材料成本差异、自制半成品、库存商品、商品进销差价、委托加工物资、委托代销商品、受托代销商品、生产成本、制造费用、劳务成本、存货跌价准备、受托代销商品款等。

在企业进行生产经营业务活动的人、财、物三要素中，人是最重要的因素。企业的薪酬循环是由与主管和雇员报酬有关的事项和活动所组成的。该循环所涉及的主要账户资料见表 10-1。

表 10-1　薪酬循环涉及的主要财务报表账户

资产负债表	利润表
库存现金 银行存款 存货 应付职工薪酬 其他应付款 其他应收款	生产成本——直接人工(与“主营业务成本”有关) 制造费用——直接人工(与“主营业务成本”有关) 管理费用——人工费用 销售费用——人工费用 其他业务成本——人工费用

生产与薪酬循环的特性主要包括两部分内容：一是本循环中的主要业务活动；二是本循环所涉及的主要凭证和账户。

一、生产与薪酬循环中的主要业务活动

（一）生产循环的主要业务活动

生产循环所涉及的主要业务活动包括：计划和安排生产；发出原材料；生产产品；核算生产成本；储存产成品；发出产成品；保持存货余额的正确性。上述业务活动通常涉及以下部门：生产计划部门、仓库、生产部门、人事部门、销售部门、会计部门等。

1.计划和安排生产

生产计划部门的职责是根据顾客订单或者对销售预测和存货需要的分析来决定生产授权。如决定授权生产，即签发预先顺序编号的生产通知单。该部门通常应将发出的所有生产通知单编号并加以记录控制。此外，还需要编制一份材料需求报告，列示所需要的材料和零件及其库存。

2.发出原材料

仓库部门的责任是根据从生产部门收到的领料单发出原材料。领料单上必须列示所需的材料数量和种类，以及领料部门的名称。领料单可以一料一单，也可以一单多料，通常需一式三联。仓库发料后，以其中一联连同材料交还领料部门，其余两联经仓库登记材料明细账后，送会计部门进行材料收发核算和成本核算。

3.生产产品

生产部门在收到生产通知单及领取原材料后，便将生产任务分解到每一个生产工人，并将所领取的原材料交给生产工人，据以执行生产任务。生产工人在完成生产任务后，将完成的产品交生产部门查点，然后转交检验员验收并办理入库手续；或是将所完成的产品移交下一个部门，以进一步加工。

4.核算产品成本

为了正确地核算产品成本，对在产品进行有效控制，必须建立健全成本会计制度，将生产控制和成本核算有机结合在一起。一方面，生产过程中的各种记录、生产通知单、领料单、计工单、入库单等文件资料都要汇集到会计部门，由会计部门对其进行检查和核对，了解和控制生产过程中存货的实物流转；另一方面，会计部门要设置相应的会计账户，会同有关部门对生产过程中的成本进行核算和控制。成本会计制度可以非常简单，只是在期末记录存货余额；也可以是完善的标准成本制度，它持续地记录所有材料处理、在产品和产成品，并产生对成本差异的分析报告。完善的成本会计制度应该提供原材料转为在产品，在产品转为产成品，以及按成本中心、分批生产任务通知单或生产周期所消耗的材料、人工和间接费用的分配与归集的详细资料。

5.储存产成品

产成品入库，须由仓库部门先行点验和检查，然后签收。签收后，将实际入库数量通知会计部门。据此，仓库部门确立了本身应承担的责任，并对验收部门的工作进行验证。除此之外，仓库部门还应根据产成品的品质特征分类存放，并填制标签。

6.发出产成品

产成品的发出须由独立的发运部门进行。装运产成品时必须持有经有关部门核准的发

运通知单，并据此编制出库单。出库单至少一式四联，一联交仓库部门，一联发运部门留存，一联送交顾客，一联作为给顾客开发票的依据。

7.保持存货余额的正确性

一是应定期独立检查原材料、生产成本、自制半成品和产成品存货的明细账记录，是否与总账余额相符；二是应将存货明细账上的数量同定期盘点存货得出的实际数量相比较。

（二）薪酬循环的主要业务活动

薪酬循环涉及的主要业务活动包括：

（1）雇用员工。被审计单位人事部门应负责雇用员工，并应用人事授权表来记录所有雇用员工的情况。在该表里，应列示员工的工种、起点工资和授权扣减的项目。人事授权表一份存于人事部门的员工人事档案里，另一份则送交工资部门。这项控制可减少虚列员工支付工资的风险，因此，与服务循环的“发生”认定有关。

（2）授权变动工资。在公司中，可由员工的主管提出更换工种或提高小时工资标准的申请，但是，所有工资变动都应由人事部门授权。这项控制有助于保证工资的正确性，因此，与“准确性”的认定有关。人事部门还应负责对结束雇用的员工签发离职通知。离职通知应尽快送达工资部门，以防止对已离职员工继续支付工资。因此，这项控制与“发生”认定有关。

（3）编制出勤和计时资料。许多公司专门设置了计时部门，来负责这项工作，并经常使用打卡钟来记录员工的工作时间。为了防止某人代他人“打卡”，公司保安人员应负责监督员工打卡的过程。对工厂员工而言，计时卡上的工作时数必须有记工单佐证。记工单列示了所执行工作的种类（直接或间接人工）和完成这项工作花费的直接人工时数。记工单上所有的工作时数都应由主管人员书面批准。计时部门在调节已批准的记工单和计时卡后，应将其送达工资部门，工资部门据此编制工资单。由于以上计时功能控制确保了工作累计时间资料的正确性，因此这项控制与服务循环的“发生”“完整性”“准确性”“计价和分摊”认定有关。

（4）编制工资结算单和工资结算汇总表。工资部门在收到计时卡和记工单后，结合人事授权表资料，即可计算每位员工的工资总额，编制一式两份的工资结算单。为了总括反映企业和各车间、部门工资支出总额，并进行工资总分类核算，工资部门还应根据工资结算单编制一式三份的工资结算汇总表。其中，一份工资结算单和工资结算汇总表连同计时卡和计工单留在工资部门，一份工资结算单、工资结算汇总表和填写的工资提现支票则送达财务主管办公室，另一份工资结算汇总表送往成本会计部门进行人工成本分配用。工资部门应特别注意检查员工的编号的有效性和员工工作小时数的合理性。这类控制与工资交易的“发生”“完整性”“准确性”“计价和分摊”认定有关。

（5）编制工资费用分配表。月末，工资部门应在汇总各部门工资的基础上，按受益对象将工资分配计入成本费用。工资部门需要根据工资结算单和有关工时记录编制工资费用分配汇总表。

（6）按职工工资总额计提工会经费、职工教育经费、职工社会保险费、职工住房公积金。工资部门按照费用分配汇总表编制职工福利费、工会经费、职工教育经费、职工社会保险费、职工住房公积金计提分配表。该表一式两份，一份留在工资部门，另一份则连同工资费用分配表一起，送交会计部门。

（7）记录工资、福利费、工会经费、职工教育经费、职工社会保险费、职工住房公积金等。会计部门根据工资部门送来的工资费用汇总表和职工福利费、工会经费、职工教育经费、职工社会保险费、职工住房公积金等计提分配表填制转账凭证，并据以登记“生产成本”“制造费用”“管理费用”“销售费用”“应付职工薪酬”等有关账簿。

（8）支付工资和保管未领工资。这一职能一般包括以下控制：①应由财务主管办公室的人员独立检查工资提现支票的金额与工资结算单和工资结算汇总表的一致性；②工资支票应由财务主管办公室未参加计算和记录工资的人员签发；③签名机与签字板只限于经授权的人员接近；④工资应只发放给经适当确认的员工；⑤未领工资应保存在财务主管办公室的保险柜里。

（9）填写个人所得税申报单。被审计单位必须指派专人负责为每位应纳所得税的员工按时填写申报单，并缴纳税款，以避免被罚款和交纳滞纳金，以及陷入被诉讼困境。

（10）按规定用途使用职工福利费。职工福利费应按规定用途使用，不可以乱支乱用。

二、生产与薪酬循环的主要凭证和会计记录

（一）生产循环的主要凭证和会计记录

生产循环由原材料转化为产成品的有关活动组成。该循环包括制订产品品种和数量的生产计划，控制、保持存货水平以及与制造过程有关的交易和事项。该循环从领料生产到加工、销售产成品时结束。该循环所涉及的凭证和记录主要包括：

（1）生产指令。生产指令又称“生产任务通知单”，是企业下达制造产品等生产任务的书面文件，用以通知生产车间组织产品制造、供应部门组织材料发放、会计部门组织成本计算。

（2）领发料凭证。领发料凭证是企业为了控制材料发出所采用的各种凭证，如材料发出汇总表、领料单、限额领料单、领料登记表、领料登记簿、退料单等。

（3）产量和工时记录。产量和工时记录是登记工人或生产班组在出勤日内完成的产品数量、质量和生产这些产品所耗工时数量的原始记录。产量和工时记录的内容与格式是多种多样的，在不同的生产企业中，甚至在同一企业的不同生产车间中，由于生产类型不同而采用不同格式的产量和工时记录。常见的产量和工时记录主要有工作通知单、工序进程单、工作班产量报告、产量通知单、产量明细表、废品通知单等。

（4）工薪汇总表及工薪费用分配表。工薪汇总表是为了反映企业工薪的结算情况，并据以进行工薪结算总分类核算和汇总整个企业工薪费用而编制的，它是企业进行工薪费用分配的依据。工薪费用分配表反映了各生产车间各产品应负担的生产工人工薪及福利费等。

（5）材料费用分配表。材料费用分配表是用来汇总反映各生产车间各产品所耗费的材料费用的原始记录。

（6）制造费用分配汇总表。制造费用分配汇总表是用来汇总反映各生产车间各产品所

应负担的制造费用的原始记录。

（7）成本计算单。成本计算单是用来归集某一成本计算对象所应承担的生产费用，计算该成本计算对象的总成本和单位成本的记录。

（8）存货明细账。存货明细账是用来反映各种存货增减变动情况、期末库存数量及相关成本信息的会计记录。

生产循环涉及的主要业务活动、对应的凭证和会计记录及相关部门之间的关系见表10-2。

表10-2　生产循环涉及的主要业务活动、对应的凭证和会计记录及相关部门

序号	主要业务活动	对应的凭证和会计记录	相关部门
1	计划和安排生产	生产任务通知单	生产计划部门
2	发出原材料	一式三联的领料单	仓库部门
3	生产产品	生产任务通知单、产量和工时记录	生产部门
4	核算产品成本	生产任务通知单、领料单、记工单、入库单、薪酬汇总表、人工费用分配表、材料费用分配表、制造费用分配汇总表、成本计算单、存货明细账	会计部门
5	储存产成品	入库单、库存商品明细账	仓库部门
6	发出产成品	发运凭证、出库单、库存商品明细账	发运部门
7	保持存货余额的正确性	原材料、生产成本、自制半成品和库存商品相关明细账	仓库部门、会计部门

（二）薪酬循环的主要凭证和会计记录

薪酬循环所涉及的凭证和记录主要包括：

（1）人事授权表——人事部门为核算工资等目的而签发的书面通知，以指出雇用每位新员工、每次职位变动的情况。

（2）计时卡——用以记录每位员工在一个工薪支付期内每日工作小时数的表格，一般使用打卡钟在卡片上记录时间。

（3）记工单——用以记录每位员工完成某项特定工作的小时数。

（4）考勤簿——由考勤人员根据职工的计时卡和记工单记录的出勤和缺勤情况进行登记，除了反映出勤和缺勤情况外，还应反映出勤时间分析、缺勤时间分析等内容。

（5）产量记录——是反映工人或班组在出勤时间内生产产品的产量和耗用生产工时的记录，产量记录不仅是计算计件工薪的依据，也是统计产量和生产工时的依据。

（6）薪酬计算表——列示每一薪酬支付期间内每位员工的姓名、工薪总额、代扣工薪以及支付净额等资料的表格，是支付员工工薪和记录工薪的依据。

（7）人工成本分配汇总表——列示每一工薪支付期间工薪支付总额的会计分类报告。

（8）个人所得税申报表——列示每一员工所得税申报与缴纳情况的报告。

（9）员工人事档案——记录每位员工有关任用资料和签发的所有人事授权通知，以及奖励情况。

第二节 重大错报风险评估和控制测试

一、评估生产与薪酬业务的重大错报风险

（一）生产与存货循环的重大错报风险

在实施控制测试和实质性程序之前，注册会计师需要结合对生产与存货循环中的业务流程和相关控制的了解，考虑该循环中发生错报的可能性以及潜在错报的重大程度，评估认定层次的重大错报风险，为设计和实施进一步审计程序提供基础。为便于注册会计师对被审计单位经营活动中可能发生的重大错报风险保持警觉，本教材对常规的生产与存货循环的重大错报风险评估进行阐述。详见以下二维码中的相关内容。

生产与存货循环的重大错报风险的评估

（二）薪酬循环的重大错报风险

工薪费用可能具有较高的舞弊风险，因为企业可能为不存在的员工支付工薪。工薪交易和余额的重大错报风险主要是由于以下原因产生的：(1) 在工薪单上虚构员工；(2) 由一位可以更改员工数据主文档的员工在没有授权的情况下更改总工薪的付费标准；(3) 为员工并未工作的工时支付工薪；(4) 在进行工薪处理过程中出错；(5) 工薪扣款可能是不正确的，或未经员工个人授权，导致应付工薪扣款的返还和支付不正确；(6) 电子货币转账系统的银行账户不正确；(7) 将工薪支付给错误的员工；(8) 由于工薪长期未支付造成挪用现象；(9) 支付应付工薪的金额不正确。企业有时向员工支付股票或股票期权，也可能产生未经审批、不正确交易价格等重大错报风险。

为评估重大错报风险，注册会计师应详细了解有关生产与服务业务的内部控制，这些控制主要是为预防、检查和纠正前面所认定的重大错报的固有风险而设置的。

二、生产与薪酬循环内部控制及其测试

（一）生产循环内部控制及其测试

1.以内部控制目标为起点的控制测试

下面结合本循环主要业务活动中的控制措施，总结归纳与生产、仓储有关的关键内部控制要点和采取的相应控制测试。

(1) 适当的职责分离。

生产循环涉及的职务分离包括：①采购部门的工作人员应与验收、保管部门的人员适当分离；②生产计划的编制者应同其复核和审批人员适当分离；③产成品的验收部门应同产成品制造部门相互独立；④负责产成品储存保管职责的人不能同时负责产成品账户的会计记录；⑤存货的盘点不能只由负责保管、使用或记账的职员来进行，应由负责保管、使用、记账的职员以及独立于该职能的其他人员共同进行。注册会计师对于该控制测试可以

采用实地观察、询问相关人员等方法获取证据。

（2）正确的授权审批。

生产业务的授权审批主要集中在以下两个关键点上：①生产指令的授权批准。每张生产通知单必须经主管人员或者经授权的生产人员签字。该部门应将发出的所有生产通知单编号并加以记录控制。②领料单的授权批准。领料单上必须列示所需的材料数量和种类，以及生产通知单的编码。注册会计师可以检查相关凭证中是否包括这两个关键点的恰当审批。

（3）正确的成本核算。

成本的核算是以经过审核的生产通知单、领发料凭证、产量和工时记录、人工费用分配表、材料费用分配表、制造费用分配表为依据的。正确的成本核算应当包括：①采用适当的成本核算方法，并且前后各期一致；②采用适当的费用分配方法，并且前后各期一致；③采用适当的成本核算流程和账务处理流程；④注册会计师可以检查有关成本的记账凭证是否附有生产通知单、领发料凭证、产量和工时记录、人工费用分配表、材料费用分配表、制造费用分配表等原始凭证，并检查其顺序编号是否完整；⑤选取样本测试各种费用的归集和分配以及成本的计算；⑥测试是否按照规定的成本核算流程和账务处理流程进行核算和账务处理。

（4）保持存货余额的正确性。

这项功能包括两项控制：一是应定期独立检查原材料、生产成本、自制半成品和产成品存货的明细账记录，看是否与总账余额相符；二是应将存货明细账上的数量同定期盘点存货得出的实际数量相比较。注册会计师可以抽查有关明细账和总账，并实施询问和观察存货盘点程序。

2. 以风险为起点的控制测试。

在审计实务中，注册会计师可以把可识别的重大错报风险作为起点实施控制测试。具体内容如图 10-1 所示。

如果被审计单位生产与仓储循环的内部控制不存在，或尽管存在但未得到遵循，或者控制测试的工作量可能大于进行控制测试所减少的实质性程序的工作量，则注册会计师不应再继续实施控制测试，而应直接进行实质性程序。

（二）薪酬循环内部控制及其测试

1. 以内部控制目标为起点的控制测试

下面结合本循环主要业务活动中的控制措施，总结归纳与薪酬循环有关的关键内部控制要点和采取的相应控制测试。

（1）实行职责分离控制。

职责分离同样也有助于防止工薪舞弊。在服务循环中，主要包括人事计划与决策、雇用员工、编制考勤记录、编制工资单、记录和分配工薪费用等职能。以上各个职能应由不同的岗位来完成，起到相互制约的作用。注册会计师可以询问和观察各项职责执行情况。

（2）人事管理控制。

劳动人事部门应当建立和健全人事管理制度，包括与新员工签订劳动合同，对工薪定级及变动进行授权，保管人事记录，防止未经授权接近这些记录，同时对员工的能力和诚信进行调查考核。注册会计师可以检查被审计单位人事档案；查看在新进员工和员工离职时，人事部门是否能够及时通知工薪计算部门；抽查工薪授权变动表，检查授权表是否及

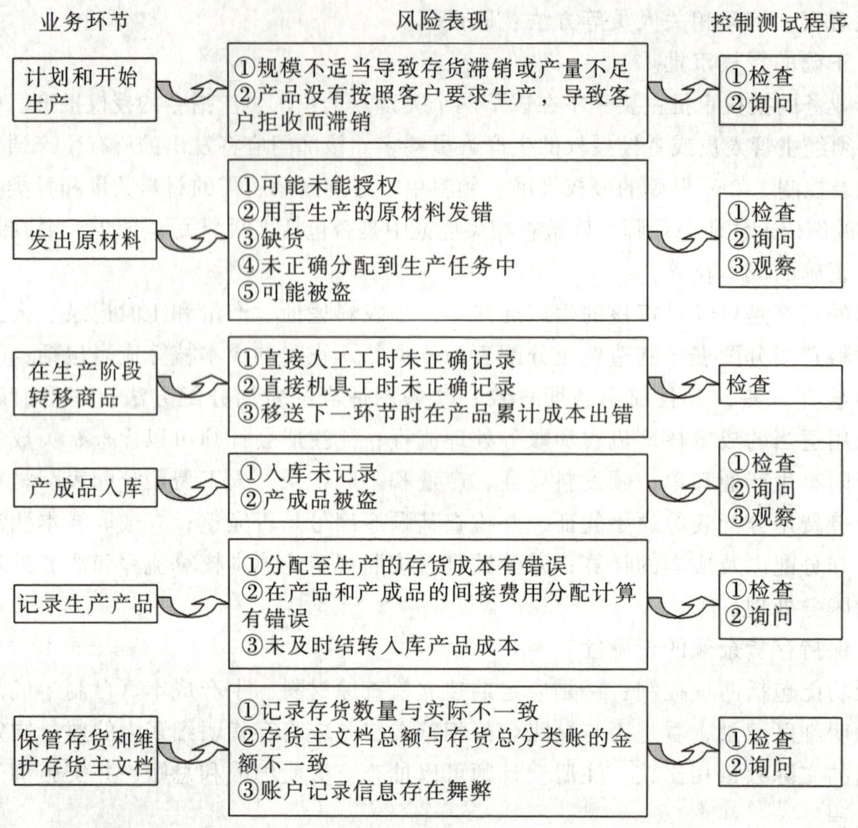

图10-1 控制测试图1

时送交工薪计算部门。

（3）考勤记录控制。

考勤记录是计算应发工薪的基础。如果在考勤记录（或产量工时记录）上弄虚作假，则会产生虚造工薪等舞弊行为。为对工时进行适当控制，应健全原始记录，严格考勤措施。注册会计师需要测试工薪记录是否健全，车间或部门是否指定专人负责考勤记录、工时记录、产量记录等原始记录，员工的变动、出勤、工时利用等情况是否能够正确及时地反映。

（4）工薪单审核控制。

劳动人事部门应当审核工薪单的计算和汇总，应当指定专人审核工薪单的交叉合计数是否正确，核对每一员工的考勤记录和工薪率是否正确。注册会计师需要检查工薪记录中有关核准的标记。

（5）工薪发放控制。

工薪单和工薪汇总表经审核后才能发放工薪。签发支票要经过授权批准。注册会计师需要检查工薪分配表、工薪汇总表、工薪结算表，并核对员工工薪手册、员工手册等。

（6）记录和分配工薪费用控制。

按照审核的工薪汇总表登记有关应付职工薪酬等账户，按照审核过的工薪分配汇总表分配工薪费用。注册会计师可以选取样本测试工薪费用的归集和分配，测试是否按照规定的账务处理流程进行账务处理。

除此之外，注册会计师需要测试被审计单位是否按照规定用途使用职工福利费。

2.以风险为起点的控制测试

在审计实务中，注册会计师可以把可识别的重大错报风险作为起点实施控制测试。具体内容如图10-2所示。

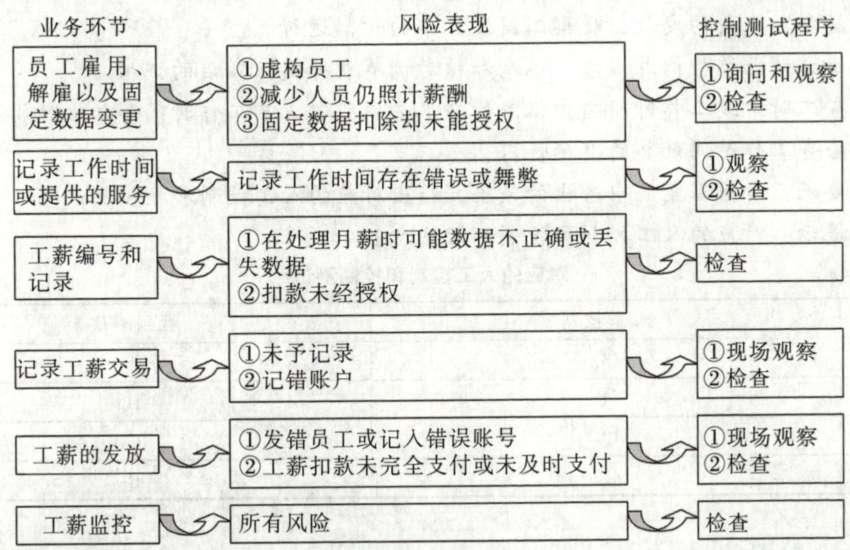

图10-2　控制测试图2

如果被审计单位薪酬循环的内部控制不存在，或尽管存在但未得到遵循，或者控制测试的工作量可能大于进行控制测试所减少的实质性程序的工作量，则注册会计师不应再继续实施控制测试，而应直接进行实质性程序。

【例题10-1】

基本案情：甲注册会计师负责对ABC有限责任公司2020年度的财务报表进行审计。在针对人力资源和工薪循环的审计中，分析发现存在下列风险（见表10-3），以下给出人工控制，并列举了部分控制测试。

表10-3　ABC有限责任公司存在的风险

序号	风险	人工控制	控制测试
1	员工名单中可能会有虚构的员工,或存在已解雇员工仍然保留在工薪单上的情况		
2	记录工作时间时出现错误或舞弊		
3	工薪交易可能被分配至不正确的总分类账户或根本未予以记录		
4	工薪可能发放给不正确的员工或通过电子支付系统支付给不正确的银行账号		

（1）控制环节。

ABC有限责任公司在人工操作条件下，建立的控制环节如下：

①由生产管理人员、领班人员复核并签署周度时间卡片，批准正常工作时间和加班工作时间。

②由工薪人员进行监控，复核月薪以及例外报告以发现错报和遗漏。

③有权雇用和解雇员工的人员不应具有其他工薪职能。

④由专人负责工资薪金的发放方法，并安排主管人员不定期进行复核。

（2）控制测试。

①检查员工变动表及解雇信，是否由经授权的人员签发，并且包含在员工个人档案中。

②现场参加工薪的发放，观察工薪发放中的控制运行。

③检查证明已监控例外报告、编制和核对调节表并更正错误的证据。

④检查工时卡或工作时间输出记录的样本，以获取正常工作时间和加班时间已经批准的证据，检查工作时间计算的准确性。

分析要求：请根据案例中给出的风险，指出对应的人工控制和控制测试。

答案提示：对应的人工控制和控制测试见表10-4。

表10-4 对应的人工控制和控制测试

序号	人工控制	控制测试
1	③	A
2	④	D
3	②	C
4	①	B

第三节 分析性程序

分析性程序是指注册会计师对被审计单位重要的比率或趋势进行的分析，包括调查异常变动以及这些重要比率或趋势与预期数据和相关信息的差异。分析性程序在生产循环审计中占有重要的地位，在生产循环审计中注册会计师大量运用分析性程序方法来获取审计证据，并协助形成恰当的审计结论。在生产循环审计中通常运用的分析程序方法主要是简单比较法和比率分析法两种。

一、简单比较法

在生产循环的分析性程序中，注册会计师通常进行的简单比较包括：

（1）比较前后各期及本年度各个月份存货余额及其构成，以评价期末存货余额及其构成的总体合理性。

（2）对每月存货成本差异率进行比较，以确定是否存在调节成本的现象。

（3）比较前后各期及本年度内各个月份生产成本总额及单位生产成本，以评价本期生产成本的总体合理性。

（4）比较前后各期及本年度内各个月份制造费用总额及其构成，以评价本期制造费用及其构成的总体合理性。

（5）比较前后各期及本年度内各个月份工资费用的发生额，以确定工资费用的合理性。

（6）比较前后各期及本年度内各个月份主营业务成本总额及单位销售成本，以评价主营业务成本的总体合理性。

（7）比较前后各期及本年度内各个月份直接材料成本，以评价直接材料成本的总体合理性。

（8）将存货余额与现有的订单、资产负债表日后各期的销售额和下一年度的预测销售额进行比较，以评估存货滞销和跌价的可能性。

(9) 将存货跌价准备与本年度存货处理损失的金额相比较，判断被审计单位是否计提足额的跌价准备。

二、比率分析法

在生产循环的分析程序中，注册会计师运用的比率主要是存货周转率和毛利率。

1.存货周转率

存货周转率是用以衡量销售能力和存货是否积压的指标。其计算公式为：

$$存货周转率（次数）=\frac{销货成本}{存货平均余额}$$

其中：

$$存货平均余额=\frac{期初存货+期末存货}{2}$$

利用存货周转率进行纵向比较或与其他同行业企业进行横向比较时，要求存货计价持续一致。存货周转率的波动可能意味着被审计单位存在以下情况：

(1) 有意或无意地减少存货准备；

(2) 存货管理或控制程序发生变动；

(3) 存货成本项目发生变动；

(4) 存货核算方法发生变动；

(5) 存货跌价准备计提基础或冲销政策发生变动；

(6) 销售额发生大幅度变动。

2.毛利率。

毛利率是反映盈利能力的主要指标，用以衡量成本控制及销售价格的变化。其计算公式为：

$$毛利率=\frac{销售收入-销售成本}{销售收入}\times 100\%$$

毛利率的波动可能意味着被审计单位存在以下情况：

(1) 销售价格发生变动；

(2) 销售产品总体结构发生变动；

(3) 单位产品成本发生变动；

(4) 固定制造费用比重较大时生产数量发生变动。

实施实质性分析程序的目的在于获取支持相关审计目标的证据。因此，注册会计师还需进行存货余额的细节测试，后面各节将逐一介绍。

第四节 存货成本的审计

一、审计目标

《企业会计准则第1号——存货》规定，存货是指企业在日常活动中持有以备出售的产成品或商品、处在生产过程中的在产品、在生产过程或提供劳务过程中耗用的材料和物料等。

存货的特点是在流动资产中金额比重最大、种类数量繁多、计价方法较多、对净收益影响较大。存货的这些特点决定了存货审计是资产负债表审计的重要项目。

存货审计所要实现的目标包括：（1）确定资产负债表中记录的存货是存在的；（2）所有应当记录的存货均已记录；（3）记录的存货由被审计单位拥有或控制；（4）存货以恰当的金额包括在财务报表中，与之相关的计价调整已恰当记录；（5）存货已按照企业会计准则的规定在财务报表中作出恰当列报。

存货成本审计通常包括两部分内容，即生产成本审计（涉及制造费用账户的审计）、主营业务成本审计。

二、生产成本（在产品）的审计

（1）获取或编制生产成本明细表，复核加计是否正确，并与总账数、明细账合计数核对是否相符。

（2）实施实质性分析程序。具体分析方法包括：

①对生产成本进行分析比较，检查各月及前后期同一产品的单位成本是否有异常波动，注意是否存在调节成本现象。

②分别比较前后各期及本年度各个月份的生产成本项目，以确定成本项目是否异常变动以及是否存在调节成本现象。

③比较当年度及以前年度直接材料、直接人工、制造费用占生产成本的比例，并查明异常情况的原因。

④核对下列相互独立部门的数据，并查明异常情况的原因：

第一，仓库记录的材料领用量与生产部门记录的材料领用量；

第二，工资部门记录的人工成本与生产部门记录的工时和工资标准之积。

（3）生产成本计价测试。具体步骤包括：

①了解被审计单位的生产工艺流程和成本核算方法，选择的与检查相关的核算方法是否适当，前后期是否一致。

②抽查成本计算单，检查直接材料、直接人工、制造费用的计算和分配是否正确，并与有关佐证文件（领料记录、生产工时记录、材料费用分配表、人工费用分配汇总表等）进行核对，具体包括：

第一，直接材料成本项目审查。首先，检查材料费用的分配标准与计算方法是否合理和适当，是否与材料费用分配汇总表中该产品分摊的直接材料费用相符。其次，可抽查领料凭证，并与有关的发料凭证汇总表相核对，看材料是否按用途分配，有无将非生产用材料计入直接材料费用。再次，检查领料单的签发是否经过授权，材料发出汇总表是否经过适当的人员复核，以及单位成本计价是否适当，是否正确及时入账。最后，对采用定额成本或标准成本的企业，应检查直接材料成本差异的计算、分配与会计处理是否正确，并查明直接材料的定额成本、标准成本在本年度内有无重大变更。

第二，直接人工成本项目审查。首先，人工费用的分配标准与计算方法是否合理和适当，是否与人工费用分配汇总表中该产品分摊的直接人工费用相符。其次，结合应付职工薪酬的审查，抽查人工费用会计记录及会计处理是否正确。最后，对采用标准成本法的企业，应抽查直接人工成本差异的计算、分配与会计处理是否正确，并查明直接人工的标准成本在本年度内有无重大变更。

第三，分配的制造费用项目审查。与“制造费用”账户审计结合起来。

第四，获取完工产品与在产品的生产成本的分配标准和方法，检查完工产品与在产品的生产成本之间的分配是否正确，方法选择是否合理。

（4）获取关于现有设备生产能力的资料，检查产量是否与现有生产能力相匹配；若产量超过设计生产能力，应提请被审计单位说明原因，并提供足够的依据及技术资料。

（5）检查废品损失和停工损失的核算是否符合规定。

（6）根据评估的舞弊风险等因素增加的审计程序。

三、制造费用的审计

制造费用是企业为生产产品或提供劳务而发生的间接费用，即生产单位为组织和管理生产而发生的费用，包括分厂和车间管理人员的应付职工薪酬、折旧费、修理费、办公费、水电费、取暖费、租赁费、机物料消耗、低值易耗品摊销、劳动保护费、保险费、设计制图费、试验检验费、季节性和修理期间的停工损失以及其他制造费用。

制造费用的实质性程序包括：

（1）获取或编制制造费用汇总表，并与明细账、总账核对相符，抽查制造费用中的重大数额项目及例外项目是否合理。

（2）对制造费用进行分析比较：

①分析比较当年和以前年度，以及当年各月制造费用的增减变动情况，询问并分析异常波动的原因。

②分别比较本年度各月份的制造费用项目，以确定成本项目是否存在异常变动，是否存在调节成本的现象。

（3）审阅制造费用明细账，检查其核算内容及范围是否正确，并应注意是否存在异常会计事项，如有，则应追查至记账凭证及原始凭证，重点查明企业有无将不应列入成本费用的支出（如投资支出、被没收的财物、支付的罚款、违约金、技术改造支出等）计入制造费用。

（4）必要时，对制造费用实施截止测试，即检查资产负债表日前后若干天的制造费用明细账及其凭证，确定有无跨期入账的情况。

（5）审查制造费用的分配是否合理。重点查明制造费用的分配方法是否符合企业自身的生产技术条件，是否体现受益原则，分配方法一经确定，是否在相当时期内保持稳定，有无随意变更的情况；分配率和分配额的计算是否正确，有无以人为估计数代替分配数的情况。对按预定分配率分配费用的企业，还应查明计划与实际差异是否及时调整。

（6）对于采用标准成本法的企业，应抽查标准制造费用的确定是否合理，记入成本计算单的数额是否正确，并查明标准制造费用在本年度内有无重大变动。

（7）检查季节性停工损失的核算是否符合有关规定。

（8）根据评估的舞弊风险等因素增加的审计程序。

【例题10-2】

基本案情：注册会计师张红对维强公司2020年6月份产品生产成本进行审查。该公司生产单一产品A，一次投料，采用约当产量法计算产品成本（产品成本计算单见表10-5），账列本月完工产品80件，未完工产品20件（完工程度50%）。

表10-5　　产品成本计算单

产品名称：A　　2020年6月　　单位：元

项目	月初在产品成本	本月生产成本	生产成本总额	完工产品成本	单位成本	月末在产品成本
直接材料	40 000	800 000	840 000	672 000	8 400	168 000
直接人工	10 000	260 000	270 000	240 000	3 000	30 000
制造费用	10 000	170 000	180 000	160 000	2 000	20 000
合　计	60 000	1 230 000	1 290 000	1 072 000	13 400	218 000

经查：

（1）完工产品及月末在产品数量可以确认。

（2）将在建工程领用的材料20 000元，计入产品生产成本。

（3）生产车间已领未用材料10 000元，月末未作退库处理。

（4）虚列生产工人工资15 500元，多提生产工人福利费2 500元。

（5）计提经营性租入设备的折旧费6 000元，计入制造费用。

（6）无形资产摊销费用12 000元，计入制造费用。

分析要求：假如你是该注册会计师，请你分析上述业务的会计处理是否正确。注册会计师相应的审计处理意见是什么？

答案提示：存在问题：工程领用原材料应计入在建工程，不应计入生产成本；生产车间已领未用的材料应作退库处理，减少生产成本；工人工资多计、福利费多计，虚增了生产成本，应从成本中剔除；经营性租入固定资产不应计提折旧，更不应计入生产成本；无形资产摊销应计入管理费用，不应计入制造费用。

处理意见：要求被审计单位进行账项调整，重编产品成本计算单（见表10-6）。

调整分录如下：

借：在建工程　　20 000

　　原材料　　10 000

　　应付职工薪酬　　18 000

　　累计折旧　　6 000

　　管理费用　　12 000

　贷：生产成本　　48 000

　　　制造费用　　18 000

本月生产耗用的直接材料应为：800 000-（20 000+10 000）=770 000（元）

本月生产耗用的直接人工应为：260 000-（15 500+2 500）=242 000（元）

本月生产耗用的制造费用应为：170 000-（6 000+12 000）=152 000（元）

因此，直接材料总额为：40 000+770 000=810 000（元）

直接人工总额为：10 000+242 000=252 000（元）

制造费用总额为：10 000+152 000=162 000（元）

表 10-6

产品成本计算单

产品名称：A　　　　2020年6月　　　　单位：元

项　目	月初在产品成本	本月生产成本	生产成本总额	完工产品成本	单位成本	月末在产品成本
直接材料	40 000	770 000	810 000	648 000 ①	8 100	162 000
直接人工	10 000	242 000	252 000	224 000 ②	2 800	28 000
制造费用	10 000	152 000	162 000	144 000 ③	1 800	18 000
合　计	60 000	1 164 000	1 224 000	1 016 000 ④	12 700	208 000

①完工产品材料费用=［810 000÷（80+20）］×80=648 000（元）

②完工产品人工费用=［252 000÷（80+10）］×80=224 000（元）

③完工产品制造费用=［162 000÷（80+10）］×80=144 000（元）

④完工产品总成本=648 000+224 000+144 000=1 016 000（元）

通过计算可以看出，该公司完工产品成本多转了56 000元（1 072 000−1 016 000）。

资料来源　改编自2002年（上）全国高等教育自学考试《审计》试卷。

四、主营业务成本的审计

主营业务成本是指企业对外销售商品、提供劳务等发生的实际成本。它是由期初库存产品成本加上本期入库产品成本，再减去期末库存产品成本求得的。主营业务成本的审计目标，应包括发生性、完整性、准确性、截止、分类及列报。其审计程序包括：

（1）获取或编制主营业务成本明细表，复核加计正确，并与总账数及明细账合计数核对相符。结合其他业务成本科目与营业成本报表数核对是否相符。

（2）编制生产成本及销售成本倒轧表与总账核对相符。

小资料 10-1

表 10-7为企业生产成本及销售成本倒轧表。

表 10-7

生产成本及销售成本倒轧表

项　目	未审数	调整或重分类金额借（贷）	审定数
原材料期初余额			
加：本期购进			
减：原材料期末余额			
其他发生额			
直接材料成本			
加：直接人工成本			
制造费用			
生产成本			
加：在产品期初余额			
减：在产品期末余额			
产品生产成本			
加：产成品期初余额			
减：产成品期末余额			
销售成本			

资料来源　中国注册会计师协会．审计［M］．北京：中国财政经济出版社，2017.

（3）分析比较本年度与上一年度主营业务成本总额，以及本年度各月份的主营业务成本金额，如有重大波动和异常情况，应查明原因。

（4）检查主营业务成本的内容和计算方法是否符合会计准则规定，前后期是否一致。

（5）结合生产成本的审计，抽查销售成本和销售收入结转数额的正确性，并看其是否遵循配比原则。

【例题 10-3】

基本案情：注册会计师张红在审计三维公司财务报表时，发现该公司A产品销售收入和成本不配比，详细追查A产品销售的会计处理时发现，12月份，A产品没有销售合同，但A产品明细账中出库10万元，第二年的1月份，三维公司把10万元作为盘盈处理。

分析要求：假如你是该注册会计师，请你分析上述业务的会计处理是否正确。注册会计师相应的审计处理意见是什么？

答案提示：此案例中，三维公司的会计处理违反了配比的原则，故意多转产品的销售成本。注册会计师应在查证后，提请三维公司作如下会计处理：

借：库存商品　　100 000

　贷：主营业务成本　　100 000

（6）检查主营业务成本账户中重大调整事项是否有其充分理由。

（7）根据评估的舞弊风险等因素增加的审计程序。

（8）确定主营业务成本在利润表中是否已恰当列报。

第五节　存货的监盘与计价测试

一、存货监盘概述

（一）存货监盘的作用

在通常情况下，存货对企业经营特点的反映能力强于其他资产项目。存货不仅对于生产制造业、批发业和零售行业十分重要，对于服务行业也具有重要性。一般来说，存货的重大错报对于流动资产、营运资本、总资产、销售成本、毛利以及净利润都会产生直接的影响。存货的重大错报对于其他某些项目，如利润分配和所得税，也具有间接影响。审计中许多复杂和重大的问题都与存货有关。存货、产品生产和营业成本构成了会计、审计，乃至企业管理中最为普遍、重要和复杂的问题。

《中国注册会计师审计准则第 1311 号——对存货 、诉讼和索赔、分部信息等特定项目获取审计证据的具体考虑》中规定：如果存货对财务报表是重要的，注册会计师应当实施下列审计程序，对存货的存在和状况获取充分、适当的审计证据：

（1）在存货盘点现场实施监盘（除非不可行）；

（2）对期末存货记录实施审计程序，以确定其是否准确反映实际的存货盘点结果。

在存货盘点现场实施监盘时，注册会计师应当实施下列审计程序：

（1）评价管理层用以记录和控制存货盘点结果的指令和程序；

（2）观察管理层制定的盘点程序的执行情况；

（3）检查存货；

(4) 执行抽盘。

存货监盘的相关程序可以用作控制测试或者实质性测试。注册会计师可以根据风险评估结果、审计方案和实施的特定程序作出判断。例如，如果只有少数项目构成了存货的主要部分，注册会计师可能选择将存在监盘用作实质性程序。

注册会计师对存货审计的目标是获取有关存货数量和状况的审计证据，存货监盘是针对被审计单位管理层对财务报表的有关认定，包括存货“存在”的认定、“完整性”的认定和“计价和分摊”的认定获取证据。此外，注册会计师还可能在存货监盘中获取有关存货所有权的部分审计证据。

（二）存货监盘的特点

(1) 被审计单位实施的实地盘存既是一项控制程序，又是一项独立活动，且它的效用并不依赖于对处理业务的控制。

(2) 注册会计师进行的监盘是观察程序和检查程序的结合运用。

(3) 注册会计师监盘的目的是获得审计证据：被审单位的存货计量方法能产生正确的计量结果。

(4) 不存在满意的替代程序来计量和观察期末存货。

小思考 10-1

存货监盘与应收账款的函证有什么区别?

提示：存货监盘与应收账款的函证都是一般公认的审计程序，但二者有着明显的区别：

(1) 在函证应收账款时，注册会计师通过与顾客联系来直接证实应收账款余额，也常使用审计抽样；在存货监盘时，注册会计师评估被审计单位计量的认真程度和正确性，一般不采用审计抽样。

(2) 对于应收账款即使无法进行函证，也存在一些令人满意的替代程序，如检查会计记录和原始凭证；但是，对于存货，只检查会计记录不能被认为是满意的期末存货的替代证明。

资料来源　董秀琴.生产循环审计［M］.北京：中国时代经济出版社，2002.

（三）注册会计师的责任

在存货监盘的同时，要分清被审计单位管理层的责任和注册会计师的责任。定期盘点存货、确定存货的数量和状况是被审计单位管理层的责任。实施存货监盘，获取有关期末存货数量和状况的充分、适当的审计证据是注册会计师的责任。

（四）存货监盘流程

为确保证据质量，实现监盘目标，注册会计师在执行存货监盘中一般按如图 10-3 所示的流程操作。

二、制订存货监盘计划

（一）制订存货监盘计划的基本要求

注册会计师应当根据被审计单位存货的特点、盘存制度和存货内部控制的有效性等情况，在评价被审计单位管理层制定的存货盘点程序的基础上，编制存货监盘计划，对存货监盘作出合理安排。

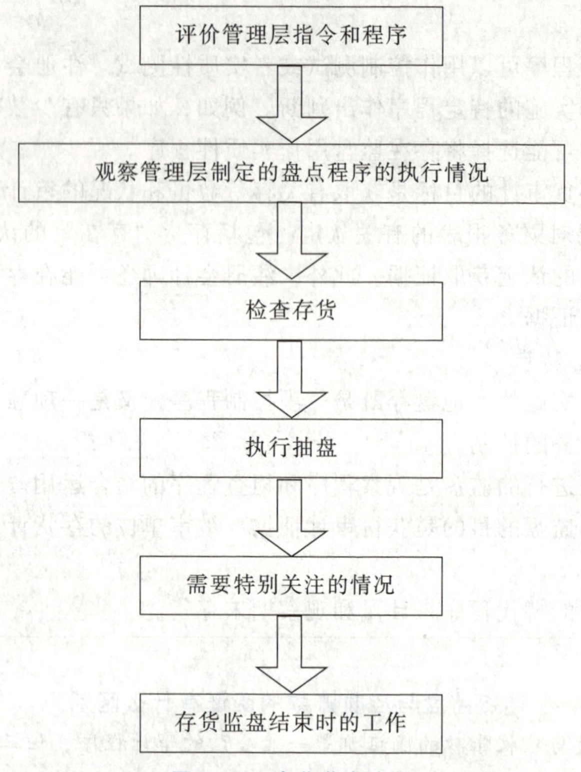

图 10-3 存货监盘流程

有效的存货监盘需要制订周密、细致的计划。为了避免误解并有助于有效地实施存货监盘，注册会计师通常需要与被审计单位就存货监盘等问题达成一致意见。因此，注册会计师首先应当充分了解被审计单位存货的特点、盘存制度和存货内部控制的有效性等情况，并考虑获取、审阅和评价被审计单位的预定盘点程序。存货存在与完整性的认定具有较高的重大错报风险，而且注册会计师通常只有一次机会通过存货的实地监盘对有关认定作出评价。根据计划过程所收集到的信息，注册会计师可确定参与监盘的地点以及存货监盘的程序。

（二）制订存货监盘计划应考虑的相关事项

在编制存货监盘计划时，注册会计师需考虑以下事项：

1.与存货相关的重大错报风险

存货通常具有较高水平的重大错报风险，影响重大错报风险的因素具体包括存货的数量和种类、成本归集的难易程度、存货陈旧过时的速度或易损程度及遭受失窃的难易程度等。

2.与存货相关的内部控制的性质

其包括采购、验收、仓储、领用、加工、装运等供产销多个环节。

3.对存货盘点是否制定了适当的程序，并下达了正确的指令

在复核或与管理层讨论其存货盘点计划时，注册会计师应当考虑以下主要因素，以评价其能否合理地确定存货的数量和状况：（1）盘点的时间安排；（2）存货盘点范围和场所的确定；（3）盘点人员的分工及胜任能力；（4）盘点前的会议及任务布置；（5）存货的整理和排列，对毁损、陈旧、过时、残次及所有权不属于被审计单位的存货的区分；（6）特

殊存货的计量工具和计量方法；(7) 在产品完工程度的确定方法；(8) 存放在外单位的存货的盘点安排；(9) 存货收发截止的控制；(10) 盘点期间存货移动的控制；(11) 盘点表单的设计、使用和控制；(12) 盘点结果的汇总和盘盈盘亏的分析、调查及处理。

4.存货监盘时间安排

存货盘点的理想时间是财务报表日。如果在财务报表日以外的其他日期盘点，注册会计师应实施其他审计程序以确定存货盘点日与财务报表日之间的存货变动是否已得到恰当记录。

5.被审计单位是否一贯采用永续盘存制

注册会计师需依据存货盘存制度的不同种类作出不同的安排。如果被审计单位采取永续盘存制，注册会计师应在年度中一次或多次参加盘点；如果被审计单位采取实地盘存制，注册会计师要参加盘点。

6.存货的存放地点，以确定适当的监盘地点

如果被审计单位的存货存放在多个地点，注册会计师可以考虑执行以下一项或多项审计程序：(1) 询问营销员、仓库保管员等除管理层和财务部门以外的人员；(2) 比较被审计单位不同时期的存货存放地点清单，关注仓库变动情况，以判断是否存在因仓库变动而未将存货纳入盘点范围的情况；(3) 检查被审计单位存货的入库单或出库单，关注是否存在少报或漏报仓库的情况（比如期末库存为零的仓库）；(4) 检查费用支出明细账和租赁合同，关注租赁的仓库是否包括在被审计单位提供的仓库清单中；(5) 检查被审计单位“固定资产——房屋建筑物”明细清单，了解被审计单位可用于存放存货的房屋建筑物。

在获取完整的存货存放地点清单的基础上，注册会计师可以根据不同地点所存放存货的重要性以及对各个地点与存货相关的重大错报风险评估结果，选择适当的地点进行监盘，并记录选择这些地点的原因。如果识别出由于舞弊导致的影响存货数量的重大错报风险，注册会计师可能考虑在不预先通知的情况下对特定存放地点的存货实施监盘，或在同一天对所有存放地点的存货实施监盘，同时，在连续审计中可以考虑在不同年度审计中变更实施监盘的地点。

7.是否需要专家的协助

在确定资产数量或资产实物状况（如矿石堆），或在收集特殊类别存货（如艺术品、稀有玉石等）的审计证据时，注册会计师可以考虑利用专家的工作。

（三）存货监盘计划的主要内容

存货监盘计划应当包括以下主要内容：(1) 存货监盘的目标、范围及时间安排；(2) 存货监盘的要点及关注事项；(3) 参加存货监盘的人员的分工；(4) 检查存货的范围。

三、存货监盘程序

存货监盘程序的内容包括六大方面：

（一）评价管理层用以记录和控制存货盘点结果的指令和程序

1.需要考虑的方面

评价管理层用以记录和控制存货盘点结果的指令和程序，注册会计师需要考虑以下方面：(1) 适当控制活动的运用；(2) 准确认定在产品的完工程度，流动缓慢、过时或亏损的存货项目，以及第三方拥有的存货（如寄存货物）；(3) 在适用情况下用于估计存货数量的方法（如煤堆的重量）；(4) 对存货不同存放地点之间的移动以及截止日前后出入库

的控制等。

2.考虑无法停止移动的存货

注册会计师在实施存货监盘程序时应当关注存货的移动情况，防止遗漏或重复盘点。一般情况下，被审计单位在盘点过程中停止生产并关闭存货存放地点以确保停止存货的移动 。若被审计单位可能由于实际原因无法停止生产或收发货物，对于这种情况注册会计师也需关注。具体做法是：注册会计师可以通过询问管理层以及阅读被审计单位的盘点计划等方式，了解被审计单位对存货移动所采取的控制程序和对存货收发截止影响的考虑。

3.划分独立的过渡区域

如果被审计单位在盘点过程中无法停止生产，可以考虑在仓库内划分出独立的过渡区域，将预计在盘点期间领用的存货移至过渡区域，对盘点期间办理入库的存货暂时放在过渡区域，以此确保相关存货能被盘点一次。

（二）观察管理层制定的盘点程序的执行情况

观察管理层制定的盘点程序的执行情况，有助于注册会计师获取有关管理层指令和程序是否得到适当设计和执行的审计证据。

虽然要求盘点存货时最好保持存货不发生移动，但在某些情况下存货的移动避免不了。比如，在盘点过程中被审计单位生产经营需保持进行，注册会计师应通过实施必要的检查程序，确定被审计单位是否已经对此设置了相应的控制程序，确保在适当的期间内对存货作出了准确记录；对移动存货的具体情况也可以获取有关截止测试的复印件，有助于日后对存货移动的会计处理实施审计程序。

在实施观察程序时，一方面，注册会计师需要考虑存货的所有权问题，关注所有在盘点日前入库的存货项目是否均已包括在盘点范围内，所有已确认销售但尚未装运出库的商品是否均未包括在盘点范围内；另一方面，实施存货的观察程序与截止测试有机结合。注册会计师通常可观察存货的验收入库地点和装运出库地点以执行截止测试。

（三）检查存货

在存货监盘过程中存货的所有权虽然不一定能够被检查程序确定，但检查存货有助于确定存货的存在性目标，以及识别过时、毁损或陈旧的存货，并将它们记录下来，便于进一步追查这些存货的处置情况，也能为测试被审计单位存货跌价准备计提的准确性提供证据。

（四）执行抽盘

注册会计师应当进行适当抽盘，将抽盘检查结果与被审计单位盘点记录相核对，并形成相应记录。如果观察程序能够表明被审计单位的组织管理得当，并存在充分有效的盘点、监督以及复核程序，那么注册会计师可决定减少所需抽盘的存货项目。

在执行抽盘时，注册会计师应该尽可能避免让被审计单位事先了解将被抽查的项目，以便符合审计程序不可预见性方面的要求。一般可以采用双向抽盘：一是从存货盘点记录中选取项目追查至存货实物，确认存货盘点记录的准确性（存在认定）；二是从存货实物追查至盘点记录，确认存货盘点记录的完整性（完整性认定）。在记录时，除记录注册会计师对盘点结果进行的测试情况外，获取管理层完成的存货盘点记录的复印件也有助于注册会计师日后实施审计程序，以确定被审计单位的期末存货记录是否准确地反映了存货的实际盘点结果。

实施存货监盘程序时发现差异，首先提醒注册会计师：被审计单位的存货盘点在准确性和完整性方面可能存在错误；其次，由于抽盘的内容通常仅仅是存货盘点中的一小部分，所以在抽盘中发现的错误很可能意味着在被审计单位的存货盘点中还存在着其他错误。一方面，注册会计师应当查明原因，并及时提请被审计单位更正；另一方面，被审计单位仅仅改正已发现的错误是不够的，注册会计师应当考虑错误的潜在范围和重大程度，在可能的情况下，增加检查范围以减少错误的发生。注册会计师还可要求被审计单位重新进行盘点，重新盘点的范围可限制在某一特殊领域或特定盘点小组。

（五）需要特别关注的情况

在被审计单位盘点存货之前，注册会计师应当观察盘点现场，确定应纳入盘点范围的存货是否已经适当整理和排列，并附有盘点标识，防止遗漏或重复盘点。对未纳入盘点范围的存货，注册会计师应当查明未纳入的原因。

1.关注所有权不属于被审计单位的存货

对所有权不属于被审计单位的存货，在盘点前，注册会计师应当取得其规格、数量等有关资料，确定是否已分别存放、标明，且未被纳入盘点范围。在盘点中，注册会计师应当根据取得的所有权不属于被审计单位存货的有关资料，观察这些存货的实际存放情况，确保其未纳入盘点范围。即使在被审计单位声明不存在受托代存的情形下，注册会计师在监盘时也应当关注是否存在某些存货不属于被审计单位的迹象，以避免盘点范围不当。

2.关注多个地点存货的监盘

如果被审计单位的存货放在多个地点，注册会计师可以要求被审计单位提供一份完整的存放存货地点的清单，在此基础上，可以根据不同地点所放存货的重要性以及相关重大错报风险的评估结果（例如，注册会计师在以往审计中可能注意到某些地点存在存货相关的错报，因此本期审计时对其予以特别关注），选择适当的地点进行监盘（甚至可采用突击盘点方式），并记录选择这些地点的原因。

3.关注特殊类型存货的监盘

有些存货可能存在无法使用标签予以标识、数量难以估计或质量难以确定等情况。在审计实务中，注册会计师应当根据被审计单位所处行业特点、存货类别和特点以及内部控制等具体情况，并在通用的存货监盘程序基础上，设计特殊的具体审计程序。特殊类型存货的监盘程序见表10-8。

表10-8　特殊类型存货的监盘程序

存货类型	盘点方法与潜在问题	可供实施的审计程序
木材、钢筋盘条、管子	通常无标签，但在盘点时会做标记或用粉笔标识 难以确定存货的数量和等级	检查标记或标识 利用专家或被审计单位内部有经验人员的工作
堆积型存货（如糖、煤等）	通常既无标签也不做标记 在估计存货数量时有困难	运用工程估测、几何计算、高空勘测，并依赖详细的存货记录 如果堆场中的存货堆不高，可进行实地监盘，或通过旋转存货堆加以估计
散装物品（如储窖存货，使用桶、箱、罐、槽等容器储存的液体、气体、谷类粮食、流体存货等）	在盘点时通常难以识别和确定 在估计存货数量时存在困难 在确定存货质量时存在困难	使用容器进行监盘或通过预先编号的清单列表加以确定 使用测量棒、工程报告以及依赖永续存货记录 选择样品进行化验与分析，或利用专家的工作
贵金属、石器、艺术品与收藏品	在存货辨认与质量确定方面存在困难	选择样品进行化验与分析，或利用专家的工作
生产纸浆用木材、牲畜	在存货辨认与数量方面存在困难 可能无法对此类存货的移动施加控制	通过高空摄影以确定其存在，对不同时点的数量进行比较，并依赖永续存货记录

4.关注对无法停止移动存货的监盘

注册会计师在实施存货监盘程序时应当关注存货的移动情况，防止遗漏或重复盘点。一般情况下，被审计单位在盘点过程中停止生产并关闭存货存放地点以确保停止存货的移动 。若被审计单位可能由于实际原因无法停止生产或收发货物，对于这种情况注册会计师也需关注。具体做法是：注册会计师可以通过询问管理层以及阅读被审计单位的盘点计划等方式，了解被审计单位对存货移动所采取的控制程序和对存货收发截止影响的考虑。

5.关注由第三方保管或控制的存货监盘

在审计实务中，如果由第三方保管或控制的存货对财务报表是重要的，注册会计师对这部分存货可以首先考虑实施函证的可能性。如果逾期不能通过函证获取相关证据，可以安排其他注册会计师实施对第三方存货的监盘或采用检查程序检查被审计单位和第三方所签署的存货保管协议的相关条款，复核被审计单位调查及评价第三方工作的程序等。

6.关注毁损、陈旧、过时及残次的存货

存货的状况是被审计单位管理层对存货计价认定的一部分，注册会计师在存货监盘过程中应当特别关注存货的状况，了解并观察被审计单位是否识别出所有毁损、陈旧、过时及残次的存货。注册会计师还应当把所有毁损、陈旧、过时及残次存货的详细情况记录下来，以便事后追查以及编制存货跌价准备明细表。

7.首次接受委托未能对上期期末存货实施监盘

当注册会计师首次接受委托未能对上期期末存货实施监盘，且该存货对本期财务报表存在重大影响时，如果已经获取有关本期期末存货充分适当的审计证据，注册会计师应当实施一项或多项审计程序，以获取有关本期期初存货余额的充分、适当的审计证据。（1）查阅前任注册会计师的工作底稿；（2）审阅上期存货盘点记录及文件；（3）抽查上期存货交易记录；（4）运用毛利百分比法进行比较分析。

8.关注由于各种原因无法监盘的存货

如果由于被审计单位存货的性质（如存货涉及保密问题，存货系危害性物质）或位置（如在途存货）等原因导致无法实施存货监盘，注册会计师应当考虑是否实施替代审计程序，获取有关期末存货数量和状况的充分、适当的审计证据。注册会计师实施的替代审计程序主要包括：（1）检查进货交易凭证或生产记录以及其他相关资料。（2）检查资产负债表日后发生的销货交易凭证。（3）向顾客或供应商函证。

如果因不可预见的因素导致无法在预定日期实施存货监盘（如无法亲临现场，气候因素）或接受委托时被审计单位的期末存货盘点已经完成，注册会计师应当评估存货内部控制的有效性，对存货进行适当检查或提请被审计单位另择日期重新盘点，同时测试在该期间发生的存货交易，以获取有关期末存货数量和状况的充分、适当的审计证据。

【例题 10-4】

基本案情：注册会计师李利在观察被审计单位存货实地盘点时，注意到下列特殊的项目：

（1）产成品储藏室有数台电动马达没有悬挂盘点单。经查询，这些马达属被审计单位的承销品。

（2）验收部门有切片机一台（为被审计单位主要产品之一，盘点单上标明“重做”字样）。

（3）运输部门有一台已装箱的切片机，没有悬挂盘点单，据称该机已售给顺发公司。

（4）一间小型仓库内存有五种布满灰尘的原材料，每种原材料均挂有盘点单，经李利抽点，与盘点单上的记录相符。

分析要求：李利对这些项目应进一步实施哪些审计程序？

答案提示：

（1）承销品的口头凭证应通过下列步骤证实：审查承销品记录、寄销合同和往来信函；向寄销人直接函证等。

（2）从切片机的存放地点和盘点单上的“重做”字样看，可能是退回的货物，应审核验收报告、销售退回和折让通知单、应收账款函证回函等，查明切片机的所有权。如果所有权仍属于顾客，则不应列入被审计单位的存货中。

（3）查阅有关购销协议、结算凭证，查证装箱切片机的所有权，如果销售尚未实现，则应将切片机列入被审计单位存货之中。

（4）应向生产主管查询这些原材料还能否用于生产，如果属于毁损、报废材料，则不应列入被审计单位的存货。

（六）存货监盘结束时的工作

1.再次观察盘点现场并检查盘点表单

在被审计单位存货盘点结束前，注册会计师应当：第一，再次观察盘点现场，以确定所有应纳入盘点范围的存货是否均已盘点；第二，取得并检查已填用、作废及未使用盘点表单的号码记录，确定其是否连续编号，查明已发放的表单是否均已收回，并与存货盘点的汇总记录进行核对。

2.复核盘点结果汇总表

注册会计师应当根据自己在存货监盘中获取的信息对被审计单位最终的存货盘点结果汇总记录进行复核，并评估其是否正确地反映了实际盘点结果。

3.关注盘点日与资产负债表日之间的变动情况

如果存货盘点日不是资产负债表日，注册会计师应当实施适当的审计程序，确定盘点日和资产负债表日之间存货的变动是否已作正确的记录；如果被审计单位采用永续盘存制核算存货，注册会计师应当注意永续盘存制下的期末存货记录与存货盘点结果之间是否有重大差异，如果这两者之间存在重大差异，注册会计师应当通过追加审计程序查明原因，并检查永续盘存记录是否已作适当的调整；如果认为被审计单位的盘点方式及结果无效，注册会计师应当提请被审计单位重新盘点。

四、存货监盘结果对审计报告的影响

注册会计师应当根据已获取的审计证据，形成有关期末存货数量和状况的审计结论，并确定对审计报告的影响。如果无法实施存货监盘，也无法实施替代审计程序以获取有关期末存货数量和状况的充分、适当的审计证据，注册会计师应当根据其重要程度，发表保留意见或无法表示意见；如果通过实施存货监盘发现被审计单位财务报表存在重大错报，而且被审计单位拒绝调整，注册会计师应当根据其重要程度，发表保留意见或否定意见；如果注册会计师首次接受委托，未能获取有关本期期初存货余额的充分、适当的审计证据，注册会计师应当根据其重要程度，发表保留意见或无法表示意见。

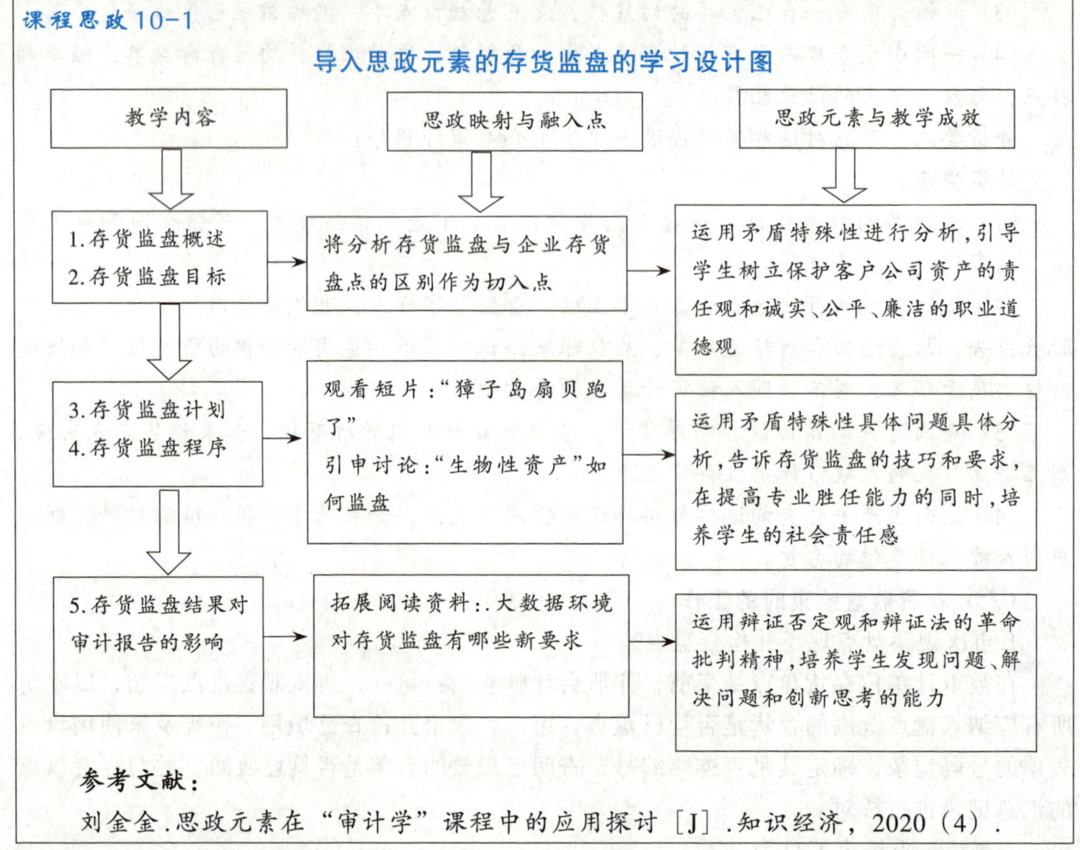

参考文献：

刘金金.思政元素在"审计学"课程中的应用探讨［J］.知识经济，2020（4）.

五、存货截止测试

（一）存货截止测试的含义

截止测试的目的是确定有关存货的交易计入了合理的会计期间。所谓存货截止测试，就是检查截止到12月31日购入并已包括在12月31日存货盘点范围内的存货。

存货截止测试包括采购截止测试和销售截止测试。一般而言，若未将年终在途货物列入当年存货盘点范围内，只要相应的负债亦同时记入次年账内，对财务报表的影响就不重要。因此，存货采购截止测试的关键在于检查存货及其对应的会计科目是否一并记入当年财务报表内。存货正确截止的关键在于存货实物纳入盘点范围的时间与存货引起的借贷双方会计科目的入账时间都处于同一会计期间。如果当年12月31日购入货物，并已包括在当年12月31日的实物盘点范围内，而购货发票是次年1月2日才收到，并已记入次年1月份账内，当年12月份账上并无进货和对应的负债记录，这就少记了存货和应付账款；相反，如果在当年12月31日就收到一张购货发票，并记入当年12月份账内，而这张发票所对应的存货实物却在次年1月2日才收到，未包括在当年年底的盘点范围内，这样就有可能虚减本年的利润。对年终存货的销售截止而言，即使被审计单位同时提前或推迟确认收入和相应的资产，也会虚增或虚减当年的收入和资产，因而必须确定所有的销售计入正确的会计期间。

（二）存货截止测试的方法

存货截止测试的主要方法是抽查存货盘点日期前后的购货发票与验收报告（或入库单），档案中的每张发票均附有验收报告（或入库单）。12月底入账的发票如果附有12月31日或之前的验收报告（或入库单），则货物肯定已经入库，并包括在本年的实地盘点存货范围内；如果验收报告日期为1月份，则货物不应列入年底实地盘点存货范围内。反之，如果仅有验收报告（或入库单）而并无购货发票，则应认真审核每一验收报告（或入库单）上面是否加盖暂估入库印章，并以暂估价记入当年存货账内，待次年年初以红字冲销。

存货截止审计的另一种方法是审阅验收部门的业务记录，凡是接近年底（包括次年年初）购入的货物，必须查明其相对应的购货发票是否在同期入账，对于未收到购货发票的入库存货，是否将入库单分开存放并暂估入账。

截止审计完成后，对于发现的错误，应提请被审计单位作必要的账务调整。

六、存货计价测试

监盘程序只能对存货的结存数量予以确认。为验证财务报表上存货余额的准确性，还必须对存货计价进行审计。

（一）测试样本的确定

计价审计的样本，应从存货数量已经盘点、单价和总金额已经计入存货汇总表的结存存货中选择。选择样本时应着重选择结存余额较大且价格变化比较频繁的项目，同时考虑所选样本的代表性。抽样方法一般采用分层抽样法，抽样规模应足以推断总体的情况。

（二）计价方法的确认

存货的计价方法多种多样，企业可结合国家法规要求选择符合自身特点的方法。注册会计师除应了解、掌握企业的存货计价方法外，还应对这种计价方法的合理性与一贯性予以关注，没有足够理由，计价方法在同一会计年度内不得变动。

（三）计价测试

在进行计价审计时，注册会计师首先应对存货价格的组成内容予以审核，然后按照所了解的计价方法对所选择的存货样本进行计价审计。审计时，应排除企业已有计算程序和结果的影响，进行独立审计。待审计结果出来后，应扩大范围继续审计，并根据审计结论作出审计调整。

在存货计价测试中，由于企业对期末存货采用成本与可变现净值孰低的方法计价，所以注册会计师应充分关注企业对存货可变现净值的确定及存货跌价准备的计提。可变现净值是指企业在日常活动过程中，存货的估计售价减去至完工时估计将要发生的成本、估计的销售费用以及相关税费后的金额。存货跌价准备应按单个存货项目的成本与可变现净值计量，如果某些存货与具有类似用途并在同一地区生产和销售的产品系列相关，且实际上难以将其与该产品系列的其他项目区别开来进行估价，可以合并计量成本与可变现净值；对于数量繁多、单价较低的存货，可以按存货类别计量成本与可变现净值。

知识链接 10-1

存货减值的判断依据

存货存在下列情况之一的，通常表明存货的可变现净值低于成本：(1) 该存货的市价持续下跌，并且在可预见的未来无回升的希望；(2) 企业使用该项原材料生产的产品的成本大于产品的销售价格；(3) 企业因产品更新换代，原有库存原材料已不适应新产品的需要，而该原材料的市场价格又低于其账面成本；(4) 因企业所提供的商品或劳务过时或消费者偏好改变而使市场的需求发生变化，导致市场价格逐渐下跌；(5) 其他足以证明该项存货实质上已经发生减值的情形。

资料来源　刘永泽，陈立军．中级财务会计［M］．5版．大连：东北财经大学出版社，2016.

七、与存货相关的重大错报风险和重要性

（一）重大错报风险

存货通常具有较高水平的重大错报风险，影响重大错报风险的因素具体包括：存货数量和种类、成本归集的难易程度、陈旧过时的速度或易损坏程度、遭受失窃的难易程度。由于制造过程和成本归集制度的差异，制造企业的存货与其他企业的存货相比往往具有更高的重大错报风险，使得注册会计师的审计工作更具复杂性。外部因素也会对重大错报风险产生影响。例如，技术进步可能导致某些产品过时，从而导致存货价值更易发生高估。

（二）重要性

根据对存货错报风险的评估结果，注册会计师应当合理确定存货项目审计的重要性水平。

第六节　应付职工薪酬的审计

一、审计目标

职工薪酬是指企业为获得职工提供的服务或解除劳动关系而给予的各种形式的报酬或补偿。职工薪酬包括短期薪酬、离职后福利、辞退福利和其他长期职工福利。企业提供给职工配偶、子女、受赡养人、已故员工遗属及其他受益人等的福利也属于职工薪酬。职工薪酬可以采用现金的形式支付，因而相对于其他业务更容易发生错误或舞弊行为，如虚报冒领、重复支付和贪污等。同时，职工薪酬也是企业成本费用的重要构成项目，所以在审计中便显得十分重要。

应付职工薪酬的审计目标主要包括：(1) 确定资产负债表中记录的应付职工薪酬是否存在；(2) 确定记录的应付职工薪酬是否为被审计单位应履行的支付义务；(3) 确定所有应当记录的应付职工薪酬计提和支出的记录是否完整，计提依据是否合理；(4) 确定应付职工薪酬以恰当的金额包括在财务报表中，与之相关的计价调整已恰当记录；(5) 确定应付职工薪酬的列报是否恰当。

二、审计程序

应付职工薪酬的实质性程序通常包括：

(1) 获取或编制应付职工薪酬明细表，复核加计正确，并与报表数、总账数和明细账

合计数核对是否相符。

（2）对本期职工薪酬执行实质性分析程序。

①检查各月职工薪酬的发生额是否有异常波动，若有，则要求被审计单位予以解释。

【例题 10-5】

基本案情：注册会计师小刘对巨力公司上年“应付职工薪酬”账户进行审查时，发现12月较11月多50 000元，小刘怀疑其中有可能存在虚列职工薪酬或其他问题，故决定作进一步审查。小刘调阅12月份职工薪酬的原始凭证，发现在“职工薪酬结算单”中，食堂人员薪酬48 000元，附食堂负责人收据一张，未具体列明发放工资人员名单。查问食堂负责人时，他供认因本企业业务招待费超支，故财务科长让他领取，并提供了原始凭证。财务科长对此供认不讳。假定该企业适用的所得税税率为25%。

分析要求：假如你是注册会计师小刘，请你结合案情分析该公司存在的问题，并提出处理意见。

答案提示：该公司违反财务制度的规定，利用“应付职工薪酬”账户，隐瞒超支的业务招待费，偷漏所得税税款，应责成该公司调整有关账簿记录。

调整分录如下：

借：以前年度损益调整　　12 000

　贷：应交税费——应交所得税（48 000×25%）　　12 000

②将本期职工薪酬总额与上期进行比较，要求被审计单位解释其增减变动的原因，或取得公司管理层关于职工薪酬水平的决议。

③了解被审计单位本期平均职工人数，计算人均薪酬水平，与上期或同期行业水平进行比较。

④核对下列相互独立部门的相关数据：一是工资部门记录的工资支出与出纳记录的工资支付数；二是工资部门记录的工时与生产部门记录的工时。

⑤比较本期应付职工薪酬余额与上期应付职工薪酬余额，是否有异常变动。

（3）检查本项目的核算内容是否包括工资、奖金、津贴、补贴项目，社会保险费（医疗保险、养老保险、失业保险、工伤保险和生育保险）、住房公积金、工会经费、职工教育经费项目，辞退福利项目，非货币资金福利，以现金与职工结算的股份支付项目等明细项目。

（4）检查职工薪酬的计提：

①检查工资、奖金、津贴和补贴项目。检查计提是否正确，分配方法是否与上期一致。

②社会保险费（包括医疗保险、养老保险、失业保险、工伤保险和生育保险）、住房公积金、工会经费和职工教育经费等计提和支付的会计处理是否正确，依据是否充分。

③检查非货币资金福利项目。

第一，被审计单位以其自产产品或外购商品作为非货币性福利发给职工的，应根据受益对象，将该产品或商品的公允价值计入相关的资产成本或当期损益，同时确认应付职工薪酬。

第二，被审计单位将其拥有的房屋等资产无偿提供给职工使用的，应当根据受益对象，将该住房每期应计提的折旧计入相关资产成本或当期损益，同时确认应付职工薪酬。

第三，被审计单位租赁住房等资产供给职工无偿使用的，应当根据受益对象，将该住房每期应付租金计入相关资产成本或当期损益，同时确认应付职工薪酬。

④检查辞退福利项目，检查每种辞退方式的处理是否符合规定，核算是否及时，会计处理是否正确，原始依据是否充分真实。

⑤检查以现金与职工结算的股份支付项目，检查核算是否及时，会计处理是否正确，原始依据是否充分真实。

（5）审阅应付职工薪酬明细账，抽查应付职工薪酬各明细项目的支付和使用情况，检查是否符合有关规定，是否履行审批程序。

（6）如果被审计单位是实行工效挂钩的，应取得有关主管部门确认的效益工薪发放额的认定证明，结合有关合同文件和实际完成的指标，检查其计提额是否正确。

（7）检查应付职工薪酬期末余额中是否存在拖欠性质的职工薪酬，了解拖欠的原因。

（8）检查被审计单位的辞退福利核算是否符合有关规定。

（9）根据评估的舞弊风险等因素增加的其他审计程序。

（10）验明应付职工薪酬的列报是否恰当。

第七节　其他相关账户的审计

在生产与薪酬循环中，与存货项目相关的账户，除了以上介绍的账户外，还有材料采购、原材料、材料成本差异、周转材料、库存商品、委托加工物资、委托代销商品、受托代销商品等账户。这里介绍一下这些账户的实质性测试的审计程序。

一、材料采购的审计

（1）应获取或编制材料采购明细表，复核加计是否正确，并与总账数、明细账合计数核对是否相符。

（2）检查材料采购：应检查期末材料采购，核对有关凭证，看是否存在不属于材料采购核算的交易或事项；对大额物资采购，追查至相关的购货合同及购货发票，复核采购成本的正确性，并抽查期后入库情况；检查月末转入原材料等科目的会计处理是否正确。

（3）查阅资产负债表日前后若干天内的材料采购增减变动的有关账簿记录和收料报告单等资料，检查有无跨期现象，如有，则应作出记录，必要时作调整。

（4）如采用计划成本核算，则应审核材料采购账项有关材料成本差异发生额的计算处理是否正确。

（5）审核有无长期挂账事项，如有，则应查明原因，必要时应作调整。

（6）根据评估的舞弊风险等因素增加的审计程序。

（7）确定材料采购的列报是否恰当。

【例题10-6】

基本案情：注册会计师小刘审查太极公司“材料采购”明细账时，发现如下记录：

（1）合同规定应由供货单位负担的运杂费12 600元。

（2）因无款承付而支付的罚金2 150元。

（3）新建车间工程购入施工材料的运杂费5 620元。

（4）采购人员差旅费650元。

分析要求：假如你是该注册会计师，请你分析上述业务的会计处理是否正确。

答案提示：以上四项业务的账务处理是不正确的，存在的问题是企业将应记入其他账户和由外单位负担的费用计入了存货采购成本，这样做，混淆了费用支出界限，影响了利润计算的正确性，应予纠正并进行相应的账务调整。

调整分录如下：

借：应付账款	12 600	
营业外支出	2 150	
在建工程	5 620	
管理费用	650	
贷：材料采购		21 020

二、原材料的审计

（1）获取或编制原材料明细表，复核加计是否正确，并与总账数、明细账合计数核对是否相符。

（2）抽查核对明细账是否与仓库台账、卡片记录相符。

（3）进行实质性分析程序，对期末原材料余额与上期期末余额进行比较，解释其波动原因，并对大额异常项目进行调查。

（4）选取代表性样本，抽查原材料明细账数量与盘点记录的原材料数量是否一致，以确定原材料明细账数量的准确性和完整性。第一条路线：从原材料明细账中选取有代表性的样本，与盘点报告单记录的数量核对；第二条路线：从盘点报告单记录中选取有代表性的样本，与原材料明细账进行核对。

（5）检查原材料的入账基础和计价方法是否正确，前后期是否一致：在以实际成本计价条件下，应以样本的单位成本与原材料明细账及购货发票核对；在以计划成本计价条件下，应以样本的单位成本与原材料明细账、原材料成本差异明细账及购货发票核对。

（6）检查发出材料的计价基础，抽查若干月发出材料汇总表的正确性。

（7）根据被审计单位原材料计价方法，抽查年末结存量较大的原材料的计价是否正确。若原材料以计划成本计价，还应检查“材料成本差异”账项发生额、转销额计算是否正确。

（8）审核有无长期挂账原材料事项，如有，则应查明原因，必要时作调整。

（9）审阅资产负债表日前后若干天的原材料增减变动的有关账簿记录和原始凭证，检查有无跨期现象，如有，则应作出记录，必要时作调整。

（10）结合原材料的盘点，检查期末有无料到单未到情况，如有，则应查明是否已暂估入账，其暂估价是否合理。

（11）根据评估的舞弊风险等因素增加的审计程序。

（12）检查原材料的列报是否恰当。

三、周转材料的审计

（1）获取或编制周转材料明细表，复核加计是否正确，并与总账数、明细账合计数核对是否相符，同时抽查核对明细账是否与仓库台账、卡片记录相符。

（2）对周转材料余额实施实质性分析程序，将期末周转材料余额与上期期末余额进行比较，分析其波动原因，并对大额异常项目进行调查。

（3）检查周转材料入库和领用的手续是否齐全，会计处理是否正确。

（4）选取代表性样本，抽查周转材料明细账数量与盘点记录的周转材料数量是否一致，以确定周转材料明细账数量的准确性和完整性。第一条路线：从周转材料明细账中选取有代表性的样本，与盘点报告单记录的数量核对；第二条路线：从盘点报告单记录中选取有代表性的样本，与周转材料明细账的数量核对。

（5）检查周转材料的入账基础和计价方法是否正确，前后期是否一致。

（6）检查发出周转材料的计价基础，抽查若干月发出的周转材料汇总表是否正确。

（7）根据被审计单位的包装物计价方法，抽查期末结存量较大的包装物的计价是否正确，若包装物以计划成本计价，还应检查“材料成本差异”账项发生额、转销额计算是否正确。

（8）审核有无长期挂账周转材料，如有，则应查明原因，必要时作调整。

（9）查阅资产负债表日前后若干天的周转材料增减变动的有关账簿记录和原始凭证，检查有无跨期现象，如有，则应作出记录，必要时作调整。

（10）结合周转材料的盘点，检查期末有无料到单未到情况，如有，则应查明是否已暂估入账，其暂估价是否合理。

（11）检查出租、出借周转材料的会计处理是否正确。

（12）检查周转材料的转销或摊销方法是否符合企业会计准则的规定，前后期是否一致：包装物和低值易耗品，应当采用一次转销法或者五五摊销法进行摊销；钢模板、木模板、脚手架和其他周转材料等，可以采用一次转销法、五五摊销法或者分次摊销法进行摊销。

（13）根据评估的舞弊风险等因素增加的审计程序。

（14）确定周转材料的列报是否恰当。

四、材料成本差异的审计

（1）获取或编制材料成本差异明细表，复核加计是否正确，并与总账数、明细账合计数核对是否相符。

（2）对每月材料成本差异率实行实质性分析程序，检查是否有异常波动，注意是否存在调节成本现象。

（3）结合以计划成本计价的原材料、包装物等入账基础测试，检查材料成本差异的发生是否正确。

（4）抽查若干月发出材料汇总表，检查材料成本差异的分配是否正确，并注意分配方法前后期是否一致。

（5）根据评估的舞弊风险等因素增加的审计程序。

（6）验明材料成本差异的列报是否恰当。

五、库存商品的审计

（1）获取或编制库存商品明细表，复核加计是否正确，并与总账数、明细账合计数核对是否相符；同时与仓库台账、卡片抽查核对是否相符。

(2) 执行实质性分析程序。编制本期库存商品增减变动表，分析其变动规律，并与上期比较，如果存在差异，分析原因；对主要库存商品本期内各月间及上期的单位成本进行比较，分析其波动原因，对异常项目进行调查并记录。

(3) 选取代表性样本，抽查库存商品明细账数量与盘点记录的库存商品数量是否一致，以确定库存商品明细账数量的准确性和完整性。第一条路线：从库存商品明细账中选取有代表性的样本，与盘点报告单记录的数量核对；第二条路线：从盘点报告单记录中选取有代表性的样本，与库存商品明细账的数量核对。

(4) 查核库存商品的计价方法，检查其前后期是否一致；对自制商品、产品等，在实际成本计价条件下，应以样本的单位成本与库存商品明细账及成本计算单核对；在计划成本计价条件下，应以样本的单位成本与库存商品明细账、商品成本明细账及成本计算单核对。

(5) 对于通过非货币性资产交换、债务重组、企业合并以及接受捐赠取得的库存商品，检查其入账的有关依据是否真实、完备，入账价值和会计处理是否符合相关规定。

(6) 检查投资者投入的库存商品是否按照投资合同或协议约定的价值入账，并同时检查约定的价值是否公允，交接手续是否齐全。

(7) 抽查库存商品入库单，核对库存商品的品种、数量与入账记录是否一致，并检查入库库存商品的实际成本是否与“生产成本”科目的结转额相符。

(8) 抽查库存商品的发出凭证，核对转出库存商品的品种、数量和实际成本与“主营业务成本”是否相符。

(9) 审阅库存商品明细账，检查有无长期挂账库存商品事项，如有，则应查明原因，必要时作调整。

(10) 查阅资产负债表日前后若干天的库存商品增减变动记录和原始凭证，检查有无跨期现象，如有，则应作出记录，必要时作调整。

(11) 根据评估的舞弊风险等因素增加的审计程序。

(12) 验明库存商品的列报是否恰当。

六、委托加工物资的审计

(1) 获取或编制委托加工物资明细账，复核加计是否正确，并与总账数、明细账合计数核对是否相符。

(2) 检查若干份委托加工业务合同，抽查有关发料凭证、加工费、运费结算凭证，核对其计费、计价是否正确，会计处理是否及时、正确。

(3) 抽查加工完成物资的验收入库手续是否齐全，会计处理是否正确。

(4) 现场查看或函证核实委托加工物资的期末余额。

(5) 审核有无长期挂账的委托加工物资事项，如有，则查明原因，必要时作调整。

(6) 根据评估的舞弊风险等因素增加的审计程序。

(7) 确定委托加工物资的列报是否恰当。

七、商品进销差价的审计

(1) 获取或编制商品进销差价明细表，复核加计是否正确，并与总账数、明细账合计数核对是否相符。

(2) 对本期内各月间的商品进销差价率进行分析性复核，检查是否存在异常波动，计算方法前后期是否一致，是否存在调节成本的现象。

(3) 结合以售价核算的库存商品入账基础的测试，检查商品进销差价的发生额是否正确。

(4) 抽查月度商品发出汇总表，检查商品进销差价是否按月分摊，使用的差价率是否系当月差价率，并注意分配方法前后期是否一致。

(5) 检查库存商品发生盈余或损失时，商品进销差价及增值税进项税的会计处理方法是否正确。

(6) 检查被审计单位是否在年度终了对商品进销差价进行核实调整。

(7) 根据评估的舞弊风险等因素增加的审计程序。

(8) 确定商品进销差价的列报是否恰当。

八、发出商品的审计

(1) 获取或编制发出商品明细表，复核加计是否正确，并与总账数、明细账合计数核对是否相符。

(2) 执行实质性分析程序。编制本期发出商品增减变动表，分析其变动规律，并与上期比较，如果存在差异，分析原因；对主要发出商品本期内各月间及上期的单位成本进行比较，分析其波动原因，对异常项目进行调查并记录。

(3) 了解被审计单位对发出商品结转的计价方法，并抽取主要发出商品检查其计算是否正确；若发出商品以计划成本计价，还应检查产品成本差异发生和结转金额是否正确。

(4) 编制本期发出商品汇总表，与相关科目勾稽核对，并抽查复核月度发出汇总表的正确性。

(5) 函证核实发出商品期末余额。

(6) 检查发出商品退回的会计处理是否正确。

(7) 审阅发出商品明细账，检查有无长期挂账发出商品事项，如有，则查明原因，必要时提出调整建议。

(8) 查阅资产负债表日前后若干天的发出商品增减变动记录和原始凭证，检查有无跨期现象，如有，则应作出记录，必要时作调整。

(9) 根据评估的舞弊风险等因素增加的审计程序。

(10) 确定发出商品的列报是否恰当。

九、存货跌价准备的审计

存货跌价准备审计的目标是：确定存货跌价准备的发生是否真实，转销是否合理；确定存货跌价准备发生和转销的记录是否完整；确定存货跌价准备的期末余额是否正确；确定存货跌价准备的列报是否恰当。其审计程序通常包括：

(1) 获取或编制存货跌价准备明细表，复核加计是否正确，并与总账数、明细账合计数核对是否相符。

(2) 获取被审计单位本期存货跌价准备计提和存货转销的相关资料，取得书面报告、销售合同或劳务合同等证明文件。

（3）评价存货跌价准备的计提依据和计提方法是否合理，是否充分考虑了相关因素。

（4）将本期实际损失发生数和上期存货跌价准备的余额进行比较，评价上期存货跌价准备计提的合理性。

（5）如果被审计单位出售或核销已经计提跌价准备的存货，应检查相应的跌价准备的会计处理是否正确。

（6）对于已计提跌价准备的存货价值又得以恢复的，检查是否在原已计提的跌价准备的范围内转回，依据是否充分，并记录转回金额。

（7）检查被审计单位是否于期末对存货进行了检查分析，存货跌价准备的计算和会计处理是否正确。

（8）根据评估的舞弊风险等因素增加的审计程序。

（9）确定存货跌价准备在财务报表上的列报是否恰当。

案例分析10-1

道提斯食品有限公司的审计案例

一、道提斯食品公司情况简介与问题症结

20世纪70年代末，那斯温特供职于道提斯食品公司，其总部设在美国弗吉尼亚州的朴次茅斯。这位雄心勃勃的年轻销售员，以其努力工作的状态及奉献精神，给他的上司留下深刻印象。不久，他被提拔为格雷温斯分部的总经理，并加薪近一倍。格雷温斯分部是一个储货中心，专门负责批发冰冻食品给东海岸的零售商。

那斯温特很快发现，经营大规模批发比一般零售更复杂，而且压力更大。他升职后不久，该分部便因业绩不佳受到总部批评。之后，那斯温特又因未能实现目标利润而备受指责。事实上，他认为，这些目标利润是相当不切实际的。最后，他决定自己来解决这些问题。其作弊手段主要有：（1）在年度实有存货报告书中混入3页虚假存货项目登记表。（2）那斯温特更改了很多存货项目的计量单位。例如，存货项目登记表中某产品15盒改成15箱。（3）1981年，该公司引进了存货电算化系统。这使得那斯温特每次造假更为简单，他只需在存货日记账上输入一笔虚构的存货即可。简言之，他在上报总部的月度业绩报告中虚增存货，并通过提高月末存货余额来降低公司产品销售成本，从而提高了毛利。道提斯食品公司1980年和1981年的合并收益因此而虚增了15%和39%。

二、格特曼会计师事务所的审计经过

1980—1981年，道提斯食品公司均由格特曼会计师事务所审计。韦森是一位资深的注册会计师，并于1981年提升为合伙人，他担任了审计道提斯公司的签约人。道提斯公司审计业务由法莱克·波拉主持。在道提斯公司主管部门向美国证券交易委员会（SEC）披露那斯温特舞弊行为后，政府机构便着手调查1980年及1981年格特曼会计师事务所对道提斯公司审计情况。SEC批评了韦森及波拉在审计工作中的失职行为，尤其是对他们没有严格地审核该公司的存货账户深表不满。SEC始终认为：（1）应把道提斯公司的存货项目视为高风险账户。因此，韦森及波拉在那两年对该公司的存货审计时，应采取不同于常规程序的详查方法。这是因为：第一，存货在道提斯公司资产负债表中是最大的主干科目，其金额约占总资产的40%；第二，韦森和波拉都清楚地知道，道提斯公司

（特别是格雷温斯分部）的存货内部控制制度，存在很多薄弱环节，而这些薄弱环节会使利用存货舞弊的可能性增加。最后，SEC指出，在1980—1981年期间，格雷温斯分部的存货余额大量增加，使得该分部的存货周转率大大低于正常水平。（2）注册会计师实地盘点时马马虎虎，不能勤勉尽职。审计人员在格雷温斯分部的冷库里清点存货时都不愿待在冷库里——那里的确太冷了。（3）不重视对存货盘点差异的追查。1981年，负责存货盘点的注册会计师发现存货登记表上的数目与计算机打印出来的年末存货余额不符，他通知韦森并要求他作出解释，并给那斯温特写了一份备忘录。但那斯温特没有解释，而波特在复核工作底稿时也没有关注监盘人员对存货差异提出的疑虑。（4）格特曼会计师事务所审计人员的工作态度并不值得赞赏。那斯温特证实自己经常要为存货短缺和转移存货编造各种各样的借口，而审计人员显然从不证实这些借口的真伪。

三、审计案例的处理

由于韦森和波拉在道提斯案中的失职行为，SEC责成他们必须在今后的工作中修完几门专业课程，并且要求他们在以后出具审计报告时，应受同级别的注册会计师的监督，以确定其是否运用了恰当的审计程序。因为是韦森及波拉个人没有执行格特曼会计师事务所的质量控制标准才引发此案，所以SEC没有制裁格特曼会计师事务所。1983年，道提斯公司解聘了格特曼会计师事务所，转而聘请普华会计师事务所。为逃避惩罚，那斯温特签署了一份保证书。在保证书中，他既没有承认也未否认SEC的指控，但他承诺以后不会触犯联邦证券的相关法规。据报道，他后来受雇于道提斯公司的竞争对手。

分析要求：

（1）那斯温特在存货方面进行舞弊的动机是什么？

（2）什么审计程序可以防止道提斯食品公司虚增存货？具体如何操作？

（3）该案例对我国注册会计师行业有哪些启示与教训？

资料来源　颜晓燕，朱清贞，陈福庭．注册会计师审计经典案例教程［M］．北京：清华大学出版社，2010.

本章小结

生产与薪酬循环的特性主要包括生产与薪酬循环中的主要业务活动和生产与薪酬循环所涉及的主要凭证和账户两部分内容。

若以控制目标为起点，生产循环内部控制测试对职责分离、授权审批、成本核算、存货余额的正确性等关键控制点进行控制测试。薪酬循环内部控制测试主要对职责分离、人事管理、考勤记录、工薪单审核、工薪发放、记录和分配工薪费用等关键控制点进行控制测试。注册会计师也可以选择以风险为起点的控制测试。

存货成本实质性测试包括生产成本实质性测试、主营业务成本实质性程序。

存货的监盘是注册会计师在对存货进行实质性测试中必须采用的步骤。监盘步骤主要包括制订存货监盘计划、确定存货监盘程序等工作。存货截止测试的主要方法是抽查存货盘点日期前后的购货发票与验收报告，其次是审阅验收部门的业务记录。存货计价审计首先要求注册会计师应对存货价格的组成内容予以审核，然后按照所了解的计价方法对所选择的存货样本进行计价审计。

应付职工薪酬的实质性测试程序包括获取或编制应付职工薪酬明细表、执行分析性程序、检查职工薪酬的计提与分配方法是否正确、验明应付职工薪酬的列报是否恰当。

在生产与薪酬循环审计中还介绍了材料采购、原材料、周转材料、材料成本差异、库存商品、委托加工物资、发出商品、商品进销差价、受托代销商品款、存货跌价准备等账户的实质性测试程序。

主要概念

生产循环　薪酬循环　分析程序　截止测试　存货监盘　计价测试

关键思考题

1.如何进行生产循环的重大错报风险评估?

2.如何进行生产成本和主营业务成本的审计?

3.存货监盘是观察、询问和实物检查工作的集合程序，请具体说明。

4.存货正确截止的关键是什么?如何进行存货的截止测试?

5.应付职工薪酬审计要点有哪些?

6.存货的计价测试的主要程序包括哪些?

第十一章

筹资与投资循环审计

学习目标

☆知识目标

识别筹资与投资业务循环相关的会计凭证、账户、主要业务活动；

了解投资循环相关的潜在错报风险；

掌握筹资与投资循环中的控制要点及控制测试；

掌握银行借款、所有者权益项目及投资项目的实质性程序。

☆技能目标

训练对银行借款、股本（或实收资本）、资本公积及交易性金融资产、财务费用等账户的错账识别。

第一节　筹资与投资循环业务特性

筹资与投资循环审计的总目标是评价该循环各项目余额是否公允表达。筹资与投资循环中所涉及的资产负债表项目主要有：交易性金融资产、应收股利、应收利息、债权投资、其他债权投资、长期股权投资、其他权益工具投资、投资性房地产、短期借款、交易性金融负债、应付利息、应付股利、其他应付款、预计负债、长期借款、应付债券、股本（或实收资本）、其他权益工具、资本公积、其他综合收益、盈余公积、未分配利润。筹资与投资循环中所涉及的利润表项目主要有：财务费用、投资收益、营业外收入、营业外支出、所得税费用等。本章实质性测试部分将有代表性地重点阐述短期借款、长期借款、应付债券、股本（或实收资本）、资本公积、交易性金融资产、长期股权投资、投资收益、财务费用、营业外收入、营业外支出、所得税费用等项目。

筹资与投资循环由筹资活动和投资活动的交易事项构成。筹资活动是指企业为满足生存和发展的需要，通过改变企业资本及债务的规模和构成而筹集资金的活动。筹资活动主要由借款交易和股东权益（所有者权益）交易组成。投资活动是指企业为享有被投资单位分配的利润，或为谋求其他利益，将资产让渡给其他单位而获得另一项资产的活动。

筹资与投资循环的特性主要包括三部分内容：一是本循环的特点；二是本循环中的主要业务活动；三是本循环所涉及的主要凭证和账户。

一、筹资与投资循环的特点

（1）审计年度内筹资与投资循环的交易数量较少，而每笔交易的金额通常较大。

（2）漏记或不恰当地对一笔业务进行会计处理，将会导致重大错误，从而对企业财务报表的公允反映产生较大的影响。

（3）筹资与投资循环交易必须遵守国家法律法规和相关契约的规定。

二、筹资与投资循环中的主要业务活动

（一）筹资所涉及的主要业务活动

（1）审批授权。企业筹集资金必须经管理当局的审批，其中债券的发行每次均要由董事会授权；企业发行股票必须依据国家有关法规和企业章程的规定，并报经企业最高权力机构（如董事会或股东大会）及国家有关管理部门审批。

（2）签订合同或协议。企业公开发行债券或股票，必须同证券公司签订债券承销或包销合同或协议，企业向银行或其他金融机构融资须签订借款合同。

（3）取得资金。企业取得银行或其他金融机构划入的融资款项。

（4）计算利息或股利。企业应按照有关合同或协议的规定，及时计算利息或股利。

（5）偿还本息或发放股利。银行借款或债券应按照有关合同或协议的规定偿还本息，融入的股本根据董事会提议和股东大会的决议发放股利。

（二）投资所涉及的主要业务活动

（1）审批授权。投资业务应由企业的高层管理机构进行审批。

（2）取得证券或其他投资。企业可以通过购买股票或债券进行投资，也可以通过与其他单位联营形成投资。

（3）取得投资收益。企业可以取得股权投资的股利收入、债券投资的利息收入和其他投资收益。

（4）转让证券或收回其他投资。企业可以通过转让证券实现投资的收回，其他投资如已经投出，除联营合同期满，或由于其他特殊原因联营企业解散外，一般不得抽回投资。

三、筹资与投资活动所涉及的主要凭证和会计记录

（一）筹资活动涉及的主要凭证和会计记录

筹资活动涉及的主要凭证和会计记录包括：

（1）债券。债券是公司依据法定程序发行、约定在一定期限内还本付息的有价证券。

（2）股票。股票是公司签发的证明股东所持股份的凭证。

（3）债券契约。债券契约是一张明确债券持有人与发行企业双方所拥有的权利与义务的法律性文件。其内容通常包括：债券发行的标准；债券的明确表述；利息或利息率；受托管理认证书；登记和背书；抵押债券所担保的财产；债券发生拖欠情况如何处理；对偿债基金、利息支付、本金偿还等的处理。通过审查债券契约，注册会计师可了解被审计单位有无违反有关的法律规定。

（4）股东名册。股东名册对于记名股票和无记名股票记载的内容不同。发行记名股票应记载的内容一般包括股东姓名或名称及住所、各股东所持股份数、各股东所持股票的编

号、各股东取得其股份的日期；发行无记名股票的，公司应记载其股票数量、编号及发行日期。

（5）公司债券存根簿。发行记名公司债券的公司应记载的内容一般包括：债券持有人的姓名或名称及住所，债券持有人取得债券的日期及债券的编号，债券总额、债券的票面金额、债券的利率、债券还本付息的期限和方式，债券的发行日期；发行无记名债券的，公司应记载债券总额、利率、偿还期限和方式、发行日期和债券编号。

（6）承销或包销协议。公司向社会公开发行股票或债券时，应由依法设立的证券公司承销或包销，公司应与证券公司签订承销或包销协议。

（7）借款合同或协议。公司在向银行或其他非银行金融机构借入款项时，与其签订的合同或协议。

（8）有关记账凭证。

（9）有关会计科目的明细账和总账。

（二）投资活动涉及的主要凭证和会计记录

投资活动涉及的主要凭证和会计记录包括：（1）股票或债券；（2）股票或债券登记簿；（3）经纪人通知单；（4）债券契约；（5）企业的章程及有关的协议；（6）投资协议；（7）有关的记账凭证；（8）有关会计科目的明细账和总账。

筹资与投资活动涉及的凭证与会计记录见表11-1。

表11-1　筹资与投资活动涉及的凭证与会计记录

序号	筹资活动	投资活动
1	债券或股票	债券或股票
2	债券契约	债券契约
3	股东名册	经纪人通知书
4	公司债券存根簿	企业合同及章程
5	承销或包销协议	投资协议
6	借款合同或协议	有关记账凭证
7	有关记账凭证	有关会计科目的明细账和总账
8	有关会计科目的明细账和总账	

第二节　重大错报风险评估和控制测试

一、评估筹资与投资业务的重大错报风险

（一）评估筹资业务的重大错报风险

注册会计师应当在了解被审计单位的基础上考虑影响筹资交易的重大错报风险。并对被审计单位业务中可能出现的特别风险保持警惕。考虑到严格的监管环境和董事会针对筹资计划的严格控制，除非注册会计师对管理层的诚信产生疑虑，否则重大错报风险一般应当评估为低水平。但以下两种情况注册会计师应格外注意：（1）企业会计准则以及监管法

规对借款和权益的披露要求，可能引起完整性、计价和分摊、列报认定的潜在重大错报风险。(2) 如果被审计单位是国际资本市场上的大型公众公司，其股票在国内和国外同时上市，其他国家的法律法规的复杂性可能影响到注册会计师对重大错报风险的评估。在这种情况下，企业可能从国外获得借款，从而应当在利润表中确认汇兑损益。这种情况下的筹资交易和余额重大错报风险可能评估为中到高水平，存在完整性和计价认定风险以及未记录负债和或有负债的风险。

(二) 评估投资业务的重大错报风险

在实施控制测试和实质性程序之前，注册会计师需要结合对投资循环中的业务流程和相关控制的了解，考虑该循环中发生错报的可能性以及潜在错报的重大程度，评估认定层次的重大错报风险，为设计和实施进一步审计程序提供基础。为便于注册会计师对被审计单位经营活动中可能发生的重大错报风险保持警觉，本教材对投资循环的重大错报风险评估进行阐述。详见以下二维码中的相关内容。

投资循环的重大错报风险的评估

二、筹资循环内部控制及其测试

(一) 筹资循环内部控制

1.筹资的授权审批控制

一般董事会都事先授权财务经理编制筹资计划，由董事会审批。对于债务筹资，无论是贷款、交易还是结算发生的债务，总有一定的经济业务根据，协议、合同、凭证或有关文件只有经过有关主管人员批准后，才能据以执行业务活动；对于权益筹资，无论是最初的资本投入，还是以后的增资、减资、转让及企业在经营结束或破产清算时的结算、分配、归还资本金，以及形成资本公积、提取盈余公积及分配股利等业务，都必须经过企业最高权力机构审核与授权，方可办理。

2.筹资循环的职务分离控制

职责分工、明确责任是筹资循环内部控制的重要手段，筹资业务中应职务分离的包括：

(1) 筹资计划编制人与审批人适当分离，以利于审批人从独立的立场来评判计划的优劣。

(2) 经办人员不能接触会计记录，通常由独立的机构代理发行债券和股票。

(3) 会计记录人员同负责收、付款的人员相分离，有条件的应聘请独立的机构负责支付业务。

(4) 证券保管人员同会计记录人员分离。

3.筹资收入款项的控制

筹资金额大，最好委托独立的代理机构代为发行。因为代理机构本身所负有的法律责任、客观立场，既从外部协助了企业内部控制的有效执行，也从客观、公正的角度证实了公司会计记录的可信性，防止以筹资业务为名进行不正当活动或者以伪造会计记录来掩盖不正当活动的事项发生。

4.还本付息、支付股利等付出款项的控制

无论是何种筹资形式，都面临支付款项的问题，主要是利息的支付或股利的发放。由于企业债券受息人社会化的特征，企业可开出单张支票，委托有关代理机构代发，从而减少支票签发次数，降低舞弊可能。除此之外，应定期核对利息支付清单和开出支票总额。股利发放，要以董事会有关发放股利的决议文件为依据。对于无法递交的支付利息或股利的支票要及时注销或加盖作废标记。另外，对各种费用的开支，要核查金额是否正确、依据是否真实有效，尽量避免支付不合理的费用。

5.实物保管的控制

债券和股票都应设立相应的筹资登记簿，详细登记核准已发行的债券和股票的有关事项，如签发日期、到期日期、支付方式、支付利率、当时市场利率、金额等。登记的同时应对不同的筹资项目进行编号，对于增资配股更要详细登记，可以备注充分说明。相应的未发行的债券应加强保管，并定期盘点，定期核对筹资登记簿的记录与清点、盘点记录，以及银行或受托公司的相关记录。对于已收回的债券要及时注销或盖章作废，防止被不合法地多次使用。

6.会计记录的控制

如前所述，筹资业务的会计处理较复杂，因此会计记录的控制就十分重要，必须保证及时地按正确的金额、合理的方法，在适当的账户和合理的会计期间予以正确记录。对债券的溢价、折价，应选用实际利率法进行摊销；对发行在外的股票要设置股东明细账加以控制；利息、股利的支付必须计算正确后记入对应账户；对未领利息、股利也必须全面反映，单独列示。

小思考11-1

某注册会计师正对甲公司的非流动负债项目相关的内部控制制度进行研究和评价，发现甲公司将所有的应付公司债券委托某家大银行处理。这种管理应付债券的方式对内部控制有何影响?

提示：由于该家银行并不经营甲公司的资产和会计记录，保管并处理应付债券的有关事宜的职责同授权买卖、会计处理等职责可以明确分开。同时，该银行为大的金融机构，本身对自己的行为负责，因而强化了应付公司债券的内部控制，使公司债券发行、付息或赎回的错误、舞弊减少到最低限度。

（二）筹资循环内部控制测试

测试筹资循环的内部控制是在了解内部控制要点后，测试其执行是否有效，从而最终对筹资循环的内部控制作出评价。其常用的控制测试程序是：索取借款或发行股票的授权批准文件，检查权限是否恰当，手续是否齐全；查看借款合同或协议、债券契约、承销或包销协议；观察并描述筹资业务的职责分工，了解债券持有人明细资料的保管制度，检查被审计单位是否与总账或外部机构核对；抽查筹资业务的会计记录，从明细账抽取部分会计记录，按原始凭证到明细账、总账的顺序核对有关数据和情况，判断其会计处理过程是否合规完整。

具体来说，对筹资循环内部控制的测试应确定以下事项：(1) 筹资活动是否经过授权批准。(2) 筹资活动的授权、执行、记录、实物保管等是否严格分工。(3) 筹资活动是否建立了严密的账簿体系和记录制度，并定期检查。

三、投资循环内部控制及其测试

（一） 投资循环内部控制

1.投资计划的审批授权控制

投资必须编制投资计划，详细说明准备投资的对象、投资目的、影响投资收益的风险。投资计划在执行前必须经严格审核，审查的内容主要有：证券市场的估价是否合理；投资收益的估算是否正确；投资的理由是否恰当；计划购入的证券能否达到投资目的等。所有投资计划及其审批应当用书面文件予以记录。

2.投资业务的职责分工控制

合法的投资业务应在业务的授权、业务的执行、会计记录以及资产的保管方面等都有明确的分工，不得由一人同时负责上述任何两项工作。例如，长期投资业务在企业高层管理机构核准后，可由高层负责人员授权签批，由财务经理办理具体的股票或债券的买卖业务，由会计部门负责进行会计记录和账务处理，并由专人负责保管股票或债券。这种合理的职责分工所形成的相互牵制机制，有利于避免或减少投资业务中发生的错误或舞弊的可能性。

3.投资资产的安全保护控制

企业对投资资产（指股票和债券）一般有两种保管方式：一种是由独立的专门机构保管，如企业在拥有数额较大的投资资产的情况下，委托银行、证券公司、信托投资公司等进行保管。这些机构拥有专门的保存和防护措施，可以防止各种证券及单据的失窃或毁损，并且由于它们与投资业务的会计记录工作是完全分离的，可以大大降低舞弊的可能性。另一种是由企业自行保管。在这种方式下，必须建立严格的相互牵制制度，即至少要由两名人员共同控制，不得一人单独接触证券。对于任何证券的存入或取出，要将证券名称、数量、价值及存取的日期、数量等详细记录于证券登记簿内，并由在场经手人员签名。

除无记名证券外，企业在购入股票或债券时应在购入的当日尽快登记于企业名下，切忌登记于经办人员名下，防止冒名转移并借其他名义牟取私利的舞弊行为的发生。对于企业所拥有的长期投资资产，应由专门人员进行定期盘点，检查是否为企业所拥有，并将盘点记录与账面记录相互核对以确认账实的一致性。

4.投资业务会计记录控制

对于股票或债券类投资，无论是企业自行保管的还是由他人保管的，都要进行完整的会计记录，并对其增减变动及投资收益的实现情况进行相关会计核算。具体而言，应对每一种股票或债券分别设立明细分类账，并详细记录其名称、面值、证书编号、数量、取得日期、经纪人（证券商）名称、购入成本、收取的股息或利息等。对于联营投资类的其他投资也应该设置明细分类账，核算其他投资的投出及其投资收益和投资收回等业务，并对投资的形式（如流动资产、固定资产、无形资产等）、投向（即接受投资单位）、投资的计价以及投资收益等进行详细的记录。

5.投资效益监控

对于交易性金融资产，因为主要是购买有价证券，所以对投资效益的监控就是及时掌握证券市场的行情变动，或者由投资管理部门、财务部门进行该项控制。对于长期投资，如以非证券购买方式投资，则应对接受投资方行使所有权进行监督，如以证券购买方式投资，则应对证券市场行情和投资的使用情况进行控制。

（二）投资循环控制测试

对投资循环的控制测试，常用的控制测试程序有：索取投资的授权批准文件，检查权限是否恰当，手续是否齐全；索取投资合同或协议，检查其是否合理有效；索取被投资单位的投资证明，检查其是否合理有效；观察并描述投资业务的职责分工，了解证券资产的保管制度，检查被审计单位自行保管时，存取证券是否进行详细的记录并由所有经手人员签字；了解企业是否定期进行证券投资资产的盘点，审阅盘点报告，检查盘点方法是否恰当，盘点结果与会计记录核对情况以及出现差异的处理是否合规；抽查投资业务的会计记录，从明细账抽查部分会计记录，按原始凭证到明细账、总账的顺序核对有关数据和情况，判断其会计处理过程是否合规完整。

具体来说，对投资循环内部控制的测试应确定以下事项：（1）投资项目是否经授权批准；（2）投资项目的授权、执行、保管和记录是否严格分工；（3）有无健全的有价证券保管制度；（4）有关的核算方式是否符合有关会计准则的规定，相关的投资收益会计处理是否正确；（5）是否对投资效益进行适当的监控。

【例题11-1】

基本案情：

（1）A公司建立了投资预算管理制度，每年年末，投资管理经理甲制定下一年度投资预算，列明拟投资对象、投资规模、投资目的、预计投资收益等，经预算管理部门审批后，报总经理和董事会审批。

（2）投资管理员乙根据经批准的年度投资预算，就拟投资项目进行可行性研究，组织专家论证、编制可行性研究报告。经投资管理经理甲、财务经理丙复核后，交总经理批准后执行。

（3）根据经批准的可行性研究报告，投资管理员乙编写投资计划书并草拟投资合同，与被投资单位进行讨论。

（4）依据投资合同及投资计划书，投资管理员乙填写长期投资付款申请单，由投资管理经理甲签字审批。投资记账员丁根据经批准的长期投资付款申请单，编制付款凭证，并附相关单证，提交会计主管戊审批。

（5）在完成对付款凭证及相关单证的复核后，会计主管戊在付款凭证上签字，作为复核证据，并在所有单证上加盖“核销”印戳。

（6）投资记账员丁根据经复核无误的付款凭证办理付款，并及时登记银行存款日记账。

（7）投资成立后，投资管理员乙将整套投资文件，包括投资预算、可行性研究报告、投资批准文件、被投资公司工商登记资料、出资证明书、公司章程等复印备案，将原件交给档案管理员己保管。

分析要求：根据以上内部控制的描述，找出缺陷并说明理由。

答案提示：

(1)“经投资管理经理甲、财务经理丙复核后，交总经理批准后执行”存在缺陷。理由：对总经理审批权限没设上限，超过部分应由董事会审批。

(2)“投资管理员乙编写投资计划书并草拟投资合同”存在缺陷。理由：应由投资管理经理甲来编写投资计划书，草拟投资合同。

(3)“投资管理员乙填写长期投资付款申请单，由投资管理经理甲签字审批”存在缺陷。理由：应由总经理审批。

(4)“投资记账员丁根据经复核无误的付款凭证办理付款，并及时登记银行存款日记账”存在缺陷。理由：应由出纳员根据经复核无误的付款凭证办理付款，并及时登记银行存款日记账。

资料来源　中华会计网校．经典题解——审计［M］．北京：中国财政经济出版社，2010.

第三节　借款的审计

一、审计目标

借款是企业承担的一项经济义务，是企业的负债项目。本节的内容包括短期借款、长期借款和应付债券。在一般情况下，被审计单位不会高估负债，因为这样于自身不利，且难以与债权人的会计记录相互印证；除少数情况外，负债的金额都是真实的。为了正确反映企业的财务状况和经营成果，必须将企业的负债完整地列示在资产负债表中，并正确地予以计价。注册会计师对于负债项目的审计，主要是防止企业低估债务。低估债务经常伴随着低估成本费用，从而达到高估利润的目的。因此，低估债务不仅影响财务状况的反映，而且还会极大地影响企业财务成果的反映。所以，注册会计师在执行借款业务审计时，应将被审计单位是否低估借款作为一个关注的要点。

(1) 确定被审计单位在特定期间内发生的借款业务是否均已记录完毕，有无遗漏。

(2) 确定被审计单位所记录的借款在特定期间是否确实存在，是否为被审计单位所承担。

(3) 确定被审计单位所有借款是否以恰当的金额显示在财务报表中，而且与之相关的计价调整已经恰当记录。

(4) 确定被审计单位各项借款的发生是否符合有关法律的规定，被审计单位是否遵守了有关债务契约的规定。

(5) 确定被审计单位借款余额在有关财务报表上的列报是否恰当。

二、借款的实质性程序

(一) 短期借款的实质性程序

短期借款是指企业向银行或其他金融机构借入的偿还期限在一年以内（含一年）的各种借款。一般而言，短期借款的实质性程序主要包括：

(1) 获取或编制短期借款明细表。注册会计师应首先获取或编制短期借款明细表，复核其加计数是否正确，并与报表数、总账数和明细账合计数核对是否相符。

（2）执行分析性程序。注册会计师可以将相关比率计算的结果同以前年度的结果和预算值相比较，也可将其与行业数据相比较，如发现异常波动，应作进一步的调查。

小资料 11-1

负债分析性程序常用比率见表11-2。

表 11-2 负债分析性程序常用比率

比率	计算公式
1.负债与资产总额比	负债总额/资产总额
2.已获利息倍数	营业利润(息税前利润)/公司债利息费用
3.利息费用与负债比	利息费用/平均债务

资料来源 朱容恩. 筹资与投资业务循环审计［M］. 北京：中国时代经济出版社，2004.

（3）函证短期借款的实有数。注册会计师应在期末短期借款余额较大或认为必要时向银行或其他债权人函证短期借款。

（4）检查短期借款的增加。对年度内增加的短期借款，注册会计师应检查借款合同和授权批准，了解借款数额、借款条件、借款日期、还款期限、借款利率，并与相关会计记录相核对。

（5）检查短期借款的减少。对年度内减少的短期借款，注册会计师应检查相关记录和原始凭证，核实还款数额。

（6）检查有无到期未偿还的短期借款。注册会计师应检查相关记录和原始凭证，检查被审计单位有无到期未偿还的短期借款，如有，则应查明是否已向银行提出申请并经同意后办理延期手续。

（7）复核短期借款利息。注册会计师应根据短期借款的利率和期限，复核被审计单位短期借款的利息计算是否正确，有无多算或少算利息的情况，如有未计利息和多计利息，则应作出记录，必要时进行调整。

（8）检查外币借款的折算。如果被审计单位有外币短期借款，则注册会计师应检查外币借款的增减变动是否按业务发生时的市场汇率或期初汇率折合为记账本位币金额；期末是否按市场汇率将外币短期借款余额折合为记账本位币金额；折算差额是否按规定进行会计处理；折算方法是否前后期一致。

（9）根据评估的舞弊风险等因素增加的其他审计程序。

（10）检查短期借款在资产负债表上的列报是否恰当。企业的短期借款在资产负债表上通常设“短期借款”项目单独列示，对于因抵押而取得的短期借款，应在资产负债表附注中揭示，注册会计师应注意被审计单位对短期借款项目的反映是否充分。

（二）长期借款的实质性程序

长期借款同短期借款一样，都是企业向银行或其他金融机构借入的款项，因此，长期借款的实质性程序同短期借款的实质性程序较为相似。注册会计师在进行长期借款的实质性程序时，一般需要执行的程序包括：

（1）获取或编制长期借款明细表，复核其加计数是否正确，并与报表数、总账数和明细账合计数核对是否相符。

（2）了解被审计单位获得短期借款和长期借款的抵押和担保情况，评估被审计单位的信誉和融资能力。

（3）对年度内增加的长期借款，应检查借款合同和授权批准，了解借款数额、借款条件、借款日期、还款期限、借款利率，并与相关会计记录相核对。

小思考 11-2

注册会计师张红对中华公司“长期借款”账户进行审计时发现，该公司从银行借入3年期技改借款100万元，但在“在建工程”账户中没有发现其增加数，而“银行存款日记账”的记录表明其已转出90万元。张红进一步审查发现该公司用技改借款购买了股票90万元。该公司这样做正确吗？

提示：该公司这样做是不正确的，借款应按规定用途去使用，该公司虚设技改项目，从银行套取资金用于股票投资，违反了借款契约规定。

（4）向银行或其他债权人函证重大的长期借款。

（5）对年度内减少的长期借款，注册会计师应检查相关记录和原始凭证，核实还款数额。

（6）检查年末有无到期未偿还的借款，逾期借款是否办理了延期手续，分析计算逾期贷款的金额、比率和期限，判断被审计单位的资信水平和偿债能力。

（7）检查一年内到期的长期借款是否转列为流动负债。

（8）计算短期借款、长期借款在各个月份的平均余额，选取适用的利率匡算利息支出总额，并与财务费用的相关记录核对，判断被审计单位是否高估或低估利息支出，必要时进行适当调整。

（9）检查非记账本位币折合记账本位币时采用的折算汇率，折算差额是否按规定进行会计处理。

（10）检查借款费用的会计处理是否正确。

知识链接 11-1

《企业会计准则第17号——借款费用》规定，借款费用是指企业因借款而发生的利息及其他相关成本。借款费用包括利息、折价或溢价摊销、辅助费用以及因外币借款而发生的汇兑差额等。

借款费用有两种确认方法：一是将其资本化计入相关资产的成本；二是将其费用化计入当期损益。

借款费用确认的基本原则是：企业发生的借款费用，可直接归属于符合资本化条件的资产的购建或生产的，应当予以资本化，计入相关资产成本；其他借款费用，应当在发生时根据其发生额确认为费用，计入当期损益。

借款费用同时满足下列条件的才能开始资本化：（1）资产支出已经发生。资产支出包括为购建或者生产符合资本化条件的资产而以支付现金、转移非现金资产或者承担带息债务形式发生的支出。（2）借款费用已经发生。（3）为使资产达到预定可使用或者可销售状态所必要的购建或者生产活动已经开始。

借款费用资本化的期间，是指从借款费用开始资本化的时点到停止资本化时点的期间，但不包括借款费用暂停资本化的期间。

资料来源　刘永泽，陈立军．中级财务会计［M］．5版．大连：东北财经大学出版社，2016.

（11）检查企业长期抵押借款的抵押资产的所有权是否属于企业，其价值和实际状况是否与抵押契约中的规定相一致。

（12）检查企业重大的资产租赁合同，判断被审计单位是否存在资产负债表外融资的现象。

（13）根据评估的舞弊风险等因素增加的其他审计程序。

（14）检查长期借款是否已在资产负债表上充分列报。长期借款在资产负债表上列示于非流动负债类下，该项目应根据“长期借款”科目的期末余额扣减将于一年内到期的长期借款后的数额填列，该项扣除数应当填列在流动负债类下的“一年内到期的非流动负债”项目单独反映。注册会计师应根据审计结果，确定被审计单位长期借款在资产负债表上的列示是否充分，并注意长期借款的抵押和担保是否已在财务报表附注中作了充分的说明。

（三）应付债券的实质性程序

被审计单位应付债券业务不多，但每笔业务都可能是重要的，因此，注册会计师应重视此项负债的测试工作。应付债券的实质性程序一般包括以下内容：

（1）取得或编制应付债券明细表。同其他负债项目的实质性程序一样，注册会计师应首先取得或编制应付债券明细表，并同有关的明细分类账和总分类账核对是否相符。应付债券明细账通常包括债券名称、承销机构、发行日、到期日、债券总额（面值）、实收金额、折价和溢价及其摊销、应付利息、担保情况等内容。

（2）检查债券交易的有关原始凭证。检查债券交易的各项原始凭证，是确定应付债券金额及其合法性的重要程序，注册会计师应做好以下工作：①检查企业现有债券副本，确定其发行是否合法，各项内容是否同相关的会计记录相一致。②检查企业发行债券所收入现金的收据、汇款通知单、送款登记簿及相关的银行对账单。③检查用以偿还债券的支票存根，并检查利息费用的计算。④检查已偿还债券数额同应付债券借方发生额是否相符。⑤如果企业发行债券时已作抵押或担保，注册会计师还应检查相关契约的履行情况。

（3）检查应计利息、债券溢（折）价摊销及其会计处理是否正确。此项工作一般可通过债券利息、溢价、折价等账户分析表来进行。该表可让企业代为编制，注册会计师加以检查，也可由注册会计师自己编制。对附有赎回选择权的可转换公司债券，注册会计师还应关注其在赎回日可能支付的利息补偿金，即债券约定赎回期届满日应支付的利息减去应付债券面值利息的差额的会计处理是否正确。

（4）函证“应付债券”账户期末余额。为了确定“应付债券”账户期末余额的真实性，注册会计师如果认为有必要，则可以直接向债权人进行函证。函证内容应包括应付债券的名称、发行日、到期日、利率、已付利息期间、年内偿还的债券、资产负债表日尚未偿还的债务及注册会计师认为应包括的其他重要事项。

（5）检查到期债券的偿还。对到期债券的偿还，注册会计师应检查相关会计记录，检查其会计处理是否正确。对可转换公司债券持有人行使转换权利，将其持有的债券转换为股票的，则应检查其转换的会计处理是否正确。

（6）检查借款费用的会计处理是否正确。

（7）根据评估的舞弊风险等因素增加的其他审计程序。

（8）检查应付债券是否在资产负债表中充分列报。应付债券在资产负债表中列示于非流动负债类下，该项目应根据“应付债券”科目的期末余额扣除将于一年内到期的应付债券后的数额填列，该扣除数应当填列在流动负债类下的“一年内到期的非流动负债”项目单独反映。注册会计师应根据审计结果，确定被审计单位应付债券在资产负债表上的反映是否充分，应注意有关应付债券的类别是否已在财务报表附注中作了充分的说明。

第四节 所有者权益的审计

所有者权益是所有者在企业资产中享有的经济利益，其金额为资产减去负债后的余额，包括投资者对企业的投入资本以及企业存续过程中形成的资本公积、盈余公积和未分配利润。由于所有者权益增减变动的业务较少、金额较大，注册会计师在审计了企业的资产和负债之后，往往只需花费相对较少的时间对所有者权益进行审计。尽管如此，在审计过程中，对所有者权益进行单独审计也是十分必要的。

一、审计目标

（1）确定资产负债表中记录的实收资本（股本）、资本公积、盈余公积、未分配利润是否存在。

（2）确定所有应当记录的实收资本（股本）、资本公积、盈余公积、未分配利润是否均已记录，其增减变动是否符合法律法规和合同、章程的规定。

（3）确定实收资本（股本）、资本公积、盈余公积、未分配利润是否以恰当的金额包括在财务报表中。

（4）确定实收资本（股本）、资本公积、盈余公积、未分配利润是否已按照企业会计准则的规定在财务报表中作出恰当列报。

二、实质性程序

（一）股本的实质性程序

股本是股份有限公司按照公司章程、合同和投资协议的规定向股东募集的资本，代表股东对公司净资产的所有权。股份有限公司的股本，是在核定的股本总额及核定的股份总额的范围内，通过向股东发行股票的方式筹集的。通常股本不发生变化，只有在股份有限公司设立、增资扩股和减资时发生变化。其他组织形式的企业，其投入的资本金在“实收资本”项目中核算。实收资本与股本的实质性程序基本相同，下面以股本为例，其实质性程序包括：

（1）审阅公司章程、实施细则和股东大会会议记录。收集与股本变动有关的董事会会议纪要、股东（大）会决议、合同、协议、公司章程及营业执照，公司设立批文、验资报告等法律文件。在审计开始时，注册会计师就应向被审计单位索要这些文件。通过这些资料，注册会计师进一步确定被审计单位股本的交易是否符合有关的法律规定及是否经过授权批准。

（2）检查出资期限和出资方式、出资额，检查出资者是否按照合同、协议、章程约定的时间和方式缴付出资额，是否已经注册会计师验证。若已出资，应审阅验资报告。如我国法律规定，全体股东的货币出资额不得低于有限责任公司注册资本的30%，有限责任公司全体股东的首次出资额不得低于注册资本的20%。如果这些比例不符合国家有关规定，应当查明原因。

（3）索取或编制股本明细表。复核加计是否正确，并与报表数、总账数和明细账合计数核对是否相符。

（4）检查股票的发行、收回等交易活动。检查与股票发行、收回有关的原始凭证和会计记录，是验证股票发行、收回是否确实存在的重要步骤。应检查的原始凭证包括已发行股票的登记簿、向外界收回的股票、募股清单、银行对账单等。会计记录则主要包括银行存款日记账及其总账等。

（5）函证发行在外的股票。注册会计师应检查已发行的股票数量是否真实，是否均已收到股款或资产。我国目前股票发行和转让大部分由企业委托证券交易所和金融机构进行，由证券交易所和金融机构对发行在外的股票份数进行登记和控制。因为这些机构一般既了解公司发行股票的总数，又掌握公司股东的个人记录以及股票转让情况，故在审计时可采取向证券交易所和金融机构函证及查阅的方法来验证发行股份的数量，并与股东账面数额进行核对，确定是否相符。对个别自己发行股票，自己进行有关股票发行数量、金额及股东情况登记的企业，由于企业已在股票登记簿和股东名单上进行了记录，在进行股本审计时，可在检验这些记录的基础上，抽查其记录是否真实有据，核对发行的股票存根，看其数额是否与股本账上的数额相符。

（6）检验股票发行费用的会计处理。发行股票时，一般要发生股票的印刷费和委托其他单位发行股票时的手续费、佣金等。按企业会计准则的规定，溢价发行股票时，各种发行费用从溢价中抵销；无溢价的或溢价不足以支付的部分，应将不足抵扣的部分冲减盈余公积和未分配利润。注册会计师应检查相关会计记录和原始凭证，确定被审计单位对股票发行费用的会计处理是否正确。

（7）根据评估的舞弊风险等因素增加的其他审计程序。

（8）检查股本是否已在资产负债表上恰当列报。股本应在资产负债表中单项列示，注册会计师应核对被审计单位资产负债表中股本项目的数字是否与审定数相符，并检查是否在财务报表附注中披露与股本有关的重要事项，如股本的种类、各类股本金额及股票发行的数额、每股股票的面值、本会计期间发行的股票等。

小思考11-3

某注册会计师接受委托审计甲公司，他在审查股本时发现，审查年度内甲公司有关股本业务仅两笔，一笔是于6月1日发行面值为100元的普通股股票100 000张；另一笔是于9月30日购回以前年度发行的面值为10元的股票10 000张。假如你是该注册会计师，你准备执行哪些审计程序？

提示：向被审计单位索取公司章程、实施细则和股东大会、董事会会议记录的副本，审查股票的发行和购回是否经过批准，了解核定股份和已发行股票的股数、股票面值、股票购回等情况。

（二）资本公积的实质性程序

资本公积是非经营性因素形成的，不能计入实收资本或股本，主要包括投资者实际交付的出资额超过其资本份额的差额（如股本溢价、资本溢价）和其他资本公积等。

注册会计师对资本公积执行的实质性程序内容包括：

（1）获取或编制资本公积明细表，复核加计是否正确，并与报表数、总账数和明细账合计数核对是否相符。

（2）收集与资本公积变动有关的董事会会议纪要、股东（大）会决议以及董事会会议纪要等文件资料，并更新永久性档案。

（3）检查资本溢价或股本溢价。当新的投资者向企业投入资本时，为了保证原有投资者的利益，新投资者一般投入比其在实收资本中所占份额多的金额，多出部分即为资本溢价；企业溢价发行股票时，发行收入超出股票面值部分的即为股本溢价；按照有关规定，股本溢价应扣除相关发行费用（减去发行股票冻结期间所产生的利息收入）后，方可计入资本公积。

对资本溢价应检查是否在企业吸收新的投资者时形成，资本溢价的确定是否按实际出资额扣除其投资比例所占的资本额计算，其投资是否经企业董事会决定并已报原审批机关批准；对股本溢价应检查股票发行是否合法，是否经有关部门批准，股票发行价格与其面值的差额是否全部计入资本公积，是否已扣除委托证券商代理发行股票而支付的手续费、佣金（减去发行股票冻结期间所产生的利息收入）。

（4）对其他资本公积各明细账的发生额逐项审查。

①检查企业对被投资单位的长期股权投资采用权益法核算时，因被投资单位除净损益外所有者权益的变动，被审计单位是否按其享有的份额入账，会计处理是否正确；处置该项投资时，应注意是否已转销与其相关的资本公积。

②检查拨款转入。拨款转入是指企业收到国家拨入的专门用于技术改造、技术研究等的拨款项目完成后，按规定转入资本公积的部分。对拨款转入，注册会计师应检查相关的政府批文、拨款凭证及项目完成记录、项目决算书等。

③以权益结算的股份支付，取得相关资料，检查在权益工具授予日和行权日的会计处理是否正确。

④对自用的房地产或存货转换为公允价值计量的投资性房地产，若转换日公允价值大于账面价值，差额是否正确记入本科目，若转换日公允价值小于账面价值，检查差额是否正确计入公允价值变动损益；处置投资性房地产时，检查相关的资本公积是否已转销。

⑤对可供出售金融资产形成的资本公积，结合相关科目，检查金额和相关会计处理是否正确：当可供出售金融资产转为采用成本或摊余成本计量时，已记入本科目的公允价值变动是否按规定进行了会计处理；当可供出售金融资产发生减值时，已记入本科目的公允价值变动是否转入资产减值损失；当已减值的可供出售金融资产公允价值回升时，区分权益工具和债务工具分别确定其会计处理是否正确。

⑥被审计单位将回购的本单位股票予以注销、用于奖励职工或转让，其会计处理是否正确。

（5）检查资本公积转增资本是否经授权批准。对于资本公积转增资本，注册会计师应检查转增资本是否经董事会、股东大会决定并报市场监督管理机关批准，且依法办理增资手续。

（6）根据评估的舞弊风险等因素增加的其他审计程序。

（7）检查资本公积是否已在资产负债表上被恰当列报。注册会计师应进一步核实企业的资本公积是否在资产负债表中单项列示，并在财务报表附注中说明资本公积的期末余额及期初至期末间的重要变化。

【例题 11-2】

基本案情：注册会计师张红、李利对夏华股份有限公司2020年度财务报表进行审计，在审查“资本公积”项目时发现下列问题：

（1）夏华股份有限公司本年度接受中华公司捐赠设备A一台，根据中华公司提供的原始发票，其价值为1 500 000元（价税合计），具体会计处理为：

借：固定资产——设备A　　1 500 000

　贷：资本公积——其他资本公积　　1 500 000

（2）夏华股份有限公司持有的A公司股票50 000股，作为交易性金融资产，初始投资成本为325 000元，期末公允价值为260 000元；持有的B公司股票80 000股作为其他权益工具投资，初始投资成本为594 500元，期末公允价值为496 000元。其会计处理为：

借：公允价值变动损益　　163 500

　贷：交易性金融资产——A公司（公允价值变动）　　65 000

　　　其他权益工具投资——B公司（公允价值变动）　　98 500

（3）夏华股份有限公司将作为存货的房地产和一自用建筑物转换为采用公允价值计量模式计量的投资性房地产，其中，房地产的账面余额为2 000 000元，已提跌价准备300 000元，该房地产转换日公允价值为1 500 000元；建筑物的原值为2 200 000元，累计折旧余额为200 000元，已计提减值准备50 000元，在转换日公允价值为2 500 000元。其会计处理为：

①借：投资性房地产——房地产（成本）　　1 500 000

　　存货跌价准备——房地产　　300 000

　　资本公积——其他资本公积　　200 000

　贷：开发产品　　2000 000

②借：投资性房地产——建筑物（成本）　　2 500 000

　累计折旧　　20 000

　固定资产减值准备　　50 000

　贷：固定资产——建筑物　　2 200 000

　　　资本公积——其他资本公积　　550 000

分析要求：夏华股份有限公司的会计处理正确吗？

答案提示：

（1）企业会计准则规定，企业接受捐赠资产其价值应扣除未来应交税费后记入“营业外收入”科目。夏华股份有限公司所得税税率为25%，为此建议作如下调整：

借：资本公积——其他资本公积　　1 500 000

　贷：递延所得税负债　　375 000

　　　营业外收入　　1 125 000

（2）企业会计准则规定，资产负债表日，其他权益工具投资应当以公允价值计量，且公允价值变动计入其他综合收益，为此建议作如下调整：

借：其他综合收益　　98 500

贷：公允价值变动损益　98 500

（3）企业会计准则规定，将作为存货的房地产转换为采用公允价值计量模式计量的投资性房地产，当该项房地产在转换日的公允价值小于其账面价值时，其差额借记“公允价值变动损益”科目；当该项房地产在转换日的公允价值大于其账面价值时，其差额贷记“其他综合收益”科目。将自用的土地使用权或建筑物转换为采用公允价值计量模式计量的投资性房地产，当该项土地使用权或建筑物在转换日的公允价值大于其账面价值时，按其差额，贷记“其他综合收益”科目，当该项土地使用权或建筑物在转换日的公允价值小于其账面价值时，按其差额，借记“公允价值变动损益”科目。为此建议作如下调整：

借：公允价值变动损益　200 000

　　贷：资本公积——其他资本公积　200 000

借：资本公积——其他资本公积　550 000

　　贷：其他综合收益　550 000

如果夏华股份有限公司不接受调整建议，注册会计师可考虑发表保留意见或否定意见的审计报告。

第五节　投资的审计

一、投资的审计目标

投资的审计目标一般包括：（1）确定资产负债表中记录的投资是否存在；（2）确定所有应当记录的投资是否均已记录；（3）确定记录的投资由被审计单位拥有或控制；（4）确定投资是否以恰当的金额包括在财务报表中，与之相关的计价调整是否已恰当记录；（5）确定投资是否已按企业会计准则的规定，在财务报表中作出恰当列报。

二、实质性程序

与投资相关的项目包括：交易性金融资产、可供出售金融资产、持有至到期投资、长期股权投资、投资性房地产、应收利息、投资收益、应收股利、交易性金融负债等。本节重点介绍交易性金融资产、长期股权投资、投资性房地产项目的审计。

（一）交易性金融资产的实质性程序

交易性金融资产的实质性程序主要包括：

（1）取得或编制交易性金融资产明细表。①复核加计是否正确，并与报表数、总账数和明细账合计数核对是否相符。②检查非记账本位币交易性金融资产的折算汇率及折算是否正确。③与被审计单位讨论以确定划分为交易性金融资产是否符合企业会计准则的规定。

（2）验证交易性金融资产的存在性，即通过盘点库存有价证券证实交易性金融资产的真实性。盘点一般应采取突击方式。如果实地盘点工作是在结账日后进行的，注册会计师应根据盘点结果和结账日与盘点日之间的证券的增减变动情况计算结账日投资的余额。盘点完成后，注册会计师应编制盘点清单，填列所盘点交易性金融资产的种类、数量、证券书编号、票面价值及总值，将证券盘点清单同被审计单位证券明细账相核对，并经企业管理人员签章后列入审计工作底稿。如果企业的投资证券是委托某些专门机构代为保管的，注册会计师应向这些保管机构发出询证函，以证实投资证券的真实存在。

（3）确定交易性金融资产的会计记录是否完整，并确定所购入交易性金融资产归被审计单位所拥有：①取得有关账户流水单，对照检查账面记录是否完整，检查购入交易性金融资产是否为被审计单位所有；②向相关机构发函，并确定是否存在变现限制，同时记录函证过程。

（4）检查交易性金融资产的入账价值。交易性金融资产的入账价值的确定以企业取得交易性金融资产时的公允价值作为初始金额，税金、手续费等相关费用应当在发生时计入投资收益，在取得一项交易性金融资产时实际支付的价款中包含的已宣告而尚未领取的现金股利和已到付息期但尚未领取的债券利息计入应收股利或应收利息。

（5）检查交易性金融资产减少的记账凭证。注意其原始凭证是否完整合法，会计处理是否正确；注意出售交易性金融资产时其成本结转是否正确，原计入的公允价值变动损益有无调整至投资收益。

（6）复核与交易性金融资产相关的损益计算是否正确，并与公允价值变动损益及投资收益等有关数据核对。

（7）复核股票、债券及基金等交易性金融资产的期末公允价值是否合理，相关会计处理是否正确。

（8）根据评估的舞弊风险等因素增加的其他审计程序。

（9）确认交易性金融资产在财务报表上列报的适当性。

【例题11-3】

基本案情：某注册会计师对宏大公司交易性金融资产进行审计时发现：宏大公司2020年10月从二级市场购买飞达股份有限公司的股票100 000股，准备用来赚取买卖差额，每股面值为1元，每股购入价为3.5元，实际支付金额351 020元，其中包含已宣告发放但尚未支付的股利20 000元，支付券商佣金600元，印花税320元，过户费100元。宏大公司做以下会计分录：

借：交易性金融资产——股票（成本）　　331 020
　　投资收益——股票投资收益　　20 000
　贷：银行存款　　351 020

2020年年底，宏大公司购买的飞达股份有限公司股票的公允价值为320 000元。宏大公司在资产负债表中的“交易性金融资产”项目列示为331 020元（该公司的交易性金融资产仅有飞达股份有限公司的股票）。

分析要求：根据以上资料，指出存在的问题，作出账务调整，并说明报表应如何列示。

答案提示：

（1）购买股票时内含的已宣告发放但尚未支付的股利应记入“应收股利”账户，不应记入“投资收益”账户，企业会计准则规定，交易费用应记入“投资收益”账户，而不应记入“投资成本”账户；实际支付金额中包含的已宣告发放但尚未支付的现金股利应记入“应收股利”账户。该公司这样做虚增了企业的资产和虚减了收益。

（2）按成本在资产负债表列示“交易性金融资产”项目，属于虚增资产、虚增收益，应列示为320 000元（330 000-10 000）。

账务调整：

借：应收股利　20 000

　贷：投资收益　18 980

　　交易性金融资产——成本　1 020

借：公允价值变动损益　10 000

　贷：交易性金融资产——公允价值变动　10 000

（二）长期股权投资的实质性程序

长期股权投资核算企业持有的采用权益法或成本法核算的长期股权投资，具体包括：（1）企业持有的能够对被投资单位实施控制的权益性投资，即对子公司的投资。（2）企业持有的能够与其他合营方一同对被投资单位实施共同控制的权益性投资，即对合营企业的投资。（3）企业持有的能够对被投资单位施加重大影响的权益性投资，即对联营企业的投资。（4）企业对被投资单位不具有控制、共同控制或重大影响，且在活跃市场中没有报价、公允价值不能可靠计量的权益性投资。

长期股权投资的实质性程序通常包括：

（1）获取或编制长期股权投资明细表。长期股权投资明细表可以由注册会计师根据企业的会计资料自行编制，也可以由被审计单位会计部门提供，经注册会计师审阅后使用。注册会计师应对长期股权投资明细表加以复核，并与总账数和明细账合计数核对是否相符。结合长期股权投资减值准备科目与报表数核对是否相符。

（2）根据有关合同和文件，确认长期股权投资的股权比例和持有时间，检查长期股权投资的核算方法是否正确。

【例题11-4】

基本案情：夏华股份有限公司和A公司为同一母公司所控制的两个子公司。2020年2月20日夏华股份有限公司和A公司达成合并协议，约定夏华股份有限公司以固定资产、无形资产和银行存款作为合并对价，取得A公司80%的股权。夏华股份有限公司投出固定资产的账面原值为1 800万元，已计提折旧400万元，已计提固定资产减值准备200万元；投出无形资产的账面原价为1 000万元，已摊销金额为200万元，未计提无形资产减值准备；投出银行存款2 500万元。2020年3月1日，夏华股份有限公司实际取得对A公司的控制权。当日，A公司所有者权益总额账面价值为5 000万元；夏华股份有限公司“资本公积——股本溢价”科目余额为450万元。在夏华股份有限公司和A公司的合并中，夏华股份有限公司以银行存款支付审计费用、评估费用、律师服务费用等共计65万元。夏华股份有限公司作出如下会计处理：

借：固定资产清理　12 000 000

　累计折旧　4 000 000

　固定资产减值准备　2 000 000

　贷：固定资产　18 000 000

借：长期股权投资——A公司（成本）　40 650 000

　累计摊销　2 000 000

　资本公积——股本溢价　5 000 000

贷：无形资产　　10 000 000

　　固定资产清理　　12 000 000

　　银行存款　　25 650 000

分析要求：根据以上资料，指出存在的问题，作出账务调整。

答案提示：根据企业会计准则的规定，同一控制下的企业合并，合并方以支付现金、转让非现金资产或承担债务方式作为合并对价的，应当在合并日按照取得被合并单位所有者权益在最终控制方合并财务报表中的账面价值的份额作为长期股权投资的初始投资成本。长期股权投资的初始投资成本与支付的现金、转让的非现金资产以及所承担债务合并对价账面价值之间的差额，应当调整资本公积（股本溢价）；资本公积不足冲减的，依次冲减留存收益（盈余公积、未分配利润）。

为企业合并发行的债券或承担其他债务支付的手续费、佣金等，应当计入所发行债券及其他债务的初始计量金额；为进行企业合并发生的各项直接相关费用，如为进行企业合并而支付的审计费用、评估费用、法律服务费用等，应当于发生时计入当期损益（管理费用），而不计入投资成本。其调整分录为：

借：盈余公积　　500 000

　贷：资本公积——股本溢价　　500 000

借：管理费用　　650 000

　贷：长期股权投资——A公司（成本）　　650 000

（3）对于重大的投资，向被投资单位函证被审计单位的投资额、持股比例及被投资单位的股利发放等情况。

（4）对于应采用权益法核算的长期股权投资，获取被投资单位已经注册会计师审计的年度财务报表，如果未经注册会计师审计，则应考虑对被投资单位的财务报表实施适当的审计或审阅程序：①复核投资收益时，应以取得投资时被审计单位各项可辨认净资产等的公允价值为基础，对被投资单位的净利润进行调整后加以确认；被投资单位采用的会计政策及会计期间与被审计单位不一致的，应当按照被审计单位的会计政策及会计期间对被投资单位的财务报表进行调整，据以确认投资收益。②将重新计算的投资收益与被审计单位所计算的投资收益相核对，如有重大差异，则查明原因，并做适当调整。③检查被审计单位按权益法核算长期股权投资，在确认应分摊被投资单位发生的净亏损时，应首先冲减长期股权投资的账面价值，其次冲减其他实质上构成对被投资单位净投资的长期权益账面价值（如长期应收款）；如果按照投资合同和协议约定被审计单位仍需承担额外损失义务的，应按预计承担的义务确认预计负债，并与预计负债中的相应数字核对是否无误；被投资单位以后期间实现盈利的，被审计单位在其收益分享额弥补未确认的亏损分担额后，恢复确认收益分享额。审计时，应检查被审计单位会计处理是否正确。④检查除净损益外被投资单位所有者权益的其他变动，是否调整计入所有者权益。

（5）对于采用成本法核算的长期股权投资，检查股利分配的原始凭证及分配决议，确定会计处理是否正确。

（6）对于成本法和权益法相互转换的，检查其投资成本的确定是否正确。

（7）确定长期股权投资的增减变动的记录是否完整，会计处理是否正确。①检查本期增加的长期股权投资，追查至原始凭证及相关的文件或决议及被投资单位验资报告或财务资料等，确认长期股权投资是否符合投资合同、协议的规定，会计处理是否正确。②检查本期减少的长期股权投资，追查至原始凭证，确认长期股权投资的处理有无合理的理由及授权批准手续，会计处理是否正确。

（8）检查被审计单位是否按规定计提减值准备，其会计处理是否正确。

（9）根据评估的舞弊风险等因素增加的其他审计程序。

（10）确定长期股权投资在资产负债表上是否已恰当列报。

（三）投资性房地产的实质性程序

投资性房地产是指为赚取租金或资本增值，或者两者兼有而持有的房地产。

投资性房地产的实质性程序通常包括：

（1）获取或编制投资性房地产明细表，复核加计是否正确，并与总账和明细账合计数核对是否相符；结合累计摊销（折旧）、投资性房地产减值准备科目与报表核对是否相符。

（2）检查纳入投资性房地产范围的建筑物和土地使用权是否符合会计准则的规定。

（3）检查投资性房地产后续计量模式选用的依据是否充分。与上年政策进行比较，确定后续计量模式的一致性。如不一致，则详细记录变动原因。

（4）被审计单位投资性房地产的后续计量如果是采用公允价值模式计量的，期末应逐项检查公允价值的确定依据是否充分，公允价值变动损益（或其他综合收益）的计算是否正确，会计处理是否正确，与公允价值变动损益（或其他综合收益）项目中的相应数字核对是否相符。

（5）被审计单位投资性房地产的后续计量如果是采用成本模式计量的，应确定投资性房地产累计摊销额（折旧）的政策是否恰当，复核本年度摊销（折旧）的计提是否正确。

（6）期末应对投资性房地产进行逐项检查，确定其是否已经发生了减值；检查投资性房地产减值准备是否按单项计提，计提依据是否充分、得到适当批准，减值损失是否没有转回。

（7）确定投资性房地产成本计量模式转换是否恰当。

（8）如被审计单位投资性房地产与其他资产发生相互转换，应审查转换依据是否充分，是否经过有效批准，转换日房地产成本计量是否正确，会计处理是否正确。

（9）获取租赁合同等文件，重新计算租金收入，并与其他业务收入中的相应数字核对是否无误。

（10）检查对投资性房地产进行改良或装修的会计处理是否正确。

（11）检查有无与关联方的投资性房地产购售活动；如有，是否经过适当授权，交易价格是否公允。

（12）结合银行借款等相关项目的审计，了解建筑物、土地使用权是否存在抵押、担保情况。

（13）根据评估的舞弊风险等因素增加的其他审计程序。

（14）确定投资性房地产已恰当列报。

（四）交易性金融负债的实质性程序

交易性金融负债，是指企业为了近期回购而持有的金融负债。在会计科目设置上，企业持有的直接指定为以公允价值计量且其变动计入当期损益的金融负债，也通过该科目核算。

交易性金融负债的实质性程序通常包括：

（1）获取或编制交易性金融负债明细表，复核加计是否正确，并与报表数、总账数和明细账合计数核对是否相符。

（2）根据相关的债券交易资料，审查交易性金融负债内容的真实性和完整性。

（3）必要时，向对方单位进行函证。

（4）审查交易性金融负债的会计处理是否正确，特别注意公允价值的合理性，是否存在低估公允价值调增利润的情况。

（5）根据评估的舞弊风险等因素增加的其他审计程序。

（6）确定交易性金融负债的列报是否恰当。

（五）投资收益的实质性程序

投资收益的实质性程序通常包括：

（1）获取或编制投资收益明细表，复核加计是否正确，并与报表数、总账数和明细账合计数核对是否相符。

（2）结合本期投资的变动情况，与以前年度投资收益比较，分析本期投资收益是否存在异常现象；如有，应查明原因，并作出适当调整。

（3）与长期股权投资、交易性金融资产、交易性金融负债等相关项目的审计结合，确定投资收益的记录是否正确，确定投资收益计入的会计期间是否正确。

（4）根据评估的舞弊风险等因素增加的其他审计程序。

（5）确定投资收益已恰当列报。

第六节 其他相关账户的审计

一、应收、应付项目的审计

（一）其他应收款的审计

其他应收款的审计目标为：确定资产负债表中记录的其他应收款是否存在；确定所有应当记录的其他应收款是否均已记录；确定记录的其他应收款是否由被审计单位拥有或控制；确定其他应收款是否以恰当的金额反映在资产负债表中，与之相关的计价调整是否已恰当记录；确定其他应收款是否已按照企业会计准则的规定在财务报表中作出恰当列报。

其实质性程序如下：

（1）获取或编制其他应收款明细表，复核加计是否正确，并与总账数和明细账合计数核对是否相符，结合“坏账准备”科目与报表数核对是否相符。

（2）选择一定金额以上、账龄较长或异常的明细账户余额发函询证，编制函证结果汇总表。

（3）对发出询证函未能收回及未发出的样本，采用替代审计程序，如查核下期明细账，或追踪至其他应收款发生时的原始凭证，特别注意是否存在抽逃资金、隐藏费用等现象。

（4）审核资产负债表日后的收款事项，确定有无未及时入账的债权。

（5）分析明细账户，对于长期未能收回的项目，应查明原因，确定是否可能发生坏账损失。

（6）对以非记账本位币结算的其他应收款，检查其采用的折算汇率是否正确。

（7）检查转作坏账损失项目是否符合规定并办妥审批手续。

（8）根据评估的舞弊风险等因素增加的其他审计程序。

（9）确定其他应收款的列报是否恰当。

（二）应付股利的审计

应付股利的审计目标是：确定资产负债表中记录的应付股利是否存在；确定所有应当记录的应付股利是否均已记录；确定记录的其他应付款是否为被审计单位应当履行的现时义务；确定应付股利是否以恰当的金额反映在资产负债表中，与之相关的计价调整是否已恰当记录；确定应付股利是否已按照企业会计准则的规定在财务报表中作出恰当列报。

其实质性程序如下：

（1）获取或编制应付股利明细表，复核加计是否正确，并与报表数、总账数和明细账合计数核对是否相符。

（2）审阅公司章程、股东大会和董事会会议纪要中有关股利的规定，了解股利分配标准和发放方式是否符合有关规定并经法定程序批准。

（3）检查应付股利的发生额，是否根据董事会或股东大会决定的利润分配方案，从税后可供分配利润中计算确定，并复核应付股利计算和会计处理的正确性。

（4）检查股利支付的原始凭证的内容和金额是否正确。

（5）根据评估的舞弊风险等因素增加的其他审计程序。

（6）检查应付股利的列报是否恰当。

（三）其他应付款的审计

其他应付款的审计目标为：确定资产负债表中记录的其他应付款是否存在；确定所有应当记录的其他应付款是否均已记录；确定记录的其他应付款是否为被审计单位应当履行的现时义务；确定其他应付款是否以恰当的金额反映在资产负债表中，与之相关的计价调整是否已恰当记录；确定应付股利、其他应付款是否已按照企业会计准则的规定在财务报表中作出恰当列报。

其实质性程序如下：

（1）获取或编制其他应付款明细表，复核加计是否正确，并与报表数、总账数和明细账合计数核对是否相符。

（2）请被审计单位协助，在其他应付款明细表上标出审计截止日已支付的其他应付款项，抽查付款凭证、银行对账单等，并注意这些凭证发生日期的合理性。

（3）选择一定金额以上和异常的明细账户余额，检查其原始凭证，并考虑向债权人发函询证。

（4）对非记账本位币结算的其他应付款，检查其折算汇率是否正确。

（5）审核资产负债表日后的付款事项，确定有无未及时入账的其他应付款。

（6）检查长期未结的其他应付款，并作妥善处理。

（7）检查其他应付款中关联方的余额是否正常，如数额较大或有其他异常现象，应查明原因，追查至原始凭证并作适当披露。

（8）根据评估的舞弊风险等因素增加的其他审计程序。

（9）检查其他应付款的列报是否恰当。

二、财务费用等利润表项目的审计

筹资与投资循环审计还涉及财务费用、营业外收入、营业外支出、所得税费用等利润表项目的审计。

（一）财务费用的审计

财务费用的审计目标是：确定记录的财务费用是否已发生，且与被审计单位有关；确定财务费用的记录是否完整；确定与财务费用有关的金额及其他数据是否已恰当记录；确定财务费用是否已记录于正确的会计期间；确定财务费用的分类是否正确；确定财务费用的列报是否恰当。

其实质性程序包括：

（1）获取或编制财务费用明细表，复核加计是否正确，与报表数、总账数及明细账合计数核对是否相符。

（2）将本期、上期财务费用各明细项目作比较分析，必要时比较本期各月份财务费用，如有重大波动和异常情况应追查原因，扩大审计范围或增加测试量。

（3）检查利息支出明细账，确认利息收支的真实性及正确性。检查各项借款期末应计利息有无预计入账。注意检查现金折扣的会计处理是否正确。

（4）检查汇兑损益明细账，检查汇兑损益计算方法是否正确，核对所用汇率是否正确，前后期是否一致。

（5）检查“财务费用——其他”明细账，注意检查大额金融机构手续费的真实性与正确性。

（6）审阅下期期初财务费用明细账，检查财务费用各项目有无跨期入账的现象，对于重大跨期项目，应作必要调整。

（7）根据评估的舞弊风险等因素增加的其他审计程序。

（8）检查财务费用的披露是否恰当。

（二）营业外收入的审计

营业外收入的审计目标是：确定利润表中记录的营业外收入是否已发生，且与被审计单位有关；确定所有应当记录的营业外收入是否均已记录；确定与营业外收入有关的金额及其他数据是否已恰当记录；确定营业外收入是否已记录于正确的会计期间；确定营业外收入是否已按照企业会计准则的规定在财务报表中作出恰当的列报。

其审计程序如下：

（1）获取或编制营业外收入明细表，复核加计是否正确，并与报表数、总账数及明细账合计数核对是否相符。

（2）检查营业外收入的核算内容是否符合会计准则的规定。

（3）抽查营业外收入中金额较大或性质特殊的项目，审核其内容的真实性和依据的充分性。

（4）对营业外收入中各项目，包括报废毁损非流动资产利得、债务重组利得、与企业日常活动无关政府补助、盘盈利得、接受捐赠利得等相关账户记录核对是否相符，并追查至相关原始凭证。

（5）实施截止测试，若存在异常现象，应考虑是否有必要追加审计程序，对于重大跨期项目，应作必要调整。

（6）根据评估的舞弊风险等因素增加的其他审计程序。

（7）检查营业外收入的列报是否恰当。

（三）营业外支出的审计

营业外支出的审计目标是：确定利润表中记录的营业外支出是否已发生，且与被审计单位有关；确定所有应当记录的营业外支出是否均已记录；确定与营业外支出有关的金额及其他数据是否已恰当记录；确定营业外支出是否已记录于正确的会计期间；确定营业外支出是否已按照企业会计准则的规定在财务报表中作出恰当的列报。

其审计程序如下：

（1）获取或编制营业外支出明细表，复核加计是否正确，并与报表数、总账数及明细账合计数核对是否相符。

（2）检查营业外支出内容是否符合会计准则的规定。

（3）对营业外支出的各项目，包括非流动资产报废毁损损失、债务重组损失、公益性捐赠支出、非常损失、盘亏损失等相关账户记录核对是否相符，并追查至相关原始凭证。

（4）检查是否存在非公益性捐赠支出，税收滞纳金、罚金、罚款支出，各种赞助会费支出，必要时进行应纳税所得额调整。

（5）对非常损失应详细检查有关资料、被审计单位实际损失和保险理赔情况及审批文件，检查有关会计处理是否正确。

（6）实施截止测试，若存在异常现象，应考虑是否有必要追加审计程序，对于重大跨期项目，应作必要调整。

（7）根据评估的舞弊风险等因素增加的其他审计程序。

（8）检查营业外支出的列报是否恰当。

（四）所得税费用的审计

所得税费用的审计目标为：确定利润表中记录的所得税费用是否已发生，且与被审计单位有关；确定所有应当记录的所得税费用是否均已记录；确定与所得税费用有关的金额及其他数据是否已恰当记录；确定所得税费用是否已记录于正确的会计期间；确定所得税费用是否已按照企业会计准则的规定在财务报表中作出恰当的列报。

其审计程序如下：

（1）将报表数与总账数核对是否相符。

（2）核实所得税的计算依据，检查被审计单位所采用的会计政策是否正确，前后期是否一致。

（3）根据审定后的利润总额和规定的企业所得税税率，复核本期所得税费用是否正确。

（4）检查所得税费用的会计处理是否正确。

（5）根据评估的舞弊风险等因素增加的其他审计程序。

（6）检查所得税费用的列报是否恰当。

案例分析11-1

"华源制药"舞弊案

一、"华源制药"基本情况及主要会计问题

1.基本情况

上海华源制药股份有限公司（以下简称华源制药）的前身是浙江凤凰化工股份有限公司，注册时间为1988年1月，注册地点是浙江省兰溪市，于当年10月完成改制。公司股票于1990年12月19日在上海证券交易所上市交易，是第一批在该交易所挂牌上市的"老八股"之一。2000年下半年，其与华源集团进行资产置换。2001年3月，更名为上海华源制药股份有限公司，股票简称亦由"浙江凤凰"变为"华源制药"，同时注册地址迁至上海市浦东新区张江高科技园区。华源集团持有华源制药41.09%股权，2003年7月30日，华源集团将这部分股权转让给其控股子公司中国华源生命产业有限公司。

华源制药被喻为华源集团进入生命产业的先锋，控股51.93%股权的江山制药是其主要的利润来源，在中国维生素C出口企业中位居前列。华源制药同时也是天然维生素E以及柠檬酸等大宗化学原料药业务的龙头企业。

华源制药2005年年报对2001—2004年财务造假行为进行了差错更正，分别调减2004年、2003年、2002年、2001年净利润4 219万元、10 217万元、2 658万元、5 380万元，调减净利润合计22 474万元。而根据华源制药历年的年报显示，2001—2004年该公司分别实现净利1 747万元、2 026万元、4 725万元、1 013万元。追溯后，2001—2004年净利润分别为-2 472万元、-8 191万元、2 067万元、-4 368万元，这还是不考虑少数股东权益的情况。

重大差错的更正调整减少：2004年年初未分配利润200 309 814.37元；2004年12月31日合并资产总额347 152 441.45元；2004年12月31日合并负债总额8 606 484.21元；2004年12月31日合并报表少数股东权益104 333 152.60元；2004年12月31日合并报表股东权益234 212 804.64元，其中：调整减少合并报表未分配利润267 267 631.76元，调整增加合并报表盈余公积50 819 325.04元；调整减少合并报表资本公积17 743 031.64元；调整减少2004年度合并报表净利润53 809 373.80元。

2.主要造假手段

（1）通过签订虚假协议，形成账外资金，虚增利润。2001年6月，华源制药与北京星昊现代医药开发有限公司股东王健签订关于星昊公司30%的股权转让协议，协议转让价款1 000万元。同时，华源制药确定长期投资为1 000万元。但其后，华源制药又与北京星昊现代医药公司第一大股东签订了股权转让备忘录，确认了股权转让实际交易价为600万元。2004年华源制药向北京联合伟华生物科技有限公司转让北京星昊现代医药开发有限公司27%的股权，实际转让价款746万元，华源制药账面按照1 044.4万元作为股权转让价款。利用两份购买价格不同的协议，华源制药虚增长期投资400万元；利用两份转让价格不同的协议，华源制药虚增投资收益和应收账款298.4万元。

（2）通过虚假债权交易，"消化"不良、不实资产。华源制药与界首市人民政府、广生制药于2002年7月28日签订框架协议，界首市人民政府将马铃薯农场510亩国有农用地出让给广生制药，政府免除广生制药土地出让金44 315 000元（按2002年7月28日经界首杰信会计事务所对土地评估价)，广生制药负责原马铃薯农场103名职工的安置。广生制药按照土地评估价值扣除马铃薯农场职工1993年至协议签订日应补交的养老基金，其余作为资本公积入账。2002年7月31日，广生公司账面净资产为40 361 000元。上海上会资产评估有限公司对广生公司2002年7月31日资产评估价为42 400 000元。2002年11月18日，华源制药与广生公司股东高广来等签订了股权转让协议，以19 500 000元现金和22 900 000元应收债权，总计42 400 000元收购了广生公司100%的股权。据此，华源制药确定长期股权投资为42 400 000元。

经查，上述债权均为未按规定计提坏账准备的不良资产，债权转让也未通知相关债务人，少计提坏账准备2 290万元；上述货币资金划入账外账户后通过虚构交易再划回，虚增利润1 789.43万元；多计长期投资1 950万元。

(3) 通过虚缴土地出让金，虚增无形资产。华源制药2004年与六安振林企业发展有限责任公司合资组建了安徽金寨华源天然药物有限公司，有关各方通过虚缴土地出让金和财政补贴返还方式虚增安徽金寨华源天然药物有限公司无形资产和资本公积各192 000 000元。同年，华源制药又以净值为39 930 781.89元的债权和5 500 000元货币资金购得该公司25.68%的股权。经查，上述货币资金中的5 000 000元通过虚构交易又划回公司，虚增其他业务收入5 000 000元。上述债权包括虚假债权19 025 394.99元，以及未按规定计提坏账准备的不良债权，债权转让也未通知相关债务人，少计提坏账准备20 965 386.9元。

(4) 华源制药2003年在购买本溪三药有限公司（以下简称本溪三药）股权时，利用两份转让价格不同的协议，虚增长期投资21 400 000元。公司将21 400 000元中的16 400 000元通过虚构交易划回，虚增利润9 603 400元，其余5 000 000元被本溪三药有限公司用来冲减销售费用。

(5) 华源制药2004年将中国华源辽宁公司通过账外账户汇入的暂存款3 000 000元作其他业务收入处理。

(6) 华源制药2002年向外单位借款10 000 000元转入账外账户，通过虚构交易再划回，虚增利润8 567 500元。

3.其他造假手段

除以上所列内容之外，华源制药还存在以下几点造假手法：通过对开增值税发票，虚增销售收入；通过虚拟客户，虚增销售收入；通过账外资金和债权换股权，虚减成本费用；通过账外账户资金和虚挂往来账户，虚计其他业务收入；通过账外账户，提款报销相关费用。

二、审计主体基本情况及主要审计问题

在华源制药造假的2001—2004年，上海东华会计师事务所为其提供了连续4年的审计服务，并始终都出具了无保留的审计意见。在这4年的合作过程中，上海东华对华源制药的内部组织结构、重大交易、内部控制体系等可以说是非常清楚的。这期间，华源制药通过与其他企业串通，虚拟购销业务，对开增值税发票，虚增主营业务收入1.94亿元，虚构贸易差价利润946.46万元。通过虚缴土地出让金，虚增无形资产，直接导致华源制药在金寨华源的权益虚增4 530.24万元。这仅仅是华源制药财务造假的一部分，数额如此巨大，具有基本财会知识的人都可能对此提出一些质疑，更何况是具有高审计资质、一流审计人员的上海东华。

从达尔曼、ST数码的审计，再到秦丰农业的审计，东华会计师事务所不止一次受到业界的质疑。视为“经济警察”的注册会计师本应成为公众财产的看门人，应该对那些企图进行财务造假的人形成震慑。然而，一些会计师事务所却在助长造假公司的气焰。华源制药也俨然把会计师事务所出具的审计报告当成否认造假的理由，“为我们负责审计的会计师事务所这几年都出具了无保留的审计意见，我们认可中介作出的评述”。

三、案件结果

1.上海证券交易所的公开谴责

上证所认为，华源制药财务存在数据失真、会计处理不当、收入不实、虚增利润等问题，有关董监事和高级管理人员未能勤勉尽责，对公司信息披露违规行为负有不可推卸的责任。认定原任董事长丁公才、原任董事王长银对上述事实负主要责任，予以公开谴责并公开认定其不适合担任上市公司董事；对部分原任及现任董事、监事予以公开谴责，并将该惩戒抄报国资委，并将其记入上市公司的诚信记录。

2.财政部的行政处罚

财政部认为，华源制药违反了《中华人民共和国会计法》第九条、第二十六条，以及《企业会计制度》第十一条和第十八条等有关规定。根据《中华人民共和国会计法》第四十三条的规定，财政部拟给予公司通报，并处10万元罚款的行政处罚。

分析要求：

（1）筹资与投资循环的特性是什么？审计上应如何应对？

（2）分析上海华源制药股份有限公司造假的动因是什么？

（3）结合案例分析华源制药在投资方面的造假手法，如果你是审计该公司的注册会计师，你会如何应对？

资料来源　颜晓燕，朱清贞，陈福庭.注册会计师审计经典案例教程［M］.北京：清华大学出版社，2010.

本章小结

筹资与投资业务循环特性主要包括筹资与投资业务循环的特点、本循环中的主要业务活动和本循环所涉及的主要凭证和账户。

筹资与投资业务循环内部控制测试主要是对筹资与投资的授权审批控制、筹资与投资的职务分离控制、筹资与投资保管的控制和会计记录的控制等控制要点进行的测试。

筹资循环的实质性程序包括借款审计、所有者权益审计。其中，借款审计包括短期借款审计、长期借款审计和应付债券审计；所有者权益审计包括股本（或实收资本）审计、资本公积等所有者权益类账户的审计。投资循环的实质性程序包括交易性金融资产、长期股权投资、投资性房地产等投资类账户的审计。

除上述审计项目外，筹资与投资循环还涉及应付股利、财务费用、营业外收入、营业外支出、所得税费用等项目的审计。

主要概念

筹资交易　投资交易　控制测试

关键思考题

1.如何进行短期借款和长期借款的实质性程序?
2.股本的实质性测试程序有哪些内容?
3.资本公积的实质性程序有哪些?
4.交易性金融资产的实质性程序有哪些?
5.长期股权投资的实质性程序有哪些?
6.财务费用的实质性程序有哪些?
7.营业外收入和营业外支出的实质性程序有哪些?

第十二章

货币资金审计

学习目标

☆知识目标

明确货币资金循环与其他业务循环的关系；

识别与货币资金循环相关的会计凭证、账户和账簿；

了解与货币资金相关的潜在错报风险；

掌握货币资金循环中的控制要点及控制测试；

掌握库存现金、银行存款、其他货币资金账户的实质性程序。

☆技能目标

训练库存现金、银行存款、其他货币资金等账户的错账识别。

第一节　货币资金循环业务特性

企业的货币资金包括库存现金、银行存款、其他货币资金。货币资金是企业流动性最强的资产，大部分的经济业务都需要通过货币资金的收付来实现。由于收付业务量大，出现记账差错的可能性也大，加之货币作为主要的流通手段，容易被贪污、挪用、盗窃，因此，对货币资金进行审计十分重要。

一、货币资金循环与其他业务循环的关系

企业的货币资金循环与其他业务循环存在直接或间接的联系，不仅货币资金会影响其他业务循环，而且其他业务循环的畅通与否也会直接或间接影响到货币资金的循环状况，那么，货币资金循环与其他业务循环究竟存在哪些直接或间接的联系呢？

在图 12-1 中，我们列示了货币资金循环同销售与收款循环、筹资与投资循环、生产与服务循环、购货与付款循环的关系，从图 12-1 中我们可以看出货币资金循环对企业整体资金运作的重要性，同时也向我们表明了货币资金审计在整个企业审计过程中的重要性。

需要说明的是，图 12-1 中仅选取了各业务循环中具有代表性的科目予以列示，并未包括各业务循环中与货币资金有关的全部会计科目。

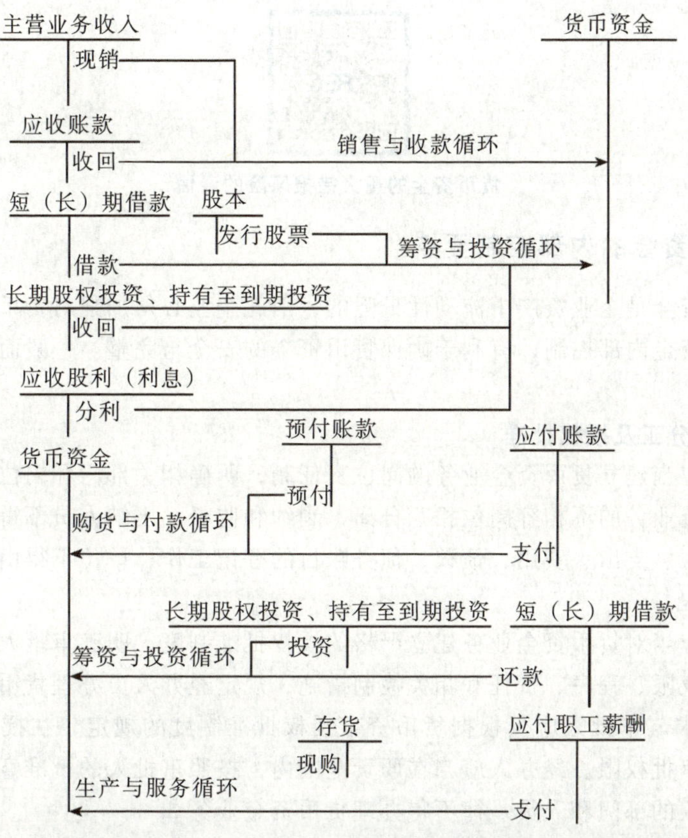

图 12-1 货币资金与其他业务循环的关系

二、货币资金业务涉及的主要凭证和会计记录

（1）库存现金日报表。

（2）库存现金盘点表。

（3）银行对账单。

（4）银行存款余额调节表。

（5）有关科目的记账凭证（如现金收付款凭证、银行存款收付款凭证）。

（6）有关会计账簿（如库存现金日记账、银行存款日记账、库存现金总账和银行存款总账、其他货币资金总账和明细账、其他相关账户）。

第二节 重大错报风险评估和控制测试

一、评估货币资金的重大错报风险

货币资金是注册会计师在财务报表审计中历来被重视的一个财务报表项目。了解与货币资金有关的被审计单位及环境，有助于注册会计师发现货币资金本身和其他相关账户中存在的重大错报。为便于注册会计师对被审计单位货币资金中可能发生的重大错报风险保持警觉，本教材对货币资金的重大错报风险评估进行阐述。详见以下二维码中的相关内容。

货币资金的重大错报风险的评估

二、货币资金的内部控制要点

由于货币资金是企业资产中流动性最强的，因此企业必须加强对货币资金的管理。建立良好的货币资金内部控制，有利于确保货币资金的安全与完整。一般而言，货币资金内部控制包括：

（一）岗位分工及授权批准

（1）单位应当建立货币资金业务的岗位责任制，明确相关部门和岗位的职责权限，确保办理货币资金业务的不相容岗位相互分离、制约和监督。出纳人员不得兼管稽核，会计档案保管和收入、支出、费用，债权、债务账目的登记工作；单位不得由一人办理货币资金业务的全过程。

（2）单位应当对货币资金业务建立严格的授权批准制度，明确审批人对货币资金业务的授权方式、权限、程序、责任和相关控制措施，规定经办人员办理货币资金业务的职责范围和工作要求。审批人应当根据货币资金授权批准制度的规定，在授权范围内进行审批，不得超越审批权限。经办人应当在职责范围内，按照审批人的批准意见办理货币资金业务。未经授权的部门和人员一律不得办理货币资金业务。

（3）单位应当按照支付的申请、审批、复核等规定程序办理货币资金支付业务。

（4）单位对于重要货币资金支付业务，应当实行集体决策和审批，并建立责任追究制度，防止贪污、侵占、挪用货币资金等行为。

（5）严禁未经授权的机构或人员办理货币资金业务或直接接触货币资金。

【例题12-1】

基本案情：某公司出纳员张某兼管销售账目，在月结现金收入日记账和编制汇总记账凭证时，其故意把现金收入合计128 925元列为128 295元，少列630元，使库存现金日记账余额减少630元，并将少列的630元占为己有。为了取得试算平衡，其同时在月结销售收入合计时，把销售收入合计1 635 810元，故意列为1 635 180元，少列630元。注册会计师在审计过程中发现，该公司销售收入的合计数有误，经与原始凭证核对，终于发现该出纳员贪污了现金630元。

分析要求：该公司内部控制制度存在什么问题？

答案提示：本案例中，张某一人兼做出纳和销售两种账目，不符合现金收入内控制度中不相容职位分离的原则，这也为张某贪污现金提供了便利，因此，要杜绝这种类型的现金舞弊案出现，还是应建立健全公司的内部控制制度。

（二）库存现金和银行存款的管理

（1）单位应当加强现金库存限额的管理，超过库存限额的现金应及时存入银行。

（2）确定本单位现金的开支范围。不属于现金开支范围的业务一律通过银行办理转账结算。

(3) 单位现金收入应当存入银行，不得用于直接支付单位自身的支出。因特殊情况需坐支现金的，应事先报开户银行审查批准。单位借出款项必须执行严格的授权批准程序，严禁挪用、借出货币资金。

(4) 单位取得的货币资金的收入必须及时入账，不得私设“小金库”，不得账外设账，严禁收款不入账。

(5) 单位应当严格按照《支付结算办法》等的规定，加强银行账户的管理，严格按照规定开立账户，办理存款、取款和结算。企业应当定期检查，清理银行账户的开立及使用情况，发现问题应及时处理。企业应加强对银行结算凭证的填制、传递及保管等环节的管理与控制。

(6) 单位应当遵守银行结算纪律，不准签发没有资金保证的票据或远期支票套取银行信用；不准签发、取得和转让没有真实交易和债权债务的票据，套取银行和他人现金；不准无理拒绝付款，任意占用他人资金；不准违反规定开立和使用银行账户。

(7) 单位应当指定专人定期及时核对银行账户（每月至少核对一次），确保银行存款账面余额与银行对账单相符。对银行账户核对过程中发现的未达账项，应查明原因，及时处理。

(8) 单位定期和不定期地进行现金盘点，确保现金账面余额与实际库存相符。若发现不符，则应及时查明原因并作出处理。

小资料 12-1

《人民币单位存款管理办法》(部分内容)

第八条　任何单位和个人不得将公款以个人名义转为储蓄存款。任何个人不得将私款以单位名义存入金融机构；任何单位不得将个人或其他单位的款项以本单位名义存入金融机构。

第十一条　存款单位支取定期存款只能以转账方式将存款转入其基本存款账户，不得将定期存款用于结算或从定期存款账户中提取现金。

第十二条　单位定期存款在存期内按存款存入日挂牌公告的定期存款利率计付利息，遇利率调整，不分段计息。

(三) 票据及有关印章的管理

(1) 单位应加强货币资金票据（银行汇票、银行本票等）的管理，明确各种票据的购买、保管、领用、背书转让、注销等环节的职责权限和程序，并专设登记簿进行记录，防止空白票据的遗失和盗用。

(2) 单位应加强银行预留印鉴的管理。财务专用章应由专人管理，个人名章必须由本人或其授权人员保管。严禁由一人保管支付款项所需的全部有关印章。

按规定需要有关负责人签字或盖章的经济业务，必须严格履行签字或盖章手续。

(四) 监督检查

单位应当建立对货币资金业务的监督检查制度，明确监督检查机构或人员的职责权限，定期或不定期地对货币资金的安全性进行检查。对监督检查过程中发现的货币资金内部控制的薄弱环节，应当及时采取措施，加以纠正和完善。

小思考12-1

单位主要针对哪些内容对货币资金业务进行监督检查?

提示：对货币资金监督检查的内容包括：(1) 检查相关岗位及人员的设置情况，重点关注货币资金业务不相容职务混岗问题；(2) 检查授权批准制度的执行，重点关注审批手续与越权批准问题；(3) 检查支付款项印章的保管，重点关注付款业务所需的所有印章集中一人手里的问题；(4) 检查票据的保管，重点关注购买、领用、保管等手续不齐全问题。

三、货币资金内部控制测试

(一) 货币资金内部控制概述

注册会计师可以根据实际情况采用不同的方法实现对货币资金内部控制的了解。一般而言，注册会计师可以采用编制流程图的方法。注册会计师在编制之前应当通过询问、观察等调查手段收集必要的资料，然后根据其所了解的情况编制流程图。这是货币资金控制测试的重要步骤。对于中小企业，也可以采用文字说明法表述货币资金内部控制。若年度审计工作底稿中已有以前年度的流程图，则注册会计师可根据调查结果加以修正，以供本年度审计之用。一般来说，了解货币资金内部控制时，注册会计师应当注意检查货币资金内部控制制度是否建立并严格执行。

(二) 货币资金内部控制的控制测试

货币资金内部控制测试包括以下内容：

1.抽取并检查收款凭证

如果货币资金收款内部控制不强，很可能会发生贪污舞弊或挪用等情况。为测试货币资金收款的内部控制，注册会计师应选取适当样本的收款凭证，进行如下检查：(1) 核对收款凭证与存入银行账户的日期和金额是否相符。(2) 核对库存现金、银行存款日记账的收入金额是否正确。(3) 核对收款凭证与银行对账单是否相符。(4) 核对收款凭证与应收账款等相关明细账的有关记录是否相符。(5) 核对实收金额与销货发票等相关凭据是否一致等。

2.抽取并检查付款凭证

为测试货币资金付款内部控制，注册会计师应选取适当样本的货币资金付款凭证，进行如下检查：(1) 检查付款的授权批准手续是否符合规定。(2) 核对库存现金、银行存款日记账的付出金额是否正确。(3) 核对付款凭证与银行对账单是否相符。(4) 核对付款凭证与应付账款等相关明细账的记录是否一致。(5) 核对实付金额与购货发票等相关凭据是否相符等。

3.抽取一定期间的库存现金、银行存款日记账与总账核对

首先，注册会计师应抽取一定期间的库存现金、银行存款日记账，检查其有无计算错误，加总是否正确无误，如果检查中发现问题较多，说明被审计单位货币资金的会计记录不够可靠；其次，注册会计师应根据日记账提供的线索，核对总账中的库存现金、银行存款、应收账款、应付账款等有关账户的记录。

4.抽取一定期间银行存款余额调节表，查验其是否按月正确编制并经复核

为证实银行存款记录的正确性，注册会计师必须抽取一定期间的银行存款余额调节

表，将其同银行对账单、银行存款日记账及总账进行核对，确定被审计单位是否按月正确编制并复核银行存款余额调节表。

5.检查外币资金的折算方法是否符合有关规定，是否与上年度一致

对于有外币货币资金、外币银行存款的被审计单位，注册会计师应检查外币库存现金日记账、外币银行存款日记账及"财务费用""在建工程"等账户的记录，确定企业有关外币库存现金、外币银行存款的增减变动是否按业务发生时的即期汇率或按照系统合理方法确定的与发生日即期汇率近似的汇率折合为记账本位币，选用方法是否前后期保持一致；检查企业的外币库存现金、银行存款账户的余额是否按期末即期汇率折合为记账本位币金额，有关汇兑损益的计算和记录是否正确。

6.评价库存现金的内部控制

注册会计师在完成上述程序后，即可对库存现金的内部控制进行评价。评价时，注册会计师应首先确定库存现金内部控制可信赖的程度以及存在的薄弱环节和缺点，然后据以确定在库存现金实质性程序中对哪些环节可以适当减少审计程序，对哪些环节应增加审计程序并作重点检查，以减少审计风险。

第三节 库存现金的审计

一、审计目标

现金是指企业的库存现金，包括人民币现金和外币现金。现金是企业流动性最强的资产，尽管其在企业资产总额中的比重不大，但企业发生的舞弊事件大都与现金有关，因此，注册会计师应该重视现金的审计。

库存现金的审计目标一般应包括：(1) 确定被审计单位资产负债表中的库存现金在资产负债表日是否确实存在；(2) 确定记录的库存现金是否为被审计单位所拥有或控制；(3) 确定被审计单位所有应当记录的现金收支业务是否均已记录完毕，有无遗漏；(4) 确定库存现金是否以恰当的金额包括在财务报表的货币资金项目中，与之相关的计价调整已恰当记录；(5) 确定库存现金是否已按照企业会计准则的规定在财务报表中恰当列报。

二、库存现金的实质性程序

库存现金的实质性程序一般包括：

(1) 核对库存现金日记账余额与总账余额是否相符，检查非记账本位币库存现金的折算汇率及折算金额是否正确。注册会计师测试现金余额的起点是核对库存现金日记账与总账的余额是否相符，如果不相符，应查明原因，并作出适当调整。

(2) 监盘库存现金。监盘库存现金是证实资产负债表中所列库存现金是否存在的一项重要程序。盘点库存现金，通常包括对已收到但未存入银行的现金、零用金、找换金等的盘点。盘点库存现金的时间和人员应视被审计单位的具体情况而定，但必须有出纳员和被审计单位会计主管人员参加，并由注册会计师进行监盘。盘点库存现金的步骤和方法有：

①制订监盘计划，确定监盘时间。对库存现金的监盘最好实施突击检查，时间最好选择在上午上班前或下午下班后进行，盘点的范围一般包括企业各部门经管的现金。在进行

现金盘点前应由出纳员将现金集中起来存入保险柜。必要时可加以封存，然后由出纳员把已办妥现金收付手续的收付款凭证登入库存现金日记账。企业现金存放部门有两处或两处以上的，应同时进行盘点。

②审阅库存现金日记账并同时与现金收付凭证相核对。一方面检查日记账的记录与凭证的内容和金额是否相符；另一方面了解凭证日期与日记账日期是否相符或接近。

③由出纳员根据库存现金日记账进行加计累计数额，结出现金结余额。

④盘点保险柜的现金实存数，同时编制“库存现金盘点表”，分币种、面值列示盘点金额（库存现金盘点表的格式参见表12-1）。

⑤将盘点金额与库存现金日记账余额进行核对，如有差异，应查明原因，并作出记录或适当调整。

表12-1　库存现金盘点表

客户：________　编制人：　日期：　索引号：

项目：________　复核人：　日期：　页次：

会计期间：________

盘点日期：　年　月　日

<table>
<tr><th colspan="5">检查核对记录</th><th colspan="7">实有现金盘点记录</th></tr>
<tr><th rowspan="2">项目</th><th rowspan="2">项次</th><th rowspan="2">人民币</th><th rowspan="2">美元</th><th rowspan="2">某外币</th><th rowspan="2">面额</th><th colspan="2">人民币</th><th colspan="2">美元</th><th colspan="2">某外币</th></tr>
<tr><th>张数</th><th>金额</th><th>张数</th><th>金额</th><th>张数</th><th>金额</th></tr>
<tr><td>上一日账面库存余额</td><td>①</td><td></td><td></td><td></td><td>100</td><td></td><td></td><td></td><td></td><td></td><td></td></tr>
<tr><td>盘点日未记账传票收入金额</td><td>②</td><td></td><td></td><td></td><td>50</td><td></td><td></td><td></td><td></td><td></td><td></td></tr>
<tr><td>盘点日未记账传票支出金额</td><td>③</td><td></td><td></td><td></td><td>10</td><td></td><td></td><td></td><td></td><td></td><td></td></tr>
<tr><td>盘点日账面应有余额</td><td>④=①+②-③</td><td></td><td></td><td></td><td>5</td><td></td><td></td><td></td><td></td><td></td><td></td></tr>
<tr><td>盘点日实有现金余额</td><td>⑤</td><td></td><td></td><td></td><td>1</td><td></td><td></td><td></td><td></td><td></td><td></td></tr>
<tr><td>盘店日应有与实有金额的差异</td><td>⑥=④-⑤</td><td></td><td></td><td></td><td>0.5</td><td></td><td></td><td></td><td></td><td></td><td></td></tr>
<tr><td rowspan="3">差异原因分析</td><td></td><td></td><td></td><td></td><td>0.2</td><td></td><td></td><td></td><td></td><td></td><td></td></tr>
<tr><td></td><td></td><td></td><td></td><td>0.1</td><td></td><td></td><td></td><td></td><td></td><td></td></tr>
<tr><td></td><td></td><td></td><td></td><td>合计</td><td></td><td></td><td></td><td></td><td></td><td></td></tr>
<tr><td rowspan="5">追溯调整</td><td>报表日至查账日现金付出总额(+)</td><td></td><td></td><td></td><td colspan="7" rowspan="6">情况说明及审计结论：</td></tr>
<tr><td>报表日至查账日现金收入总额(-)</td><td></td><td></td><td></td></tr>
<tr><td>报表日库存现金应有余额</td><td></td><td></td><td></td></tr>
<tr><td>报表日账面汇率</td><td></td><td></td><td></td></tr>
<tr><td>报表日余额折合本位币金额</td><td></td><td></td><td></td></tr>
<tr><td colspan="2">本位币合计</td><td></td><td></td><td></td></tr>
</table>

盘点人：　监盘人：　复核：

⑥若有冲抵库存现金的借条、未提现支票、未作报销的原始凭证，应在“库存现金盘点表”中注明或作出必要的调整。

⑦资产负债表日后进行盘点时，应调整至资产负债表日的金额。

小思考12-2

现金盘点与存货盘点有何区别?

提示:(1)盘点的主体不同。注册会计师参与现金盘点,而对于存货盘点一般是进行实地观察。(2)盘点的范围不同。注册会计师参与全部现金盘点,而对存货进行抽点。(3)盘点的对象不同。注册会计师进行现金盘点,盘点的是现金,而进行存货盘点,盘点的是存货。(4)盘点的程序不同。注册会计师进行存货盘点,要进行问卷调查,而进行现金盘点则不需要。(5)盘点的时间不同。现金盘点一般在外勤审计过程中进行,而存货盘点一般在资产负债表日前进行。(6)盘点的要求不同。现金盘点要求实施突击性检查,而存货盘点则要求事前通知、召开盘点预备会议。

(3)分析被审计单位日常库存现金余额是否合理,关注是否存在大额未缴存的现金。

(4)验证现金收支的截止日期,并审查截止日期前后的现金收支情况。被审计单位资产负债表中的现金数额,应以结账日实有数额为准。因此,注册会计师必须验证现金收支的截止日期。通常,注册会计师可以对结账日前后一段时期内现金收支凭证进行审计,以确定是否存在跨期事项。

(5)抽查大额现金收支。注册会计师应抽查大额现金收支的原始凭证内容是否完整,有无授权批准,并核对相关账户的进账情况,如有与被审计单位生产经营业务无关的收支事项,应查明原因,并作相应的记录。

(6)根据评估的舞弊风险等因素增加的其他审计程序。

(7)检查现金是否在资产负债表上恰当列报。根据有关规定,库存现金在资产负债表中"货币资金"项下反映,注册会计师应在实施上述审计程序后,确定库存现金账户的期末余额是否恰当,据以确定货币资金是否在资产负债表上恰当披露。

【例题12-2】

基本案情:注册会计师在审计某公司2020年账目时,发现"现金支出日记账"的一项摘要栏记录有"付拆除设备劳务费600元",在"现金收入日记账"和"银行存款收入日记账"中却没有发现相应的记载。注册会计师怀疑该公司可能将报废固定资产的清理收入转入了"小金库"。注册会计师首先审阅该记账凭证,其原始凭证为一张领导批准的白条"支付给王某设备拆除费600元",其会计处理为:

借:管理费用　　600

　贷:库存现金　　600

同时,注册会计师审查了该公司的固定资产明细账,发现本月份的一张凭证的摘要栏记录有"报废设备一台",调出该凭证,原始凭证表明该设备原值100 000元,无残值,无减值准备,进项税额按税率13%已抵扣,该设备使用年限5年,已使用4年,记账凭证上的会计分录为:

借:累计折旧　　80 000

　　营业外支出　　20 000

　贷:固定资产　　100 000

根据调查,该设备已经被运往LM公司,而且LM公司出价40 000元(不含税)购买该报废设备,并有该公司的白条收据。

分析要求：被审计单位上述的会计处理表明了什么？指出被审计单位应如何进行调整。

答案提示：上述事实表明，该公司在清理固定资产过程中，通过将清理支出计入管理费用，而将出售固定资产的收入转入“小金库”，在账务处理上不通过“固定资产清理”科目，以掩人耳目。

建议被审计单位作如下调整：

（1）调整支付拆除费。

借：固定资产清理　　600

　贷：管理费用　　600

（2）收到清理收入。

借：库存现金　　40 000

　贷：固定资产清理　　40 000

（3）按13%计算应交增值税税金为：40 000×13%=5 200（元）

借：固定资产清理　　5 200

　贷：应交税费——应交增值税（销项税额）　　5 200

（4）调整营业外收支。

借：固定资产清理　　20 000

　贷：营业外支出　　20 000

（5）结转清理结果。

借：固定资产清理　　14 200

　贷：营业外收入　　14 200

小经验12-1

常见的现金错弊类型

错弊类型		操作手法
贪污现金	隐瞒收入	(1)收入现金后，撕毁票据，不报账或入账； (2)收入现金后，不开票据，不报账或入账
	利用篡改、刮擦消退等手段涂改凭证金额	利用管理上的漏洞或工作上的便利，更改凭证上的金额：(1)将收入金额改小；(2)将支出金额改大
	支出的原始凭证重复报销	一证多报，多发生在财务部门
	大头小尾	多发生在费用报销环节，即利用假复写的办法，使现金存根金额多于实际支出金额
	向客户开出空白发票或收据	手法较高，轻松将收入据为己有
	冒充领导签字	在原始凭单上冒充领导签字进行业务报销
挪用现金	列错现金总额	(1)出纳将库存现金日记账中收入合计数少列； (2)出纳将库存现金日记账中支出合计数多列
	白条抵库	利用白条借出现金为自己或他人牟取私利
	收入不入账	出纳将收入的现金不入账而挪作他用
	职工不正常借款	职工从单位借款后未办理正常业务，而是挪作他用
	侵吞银行借款	由于内部控制存在缺陷，经办银行借款的人员相互串通，借入款项不入账，并销毁借款存根
	应收账款收回不及时处理	应收账款收到现金后不入账，而将现金挪作他用(多发生在会计或出纳身上)
坐支现金		应收账款收到现金后不入账，而将现金挪作他用，多发生在会计或出纳身上

第四节 银行存款的审计

一、审计目标

银行存款是指企业存放在银行或其他金融机构的货币资金。按照国家有关规定，凡是独立核算的企业都必须在当地银行开设账户。企业在银行开设账户以后，除按核定的限额保留库存现金外，超过限额的现金必须存入银行；除了在规定的范围内可以用现金直接支付的款项外，在经营过程中所发生的一切货币收支业务，都必须通过银行存款账户进行结算。

银行存款的审计目标主要包括：(1) 确定被审计单位资产负债表中的银行存款在资产负债表日是否确实存在；(2) 确定记录的银行存款是否为被审计单位所拥有或控制；(3) 确定被审计单位所有应当记录的银行存款收支业务是否均已记录完毕，有无遗漏；(4) 确定银行存款是否以恰当的金额包括在财务报表的“货币资金”项目中，与之相关的计价调整是否已恰当记录；(5) 确定银行存款是否已按照企业会计准则的规定在财务报表中恰当列报。

二、银行存款的实质性程序

银行存款的实质性程序一般包括：

(1) 获取或编制银行存款余额调节表，复核加计是否正确，并与总账数和日记账合计数核对是否相符；检查非记账本位币银行存款的折算汇率及折算金额是否正确。注册会计师测试银行存款余额的起点是核对银行存款日记账与总账的余额是否相符，如果不相符，应查明原因，并作出适当调整。

如果对被审计单位银行存款账户的完整性存在疑虑，例如，当被审计单位可能存在账外资金体外循环时，注册会计师可增加如下程序：①注册会计师在被审计单位工作人员陪同下去中国人民银行或基本存款账户开户行查询并打印“已开立银行结算账户清单”，观察整个查询、打印过程，并检查被审计单位账面记录的银行人民币结算账户是否完整；②结合其他相关细节测试，关注交易相关单据中被审计单位的收（付）款银行账户是否包含在注册会计师已获取的开立银行账户清单内。

(2) 实施实质性分析程序。计算银行存款累计余额应收利息收入，分析比较被审计单位应收利息收入与实际的差异是否恰当，评估利息收入的合理性，检查是否存在高息资金拆借，确定银行存款余额是否存在，利息收入是否已经完整记录。

(3) 检查银行存款账户发生额，主要实施以下程序：①结合银行账户性质，分析不同账户发生银行存款日记账漏记银行交易的可能性，获取相关账户相关期间的全部银行对账；②利用数据分析等技术，对比银行对账单上的收付款流水与被审计单位银行存款日记账的收付款信息是否一致，对银行对账单及被审计单位银行存款日记账记录进行双向核对；③注册会计师通常可以考虑选择以下银行账户进行核对：基本户，余额较大的银行账户，发生额较大且频繁收付的银行账户，发生额较大但余额较小、零余额或当期注销的银行账户，募集资金账户等。一旦选定某一银行账户，即可对其实施进一步的审计程序；

④浏览资产负债表日前后的银行对账单和被审计单位银行存款账簿记录，关注是否存在大额、异常资金变动以及大量大额红字冲销或调整记录，如存在，需要实施进一步的审计程序。

（4）检查银行存款余额调节表是证实资产负债表中所列银行存款是否存在的一个重要程序。银行存款余额调节表通常应由被审计单位根据不同的银行账户及货币种类分别编制，其格式见表12-2。如果调整后的银行存款余额存在差异，注册会计师应查明原因，并作出记录或进行适当的调整。

表12-2 银行存款余额调节表

年 月 日

编制人： 日期： 索引号：

复核人： 日期： 页 次：

户 别： 币 种：

项 目
银行对账单余额（ 年 月 日）
加：企业已收而银行尚未入账金额
其中：1.
2.
减：企业已付而银行尚未入账金额
其中：1.
2.
3.
调整后银行对账单余额
企业银行存款日记账余额（ 年 月 日）
加：银行已收而企业尚未入账金额
其中：1.
2.
3.
减：银行已付而企业尚未入账金额
其中：1.
2.
3.
调整后企业银行存款日记账余额

经办会计人员（签字） 会计主管（签字）

小思考12-3

注册会计师审查银行存款余额调节表的目的和程序是什么？

提示：审查银行存款余额调节表的目的主要是检查未达账项的真实性，确认银行存款余额是否存在。

审查银行存款余额调节表的程序：(1) 核对银行存款日记账余额与银行对账单余额。(2) 调查未达账项的真实性。包括列示未提现支票清单，并注明开票日期和收票人姓名或单位；追查截止日期银行对账单上的在途存款，并在银行账户调节表上注明存款日期；追查截止日期银行已收、被审计单位未收的款项的性质及款项来源；追查截止日期银行已付、被审计单位未付的款项的性质及款项来源。(3) 验算调节表的数字计算，如果计算结果与银行存款余额相符，说明银行存款余额正确，如果不符，说明存在错账，应进一步查明原因。

资料来源　刘明辉，史德刚.审计［M］.5版.大连：东北财经大学出版社，2017.

值得注意的是，审查银行存款余额是否真实并不能仅仅满足于调节以后的银行对账单余额与银行存款日记账余额相等，在查明余额相等的基础上，还有必要将对账单与银行存款日记账逐笔进行核对，因为有时在银行对账单上有一收一付、多收一付、一收多付，而银行存款日记账上并无收付记录，尽管余额相等，仍有可能存在出借银行账户，违反结算纪律的非法活动，因此应该注意审核，不可轻易放过。

(5) 函证银行存款余额。为验证被审计单位银行存款的存在性、合法性和完整性，《中国注册会计师审计准则第1312号——函证》第十二条规定，注册会计师应当对银行存款（包括零余额账户和在本期内注销的账户）、借款及与金融机构往来的其他重要信息实施函证程序，除非有充分证据表明某一银行存款、借款及与金融机构往来的其他重要信息对财务报表不重要且与之相关的重大错报风险很低；如果不对这些项目实施函证程序，注册会计师应当在审计工作底稿中说明理由。

当实施函证程序时，注册会计师应当对询证函保持控制，当函证信息与银行回函结果不符时，注册会计师应当调查不符事项，以确定是否表明存在错报。

根据财政部、银保监会《关于进一步规范银行函证及回函工作的通知》（财会〔2020〕12号）文件，各商业银行、政策性银行、外资银行以及非银行金融机构要在收到询证函之日起10个工作日内，根据函证的具体要求，及时回函，并可按国家有关规定收取询证费用。银行询证函参考格式见表12-3。

表12-3　**银行询证函**

编号：

工行北门口支行：

本公司聘请的【恒信会计师事务所】正在对本公司2020年度的财务报表进行审计，按照【中国注册会计师审计准则】的要求，应当询证本公司与贵行的相关信息。下列第1—14项及附表（如适用）信息出自本公司的记录：

(1) 如与贵行记录相符，请在本函“结论”部分【签字和签章】或【签发电子签名】；

(2) 如果不符，请在本函“结论”部分列明不符事项及具体内容，并【签字和签章】或【签发电子签名】。

本公司谨授权贵行将回函直接寄至　恒信　会计师事务所【或直接转交恒信会计师事务所函证经办人】，地址及联系方式如下：

续表

回函地址：

联系人：　　　　　　　电话：　　　　　　　传真：　　　　　　　邮编：

电子邮箱：

本公司谨授权贵行可从本公司××账户支取办理本询证函回函服务的费用（如适用）。

截至2020年12月31日（即“函证基准日”），本公司与贵行相关的信息列示如下：

1.银行存款

账户名称	银行账号	币种	利率	账户类型	余额	是否属于资金归集(资金池或其他资金管理)账户	起始日期	终止日期	是否存在冻结、担保或其他使用限制(如是,请注明)	备注
K公司	340020370902416	人民币			266 360 466.88				否	
K公司	340020370902459	美元			2 888 619.46				否	

除上述列示的银行存款（包括余额为零的存款账户）外，本公司并无在贵行的其他存款。

2.银行借款

借款人名称	银行账号	币种	余额	借款日期	到期日期	利率	抵(质)押品/担保人	备注
K公司	340020390202256	人民币	100 000.00	2020-01-06	2020-04-06	5.6%	无	
K公司	340020510203758	人民币	500 000.00	2020-04-12	2020-06-24	5.6%	无	

除上述列示的银行借款外，本公司并无在贵行的其他借款。

3.自____年____月____日起至____年____月____日期间内注销的银行存款账户

账户名称	银行账号	币种	注销账户日
	无		

除上述列示的注销账户外，本公司在此期间并未在贵行注销其他账户。

4.本公司作为委托人的委托贷款

账户名称	银行结算账号	资金借入方	币种	利率	余额	贷款起止日期	备注
				无			

除上述列示的委托贷款外，本公司并无通过贵行办理的其他以本公司作为委托人的委托贷款。

5.本公司作为借款人的委托贷款

账户名称	银行结算账号	资金借出方	币种	利率	金额	贷款起止日期	备注
				无			

除上述列示的委托贷款外，本公司并无通过贵行办理的其他以本公司作为借款人的委托贷款。

续表

6.担保

（1）本公司为其他单位提供的、以贵行为担保受益人的担保

被担保人	担保方式	币种	担保金额	担保到期日	担保合同编号	备注
无						

除上述列示的担保外，本公司并无其他以贵行为担保受益人的担保。

（2）贵行向本公司提供的担保（如保函业务、备用信用证业务等）

被担保人	担保方式	币种	担保金额	担保到期日	担保合同编号	备注
无						

除上述列示的担保外，本公司并无贵行提供的其他担保。

7.本公司为出票人且由贵行承兑而尚未支付的银行承兑汇票

银行承兑汇票号码	结算账户账号	币种	票面金额	出票日	到期日	抵(质)押品
无						

除上述列示的银行承兑汇票外，本公司并无由贵行承兑而尚未支付的其他银行承兑汇票。

8.本公司向贵行已贴现而尚未到期的商业汇票

商业汇票号码	付款人名称	承兑人名称	票面金额	票面利率	出票日	到期日	贴现日	贴现率	贴现净额
无									

除上述列示的商业汇票外，本公司并无向贵行已贴现而尚未到期的其他商业汇票。

9.本公司为持票人且由贵行托收的商业汇票

商业汇票号码	承兑人名称	币种	票面金额	出票日	到期日
无					

除上述列示的商业汇票外，本公司并无由贵行托收的其他商业汇票。

10.本公司为申请人、由贵行开具的、未履行完毕的不可撤销信用证

信用证号码	受益人	信用证金额	到期日	未使用金额
无				

除上述列示的不可撤销信用证外，本公司并无由贵行开具的、未履行完毕的其他不可撤销信用证。

11.本公司与贵行之间未履行完毕的外汇买卖合约

类别	合约号码	贵行卖出币种	贵行买入币种	未履行的合约买卖金额	汇率	交收日期
贵行卖予本公司						
本公司卖予贵行						

除上述列示的外汇买卖合约外，本公司并无与贵行之间未履行完毕的其他外汇买卖合约。

12.本公司存放于贵行托管的证券或其他产权文件

证券或其他产权文件名称	证券代码或产权文件编号	数量	币种	金额
无				

续表

除上述列示的证券或其他产权文件外，本公司并无存放于贵行托管的其他证券或其他产权文件。

13. 本公司购买的由贵行发行的未到期银行理财产品

产品名称	产品类型（封闭式/开放式）	币种	持有份额	产品净值	购买日	到期日	是否被用于担保或存在其他使用限制
无							

除上述列示的银行理财产品外，本公司并未购买其他由贵行发行的理财产品。

14. 其他

附表　　资金归集（资金池或其他资金管理）账户具体信息

序号	资金提供机构名称（即拨入资金的具体机构）	资金提供机构账号	资金使用机构名称(即向该具体机构拨出资金)	资金使用机构账号	币种	截至函证基准日拨入或拨出资金余额(拨出填列正数,拨入填列负数)	备注
1	A公司					××××	
2			B公司			××××	

（预留印鉴）

年　　月　　日

经办人：

职　务：

电　话：

以下由被询证银行填列

结论：

经本行核对,所函证项目与本行记载信息相符。特此函复。

年　　月　　日　　经办人：　　职务：　　电话：

复核人：　　职务：　　电话：

（银行盖章）

经本行核对,存在以下不符之处。

年　　月　　日　　经办人：　　职务：　　电话：

复核人：　　职务：　　电话：

（银行盖章）

（6）检查银行存款账户存款人是否为被审计单位，若存款人非被审计单位，应获取该账户户主和被审计单位的书面声明，确认资产负债表日是否需要调整。

（7）抽查大额银行存款的收支。大额银行存款的收支，对被审计单位财务报表的真实、公允表达的影响很大，因此，注册会计师应抽查一定比例的大额银行存款收支，着重检查大额银行存款收支的原始凭证内容是否齐全完整，有无授权批准，并核对相关账目的进账情况，如有与客户生产经营业务无关的银行存款收支事项，应查明原因，并作相应的记录。

（8）关注是否有质押、冻结等对变现有限制或存放在境外的款项。

（9）检查银行存款收支的截止是否正确。选取资产负债表日前后若干张、一定金额以上的凭证实施截止测试，关注业务内容及对应项目，如有跨期收支事项，则应考虑是否提请被审计单位进行调整。

（10）对不符合现金及现金等价物条件的银行存款在审计工作底稿中予以列明。

（11）根据评估的舞弊风险等因素增加的其他审计程序。

（12）检查银行存款是否在资产负债表上恰当列报。根据有关规定，企业的银行存款在资产负债表上“货币资金”项目下反映，所以，注册会计师应在实施上述审计程序后，确定银行存款账户的期末余额是否恰当，从而确定资产负债表上“货币资金”项目中的数字是否在资产负债表上恰当列报。

知识链接 12-1

定期存款实质性程序

定期存款实质性程序的检查方法及具体内容见表12-4。

表12-4　**定期存款实质性程序的检查方法及具体内容**

序号	程序或方法	具体内容
1	询问	如果定期存款占银行存款的比例偏高，或同时负债比例偏高，注册会计师需要向管理层询问定期存款存在的商业理由并评估其合理性
2	获取定期存款明细表	检查是否与账面记录金额一致，存款人是否为被审计单位，定期存款是否被质押或限制使用
3	监盘定期存款凭据	如果被审计单位在资产负债表日有大额定期存款，基于对风险的判断，考虑在资产负债表日实施监盘
4	实地观察、截屏保存	实地观察被审计单位登录网银系统查询定期存款信息，并将查询信息截屏保存
5	检查相关文件	(1)对未质押的定期存款，检查开户证实书原件。在检查时，还要认真核对相关信息，包括存款人、金额、期限等，如有异样，需实施进一步审计程序；(2)对已质押的定期存款，检查定期存单复印件，并与相应的质押合同核对
6	函证	函证定期存款相关信息
7	分析利息收入	结合财务费用和投资收益审计，分析利息收入的合理性，判断定期存款是否真实存在，或是存在体外资金循环的情形
8	检查、核对相关凭证	对于在报告期内到期结转的定期存款，资产负债表日后已提取的定期存款，检查、核对相应的兑付凭证、银行对账单或网银记录等
9	关注披露	关注被审计单位是否在财务报表附注中对定期存款及其受限情况(如有)给予充分披露

资料来源　刘圣妮，冬奥会计在线.轻松过关2021年注册会计师考试应试指导及全真模拟测试 审计［M］. 北京：北京科学技术出版社，2021.

【例题12-3】

基本案情：注册会计师对某企业银行存款审计时得到下列数据：

1.2020年12月31日银行存款日记账余额为27 080元，银行存款对账单余额为26 450元。

2.经核对还发现多笔未达账项，经审查未达账项及金额均准确无误：

(1) 12月29日委托银行收款3 000元，银行已入账，企业未收到收款通知而没入账；

(2) 12月30日企业曾开出一张现金支票900元，企业已入账，银行未入账；

(3) 12月31日银行记录已付公用事业费共计850元，银行已入账，企业未收到付款通知而没入账；

(4) 12月31日企业收到转账支票一张3 500元，企业已入账，银行未入账。

3.另查明，银行存款日记账将12月20日收到的银行存款通知单3 960元错记为3 900元入账。

分析要求：

(1) 根据情况，代审计师编制银行存款余额调节表。(2) 如果银行存款对账单的余额准确无误，试问：编制的银行存款余额调节表中发现的错误金额是多少？(3) 请问2020年12月31日银行存款日记账余额是否正确。如果不正确，正确余额是多少？(4) 调节后银行存款真实的余额是多少？

答案提示：

(1) 银行存款余额调节表见表12-5。

表12-5　银行存款余额调节表　单位：元

日记账余额	27 080	对账单余额	26 450
加：企业未入账收入		加：银行未入账收入	
委托收款	3 000	转账支票	3 500
错账	60	减：银行未入账支出	
减：企业未入账支出		开出支票	900
付费	850		
调整后余额	29 290	调整后余额	29 050

(2) 错误金额：29 290−29 050=240（元）

(3) 2020年12月31日银行存款日记账的正确余额：27 080−240=26 840（元）

(4) 银行存款的实际余额或调节后余额为29 050元。

资料来源　改编自刘泉军.审计学（全国高等教育自学考试同步训练·同步过关）[M].北京：人民日报出版社，2009.

课程思政 12-1

嵌入思政元素的货币资金审计案例设计

大纲	重点教学内容	思政元素	具体实施
货币资金关键控制点及控制测试	货币资金关键控制点、控制目标和控制活动	联系观	活动：结合资金运动的思维导图，绘制资金管理的流程图，讲解资金管理的关键控制点及对应的关键控制活动，对于其中可能出现的主要风险，如审批不当、资金营运不善、管控不严，导致资金挪用、侵占、盲目投资等进行重点讲解
			结合：引导学生运用唯物辩证法中联系的观点，通过学习关键风险，理解关键控制点和关键控制活动
	穿行测试和询问、观察、检查等其他控制测试程序	①信仰法律、崇尚法治、客观公正、忠于职守的审计精神； ②与时俱进、开拓创新的审计精神	活动：①根据资金管理的流程图、关键控制活动，学生以小组为单位对被审计单位的资金管理内控进行穿行测试和控制测试；②小组中学生设置高级审计员、初级审计员，职责分工不同，共同完成测试
			结合：①测试中，不同学生职责不同，互相合作，培养学生团结友爱的小组合作精神；②执行测试，收集资料，要与企业不同部门的人进行沟通交流，且要甄别抽取样本，引导学生树立客观公正、忠于职守的审计精神；③通过区块链、大数据等的讲解，引导学生在面对新型经济组织时要树立与时俱进、开拓创新的审计精神
货币资金实质性测试	现金盘点 大额现金抽样测试	①辩证法发展的观点； ②与时俱进、开拓创新的审计精神	活动：①观看《审计风云》中审计员盘点现金的视频；②学生角色模拟出纳和审计员，编制现金盘点表，进行大额现金抽样测试
			结合：以学生熟悉的当下常用的支付手段阐述事物是不断发展的，引导学生本着辩证法的发展观点，只有不断学习，才能具备与时俱进、开拓创新的审计精神。
	银行存款函证 大额银行存款抽样测试	①信仰法律、崇尚法治、客观公正、忠于职守的审计精神； ②对工作专注执着、精益求精、持之以恒的精神	活动：①回顾康美药业案例，讲解康华农业审计案例；②讲解银行函证的审计程序，引导学生思考康华农业案例中的银行的独特性
			结合：①通过康华农业案例，审计人员无视被函证银行为企业关联方的事实，引导学生深入理解信仰法律、崇尚法治、客观公正、忠于职守的审计精神；②大额银行存款抽样测试中，以保险公司存在大量银行流水为例，指出该审计程序可能会出现大量的高强度的抽样检查，引导学生必须秉持对工作专注执着、精益求精、持之以恒的工匠精神，才能更好地完成本职工作

参考文献：

邱群霞．审计课程思政建设的教学探析——以资金审计为例［J］．商业会计，2021（5）．

第五节 其他货币资金的审计

一、其他货币资金的审计目标

其他货币资金审计包括外埠存款、银行汇票存款、银行本票存款、信用卡存款和信用证存款等内容的审查。

其他货币资金的审计目标包括：（1）确定被审计单位资产负债表中的其他货币资金在资产负债表日是否确实存在；（2）确定记录的其他货币资金是否为被审计单位所拥有或控制；（3）确定被审计单位所有应当记录的其他货币资金收支业务是否均已记录完毕，有无遗漏；（4）确定其他货币资金是否以恰当的金额包括在财务报表的货币资金项目中，与之相关的计价调整是否已恰当记录；（5）确定其他货币资金是否已按照企业会计准则的规定在财务报表中恰当列报。

二、其他货币资金的实质性程序

其他货币资金的实质性程序主要包括：

（1）核对外埠存款、银行汇票存款、银行本票存款等各明细账期末合计数与总账数是否相符。

（2）获取所有其他货币资金明细的对账单，与账面记录核对，如果存在差异应查明原因，必要时提出调整建议。

（3）函证外埠存款户、银行汇票存款户、银行本票存款户等期末余额。

（4）对于非记账本位币的其他货币资金，检查其折算汇率及折算金额是否正确。

（5）抽查大额的其他货币资金收付记录。检查其原始凭证是否完整，有无适当的审批授权，记账凭证和原始凭证是否相符，会计处理是否正确，并核对相关账户的进账情况。

（6）关注是否有质押、冻结等限制，或存放在境外，或有潜在回收风险的款项。

（7）检查其他货币资金存款账户存款人是否为被审计单位，若存款人非被审计单位，应获取该账户户主和被审计单位的书面声明，确认资产负债表日是否需要调整。

（8）抽取资产负债表日后的大额收支凭证进行截止测试，如有跨期收支事项，应作适当调整。

（9）对不符合现金及现金等价物条件的其他货币资金在审计工作底稿中予以列明。

（10）根据评估的舞弊风险等因素增加的其他审计程序。

（11）检查其他货币资金的列报是否恰当。

小经验 12-2

其他货币资金审计常见错弊类型

（1）非法开设外埠存款账户；

（2）外埠存款支出不合理、不合法；

（3）银行汇票或银行本票使用不合理、不合法；

（4）非法转让或贪污银行汇票或银行本票款项。

资料来源 王振林，陈希晖．货币资金审计［M］．北京：中国时代经济出版社，2002.

案例分析12-1

货币资金的实质性测试

注册会计师在对ABC公司2020年度财务报表的货币资金进行审计时，实施的部分程序有：

（1）2021年3月5日对ABC公司全部现金进行盘点，监盘后，确认实有现金数额为1 000元。ABC公司3月4日账面库存现金金额为2 000元，3月5日发生的现金收支全部未登记入账，其中收入金额为3 000元，支出金额为4 000元，2021年1月1日至3月4日现金收入总额165 200元，现金支出总额为165 500元。

（2）取得2020年12月31日的银行存款调节表。

（3）向所有开户银行寄发询证函，并直接收取寄回的询证函回函。

（4）取得开户银行2021年1月31日的银行对账单。

分析要求：

（1）2020年12月31日库存现金余额是多少？

（2）注册会计师向开户银行函证的作用有哪些？

（3）注册会计师应采取什么方式才能直接收回开户银行的询证函？目的是什么？

（4）注册会计师取得银行存款余额调节表后，应检查哪些内容？

资料来源　改编自李晓慧．审计学：实务与案例［M］．3版．北京：中国人民大学出版社，2014．

本章小结

企业的货币资金包括库存现金、银行存款、其他货币资金。企业的货币资金循环特性包括货币资金与其他业务循环的关系和货币资金业务涉及的主要凭证和会计记录。

货币资金的内部控制包括岗位分工及授权批准、现金和银行存款的管理、票据及有关印章的管理、监督检查等关键控制制度，注册会计师应首先了解和记录被审单位货币资金内部控制制度的设计和执行情况，并采用一定的方法进行控制测试，在此基础上评价其控制风险。

库存现金的实质性程序一般包括核对库存现金日记账余额与总账余额是否相符；分析性程序；监盘库存现金；验证现金收支的截止日期，并审查截止日期前后的现金收支情况；抽查大额现金收支；根据评估的舞弊风险等因素增加的其他审计程序；检查现金是否在资产负债表上恰当列报。

银行存款的实质性程序一般包括：获取或编制银行存款余额调节表，分析性程序，检查银行存款账户发生额，取得并检查银行存款余额调节表，函证银行存款余额，检查银行存款账户存款人是否为被审计单位所有，检查大额存款的收支，检查银行存款收支的正确截止，根据评估的舞弊风险等因素增加的其他审计程序，检查银行存款是否在资产负债表上恰当列报等。其他货币资金的实质性程序与银行存款的实质性程序大体相同。

主要概念

货币资金　库存现金　银行存款　其他货币资金

关键思考题

1.库存现金的审计目标是什么？如何进行库存现金的实质性程序？

2.注册会计师执行库存现金的盘点程序和存货的监盘程序有何区别？

3.银行存款的审计目标是什么？如何进行银行存款的实质性程序？

4.银行存款的函证与应收账款、应付账款的函证有何区别？

第十三章

非财务报表审计的鉴证业务与相关服务

学习目标

☆知识目标

明确非审计鉴证业务与相关服务的内容；

掌握特殊目的审计业务的含义与内容；

掌握财务报表审阅业务的含义及一般程序；

明确其他鉴证业务的含义与一般程序；

明确相关服务业务的含义与性质。

☆技能目标

特殊目的审计业务出具审计报告。

第一节 特殊目的审计业务

对被审计单位的财务报表审计，是注册会计师提供的传统鉴证业务，但除此之外，注册会计师还提供其他类型的鉴证业务，包括特殊目的审计业务、内部控制审核、财务报表审阅等。本节主要阐述特殊目的审计业务。

一、特殊目的审计业务

（一）特殊目的审计业务的含义

特殊目的审计业务是指注册会计师接受委托，对特殊基础编制的财务报表、财务报表的组成部分、合同的遵守情况和简要财务报表等财务信息进行审计并出具审计报告的业务。注册会计师应当复核和评价在执行特殊目的审计业务过程中获取的审计证据和由此得出的结论，以作为发表审计意见的基础。注册会计师应当以书面报告的形式清晰地表达审计意见。

（二）特殊目的审计业务的总体要求

（1）一般要求。在执行特殊目的审计业务时，注册会计师实施的审计程序的性质、时间和范围因具体业务情况的不同而存在差异。在承接特殊目的审计业务前，注册会计师应当与委托人就业务性质、审计报告的格式和内容等达成一致意见。

（2）在计划审计工作时，注册会计师应当清楚地了解所审计信息的用途及可能的使用者。

（3）为了避免审计报告被用于非预定目的，注册会计师可以在审计报告中说明出具审计报告的目的，以及在分发和使用上的限制。

（4）特殊目的审计业务出具的审计报告应当包括下列要素：①标题；②收件人；③引言段；④范围段；⑤审计意见段；⑥注册会计师的签名和盖章；⑦会计师事务所的名称、地址及盖章；⑧报告日期。下面是四种特殊目的审计业务出具的审计报告格式举例。

举例1：对按照某一国家或地区的计税核算基础（本例为遵循性编制基础）编制的一套完整财务报表出具的审计报告。

背景信息：

1.合伙企业的管理层已经按照××国家的计税核算基础（即特殊目的编制基础）编制财务报表，以帮助合伙人编制各自的纳税申报表，管理层无权选择财务报告编制基础；

2.适用的财务报告编制基础是遵循性编制基础；

3.审计业务约定条款中说明的管理层对财务报表的责任，与《中国注册会计师审计准则第1111号——就审计业务约定条款达成一致意见》的规定一致；

4.审计报告的分发受到限制。

审计报告

[恰当的收件人]

我们审计了后附的ABC合伙企业财务报表，包括2020年12月31日的资产负债表、2020年度的利润表以及财务报表附注。财务报表已由ABC合伙企业管理层按照××国家的计税核算基础编制。

一、管理层对财务报表的责任

管理层负责按照××国家计税核算基础编制财务报表，并负责设计、执行和维护必要的内部控制，以使财务报表不存在由于舞弊或错误导致的重大错报。

二、注册会计师的责任

我们的责任是在执行审计工作的基础上对财务报表发表审计意见。我们按照中国注册会计师审计准则的规定执行了审计工作。中国注册会计师审计准则要求我们遵守中国注册会计师职业道德守则，计划和执行审计工作以对财务报表是否不存在重大错报获取合理保证。

审计工作涉及实施审计程序，以获取有关财务报表金额和披露的审计证据。选择的审计程序取决于注册会计师的判断，包括对由于舞弊或错误导致的财务报表重大错报风险的评估。在进行风险评估时，注册会计师考虑与财务报表编制相关的内部控制，以设计恰当的审计程序，但目的并非对内部控制的有效性发表意见。审计工作还包括评价管理层选用会计政策的恰当性和作出会计估计的合理性，以及评价财务报表的总体列报。

我们相信，我们获取的审计证据是充分、适当的，为发表审计意见提供了基础。

三、审计意见

我们认为，ABC合伙企业财务报表在所有重大方面按照××国家的计税核算基础编制。

四、编制基础以及对分发的限制

我们提醒财务报表使用者关注财务报表附注×对编制基础的说明。ABC合伙企业编制财务报表是为了帮助其合伙人编制各自的纳税申报表。因此，财务报表可能不适于其他用途。我们的报告仅用于ABC合伙企业及其合伙人，而不应分发至除ABC合伙企业或其合伙人之外的其他机构或人员。

××会计师事务所（盖章）　　　　　　　　　　中国注册会计师：×××（签名并盖章）

中国注册会计师：×××（签名并盖章）

中国××市　　　　　　　　　　　　　　　　　　二〇二一年×月×日

举例2：对按照通用目的编制基础编制的单一财务报表出具的审计报告（本例为公允列报编制基础）。

背景信息：

1.对资产负债表（即单一财务报表）进行审计；

2.资产负债表已由管理层按照××国家财务报告编制基础中与编制资产负债表相关的规定编制；

3.适用的财务报告编制基础是公允列报编制基础，旨在满足广大财务报表使用者共同的财务信息需求；

4.审计业务约定条款中说明的管理层对财务报表的责任，与《中国注册会计师审计准则第1111号——就审计业务约定条款达成一致意见》的规定一致；

5.注册会计师确定在审计意见中使用"在所有重大方面""公允反映"等措辞是恰当的。

审计报告

[恰当的收件人]

我们审计了后附的ABC股份有限公司（以下简称ABC公司）财务报表，包括2020年12月31日的资产负债表和相关附注（以下合称财务报表）。

一、管理层对财务报表的责任

管理层负责按照××国家财务报告编制基础中与编制资产负债表相关的规定编制和公允列报财务报表，并负责设计、执行和维护必要的内部控制，以使财务报表不存在由于舞弊或错误导致的重大错报。

二、注册会计师的责任

我们的责任是在执行审计工作的基础上对财务报表发表审计意见。我们按照中国注册会计师审计准则的规定执行了审计工作。中国注册会计师审计准则要求我们遵守中国注册会计师职业道德守则，计划和执行审计工作以对财务报表是否不存在重大错报获取合理保证。

审计工作涉及实施审计程序，以获取有关财务报表金额和披露的审计证据。选择的审计程序取决于注册会计师的判断，包括对由于舞弊或错误导致的财务报表重大错报风险的评估。在进行风险评估时，注册会计师考虑与财务报表编制相关的内部控制，以设计恰当的审计程序，但目的并非对内部控制的有效性发表意见。审计工作还包括评价管理层选用会计政策的恰当性和作出会计估计的合理性，以及评价财务报表的总体列报。

我们相信，我们获取的审计证据是充分、适当的，为发表审计意见提供了基础。

三、审计意见

我们认为，ABC公司财务报表在所有重大方面按照××国家财务报告编制基础中与编制资产负债表相关的规定编制，公允反映了ABC公司2020年12月31日的财务状况。

××会计师事务所（盖章）　　中国注册会计师：×××（签名并盖章）

中国注册会计师：×××（签名并盖章）

中国××市　　二〇二一年×月×日

举例3：对按照既定标准编制的简要财务报表出具的审计报告。

背景信息：

1.对已审计财务报表发表了无保留意见；

2.存在编制简要财务报表采用的既定标准；

3.对简要财务报表出具审计报告的日期晚于对构成简要财务报表来源的财务报表出具审计报告的日期。

对简要财务报表出具的审计报告

[恰当的收件人]

后附的ABC股份有限公司（以下简称ABC公司）简要财务报表包括2020年12月31日的简要资产负债表，2020年度的简要利润表、简要股东权益变动表和简要现金流量表以及相关附注。我们已在2021年2月15日签署的审计报告中对构成简要财务报表来源的财务报表发表了无保留意见。这些财务报表和简要财务报表没有反映审计报告日（2021年2月15日）后发生事项的影响。

简要财务报表没有包含（描述ABC公司在编制已审计财务报表时所采用的财务报告编制基础）要求的所有披露。因此，对简要财务报表的阅读不能替代对ABC公司已审计财务报表的阅读。

一、管理层对简要财务报表的责任

管理层负责按照（描述既定的标准）编制来源于已审计财务报表的简要财务报表。

二、注册会计师的责任

我们的责任是在实施审计程序的基础上对简要财务报表发表审计意见。我们按照《中国注册会计师审计准则第1604号——对简要财务报表出具报告的业务》的规定执行了审计工作。

三、审计意见

我们认为，来源于2020年度已审计财务报表的简要财务报表已按照（描述既定的标准）编制，在所有重大方面与已审计财务报表保持一致（或公允概括了已审计财务报表）。

××会计师事务所（盖章）　　中国注册会计师：×××（签名并盖章）

中国注册会计师：×××（签名并盖章）

中国××市　　二〇二一年×月×日

二、对特殊目的审计业务出具审计报告的比较

虽然对特殊目的审计业务出具的审计报告在要素和范围段的内容上基本一致，但在引言段、意见段和说明段的文字表达上存在一定的区别，具体内容见表13-1。

表13-1 对特殊目的审计业务出具审计报告的比较

项目	引言段	意见段	说明段	备注
按特殊基础编制财务报表的审计报告	指明财务报表的编制基础	说明在所有重大方面按该基础进行公允表达	如未适当指明，则应在审计报告中加说明段	
财务报表的组成部分的审计报告	财务报表组成部分所依据的编制基础或提及对编制基础加以限定的协议	说明组成部分在所有重大方面按该基础进行公允表达		(1)如果对整体报表发表了否定或无法表示意见，只要财务报表组成部分不构成报表整体的主要部分，则应出具报告；(2)提请被审计单位不应在该报告后附整体报告
合同的遵循情况的审计报告	指明已对法规、合同所涉及的财务会计规定遵循情况进行审计	说明是否发现未遵循情况		
简要财务报表的审计报告	(1)审计依据；(2)意见类型及审计报告日	说明简要报表在所有重大方面与整体报表一致	(1)当已审报表出具了带说明段的审计报告，该报告亦应增加说明段；(2)应在意见段后再加说明段，提醒报表使用者应将简要报表与已审报表一并阅读	

第二节 财务报表审阅业务、其他鉴证业务和相关服务业务

一、财务报表审阅业务

随着注册会计师执行财务报表审阅业务的愈加成熟和规范，形势的发展变化迫切要求对原有的准则进行修订，以进一步缩小与国际审计准则的差距，更有效地指导注册会计师的执业行为。我国于2006年2月15日正式发布了《中国注册会计师审阅准则第2101号——财务报表审阅》，其核心内容包括：

（一）财务报表审阅的目标

财务报表审阅的目标，是注册会计师在实施审阅程序的基础上，说明是否注意到某些事项，使其相信财务报表没有按照适用的会计准则的规定编制，未能在所有重大方面公允反映被审阅单位的财务状况、经营成果和现金流量。其业务性质是提供有限保证的鉴证业务。

（二）保证程度

与审计相比，审阅在证据收集程序的性质、时间、范围等方面是有意识地加以限制的。注册会计师通常无须执行在审计业务中执行的监盘、函证等程序，而是以询问和分析

程序为主，通常只有在有理由相信财务报表可能存在重大错报的情况下，注册会计师才会实施追加的或更为广泛的程序。由于审阅程序有限，注册会计师通过实施审阅程序，通常不能获取足以支持较高程度保证的证据，而只能获取支持有限保证的证据。为了表明保证程度低于合理保证，有限保证以消极方式表达审阅结论。

（三）财务报表审阅的一般程序

1.签订业务约定书

注册会计师首先应当与被审阅单位就业务约定条款进行协商，并达成一致意见，在此基础上签订业务约定书。业务约定书是由会计师事务所和委托人签订的，用以记录和确定审阅业务的委托与受托关系、审阅目标和范围、双方的责任以及报告的格式等事项的书面协议。业务约定书的内容包括：（1）审阅业务的目标；（2）管理层对财务报表的责任；（3）审阅范围，其中应提及按照本准则的规定执行审阅工作；（4）注册会计师不受限制地接触审阅业务所要求的记录、文件和其他信息；（5）预期提交的报告样本；（6）说明不能依赖财务报表审阅揭示错误、舞弊和违反法规行为；（7）说明没有实施审计，因此注册会计师不发表审计意见，不能满足法律法规或第三方对审计的要求。

2.计划审阅工作

在计划审阅工作时，注册会计师应当了解被审阅单位及其环境，或更新以前了解的内容，包括考虑被审阅单位的组织结构、会计信息系统、经营管理情况以及资产、负债、收入和费用的性质等，然后编制总体审阅策略和具体审阅计划。计划审阅工作对注册会计师顺利完成审阅工作和控制审阅风险具有重要意义。

3.采用审阅程序，并收集审阅证据

注册会计师应当运用职业判断，在考虑下列因素的基础上确定审阅程序的性质、时间和范围：（1）以前期间执行财务报表审计或审阅所了解的情况；（2）对被审阅单位及其环境的了解，包括适用的会计准则和相关会计制度、行业惯例；（3）会计信息系统；（4）管理层的判断对特定项目的影响程度；（5）各类交易和账户余额的重要性。

财务报表审阅程序以了解、询问及实施分析程序为主，具体包括：（1）了解被审阅单位及其环境；（2）询问被审阅单位采用的会计准则和相关会计制度、行业惯例；（3）询问被审阅单位对交易和事项的确认、计量、记录和报告的程序；（4）询问财务报表中所有重要的认定；（5）实施分析程序，以识别异常关系和异常项目；（6）询问股东会、董事会以及其他类似机构决定采取的可能对财务报表产生影响的措施；（7）阅读财务报表，以考虑是否遵循指明的编制基础；（8）获取其他注册会计师对被审阅单位组成部分财务报表出具的审计报告或审阅报告。其中，对于所有交易是否均已记录、财务报表是否按照指明的编制基础编制、被审阅单位业务活动、会计政策和行业惯例的变化等内容应作为特别事项进行询问。如果有理由相信所审阅的财务报表可能存在重大错报，注册会计师应当实施追加的或更为广泛的程序，以便能够以消极方式提出结论或确定是否出具非无保留结论的报告。

总之，注册会计师应当通过询问、分析程序等方法获取充分、适当的审阅证据，以此作为得出审阅结论的基础。

4.形成结论和报告

财务报表审阅结论分为无保留、保留、否定、无法提供任何保证四种。

（1）无保留结论。注册会计师对所审阅财务报表提出无保留结论，应同时满足以下条件：

①根据注册会计师的审阅，没有注意到任何事项使其相信财务报表没有按照适用的会计准则和相关会计制度的规定编制，未能在所有重大方面公允反映被审阅单位的财务状况、经营成果和现金流量；

②注册会计师已经按照审阅准则的规定计划和实施审阅工作，在审阅的过程中未受到限制。

（2）保留结论。注册会计师对所审阅财务报表提出保留结论适用于以下两种情况：

①注意到某些事项使其相信财务报表没有按照适用的会计准则和相关会计制度的规定编制，未能在所有重大方面公允反映被审阅单位的财务状况、经营成果和现金流量；

②注册会计师的审阅受到重大范围限制。

（3）否定结论。如果这些事项对财务报表的影响非常重大和广泛，以至于认为仅提出保留结论不足以揭示财务报表的误导性或不完整性，注册会计师应当对财务报表提出否定结论，即财务报表没有按照适用的会计准则和相关会计制度的规定编制，未能在所有重大方面公允反映被审阅单位的财务状况、经营成果和现金流量。

（4）无法提供任何保证结论。如果范围限制的影响非常重大和广泛，以至于注册会计师认为不能提供任何程度的保证时，不应提供任何保证。

注册会计师根据收集到的充分、适当的审阅证据及形成的审阅结论，应编制审阅报告。审阅报告的基本内容包括：

（1）标题。审阅报告的标题应当统一规范为“审阅报告”。

（2）收件人。收件人应当为审阅业务的委托人，审阅报告应当载明收件人的全称。

（3）引言段。引言段应当说明下列内容：

①所审阅财务报表的名称；

②管理层的责任和注册会计师的责任。

（4）范围段。范围应当说明审阅的性质，包括下列内容：

①审阅业务所依据的准则；

②审阅主要限于询问和实施分析程序，提供的保证程度低于审计；

③没有实施审计，因而不发表审计意见。

（5）结论段。

（6）注册会计师的签名和盖章。

（7）会计师事务所的名称、地址及盖章。

（8）报告日期。审阅报告的日期是指注册会计师完成审阅工作的日期，不应早于管理层批准财务报表的日期。

下面以无保留结论的审阅报告为例，说明审阅报告的参考格式。

审阅报告

ABC股份有限公司全体股东：

我们审阅了后附的ABC股份有限公司（以下简称ABC公司）财务报表，包括2020年12月31日的资产负债表，2020年度的利润表、股东权益变动表和现金流量表以及财务报表附注。这些财务报表的编制是ABC公司管理层的责任，我们的责任是在实施审阅工作的基础上对这些财务报表出具审阅报告。

我们按照《中国注册会计师审阅准则第2101号——财务报表审阅》的规定执行了审阅业务。该准则要求我们计划和实施审阅工作，以对财务报表是否不存在重大错报获取有限保证。审阅主要限于询问公司有关人员和对财务数据实施分析程序，提供的保证程度低于审计。我们没有实施审计，因而不发表审计意见。

根据我们的审阅，我们没有注意到任何事项使我们相信财务报表没有按照企业会计准则和《××会计制度》的规定编制，未能在所有重大方面公允反映被审阅单位的财务状况、经营成果和现金流量。

××会计师事务所（盖章）　　　　中国注册会计师：×××（签名并盖章）

中国注册会计师：×××（签名并盖章）

中国××市　　　　二〇二一年×月×日

二、其他鉴证业务

（一）其他鉴证业务的含义与目标

其他鉴证业务是指除历史财务信息审计或审阅以外的鉴证业务，主要包括预测性财务信息审核、内部控制审核、基建工程预算结算审核、外汇收支情况表审核等业务。

其他鉴证业务的目标可分为合理保证和有限保证两种。合理保证的其他鉴证业务的目标是注册会计师将鉴证业务风险降至该业务环境下可接受的低水平，以此作为以积极方式提出结论的基础。有限保证的其他鉴证业务的目标是注册会计师将鉴证业务风险降至该业务环境下可接受的水平，以此作为以消极方式提出结论的基础。例如，内部控制审核业务提供的就是合理保证，预测性财务信息审核可能存在两种保证共存的情况。

（二）其他鉴证业务的一般程序

1.承接业务

会计师事务所只有认为符合下列所有条件时，才能承接或保持其他鉴证业务：(1) 鉴证对象由预期使用者和注册会计师以外的第三方负责。(2) 在初步了解业务环境的基础上，未发现不符合职业道德规范和《中国注册会计师鉴证业务基本准则》要求的情况。(3) 确信执行其他鉴证业务的人员在整体上具备必要的专业胜任能力。如果鉴证对象要求的专业知识和技能可能超出注册会计师通常具有的专业胜任能力，注册会计师应当考虑利用专家工作或拒绝接受业务委托。

2.签订业务约定书

注册会计师应当在其他鉴证业务开始前，与委托人就其他鉴证业务约定条款达成一致意见，并签订业务约定书，以避免双方对其他鉴证业务的理解产生分歧。如果委托人与责任方不是同一方，业务约定书的性质和内容可以有所不同。

在完成其他鉴证业务前，如果委托人要求将其他鉴证业务变更为非鉴证业务，或将合理保证的其他鉴证业务变更为有限保证的其他鉴证业务，注册会计师应当考虑这一要求的合理性。如果没有合理的理由，注册会计师不应当同意这一变更。

3.计划其他鉴证业务工作

注册会计师应当计划其他鉴证业务工作，以有效执行其他鉴证业务。计划工作包括制定总体策略和具体计划。总体策略包括确定其他鉴证业务的范围、重点、时间安排和实施；具体计划包括拟执行的证据收集程序的性质、时间和范围以及选择这些程序的理由。

4. 执行其他鉴证业务程序，收集证据

合理保证的其他鉴证业务和有限保证的其他鉴证业务都需要运用鉴证技术和方法，收集充分、适当的证据。与合理保证的其他鉴证业务相比，有限保证的其他鉴证业务在证据收集程序的性质、时间、范围等方面是有意识地加以限制的。总之，注册会计师应当运用职业判断，确定需要了解鉴证对象及其他的业务环境事项的程度，采用适当的方法收集证据，并考虑这种了解是否足以评估鉴证对象信息发生重大错报的风险。

5. 其他鉴证业务的结论及报告

其他鉴证业务的结论分为无保留、保留、否定、无法提供任何保证四种。

（1）无保留结论。注册会计师应当根据某一方面执行的工作是合理保证还是有限保证，来决定该方面结论的适当表达方式。

在合理保证的其他鉴证业务中，注册会计师应当以积极方式提出结论，如“我们认为，根据××标准，内部控制在所有重大方面是有效的”或“我们认为，责任方作出的‘根据××标准，内部控制在所有重大方面是有效的’这一认定是公允的”。

在有限保证的其他鉴证业务中，注册会计师应当以消极方式提出结论，如“基于本报告所述的工作，我们没有注意到任何事项使我们相信，根据××标准，××系统在任何重大方面是无效的”或“基于本报告所述的工作，我们没有注意到任何事项使我们相信，责任方作出的‘根据××标准，××系统在所有重大方面是有效的’这一认定是不公允的”。

如果提出无保留结论之外的其他结论，注册会计师应当在鉴证报告中清楚地说明提出该结论的理由。

（2）保留、否定、无法提供任何保证等结论。如果存在下列事项，且判断该事项的影响重大或可能重大，注册会计师不应当提出无保留结论：①由于工作范围受到业务环境、责任方或委托人的限制，注册会计师不能获取必要的证据将鉴证业务风险降至适当水平，在这种情况下，应当出具保留结论或无法提供任何保证结论的报告。②如果结论提及责任方认定，且该认定未在所有重大方面作出公允表达，注册会计师应当提出保留结论或否定结论；如果结论直接提及鉴证对象及标准，且鉴证对象信息存在重大错报，注册会计师应当提出保留结论或否定结论。③在承接业务后，如果发现标准或鉴证对象不适当，可能误导预期使用者，注册会计师应当提出保留结论或否定结论；如果发现标准或鉴证对象不适当，造成工作范围受到限制，注册会计师应当出具保留结论或无法提供任何保证结论的报告。

其他鉴证业务报告的基本内容包括：（1）标题；（2）收件人；（3）对鉴证对象信息（适当时也包括鉴证对象）的界定与描述；（4）使用的标准；（5）适当时，对按照标准评价或计量鉴证对象存在的所有重大固有限制的说明；（6）必要时，对报告使用者和使用目的的限定；（7）责任方的界定，以及对责任方和注册会计师各自责任的说明；（8）按照其他鉴证业务准则的规定执行业务的说明；（9）工作概述；（10）鉴证结论；（11）注册会计师的签名及盖章；（12）会计师事务所的名称、地址及盖章；（13）报告日期。

下面以预测性财务信息审核报告为范例，介绍无保留意见审核报告（以预测为基础）的内容。

审核报告

ABC股份有限公司：

我们审核了后附的ABC股份有限公司（以下简称ABC公司）编制的预测（列明预测涵盖的期间和预测的名称）。我们的审核依据是《中国注册会计师其他鉴证业务准则第3111号——预测性财务信息的审核》。ABC公司管理层对该预测及其所依据的各项假设负责。这些假设已在附注×中披露。

根据我们对支持这些假设的证据的审核，我们没有注意到任何事项使我们认为这些假设没有为预测提供合理基础。而且，我们认为，该预测是在这些假设的基础上恰当编制的，并按照××编制基础的规定进行了列报。

由于预期事项通常并非如预期那样发生，并且变动可能重大，实际结果可能与预测性财务信息存在差异。

××会计师事务所（盖章）　　　　中国注册会计师：×××（签名并盖章）

中国注册会计师：×××（签名并盖章）

中国××市　　　　二〇二一年×月×日

三、相关服务业务

（一）相关服务业务的含义与性质

注册会计师除提供鉴证业务外，还提供相关服务。相关服务主要是注册会计师利用其会计等专业知识代客户收集、分类、汇总、编制财务或非财务信息，不提出任何鉴证结论。注册会计师的服务业务包括代理记账、代编财务信息、对财务信息执行商定程序、税务咨询、管理咨询等。

由于使用者对鉴证业务和相关服务的划分不是很清楚，因此，为避免使用者混淆，相关服务报告应当避免出现如下情形：（1）暗示遵循鉴证业务基本准则、审计准则、审阅准则或其他鉴证业务准则；（2）不适当地使用“审计”“审阅”“鉴证”等术语；（3）含有可能被合理误认为是鉴证结论的陈述。

（二）相关服务业务的主要内容

1.代编财务信息

代编财务信息是注册会计师运用会计而非审计的专业知识和技能，代客户编制一套完整或非完整的财务报表，或代为收集、分类和汇总其他财务信息。注册会计师执行代编业务，应当遵守相关职业道德规范，恪守客观、公正的原则，保持专业胜任能力和应有的关注，并对执业过程中获知的信息保密。

2.对财务信息执行商定程序

对财务信息执行商定程序是注册会计师对特定财务数据、单一财务报表或整套财务报表等财务信息执行与特定主体商定的具有审计性质的程序，并就执行的商定程序及其结果出具报告。注册会计师执行商定程序业务，应当遵守相关职业道德规范，恪守客观、公正的原则，保持专业胜任能力和应有的关注，并对执业过程中获知的信息保密。商定程序业务报告仅限于参与协商确定程序的特定主体使用，以避免不了解商定程序的人对报告产生误解。

小思考13-1

财务报表审阅业务与执行商定程序有哪些区别？

提示：财务报表审阅业务与执行商定程序在以下几方面存在差异：(1) 目标和性质不同。财务报表审阅业务是注册会计师在实施审阅程序的基础上，说明是否注意到某些事项，使其相信财务报表没有按照适用的会计准则的规定编制，未能在所有重大方面公允反映被审阅单位的财务状况、经营成果和现金流量，其业务性质是提供有限保证的鉴证业务。而执行商定程序是注册会计师对特定财务数据、单一财务报表或整套财务报表等财务信息执行与特定主体商定的具有审计性质的程序，并就执行的商定程序及其结果出具报告。执行商定程序属于相关服务业务，不提供任何保证。(2) 执行标准不同。财务报表审阅业务依据的标准是《中国注册会计师审阅准则第2101号——财务报表审阅》；而执行商定程序依据的是《中国注册会计师相关服务准则第4101号——对财务信息执行商定程序》。(3) 所使用的方法和程序不同。对于财务报表审阅业务，注册会计师是以分析程序为主，只有当有理由相信所审阅的财务报表可能存在重大错报时才需要追加其他程序；而执行商定程序可能使用分析和询问，也可能使用检查、重新计算、观察、函证等其他方法。(4) 结论不同。财务报表审阅业务的鉴证结论有无保留、保留、否定、无法提供任何保证等四种类型；而执行商定程序只要求在报告中说明结果，包括说明发现的错误和例外事项，不要求提出鉴证结论。

3.代理记账

代理记账业务是我国经济发展中出现的一种新的会计服务活动。近年来，规模较小的企业、事业单位、个体工商户和其他经济组织的数量不断攀升，这些单位由于经营规模小、创利不多，配备专职的会计和出纳无疑会增加大笔的薪金支出。因此，聘用会计记账公司、记账专业户和会计师事务所便成为其首选方式。同时，会计师事务所将代理记账纳为业务范畴，属于咨询服务业务内容之一。代理记账的工作程序和内容应包括：(1) 签订书面委托合同，明确双方的义务和责任；(2) 办理会计核算业务；(3) 编制和报送财务报表；(4) 定期向税务机关提供纳税的相关资料；(5) 承办委托人委托的其他会计业务。

4.税务代理业务

税务代理是指税务代理人在规定的税务代理范围内，受纳税人、扣缴义务人的委托，代为办理税务事宜的各种行为的总称。1992年9月4日通过的《中华人民共和国税收征收管理法》第五十七条规定："纳税人、扣缴义务人可以委托税务代理人办理税务事宜。"1994年，国家税务总局发布了《税务代理试行办法》，使税务代理业务得到了发展，也成为会计师事务所的服务业务之一。业务代理范围包括：(1) 办理税务登记、变更税务登记和注销税务登记；(2) 办理发票领购手续；(3) 办理纳税申报或扣缴税款报告；(4) 办理缴纳税款和申请退税；(5) 制作涉税文件；(6) 审查纳税情况；(7) 建章建制，处理账务；(8) 开展税务咨询、受聘税务顾问；(9) 申请税务行政复议或税务行政诉讼等。

本章小结

特殊目的审计业务是指注册会计师接受委托，对特殊基础编制的财务报表、财务报表的组成部分、合同的遵守情况和简要财务报表等财务信息进行审计并出具审计报告的业务。

注册会计师除执行财务报表审计业务之外，还从事财务报表审阅、其他鉴证业务等鉴证业务和代编财务信息、执行商定程序等相关服务。

主要概念

财务报表审阅　其他鉴证业务　相关服务业务　对财务信息执行商定程序

关键思考题

1. 四种特殊目的审计业务的审计报告有何区别？
2. 鉴证业务与其他鉴证业务有何区别？
3. 财务报表审阅的结论有哪几种？
4. 注册会计师可以提供哪些非财务报表审计的相关服务？

主要参考文献

[1] COSO. Internal control—integrated framework, 1992.

[2] WHITTINGTON, PANY. Principle of auditing and other assurance services [M]. 13th ed. 北京：中国财政经济出版社，2003.

[3] 格雷，曼森. 审计流程——原理、实践与案例 [M]. 吕兆德，等译. 2版. 北京：中信出版社，2003.

[4] UNITED STATES HOUSE. Sarbanes-Oxley Act of 2002, 2002.

[5] 卡迈克尔. 审计概念与方法：现行理论与实务指南 [M]. 刘明辉，胡英坤，主译. 大连：东北财经大学出版社，1999.

[6] 中国注册会计师协会. 中国注册会计师执业准则 [M]. 北京：经济科学出版社，2006.

[7] 邱学文，郭化林，等. 中国注册会计师执业准则——阐释与应用 [M]. 上海：立信会计出版社，2006.

[8] 刘明辉. 审计与鉴证服务 [M]. 北京：高等教育出版社，2007.

[9] 陈汉文. 审计 [M]. 厦门：厦门大学出版社，2004.

[10] 管劲松. 审计风险管理 [M]. 北京：对外经济贸易大学出版社，2003.

[11] 李若山，刘大贤. 审计学——案例与教学 [M]. 北京：经济科学出版社，2000.

[12] 葛长银. 审计经典案例评析 [M]. 北京：中国人民大学出版社，2003.

[13] 高雅青，李三喜. 财务报表审计实质性测试 [M]. 北京：中国审计出版社，2001.

[14] 蒋武. 基础审计 [M]. 北京：高等教育出版社，2002.

[15] 辛茂荀. 内部会计控制实务 [M]. 北京：民主与建设出版社，2004.

[16] 编写组. 查账业务实战速成 [M]. 北京：企业管理出版社，2004.

[17] 乔世震. 审计案例 [M]. 北京：中国财政经济出版社，1999.

[18] 李骞. 新会计制度下的审计案例 [M]. 北京：中国物资出版社，2004.

[19] 李晓慧. 审计实验室 [M]. 北京：经济科学出版社，2002.

[20] 胡中艾. 审计习题与实训 [M]. 4版. 大连：东北财经大学出版社，2014.

[21] 叶陈刚. 审计学 [M]. 3版.北京：机械工业出版社，2019.

[22] 高强，郭瑛. 审计学 [M]. 北京：机械工业出版社，2011.

[23] 中国注册会计师协会. 中国注册会计师执业准则应用指南 [M]. 北京：中国财政经济出版社，2010.

[24] 宋常. 审计学 [M]. 7版. 北京：中国人民大学出版社，2014

[25] 刘明辉，史德刚. 审计 [M]. 7版. 大连：东北财经大学出版社，2019.

[26] 李晓慧. 审计学：实务与案例 [M]. 3版. 北京：中国人民大学出版社，2014.

[27] 秦荣生，卢春泉. 审计学 [M]. 8版. 北京：中国人民大学出版社，2014.

［28］颜晓燕，朱清贞，陈福庭．注册会计师审计经典案例教程［M］．北京：清华大学出版社，2010．

［29］阿伦斯，等．审计学——一种整合方法［M］．谢盛纹，译．北京：中国人民大学出版社，2013．

［30］江岭，李娇琰．中美国民间审计准则的比较与借鉴［J］．时代经贸，2018（2）．

［31］王媚，朱俊虹．新《证券法》实施对会计师事务所影响分析及发展建议［J］．法制博览，2020（10）．

［32］中国注册会计师协会．审计［M］．北京：中国财政经济出版社，2021．

［33］刘圣妮，冬奥会计在线．轻松过关2021年注册会计师考试应试指导及全真模拟测试 审计（上册）［M］．北京：北京科学技术出版社，2021．

［34］刘圣妮，冬奥会计在线．轻松过关2021年注册会计师考试应试指导及全真模拟测试 审计（下册）［M］．北京：北京科学技术出版社，2021．